Christophe GIOLITO
Laurent BOUVET

La culture générale à Sciences Po

(textes en perspective)

ARMAND COLIN

Collection Prépas

ISBN 2-200-25191-2

Armand Colin Éditeur • 21, rue du Montparnasse • 75006 Paris

Sommaire

Annexes

Un outil original

Cet ouvrage est né d'une pratique pédagogique : dans l'expérience que nous avons acquise de la préparation des étudiants aux concours des Instituts d'études politiques ou au sein de ceux-ci, nous avons éprouvé la plus grande difficulté à conseiller nos élèves dans l'achat d'un manuel de base, fiable et pratique, adapté aux épreuves de culture générale, d'enjeux politiques et de réflexion sur le débat public contemporain, à l'entrée et au cours de la scolarité des IEP, ainsi qu'aux concours administratifs.

Le principe

En concevant ce livre, nous avons tenté de satisfaire au besoin que nous ressentions, candidats et professeurs, de disposer d'un instrument facilitant notre travail. Il convient, avant d'aborder une dissertation d'ordre général, de rendre disponible ou de se constituer une culture, ce qui exige un effort de lecture. Si la connaissance d'un large paysage intellectuel ne peut s'acquérir que par un accès direct aux textes, elle ne saurait supposer l'appropriation *in extenso* de toutes les grandes œuvres de notre tradition. La formule du recueil de courts extraits s'est donc imposée. Pourtant, ces passages sont loin de valoir par eux-mêmes. Ils doivent être saisis comme fragments : écrits porteurs d'un sens qui reste partiel. Ils relèvent d'un genre, d'une tendance ou d'une école, s'inscrivent dans un contexte, procèdent d'un débat. Ils appellent de la sorte une interprétation qui permette de comprendre leur filiation et d'apprécier leur pouvoir novateur, voire leur pérennité. Ils sont, dans les pages qui suivent, présentés, *mis en perspectives*. Les propos introductifs n'ont pas été strictement soumis au contenu des textes retenus. Les présentations ne constituent pas pour autant un cours autonome. Nous avons cherché un équilibre, qui se traduit entre autres par une proportion égale, au sein de chaque section, des fragments d'auteurs et de l'introduction. Les thèmes sélectionnés sont ceux qui interviennent le plus souvent dans les sujets de culture générale proposés à l'entrée des IEP : sans pouvoir être exhaustif, nous avons cherché à ne pas faire d'impasse. Dans le choix des extraits, on a essayé également de couvrir le champ le plus vaste, sollicitant la pensée politique, la philosophie, la littérature et les sciences humaines, autant que possible, depuis l'Antiquité jusqu'à nos jours. Certes, nous avons dû procéder à de sévères éliminations. Notre souci n'était évidemment pas d'être complets, mais de permettre un repérage rapide de grandes aires culturelles.

L'utilisation

C'est dire que nous avons obéi à des impératifs d'utilisation : chaque section est conçue comme une unité de travail conduisant à mobiliser des moyens élémentaires pour aborder un domaine. La présentation rassemble les connaissances essentielles, suivie de quelques références fondamentales (regroupées en cinq textes). L'ensemble constitué par une section peut correspondre à une séance de préparation : exigeant, du point de vue de l'effort d'attention, maîtrisable dans le temps (deux ou trois heures). Il est donc propre à mobiliser une demi-journée d'un candidat « moyen ».

L'originalité de ce manuel ne tient pas seulement à sa conception : elle résulte aussi de choix différentiels. Nous n'avons pas voulu, comme d'autres ouvrages, présenter d'abondants conseils méthodologiques, des corrigés ou un cours à prétention globale. Nous faisons le pari que la confrontation directe avec les problèmes traditionnels et les textes qui les ont portés, étroitement associée à l'entraînement personnel à la construction de dissertations, sont les conditions primordiales d'une préparation efficace. Seuls vos efforts et votre réussite, auxquels nous espérons contribuer, pourront confirmer l'opportunité de nos choix. Bon travail !

Christophe Giolito est l'auteur des chapitres 1, 5 et 6.
Laurent Bouvet est l'auteur des chapitres 2, 3 et 4.

L'homme en question

Section 1. Humanisme et éducation

Si l'on ne peut se défendre d'agir toujours en quelque façon au nom de l'homme, il faut reconnaître que les discours à la gloire de l'humanité sont devenus rares. Les derniers courants intellectuels ayant revendiqué l'étiquette « humaniste », tels l'existentialisme, ne suscitent plus que de la nostalgie. Notre siècle serait celui de la mort de l'homme en tant que valeur universelle ; nous ne pourrions qu'assister à la fin de l'éducation classique. Celle-ci était en effet fondée sur ces « humanités » dont l'acquisition permet à chacun de cultiver sa dignité par la conscience de son appartenance à l'espèce capable de régner sur la création. Pourtant, notre époque est aussi celle d'un développement considérable de l'enseignement et de la formation. Le monde scolaire et universitaire est périodiquement secoué par des crises que scandent des réformes dont le rythme semble s'accélérer. Comme privée de ses fondements, l'éducation paraît osciller entre une attitude de repli sur ses prérogatives traditionnelles et un effet de fuite en avant dû à la multiplication des objectifs d'enseignement. Le terme « humanisme » a d'abord un sens historique : il renvoie au mouvement intellectuel du XVIe siècle qui a produit, autour de Pétrarque, Budé, Érasme, une valorisation de l'esprit humain par l'étude assidue des auteurs grecs et latins et l'émergence de la notion d'individu. On qualifie d'« humaniste » toute doctrine reposant sur la dignité inaliénable de la personne, assurant sa promotion théorique et sa défense pratique contre l'oppression. L'« humanisme » est aussi une philosophie pour laquelle l'homme, affranchi de toute croyance religieuse, doit construire par lui-même son avenir. Le mot peut donc prendre deux sens opposés, selon que l'on affirme que l'homme doit se soumettre, ou bien accéder par lui-même aux conditions de sa propre dignité. Il s'agira alors soit d'instruire en fonction de valeurs communes reconnues, soit de promouvoir une innovation que l'on attend des nouvelles générations. La « magnification » des facultés humaines repose sur la prise de conscience de ce qui sépare radicalement notre espèce des autres. Notre intellect, notre technicité, à travers la navigation, l'agriculture, la chasse et la domestication des bêtes : telles sont les capacités que loue le chœur d'Antigone (cf. Sophocle, texte 1). L'origine de cette supériorité réside dans la pensée, source de parole et de moralité, ce qui nous permet de constituer des communautés (cf. aussi Cicéron chap. 1, 2, texte 1). Les propos de Sophocle soulignent les menaces pesant sur l'homme : la superbe, les passions, l'espérance et les dieux peuvent le mener à sa perte. Dans l'Antiquité, les peines sont souvent associées aux grandeurs de la condition humaine : les facultés qui nous permettent de nous élever au dessus de l'animalité peuvent également nous faire déchoir en deçà (cf. Aristote chap. 1, 3, texte 1). Pour l'homme, les moyens de domination, source de dignité et de grandeur, constituent des risques de déchéance. Pascal, en présentant l'homme comme un « roseau pensant » (*Œuvres complètes*, Paris, Gallimard, « Bibliothèque de la Pléiade », 1954, p. 1157), insiste sur la suprématie humaine (cf. aussi chap. 5, 3, texte 2) ; mais, en parlant de l'être « le plus faible de la nature », il retrouve l'accent des notations antiques sur la vulnérabilité de l'être humain. Cette conscience de la dépendance de notre espèce à l'égard d'un ordre naturel qui la dépasse et d'un ordre sacré qui la régit laisse l'humanité, comme étrangère à elle-même, en proie à l'étonnement face au spectacle du cosmos.

1.1. *L'esprit renaissant*

Le regain d'intérêt pour l'Antiquité romaine, en Italie, la redécouverte des manuscrits grecs, la volonté de partager ce bien commun mettent un terme au temps où seule une minorité ecclésiastique détenait les moyens d'accéder à la culture. L'attitude humaniste se définit non pas comme un souci historique de reconstitution de la pensée des auteurs de l'Antiquité, mais comme un effort de formation personnelle visant à éprouver et partager notre communauté avec les Anciens. Cette formation est d'abord linguistique : pour se nourrir de leurs chefs-d'œuvre, il faut d'abord en maîtriser l'expression (cf. Érasme, texte 2). Les langues anciennes doivent être apprises directement dans les particularités stylistiques des meilleurs ouvrages, qui développeront notre intelligence du monde. Il s'agit aussi de s'élever à la connaissance la plus complète possible : non pas celle d'un auteur, qui aliénerait notre liberté, mais celle des éléments les plus importants de notre savoir. Ainsi se définit une formation générale, non réduite à la connaissance d'un écrivain, qui prétend à une complétude encyclopédique : avoir une vue d'ensemble savante et cohérente, bien qu'elle se contente de perspectives d'ensemble. Portant son regard à travers les époques, bénéficiant de l'enseignement des Anciens dont il se fait l'élève, l'esprit humaniste se préoccupe d'éducation. L'échange avec la nouvelle génération non seulement visera la transmission des connaissances fondatrices, mais permettra encore au maître de vérifier sa compréhension de ce qu'il enseigne. La valorisation des facultés humaines comporte toujours des enjeux pédagogiques. Initialement, lors de la Renaissance, la distance à l'égard des auteurs antiques produit comme un éveil de l'esprit humain à lui-même. Ceux qu'on lit à nouveau, malgré leurs mœurs relativement lointaines, ont malgré tout pour les renaissants une voix familière. Sûr de sa subsistance à travers le temps, l'esprit humain peut affirmer sa suprématie. De l'humanisme émane une conception traditionnelle de l'éducation, conçue comme une élévation de l'esprit au moyen de la perpétuation d'une tradition. L'enseignement est moins orienté en fonction de ceux qui le reçoivent que par ceux qui le dispensent, eux-mêmes dépositaires du legs de l'histoire. On retrouve encore au début du siècle cette tendance : « L'éducation est l'action exercée par les générations adultes sur celles qui ne sont pas encore mûres pour la vie sociale. Elle a pour objet de susciter et de développer chez l'enfant un certain nombre d'états physiques, intellectuels et moraux que réclament de lui la société politique dans son ensemble et le milieu spécial auquel il est particulièrement destiné. » (article « Éducation », *Nouveau dictionnaire de pédagogie et d'instruction primaire*, Paris, Hachette, 1911, p. 532a.) Durkheim, l'auteur de cette définition, insiste en sociologue sur la diversité des enseignements prodigués dans les différentes traditions, qui ne lui apparaissent pas associées à une conception unifiée de l'homme. C'est à partir des XVIe et XVIIe siècles que s'est développée la valorisation des capacités personnelles d'acquisition des connaissances et de la vertu. Luther et la Réforme n'y sont sans doute pas étrangers : il est devenu nécessaire de former chaque individu à l'intelligence de la foi. Mais progressivement, l'époque moderne a abandonné l'idée d'une définition permanente de l'humanité, assignable *a priori*.

1.2. *Les positions novatrices de Rousseau et leur postérité*

L'époque des Lumières a développé une grande confiance en l'humanité, au point de la définir par ses potentialités d'évolution. Bien qu'en opposition au courant encyclopédiste vouant un culte au progrès, Jean-Jacques Rousseau a proposé une caractérisation de l'homme par sa perfectibilité (cf. texte 3). Le pouvoir de s'améliorer n'est pas tant une qualité donnée qu'une potentialité qui peut s'appliquer à toutes nos propriétés, comme une capacité générique. Avec cette définition, l'homme ne peut être conçu comme donné : il doit bien plutôt produire sa propre humanité. Autant dire qu'il est caractérisé par son « éducabilité ». Cependant, Rousseau s'oppose aux Lumières : il lit la socialisation dont témoigne l'histoire de l'humanité comme une dégradation. Par exemple, il fonde la morale moins sur la conception d'une loi rationnelle (cf. chap. 1, 2, texte 3) que sur un sentiment naturel. La pitié ainsi que nos autres passions ne sont pas mauvaises en elles-mêmes ; elles ne nous éloignent pas de nos semblables, mais nous les font plutôt aimer. La société qui cherche à épanouir les facultés humaines peut à terme les pervertir. L'ouverture de son traité sur l'éducation reprend cette posture théorique : « tout est bien, sortant des mains de l'auteur des choses : tout dégénère entre les mains de l'homme. » (*Émile, Œuvres complètes,* IV, Paris, Gallimard, « Bibliothèque de la Pléiade », 1969, p. 245) Cet ouvrage de 1762 accomplit une révolution de laquelle on peut dater la naissance de la pédagogie : « on ne connaît point l'enfance [...]. Les plus sages s'attachent à ce qu'il importe aux hommes de savoir, sans considérer ce que les enfants sont en état d'apprendre. Ils cherchent toujours l'homme dans l'enfant, sans penser à ce qu'il est avant que d'être homme. Voilà l'étude à laquelle je me suis appliqué. » (*Ibid.*, p. 241-242.) Pour la première fois, et définitivement, l'attention est focalisée sur l'enfant. L'activité éducative sera désormais essentiellement celle de l'élève, et non plus seulement celle de son guide. Pourtant, au XVIIIe siècle, le but de l'enseignement reste de se soumettre à une autorité. Car en développant ses facultés propres, l'enfant obéit à des règles qu'il se donne lui-même, révélant par là l'humanité qui est en lui. Se servir de son propre entendement suppose des conditions : s'adresser en toute liberté au public qui lit a pour contrepartie d'accepter l'aliénation de son jugement dans le cadre de ses fonctions (ce que Kant appelle « usage privé de la raison », cf. textes 3). Les Lumières préconisent de régler l'obéissance, plutôt que sur des normes inflexibles, sur des règles communes qui peuvent évoluer, pourvu qu'elles soient rationnelles. On voit que l'abandon de la référence aux Anciens, loin d'affaiblir l'humanisme, le renforce par la confiance dont elle témoigne envers les facultés d'émancipation de l'esprit humain. Rousseau est l'initiateur de la pédagogie telle que nous la connaissons. Depuis Pestalozzi, qui fonda en Suisse des institutions inspirées des idées rousseauistes jusqu'au mouvement d'« éducation nouvelle », les XIXe et XXe siècles n'ont cessé de développer notre intérêt pour l'enseigné, qui deviendra « l'apprenant », voire le « s'éduquant ». Ce courant peut être caractérisé par certains principes simples, résumés dans une définition : « l'éducation consiste à favoriser le développement aussi complet que possible des aptitudes de chaque personne, à la fois comme individu et comme membre d'une société régie par la solidarité. L'éducation est inséparable de l'évolution sociale ; elle constitue une des forces qui la déterminent. Le but de l'éducation et ses méthodes doivent donc être constamment révisés, à mesure que la science et l'expérience accroissent notre connaissance de l'enfant, de l'homme et de la société. » (*Ligue internationale pour l'éducation nouvelle*). L'acte pédagogique est défini en fonction de l'enfant ; l'éducateur passe au second plan. De « maître », il devient « accompagnateur ». Nourris de psychologie, les formateurs doivent avoir pour principe le respect de l'individualité par un enseignement différencié, adapté à chaque élève selon ses capacités et ses goûts. Les centres d'intérêt des enfants vont devenir le moteur de l'acquisition des connaissances, dans un cadre moins directif qui suppose l'autodiscipline et développe l'initiative. Cette pédagogie correspond aussi à un projet social : donner à chacun les chances de développer ses aptitudes. Non seulement la perpétuation d'une tradition est devenue secondaire, mais encore l'enseignement est ouvert sur l'avenir et les transformations sociales.

1.3. Les humanismes en débat

Alors même qu'au cours du XXe siècle cette éducation nouvelle augmentait de façon prodigieuse son influence, l'Holocauste s'inscrit comme une déchirure qui impose de repenser les facultés humaines. Après guerre, il semble nécessaire de fonder une morale qui permette de conjurer les menaces meurtrières du totalitarisme en promouvant des valeurs régulatrices. Seulement, alors que les droits de l'homme constituent pour certains le socle nécessaire de toute éthique, pour d'autres l'attitude qui fait de l'homme la valeur suprême est à l'origine de la barbarie, puisqu'elle ne soumet l'organisation sociale à aucun ordre supérieur. Une question noue tous les débats qui s'ensuivront : l'inhumain est-il le produit de l'homme ? Si c'est le cas, il faut se défaire de l'idée d'homme telle que l'a perpétuée la tradition humaniste. Telle est par exemple la tentative de Heidegger, pour lequel la phénoménologie doit permettre de se situer hors du champ de la métaphysique, qui a toujours prétendu assigner à l'être, et par suite à l'humain, ses déterminations. La parole poétique a parfois le bonheur de dire la vérité de l'homme : l'être lui confère ses possibilités, qu'il reçoit sans pouvoir se les approprier rationnellement. Dépossédé de sa propre essence, l'homme n'est plus le maître du sens qu'il exprime : il ne lui reste qu'à laisser résonner en lui la parole de l'être. Sans reprendre à son compte ces analyses du « second » Heidegger, Sartre s'attache à concevoir l'homme à partir de la situation dans laquelle il est « échéant », projeté comme « hors de lui-même ». L'être de l'homme consiste à ne pas avoir d'essence déterminée : il doit la produire lui-même à partir de sa propre existence. L'existentialisme tente de sauver l'humanisme non plus en soutenant une définition générale de l'homme, mais en défendant la valeur de chaque sujet singulier. Si l'individu est conçu en fonction de ses engagements, si l'existence est toujours appréhendée « en situation », se pose alors la question de la détermination du sujet par les conditions matérielles ou sociales dans lesquelles il s'inscrit (cf. Merleau-Ponty, textes 4). Loin de nier le rôle des circonstances extérieures pour la manière dont l'être humain se conçoit lui-même, l'existentialisme a toujours caractérisé l'homme par sa liberté. Même quand il n'a pas choisi une attitude, il en est rendu responsable. Selon le mot de Sartre, il peut toujours choisir, mais il ne peut pas ne pas choisir : il est « condamné à être libre ». Mais l'humanisme fut surtout battu en brèche par le structuralisme. Dans plusieurs champs des sciences humaines (l'ethnologie, avec Lévi-Strauss, le marxisme, avec Althusser, la psychanalyse, avec Lacan, la critique littéraire, avec Barthes), des études s'inspirant de la linguistique se sont proposées d'analyser nos productions culturelles comme systèmes de variations réglées. Alors même que nous croyons être maîtres des décisions qui régissent nos actes, on peut montrer que celles-ci s'inscrivent dans des structures qui les conditionnent. Ainsi du rôle de l'inconscient thématisé par Lacan comme un langage (cf. textes 5). Une fois ordonné à son désir compris en fonction de l'Autre (le lieu vide à partir duquel le sujet interprète la sollicitation de son désir), l'être humain est destitué de ses intentions, de ses privilèges traditionnels. Soumis aux ensembles langagiers qui définissent les conditions de son action, le sujet humain est conçu comme pris dans un réseau de forces qui le structurent, « le parlent », le déterminent. Une fois la conscience individuelle réduite à un effet de surface, on a pu dire qu'elle « est pensée » ou qu'elle « est agie ». Michel Foucault reconstitue l'histoire des sciences humaines et en tire les conclusions : l'homme comme concept général, invention relative à nos sociétés modernes, peut être confronté à sa fin, qui est aussi celle de toutes les illusions universalistes qu'il a produites (cf. textes 5).

1.4. Quelles valeurs pour l'enseignement ?

La pédagogie peut-elle s'accommoder de cette situation de déchéance des valeurs humaines ? D'une façon générale, au XXe siècle, l'attention se déplace depuis le contenu de l'enseignement vers l'acte d'enseigner. S'est développé alors un discours théorique prenant pour objet spécifique l'enseignement : la didactique, qui conduit à penser que, pour apprendre, il faut avoir appris à apprendre. C'est dans une aire théorique qui n'est plus investie de la défense d'idéaux humains que se développe prodigieusement l'enseignement. Nos sociétés occidentales ont en effet connu récemment un accroissement phénoménal du public scolaire, en même temps qu'un allongement considérable de la durée des études, au point qu'on peut qualifier le XXe siècle de « siècle de l'éducation ». Moins on dispose de perspectives d'ensemble, plus l'enseignement se donne d'objectifs. Sans chercher à combler ce hiatus, qui peut être considéré comme le symptôme d'une époque paradoxale, on peut noter qu'il entraîne une diversification et une spécialisation des formations. Il ne laisse subsister comme horizon que le multiculturalisme et l'égalitarisme qui admet sommairement que la diversification est toujours synonyme d'enrichissement. Cette situation se traduit dans le lexique didactique. On ne parle plus d'instruire : transmettre un savoir normatif en faisant délibérément passer au second plan l'édification de l'élève. L'éducation n'est plus décrite comme un parcours à vocation initiatique propre à tirer un élève de son ignorance. On utilise le verbe enseigner pour désigner la situation collective où devrait s'actualiser le partage du savoir. L'apprentissage, dans lequel on privilégie la relation de l'élève au savoir, quitte à voir le pédagogue s'effacer devant son objet, n'a plus qu'une place accessoire dans notre société. La formation, dans laquelle on insiste sur la relation du professeur à l'élève, parfois au détriment du savoir, connaît en revanche un certain succès. Dans des attitudes « pédagogistes », on risque de méconnaître la fonction sociale de l'éducation, en disposant des individus à agir par eux-mêmes dans la méconnaissance des conditions de l'existence collective. L'histoire intellectuelle s'est trouvée ébranlée par les génocides dont les hommes se sont montrés capables : une fois l'inhumain devenu humain, fallait-il abandonner la notion même d'humanité ? Des combats théoriques s'y sont essayés. Mettant à jour les déterminations dont nous sommes habités, ils ne sont pas parvenus à départir les notions de sujet et d'individu de leur importance pour notre organisation sociale. Notre époque paraît ouverte, par ses paradoxes, à des potentialités opposées. L'éducation, même si elle connaît des transformations, ne manque pas de perpétuer par sa pratique les valeurs humanistes traditionnelles. Comme le souligne Hannah Arendt, « le rôle de l'école est d'apprendre aux enfants ce qu'est le monde, et non pas leur inculquer l'art de vivre. Étant donné que le monde est vieux, toujours plus vieux qu'eux, le fait d'apprendre est inévitablement tourné vers le passé. » (*La Crise de la culture*, 1960, Paris, Gallimard, coll. « Folio Essais », 1972, p. 250) Ainsi compris, l'enseignement laisse ouvertes les potentialités de la génération à venir. À l'inverse, en concevant l'éducation en termes de dressage et de sélection, à l'instar de Peter Sloterdijk, on risque de destituer l'humain de ses prérogatives. Si l'humanité peut être dépassée, son renouvellement n'est pas à penser seulement en fonction d'une destitution programmée, mais également en vertu d'une tradition à infléchir.

– Texte 1 –

Sophocle, *Antigone* (vers 440 av. J.-C.)

Qu'il est de merveilles ! mais rien
qui soit plus merveilleux que l'homme.
Par la mer chenue,
sous les tempêtes du sud,
il s'en va
au-delà des houles grondantes.
Et la plus grande des déesses, la Terre
impérissable, inépuisable, il la fatigue
du va-et-vient de ses charrues,
il la retourne d'année en année avec ses mulets.

La tribu volage des oiseaux,
il l'enveloppe et il l'attrape,
et la race des fauves
et les créatures marines
dans les replis de ses filets,
l'homme habile. Il dompte
par ses ruses les bêtes errantes
des montagnes. Il mettra sous le joug
le cou chevelu du cheval
et l'infatigable taureau montagnard.

La parole, le souffle de la pensée
et les passions civiques
il s'en instruit ; et à échapper

aux célestes traits du gel pénible
et à ceux des pluies mauvaises.
Nul chemin ne lui est fermé,
l'avenir s'ouvre à lui.
La mort seule il ne l'évite point,
mais il a trouvé remède
à d'invincibles maladies.

Avec son savoir ingénieux
qui passe toute attente,
il progresse vers le mal ou vers le bien.
S'il observe les lois du pays
et la divine justice des serments,
grande est la cité. Mais que l'audace
soit en lui, plus de cité !
Que n'ait point part à mon foyer
ni à mon âme
celui qui se conduit de la sorte.
[...]
Zeus, quelle superbe d'homme
briserait ta puissance
que ne dompte jamais le fascinant sommeil
ni les infatigables mois des dieux ?
Sans vieillir tu détiens
en maître
l'éclat resplendissant de l'Olympe.
Bientôt comme avant et pour toujours
prévaudra cette loi
qu'aucun excès n'entre
dans une vie humaine sans la perdition.

L'espérance vagabonde
profite à bien des hommes,
mais elle trompe les vains désirs de beaucoup ;
elle les gagne à leur insu avant qu'ils sentent
l'ardent feu sous leurs pieds.
Fort sage
est cette fameuse parole de quelqu'un :
quiconque prend le mal pour le bien,
c'est qu'un dieu mène
son âme à l'égarement,
il n'échappe pas longtemps à la perdition.

(Trad. J. Grosjean, Paris, Gallimard, coll. « Bibliothèque de la Pléiade », 1967, p. 580-581, 592.
Trad. R. Pignarre, Garnier-Flammarion, 1964, p. 77, 83-84.
Trad. P. Mazon, Le Livre de poche, 1991, p. 16-17, 28.)

– Texte 2 –

Érasme, *Le plan des études* (1512)

Tout d'abord, d'une manière générale, la connaissance se présente sous un double aspect : connaissance des choses, connaissance des mots. Celle des mots a la priorité, celle des choses le plus d'importance. Mais certains, en se hâtant d'apprendre les choses, [...] négligent de soigner leur langage et, par une économie mal placée, sont entraînés dans les plus grandes dépenses. En effet, les choses ne nous étant connues que par ces signes que sont les mots, celui qui ignore le sens des paroles doit nécessairement aussi errer à l'aveuglette, divaguer, délirer, dans le jugement qu'il porte sur les choses. Enfin, comme on peut le constater, de tous les hommes, aucun n'ergote davantage et partout sur des nuances verbales, que ceux qui se vantent de négliger les mots et de ne considérer que la réalité des choses. Aussi, dans chacune des deux branches du savoir, on doit tout de suite apprendre ce qu'il y a de meilleur, et naturellement avec les meilleurs maîtres. [...]
En conséquence, la grammaire réclame pour elle-même la première place, et elle doit être, sans tarder, enseignée aux enfants sous la double forme, je veux dire la grammaire grecque et la grammaire latine. Et non seulement parce que ces deux langues nous ont transmis presque tout ce qui paraît digne d'être connu, mais aussi parce qu'elles ont entre elles tant de parenté que toutes les deux peuvent être enseignées conjointement d'une manière plus rapide que l'une sans l'autre ou, du moins, que le latin sans le grec. [...]
Je ne suis pas d'accord avec ceux qui consument une vie entière à étudier pour cet usage n'importe quels auteurs, jugeant complètement analphabète tel à qui aurait échappé le plus insignifiant des écrits.
Ainsi donc, une fois acquise l'aptitude à parler, sinon abondamment, du moins correctement, l'esprit doit s'appliquer bientôt à l'intelligence des choses. Car ces écrivains que nous lisons pour acquérir un langage raffiné ont beau nous fournir également, d'une manière incidente, la matière de connaissances non négligeables, nous devons néanmoins, d'une manière systématique, tirer des auteurs grecs la quasi-totalité des connaissances scientifiques. Car, enfin, où pourrions-nous puiser avec plus de pureté, de rapidité ou d'agrément qu'aux sources mêmes du savoir ? [...]
L'avantage sera considérable à plus d'un titre, et même à tous égards, si tu as en outre à enseigner fréquemment d'autres que toi-même. Car il n'y a pas de meilleur moyen pour toi de découvrir ce que tu comprends et ce que tu ne comprends pas. En même temps, des idées nouvelles se présentent au cours du commentaire et de la discussion, et tout s'imprime plus profondément dans l'esprit. [...]
Quiconque voudra donner à autrui quelque enseignement, accordera tous ses soins à fournir immédiatement à son élève les connaissances les meilleures ; mais celui qui veut les enseigner de la meilleure façon devra, de toute nécessité, être omniscient ; ou, si cela n'est pas permis à un esprit humain, qu'il connaisse au moins les éléments principaux de chaque discipline. Pour cela, [...] j'exigerai le cercle complet du savoir, afin que même celui qui se prépare à un enseignement élémentaire soit au courant de tout. Il lui faudra donc vagabonder à travers tous les genres de littérature, de sorte que, tout en lisant en priorité et sans exception les meilleurs auteurs, il n'en néglige pas pour autant un seul, même s'il est très médiocre. Et pour qu'il puisse

faire ce travail avec le plus grand profit, qu'il ait à sa disposition des lieux communs, des classifications, et des rubriques préparées à l'avance, afin que tout ce qu'il aura rencontré de notable au hasard de sa lecture, il l'inscrive à son rang.
(Trad. J.-C. Margolin, *Œuvres*, Robert Laffont, 1992, p. 442, 443, 444-445, 447, 448.)

– Textes 3 –

Jean-Jacques Rousseau, *Discours sur l'origine de l'inégalité parmi les hommes* (1754)

Mais, quand les difficultés qui environnent toutes ces questions laisseraient quelque lieu de disputer sur cette différence de l'homme et de l'animal, il y a une autre qualité très spécifique qui les distingue, et sur laquelle il ne peut y avoir de contestation, c'est la faculté de se perfectionner ; faculté qui, à l'aide des circonstances, développe successivement toutes les autres, et réside parmi nous tant dans l'espèce, que dans l'individu, au lieu qu'un animal est, au bout de quelques mois, ce qu'il sera toute sa vie, et son espèce, au bout de mille ans, ce qu'elle était la première année de ces mille ans. Pourquoi l'homme seul est-il sujet à devenir imbécile ? N'est-ce point qu'il retourne ainsi dans son état primitif, et que, tandis que la Bête, qui n'a rien acquis et qui n'a rien non plus à perdre, reste toujours avec son instinct, l'homme reperdant par la vieillesse ou d'autres accidents, tout ce que sa perfectibilité lui avait fait acquérir, retombe ainsi plus bas que la Bête même ? Il serait triste pour nous d'être forcés de convenir, que cette faculté distinctive, et presque illimitée, est la source de tous les malheurs de l'homme ; que c'est elle qui le tire, à force de temps, de cette condition originaire, dans laquelle il coulerait des jours tranquilles, et innocents ; que c'est elle, qui faisant éclore avec les siècles ses lumières et ses erreurs, ses vices et ses vertus, le rend à la longue le tyran de lui-même, et de la Nature. [...]

Il est donc bien certain que la pitié est un sentiment naturel, qui modérant dans chaque individu l'activité de l'amour de soi-même, concourt à la conservation mutuelle de toute l'espèce. C'est elle qui nous porte sans réflexion au secours de ceux que nous voyons souffrir : c'est elle qui, dans l'état de Nature, tient lieu de Lois, de mœurs, et de vertu, avec cet avantage que nul n'est tenté de désobéir à sa douce voix : c'est elle qui détournera tout Sauvage robuste d'enlever à un faible enfant, ou à un vieillard infirme, sa subsistance acquise avec peine, si lui-même espère pouvoir trouver la sienne ailleurs : c'est elle qui, au lieu de cette maxime sublime de justice raisonnée ; *Fais à autrui comme tu veux qu'on te fasse*, inspire à tous les Hommes cette autre maxime de bonté naturelle bien moins parfaite, mais plus utile peut-être que la précédente. *Fais ton bien avec le moindre mal d'autrui qu'il est possible*. C'est en un mot dans ce sentiment Naturel, plutôt que dans des arguments subtils, qu'il faut chercher la cause de la répugnance que tout homme éprouverait à mal faire, même indépendamment des maximes de l'éducation. [...]

Il faut convenir d'abord que plus les passions sont violentes, plus les Lois sont nécessaires pour les contenir : mais outre que les désordres, et les crimes

que celles-ci causent tous les jours parmi nous, montrent assez l'insuffisance des Lois à cet égard, il serait encore bon d'examiner si ces désordres ne sont point nés avec les Lois mêmes ; car alors, quand elles seraient capables de les réprimer, ce serait bien le moins qu'on en dût exiger que d'arrêter un mal qui n'existerait point sans elles.
(Gallimard, « Bibliothèque de la Pléiade », 1964, p. 142, 156.
Trad. J. Roger, Flammarion, coll. « GF », 1992, p. 183-184, 214.)

Emmanuel Kant, *Réponse à la question : qu'est-ce que les Lumières ?* (17)

Les Lumières se définissent comme la sortie de l'homme hors de l'état de minorité, où il se maintient par sa propre faute. La minorité est l'incapacité de se servir de son entendement sans être dirigé par un autre. Elle est due à notre propre faute quand elle résulte non pas d'un manque d'entendement, mais d'un manque de résolution et de courage pour s'en servir sans être dirigé par un autre. *Sapere aude !* Aie le courage de te servir de ton propre entendement ! Voilà la devise des lumières. [...]
L'usage public de notre raison doit toujours être libre, et lui seul peut répandre les lumières parmi les hommes ; mais son usage privé peut souvent être étroitement limité, sans pour autant empêcher sensiblement le progrès des lumières. Or, j'entends par usage public de notre propre raison celui que l'on en fait comme savant devant l'ensemble du public qui lit. J'appelle usage privé celui qu'on a le droit de faire de sa raison dans tel ou tel poste civil, ou fonction, qui nous et confié. Or, pour maintes activités qui concernent l'intérêt de la communauté, un certain mécanisme est nécessaire, en vertu duquel quelques membres de la communauté doivent se comporter de manière purement passive, afin d'être dirigés par le gouvernement, aux termes d'une unanimité factice, vers des fins publiques ou, du moins, afin d'être détournés de la destruction de ces fins.
(Trad. H. Wismann, *Œuvres philosophiques* II, Gallimard, « Bibliothèque de la Pléiade », 1985, p. 209 et 211.
Trad. J.-F. Poirier et F. Proust, Flammarion, coll. « GF », 1991, p. 43, 45.)

– Textes 4 –

Jean-Paul Sartre, *L'existentialisme est un humanisme* (1946)

Le mot humanisme a deux sens très différents. Par humanisme on peut entendre une théorie qui prend l'homme comme fin et comme valeur supérieure. Il y a humanisme dans ce sens [...] par exemple, quand [...] un personnage déclare, parce qu'il survole des montagnes en avion : l'homme est épatant. Cela signifie que moi, personnellement, qui n'ai pas construit les avions, je bénéficierai de ces inventions particulières, et que je pourrai personnellement, en tant qu'homme, me considérer comme responsable et honoré par des actes particuliers à quelques hommes. Cela supposerait que nous pourrions donner une valeur à l'homme d'après les actes les plus hauts de certains hommes. Cet humanisme est absurde, car seul le chien ou le cheval pourraient porter un jugement d'ensemble sur l'homme et déclarer que l'homme est épatant, ce qu'ils n'ont garde de faire, à ma connaissance tout au moins. Mais on ne peut admettre qu'un homme puisse porter un jugement sur l'homme. L'existentialisme le dispense de tout jugement de ce genre : l'existentialiste ne prendra jamais l'homme comme fin, car il est toujours à faire. [...]

Mais il y a un autre sens de l'humanisme, qui signifie au fond ceci : l'homme est constamment hors de lui-même, c'est en se projetant et en se perdant hors de lui qu'il fait exister l'homme et, d'autre part, c'est en poursuivant des buts transcendants qu'il peut exister ; l'homme étant ce dépassement et ne saisissant les objets que par rapport à ce dépassement, est au cœur, au centre de ce dépassement. Il n'y a pas d'autre univers qu'un univers humain, l'univers de la subjectivité humaine. Cette liaison de la transcendance, comme constitutive de l'homme non pas au sens où Dieu est transcendant, mais au sens de dépassement et de la subjectivité, au sens où l'homme n'est pas enfermé en lui-même mais présent toujours dans un univers humain, c'est ce que nous appelons l'humanisme existentialiste. Humanisme, parce que nous rappelons à l'homme qu'il n'y a pas d'autre législateur que lui-même.

(Nagel, 1946, p. 90-94.
Gallimard, coll. « Folio, 1996, p. 74-76.)

Maurice Merleau-Ponty, *Sens et non-Sens* (1947)

D'un côté l'homme est une partie du monde, de l'autre il est conscience constituante du monde. Aucune de ces deux vues n'est satisfaisante. À la première, on opposera toujours après Descartes que, si l'homme était une chose entre les choses, il ne saurait en connaître aucune, puisqu'il serait, comme cette chaise ou comme cette table, enfermé dans ses limites, *présent* en un certain lieu de l'espace et donc incapable de se les représenter tous. Il faut lui reconnaître une manière d'être très particulière, l'être intentionnel, qui consiste à viser toutes choses et à ne demeurer en aucune. Mais si l'on voulait conclure de là que, par notre fond, nous sommes esprit absolu, on rendrait incompréhensibles nos attaches corporelles et sociales, notre insertion dans le monde, on renoncerait à penser la condition humaine. Le mérite de la philosophie nouvelle est justement de chercher dans la notion d'existence le moyen de la penser. L'existence au sens moderne, c'est le mouvement par lequel l'homme est au monde, s'engage dans une situation physique et sociale qui devient son point de vue sur le monde. Tout engagement est ambigu, puisqu'il est à la fois l'affirmation et la restriction d'une liberté : je m'engage à rendre ce service, cela veut dire à la fois que je pourrais ne pas le rendre et que je décide d'exclure cette possibilité. De même mon engagement dans la nature et dans l'histoire est à la fois une limitation de mes vues sur le monde et une seule manière d'y accéder, de connaître et de faire quelque chose. Le rapport du sujet et de l'objet n'est plus ce rapport de connaissance dont parlait l'idéalisme classique et dans lequel l'objet apparaît toujours comme construit par le sujet, mais un *rapport d'être* selon lequel paradoxalement le sujet est son corps, son monde et sa situation, et, en quelque sorte, *s'échange.*

(Nagel, 1947, p. 124-125.)

– Textes 5 –

Jacques Lacan, *Écrits* (1966)

L'effet de langage, c'est la cause introduite dans le sujet. Par cet effet, il n'est pas cause de lui-même, il porte en lui le ver de la cause qui le refend. Car sa cause, c'est le signifiant sans lequel il n'y aurait aucun sujet dans le réel. Mais ce sujet, c'est ce que le signifiant représente, et il ne saurait rien représenter que pour un autre signifiant : à quoi dès lors se réduit le sujet qui écoute.

Le sujet donc, on ne lui parle pas. Ça parle de lui, et c'est là qu'il s'appréhende, et ce d'autant plus forcément qu'avant que du seul fait que ça s'adresse à lui, il disparaisse comme sujet sous le signifiant qu'il devient, il n'était absolument rien. Mais ce rien se soutient de son avènement, maintenant produit par l'appel fait dans l'Autre au deuxième signifiant. […]

Le registre du signifiant s'institue de ce qu'un signifiant représente un sujet pour un autre signifiant. C'est la structure, rêve, lapsus et mot d'esprit, de toutes les formations de l'inconscient. Et c'est aussi celle qui explique la division originaire du sujet. Le signifiant se produisant au lieu de l'Autre non encore repéré, y fait surgir le sujet de l'être qui n'a pas encore la parole, mais c'est au prix de le figer.

Une chose est sûre : si le sujet est bien là, au nœud de la différence, toute référence humaniste y devient superflue, car c'est à elle qu'il coupe court. […]

Il n'y a pas de science de l'homme, parce que l'homme de la science n'existe pas, mais seulement son sujet.

On sait ma répugnance pour l'appellation de sciences humaines, qui me semble être l'appel même de la servitude. […]

Dans des sciences autrement valables, même si leur titre est à revoir, nous constatons que de s'interdire l'illusion archaïque que nous pouvons généraliser dans le terme de psychologisation du sujet, n'en entrave nullement la fécondité.

La théorie des jeux, mieux dite stratégie, en est l'exemple, où l'on profite du caractère entièrement calculable d'un sujet strictement réduit à la formule d'une matrice de combinaisons signifiantes.

(Le Seuil, 1966, p. 835, 840, 857, 859, 860 ; rééd. Le Seuil, coll. « Points », 1999, t. II, p. 315, 320, 337, 339, 340.)

Michel Foucault, *Les Mots et les Choses* (1966)

Une chose en tout cas est certaine : c'est que l'homme n'est pas le plus vieux problème ni le plus constant qui se soit posé au savoir humain. En prenant une chronologie relativement courte et un découpage géographique restreint – la culture européenne depuis le XVIe siècle – on peut être sûr que l'homme y est une invention récente. Ce n'est pas autour de lui et de ses secrets que, longtemps, obscurément, le savoir a rôdé. En fait, parmi toutes les mutations qui ont affecté le savoir des choses et de leur ordre, le savoir des identités, des différences, des caractères, des équivalences, des mots, – bref au milieu de tous les épisodes de cette profonde histoire du *Même* – un seul, celui qui a commencé il y a un siècle et demi et qui peut-être est en train de se clore, a laissé apparaître la figure de l'homme. Et ce n'était point là libération d'une vieille inquiétude, passage à la conscience lumineuse d'un souci millénaire,

> accès à l'objectivité de ce qui longtemps était resté pris dans des croyances ou dans des philosophies : c'était l'effet d'un changement dans les dispositions fondamentales du savoir. L'homme est une invention dont l'archéologie de notre pensée montre aisément la date récente. Et peut-être la fin prochaine. Si ces dispositions venaient à disparaître comme elles sont apparues, si par quelque événement dont nous pouvons tout au plus pressentir la possibilité, mais dont nous ne connaissons pour l'instant encore ni la forme ni la promesse, elles basculaient, comme le fit au tournant du XVIIIe siècle le sol de la pensée classique, – alors on peut bien parier que l'homme s'effacerait, comme à la limite de la mer un visage de sable.
> (Gallimard, 1966, p. 398 ; rééd. coll. « Tel ».)

Section 2. Subjectivité et moralité

L'humanité paraît considérablement menacée par le monde contemporain : les massacres auxquels on a assisté au cours de notre siècle défient toute moralité. Les « philosophies du sujet » paraissent relever d'une tradition dépassée. Pourtant, on ne jure que par l'homme : fondement de toutes les indignations, on développe ses droits ; on ne voit pas que les projets politiques aient d'autres horizons. Aussi faut-il comprendre ce qui est remis en cause dans la notion de sujet humain. Elle désigne l'individu lorsqu'on se réfère en lui à la présence d'une activité : il est source de ses connaissances, de ses actions. Le terme sujet vient d'un mot latin signifiant ce qui est jeté sous, ce qui supporte. Pour être au fondement de tous ses actes, le sujet doit être doué d'une permanence substantielle : il reste le même, derrière la variation de ses propriétés à travers le temps. La subjectivité désigne d'abord l'intériorité d'une personne, son moi : mais celui-ci semble échapper à l'observation empirique (il est impalpable) comme à la conceptualisation (elle n'est pas définissable au moyen de propriétés simples). C'est ce que note Pascal : « où est donc ce *moi*, s'il n'est ni dans le corps, ni dans l'âme ? et comment aimer le corps ou l'âme, sinon pour ces qualités, qui ne sont point ce qui fait le *moi*, puisqu'elles sont périssables ? » (*Œuvres complètes*, Paris, Gallimard, coll. « Bibliothèque de la Pléiade », 1954, p. 1165) La difficulté est massive : que sert-il de poser un fondement premier de tous nos actes, s'il se révèle inaccessible ? Mais on peut définir cette intériorité selon trois dimensions essentielles. Détenir la raison de tous ses choix, ce serait se connaître soi-même. Penser, voire agir selon les mêmes orientations, ce serait disposer d'une constance qui pourrait constituer notre identité. Faire un choix correct, bien formulé, ce serait faire le bon choix, faire le bien : être moral. Transparence à soi, permanence dans le temps, moralité rationnelle sont les propriétés classiques du sujet humain, qui trouvent une théorisation accomplie chez Kant.

Depuis l'Antiquité, le sujet humain définit sa spécificité par rapport aux animaux : il est doué de propriétés (rationalité, personnalité) qui lui confèrent une dignité supérieure (cf. Cicéron, texte 1). Par son sentiment du temps, il contribue à définir son devoir et à construire sa place dans la communauté. Au moyen de sa raison, il conçoit ce qu'il convient de faire, ce qui lui impose des devoirs. La pensée antique n'a cessé de louer la vertu et les grandes âmes. Pourtant, avant la Renaissance, le rapport entre l'action et l'agent n'est pas une question personnelle. Les choix pratiques ne sont pas pensés comme dépendant exclusivement de notre volonté : à preuve, Sophocle fait dire au chœur d'Antigone, qui énonce les représentations communes : « quiconque prend le mal pour le bien, c'est qu'un dieu mène son âme à l'égarement » (cf. chap. 1, 1, texte 1). Les Grecs et à leur suite, à un degré moindre, les Latins conçoivent l'âme humaine comme traversée par des forces qui ne lui laissent qu'une faible latitude de choix. Songeons à Œdipe, conduit à sa perte dans le mouvement même par lequel il cherche à éviter l'oracle funeste. Socrate non plus ne manque pas d'invoquer son démon pour justifier ses choix (ou plutôt ses abstentions). C'est que les trois dimensions constitutives de la subjectivité (connaissance de soi, identité durable, moralité) ne seront étroitement liées qu'au début des Temps modernes. Même, lorsque la notion d'âme est définie par la pensée religieuse, elle est moins orientée vers l'individualisation que vers la fusion avec le cosmos. Dans les institutions romaines, avec l'idée d'une constance des devoirs qui s'imposent aux maîtres de maison, émerge sans doute le statut de la personne, qui devra connaître ses offices et se maîtriser pour s'en rendre digne (ainsi Cicéron évoque-t-il notre « personnage propre »).

2.1. *La connaissance de soi comme problème*

L'inscription au fronton du temple de Delphes : « connais-toi toi-même » semble assigner le sujet humain à se définir. L'interrogation sur la connaissance s'institue d'abord comme une enquête sur soi : pour savoir quelque chose, il eût fallu savoir qui détient ce savoir. Mais, lorsque Critias lui propose de définir la sagesse comme connaissance de soi, Socrate ne manque pas de s'interroger sur l'existence d'un savoir du savoir (Platon, *Charmide*, 163c-172c, Gallimard, coll. « Bibliothèque de la Pléiade », 1950, p. 268-280), en notant que nos autres facultés, elles, ne peuvent pas s'appréhender elles-mêmes : elles sont plutôt transitives que réflexives. L'homme le plus sage de la cité est contraint d'enquêter pour vérifier l'oracle qui lui donne ce titre (*Apologie de Socrate*, 20e-23b, *ibid.*, p. 152-156), selon son mot fameux : « Je ne sais qu'une seule chose, c'est que je ne sais rien », mais il peut se résoudre en pure ignorance, puisqu'il ne correspond à aucune conception positive. De fait, les investigations de Socrate présentées dans les dialogues de Platon restent incomplètes : elles se terminent par une interrogation problématique. C'est en s'appuyant sur cette seule réflexivité de la pensée que Descartes accomplit l'acte fondateur de la philosophie moderne comme théorie du sujet. Sa démarche consiste d'abord en une quête de certitude : il cherche moins un savoir qu'une position indubitable (cf. texte 2). Dans l'épreuve du doute (j'essaie de penser que tout cela n'est pas, mais je ne peux penser que je ne le pense pas), le sujet découvre la vérité absolue de son existence comme pensée réflexive. Celle-ci le définit comme substance : elle constitue une réalité qui ne peut être déduite d'aucune autre, mais à laquelle toute autre peut être rapportée (à chaque fois que je pense quelque chose, je puis aussi penser que c'est moi qui le pense). Ainsi, la pensée prévaut-elle sur ses objets, et Descartes finit par déclarer « qu'il n'y a rien qui ne soit plus facile à connaître que mon esprit » (cf. texte 2). Même si on peut définir cet esprit par ses facultés (entendement, volonté, imagination), la connaissance que nous en prenons risque de ne jamais être différente des intellections singulières qu'elles produisent. En d'autres termes, si la connaissance de soi devait se réduire à une seule propriété de la pensée (la réflexivité), elle resterait vide. Même si « le *je pense* doit *pouvoir* accompagner toutes mes représentations », « la conscience de soi-même est donc bien loin d'être une connaissance de soi-même. » (Kant, *Critique de la raison pure*, trad. F. Marty, *Œuvres philosophiques*, I, Paris, Gallimard, coll. « Bibliothèque de la Pléiade », 1980, respectivement p. 853 et 871). Nous concevons notre esprit comme une forme, que nous pouvons juger permanente et stable au moyen d'un postulat théorique : celui-là même qui fait du sujet humain une unité substantielle. À l'inverse, on peut s'attacher, à l'instar de Rimbaud, à la diversité de nos contenus de pensée. Ce décentrement de l'attention est rationnel : ainsi est qualifié le « dérèglement de tous les sens » (cf. texte 4) propre à développer l'esprit poétique. Par un acte délibéré d'abandon à l'extériorité, le sujet peut prendre acte de l'hétérogénéité à soi de sa propre personnalité. L'autonomie qui s'appuyait sur la pensée réflexive est mise à mal, et la raison de reconnaître : « on me pense ». Lorsqu'on fait prévaloir les objets de notre pensée sur son acte même, on récuse toute permanence à soi du sujet. L'hypothèse d'une unité de la production de nos connaissances n'est pas validée par l'expérience que nous faisons de notre rapport à nous-mêmes. La connaissance de soi prend dès lors chez le poète la forme d'une quête de son âme errante (cf. Rimbaud, texte 4). Si cette attitude exploratoire ne va pas sans quelque monstruosité, elle s'affirme porteuse de promesses fructueuses.

2.2. *Le sujet moral*

On pourrait toutefois se demander si la conscience de soi, la permanence de notre identité n'est pas nécessaire à la définition de notre moralité. Certes, pour être coupable, il faut pouvoir être convaincu de faute, ce qui suppose d'être doué de conscience. Pour être responsable, il faut sans doute assumer la permanence d'un rôle. On comprend que la responsabilité n'implique pas toujours la culpabilité : reconnaître que les conséquences d'un événement relèvent de la compétence de sa propre fonction ne suppose pas que l'on ait déterminé cet événement par un choix effectué en conscience. La moralité de nos décisions constitue un acte spécifique, peut-être rare, bien décrit par Kant. On la rencontrerait dans les cas où l'option prise par le sujet s'oppose à tous ses intérêts : pour le bien, on s'exposerait à tout perdre. C'est que l'action bonne se manifeste au sujet comme inconditionnée. La formule qui la prescrit (une maxime) n'est pas hypothétique : elle ne comporte aucun « si... », contrairement à la plupart de nos choix, par lesquels nous visons notre propre intérêt (cf. texte 3). Kant précise que le devoir est connu immédiatement par sa forme : celle d'une loi universelle. Sa nécessité absolue s'impose indépendamment des circonstances : on pourrait presque la regarder comme étrangère au sujet. Ainsi la raison, en tant qu'elle se manifeste *a priori*, peut constituer pour la conscience comme une altérité intérieure. L'individu obéirait en ce sens à des lois qui dépassent les capacités de son esprit et qui lui confèrent une valeur absolue. Car si l'on reconnaît au devoir, manifesté sous la forme d'une loi universelle, une valeur absolue, alors on doit attribuer à l'instance qui le produit la même valeur absolue. Cette capacité à instituer des valeurs comme ses propres fins définit la dignité de l'être rationnel. Agir pour le bien, c'est aussi respecter l'humanité en la personne de chacun de ses représentants. Si la pensée contemporaine lit volontiers le respect comme imposé par tout individu quand je le perçois (je suis sensible à son expression, son visage, son regard), l'analyse kantienne classique nous conduit à concevoir l'acte moral comme imposé à l'individu par sa raison. On pourrait donc penser qu'on est moral parce qu'on s'échappe à soi-même. Par la rationalité ou d'autres facultés, nos actes se révèlent à nous et nous permettent d'explorer l'abîme qui s'instaure entre le souci de se connaître et les bornes étroites de la conscience de soi. On a tenté de conjurer la distance du sujet à lui-même (manifestée entre la forme désintéressée du devoir et l'étroitesse personnelle de ses intérêts) par l'affirmation de son unité, la position de sa dignité. À l'inverse, en explorant à nouveaux frais l'obscurité du sujet à lui-même, on a pu déceler dans les valeurs traditionnelles de la morale l'expression d'intérêts relatifs. Car si l'on admet que la rationalité s'impose à l'individu comme une extériorité, il ne saurait en conquérir de maîtrise réflexive : elle peut donc receler des déterminations propres à ses groupes d'appartenance. Ceux que Paul Ricœur et Michel Foucault ont qualifiés de « penseurs du soupçon » (Nietzsche, Marx, Freud) ont compris nos options morales comme le produit de notre histoire personnelle ou collective. Traduction de nos conflits familiaux, de notre appartenance de classe, de notre vitalité (définie comme une capacité de s'opposer à la majorité), nos aspirations morales ne seraient ni universelles, ni rationnelles, mais conditionnées par les groupes auxquels nous appartenons. Il est donc devenu difficile de parler de morale : on entend par là une doctrine qui définit le sujet humain de telle sorte qu'il détermine sa conduite par rapport à une loi. On lui préfère le terme d'éthique, qui désigne l'étude des manières par lesquelles un sujet va progressivement adopter une conduite morale. Pour les doctrines classiques, l'être conscient peut être caractérisé par ses facultés, qui le rendent maître de ses actes.

2.3. *L'acteur de l'éthique*

Les analyses contemporaines voient plutôt dans le sujet une forme, un lieu indéterminé qui se fait le support de transformations historiques. S'il n'est pas purement aliéné aux conditions de son action, il doit pourtant compter avec les déterminations qui s'imposent à lui, dont il n'est sans doute que l'autre face. Le sujet humain a des dimensions multiples. Sa singularité ne se conquiert qu'au prix d'un recouvrement de plusieurs de ces dimensions dans l'ironie, qui est toujours aussi auto-ironie. Celle-ci permet au locuteur d'assumer ses particularités sensibles comme son aspiration à l'universel. Le discours classique tend à rabattre le général sur le personnel, tandis que la perspective romantique élève le singulier à l'ensemble des potentialités de la personne (cf. Deleuze, texte 5). La pensée contemporaine appréhende le sujet à partir de ce qu'il n'est pas : le « préindividuel », les « singularités » dont il émane. Il doit être conçu comme une aire de jaillissement dont les sources ne sont accessibles qu'à travers leurs effets : ainsi la profondeur ne peut être identifiée qu'à la superficie. Le « je » est une affaire de surface ; son unité tient de la nature de l'enveloppe, réseau de provenances et d'expressions dont on ne peut assigner la première face. Le sujet y perd son intériorité ; son dedans n'est que « coextensif au dehors », il se constitue par le « plissement du dehors » (Gilles Deleuze, *Foucault*, Paris, Éditions de Minuit, 1986, p. 126, 127). Aux figures traditionnelles de l'autonomie, qui rassemblaient les différents aspects de la subjectivité dans une unité constituante, pour la rendre maître de son jeu, on oppose la face de l'acteur. Ainsi conçu, le sujet contemporain est tout soumis à son texte, à la mise en scène, à son public. Pourtant, il participe de l'éternel et de la création par ses facultés d'interprétation spontanée. L'accomplissement de la subjectivité passe par la saisie de toute singularité comme acte et de chaque acte comme lié à la totalité mouvante de la représentation (cf. texte 5). Le sujet n'advient donc que par la destitution de son intériorité et l'abandon à une extériorité dont il n'est qu'un envers.

Du point de vue des fins que les sujets se donnent, on ne considère plus guère qu'ils visent un bien universel ; on lit plus volontiers l'ensemble des sociétés comme animées de multiples conflits d'intérêt. L'humanité serait une notion sans contenu, dans la mesure où aucune valeur ne s'impose absolument à tous. Il convient pourtant de souligner l'existence d'un très large consensus autour d'attitudes d'indignation : on trouverait peu de personnes pour accepter la torture d'un enfant (cf. chap. 5, 4, texte 1) ; il faut bien chercher pour trouver quelqu'un qui juge morale la destruction de l'humanité ; les grandes injustices motivent le plus souvent des indignations communes. On pourrait de la sorte concevoir que l'analyse éthique ne renonce pas à identifier les préceptes d'une morale négative, en commençant par mesurer que les sagesses traditionnelles sont plutôt constituées d'interdictions que de prescriptions. Ainsi les critiques de la morale semblent plutôt des remises en cause des présupposés de la subjectivité que des dénégations de notre aspiration au bien en général. Si on peut débattre – plus que jamais – d'éthique, c'est que nous avons une dimension essentiellement morale. Certes, cette aspiration doit coexister en nous avec d'autres ; de plus, elle ne s'inscrit aucunement dans un sujet transparent à lui-même. Nous ne disposons que de connaissances extrêmement fragmentaires de ce que nous sommes. Bien que nos fonctions sociales nous conduisent à assumer une identité à travers le temps, nous ne pouvons nous définir que par une pluralité de strates difficiles à hiérarchiser. Loin d'être fondés sur la transparence d'une autonomie, nos comportements éthiques s'inscrivent dans une distance à soi constitutive : c'est aussi parce qu'il est inconnaissable que le sujet est moral.

– Texte 1 –

Cicéron, *Les Devoirs* (44 av. J.-C.), livre 1, 11-12, 50, 107, 141, 155-157

Entre l'homme et la bête, ceci diffère surtout que la bête se meut pour autant que ses sens la meuvent, et qu'elle s'adapte seulement à cela qui lui est présent dans l'espace et dans le temps, car elle a fort peu le sens du passé ou de l'avenir. L'homme au contraire, parce qu'il participe à la raison, grâce à elle, discerne les enchaînements, voit les causes des choses ; leurs [...] antécédents ne lui échappent pas, il rapproche les analogies ; aux choses présentes il relie et rattache les choses futures, ainsi il embrasse aisément de son regard le cours de toute la vie et, pour la mener, prévoit ce qui est nécessaire. Cette même nature, par la vertu de la raison, incline l'homme vers l'homme, en vue d'une communauté de langage et de vie ; elle met en lui surtout un amour spécial pour ceux qu'il a engendrés ; elle le pousse à vouloir qu'il y ait des réunions et des assemblées, et à les fréquenter ; elle le pousse en conséquence à l'effort de se procurer de quoi subvenir à son entretien et à sa subsistance, non pas seulement pour lui, mais pour son épouse, ses enfants et les autres êtres qui peuvent lui être chers et qu'il doit protéger : or, ce souci stimule aussi les âmes et les rend plus grandes pour l'action. [...]

La meilleure façon de respecter le lien social entre les hommes et leur union sera de montrer, à l'égard de ce qui nous est le plus proche, d'autant plus de bonté. Mais pour voir quels sont les principes naturels de la communauté sociale entre les hommes, il faut, semble-t-il, remonter plus haut. Il y a d'abord en effet ce que l'on observe dans la société du genre humain tout entier. Le lien de cette société, c'est la raison et la parole, qui par l'enseignement et l'étude, en permettant de communiquer, de discuter et de juger, associent les hommes entre eux et les unissent dans une sorte de société naturelle. Et rien ne nous éloigne davantage de la nature des bêtes : nous disons souvent qu'elles ont du courage [...] mais nous ne disons pas qu'elles ont le sens de la justice, de l'équité, de la bonté, car elles sont privées de la raison et de la parole. [...]

Il faut encore comprendre que la nature nous a fait endosser en quelque sorte deux personnages ; l'un nous est commun, du fait que nous participons tous à la raison et à cette dignité qui nous élève au-dessus des bêtes, d'où découlent toute la beauté morale et tout le convenable, et à quoi l'on demande la connaissance du devoir ; quant à l'autre, il nous a été attribué à chacun personnellement. De même en effet que les corps présentent de grandes différences [...], de même les âmes offrent-elles de plus grandes diversités encore. [...]

Dans toute action à entreprendre, il faut observer trois principes : en premier lieu, que les désirs obéissent à la raison, et rien n'est plus propice au respect de nos devoirs ; ensuite, examiner quelle est l'importance de l'affaire que

nous voulons mener à bien, afin de ne s'imposer ni plus ni moins de travail que n'en réclame la chose ; en troisième lieu, pour tout ce qui concerne les apparences extérieures et la dignité de la vie libérale, veiller à la mesure.
Ceux dont les études et toute la vie ont été consacrées à la connaissance des choses [...], en s'adonnant à l'étude de la science et à la sagesse, consacrent avant tout à l'intérêt de l'homme leur expérience et leur intelligence ; c'est encore pour cette raison qu'il vaut mieux parler avec abondance, pourvu que ce soit avec prudence, que de penser avec la pénétration la plus fine sans éloquence, car la pensée fait réflexion sur elle-même, tandis que l'éloquence atteint ceux avec qui nous sommes unis par la communauté sociale. [...] Il s'ensuit que l'association et la communauté des hommes l'emportent sur le goût de la connaissance.
(Trad. M. Testard, Les Belles Lettres, 1965, p. 110, 129-130, 159, 178-179, 187-188.)

– Texte 2 –

Descartes, *Méditations métaphysiques* (1641, trad. 1647), « Méditation seconde »

Archimède, pour tirer le globe terrestre de sa place et le transporter en un autre lieu, ne demandait rien qu'un point qui fût fixe et assuré. Ainsi j'aurai droit de concevoir de hautes espérances, si je suis assez heureux pour trouver seulement une chose qui soit certaine et indubitable.
Je suppose donc que toutes les choses que je vois sont fausses ; je me persuade que rien n'a jamais été de tout ce que ma mémoire remplie de mensonges me représente ; je pense n'avoir aucun sens ; je crois que le corps, la figure, l'étendue, le mouvement et le lieu ne sont que des fictions de mon esprit. Qu'est-ce donc qui pourra être estimé véritable ? Peut-être rien autre chose, sinon qu'il n'y a rien au monde de certain.
Mais que sais-je s'il n'y a point quelque autre chose différente de celles que je viens de juger incertaines, de laquelle on ne puisse avoir le moindre doute ? N'y a-t-il point quelque Dieu ou quelque autre puissance qui me met en l'esprit ces pensées ? Cela n'est pas nécessaire ; car peut-être que je suis capable de les produire de moi-même. Moi donc à tout le moins ne suis-je point quelque chose ? Mais j'ai déjà nié que j'eusse aucun sens ni aucun corps. J'hésite néanmoins, car que s'ensuit-il de là ? Suis-je tellement dépendant du corps et des sens que je ne puisse être sans eux ? Mais je me suis persuadé qu'il n'y avait rien du tout dans le monde, qu'il n'y avait aucun ciel, aucune terre, aucun esprit, ni aucuns corps ; ne me suis-je donc pas aussi persuadé que je n'étais point ? Non certes ; j'étais sans doute, si je me suis persuadé, ou seulement si j'ai pensé quelque chose. Mais il y a un je ne sais quel trompeur très puissant et très rusé, qui emploie toute son industrie à me tromper toujours. Il n'y a donc point de doute que je suis, s'il me trompe ; et qu'il me trompe tant qu'il voudra, il ne saurait jamais faire que je ne sois rien tant que je penserai être quelque chose. De sorte qu'après y avoir bien pensé et avoir soigneusement examiné toutes choses, enfin il faut conclure, et tenir pour constant que cette proposition :

je suis, j'existe, est nécessairement vraie, toutes les fois que je la prononce ou que je la conçois en mon esprit. [...]
Mais qu'est-ce donc que je suis ? Une chose qui pense. Qu'est-ce qu'une chose qui pense ? C'est-à-dire une chose qui doute, qui conçoit, qui affirme, qui nie, qui veut, qui ne veut pas, qui imagine aussi, et qui sent. Certes ce n'est pas peu si toutes ces choses appartiennent à ma nature. Mais pourquoi n'y appartiendraient-elles pas ? Ne suis-je pas encore ce même qui doute presque de tout, qui néanmoins entends et conçois certaines choses, qui assure et affirme celles-là seules être véritables, qui nie toutes les autres, qui veux et désire d'en connaître davantage, qui ne veux pas être trompé, qui imagine beaucoup de choses, même quelquefois en dépit que j'en aie, et qui en sens aussi beaucoup, comme par l'entremise des organes du corps ? [...]
Puisque c'est une chose qui m'est à présent connue, qu'à proprement parler nous ne concevons les corps que par la faculté d'entendre qui est en nous, et non point par l'imagination ni par les sens, et que nous ne les connaissons pas de ce que nous les voyons, ou que nous les touchons, mais seulement de ce que nous les concevons par la pensée, je connais évidement qu'il n'y a rien qui me soit plus facile à connaître que mon esprit.
(Trad. De Luynes revue par Descartes, Gallimard, coll. « Bibliothèque de la Pléiade », 1953, p. 274-275, 278, 283.
Éd. M. et J.-M. Beyssade, Flammarion, coll. « GF », 1979, p. 79-81, 85-87, 95.)

– Texte 3 –

Emmanuel Kant, *Fondements de la métaphysique des mœurs* (1785), 2e section

Quand je conçois un impératif *hypothétique* en général, je ne sais pas d'avance ce qu'il contiendra, jusqu'à ce que la condition me soit donnée. Mais si c'est un impératif *catégorique* que je conçois, je sais aussitôt ce qu'il contient. Car, puisque l'impératif ne contient en dehors de la loi que la nécessité, pour la maxime (principe subjectif de l'action), de se conformer à cette loi, et puisque la loi ne contient aucune condition à laquelle elle soit astreinte, il ne reste rien que l'universalité d'une loi en général, à laquelle la maxime de l'action doit être conforme, et c'est seulement cette conformité que l'impératif nous représente proprement comme nécessaire. Il n'y a donc qu'un impératif catégorique, et c'est celui-ci : *Agis uniquement d'après la maxime qui fait que tu puisses vouloir en même temps qu'elle devienne une loi universelle*. [...]
La volonté est donc conçue comme une faculté de se déterminer soi-même à agir *conformément à la représentation de certaines lois*. Et une telle faculté ne peut se rencontrer que dans des êtres raisonnables. Or, ce qui sert à la volonté de principe objectif pour se déterminer elle-même, c'est la *fin*, et, si celle-ci est donnée par la seule raison, elle doit valoir également pour tous les êtres raisonnables. [...]
À supposer qu'il y ait quelque chose *dont l'existence en soi-même* ait une valeur absolue, quelque chose qui, comme *fin en soi*, pourrait être un principe de lois déterminées, c'est alors en cela, et en cela seulement, que se trouverait

le principe d'un impératif catégorique possible, c'est-à-dire d'une loi pratique. [...]
Si donc il doit y avoir un principe pratique suprême, et au regard de la volonté humaine un impératif catégorique, il faut qu'il soit tel que, par la représentation de ce qui, étant *une fin en soi*, est nécessairement une fin pour tout homme, il constitue un principe *objectif* de la volonté, que par conséquent il puisse servir de loi pratique universelle. Voici le fondement de ce principe : la *nature raisonnable existe comme fin en soi*. L'homme se représente nécessairement ainsi sa propre existence ; c'est donc en ce sens un principe *subjectif* d'actions humaines. Mais tout autre être raisonnable se représente également ainsi son existence, en conséquence du même principe rationnel qui vaut aussi pour moi ; c'est donc en même temps un principe *objectif* dont doivent pouvoir être déduites, comme d'un principe pratique suprême, toutes les lois de la volonté. L'impératif pratique sera donc celui-ci : *Agis de telle sorte que tu traites l'humanité aussi bien dans ta personne que dans la personne de tout autre toujours en même temps comme une fin, et jamais simplement comme un moyen.*
(Trad. V. Delbos et F. Alquié, *Œuvres philosophiques*, II, Gallimard, coll. « Bibliothèque de la Pléiade », 1985, p. 284-285, 292, 293, 294-295.
Trad. A. Renaut, Flammarion, coll. « GF », 1994, p. 97, 106-107, 108.)

– Texte 4 –

Arthur Rimbaud, *Lettres à Paul Demeny* (13 et 15 mai 1871)

Maintenant, je m'encrapule le plus possible. Pourquoi ? Je veux être poète, et je travaille à me rendre *Voyant* : vous ne comprendrez pas du tout, et je ne saurais presque vous expliquer. Il s'agit d'arriver à l'inconnu par le dérèglement de *tous les sens*. Les souffrances sont énormes, mais il faut être fort, être né poète, et je me suis reconnu poète. Ce n'est pas du tout ma faute. C'est faux de dire : je pense : on devrait dire on me pense. – Pardon du jeu de mots.
JE est un autre. Tant pis pour le bois qui se trouve violon, et Nargue aux inconscients, qui ergotent sur ce qu'ils ignorent tout à fait ! [...]
Ni plaisanterie, ni paradoxe. La raison m'inspire plus de certitudes sur le sujet que n'aurait jamais eu de colères un Jeune-France. Du reste, libre aux nouveaux ! d'exécrer les ancêtres : on est chez soi et l'on a le temps.
On n'a jamais bien jugé le romantisme. Qui l'aurait jugé ? Les critiques ! Les romantiques, qui prouvent si bien que la chanson est si peu souvent l'œuvre, c'est-à-dire la pensée chantée et comprise du chanteur ?
Car Je est un autre. Si le cuivre s'éveille clairon, il n'y a rien de sa faute. Cela m'est évident : j'assiste à l'éclosion de ma pensée : je la regarde, je l'écoute : je lance un coup d'archet : la symphonie fait son remuement dans les profondeurs, ou vient d'un bond sur la scène.
Si les vieux imbéciles n'avaient pas trouvé du moi que la signification fausse, nous n'aurions pas à balayer ces millions de squelettes qui, depuis un temps infini, ont accumulé les produits de leur intelligence borgnesse, en s'en clamant les auteurs !
En Grèce, ai-je dit, vers et lyres *rythment l'Action*. Après, musique et rimes sont jeux, délassements. L'étude de ce passé charme les curieux : plusieurs

s'éjouissent à renouveler ces antiquités : – c'est pour eux. L'intelligence universelle a toujours jeté ses idées, naturellement ; les hommes ramassaient une partie de ces fruits du cerveau : on agissait par, on en écrivait des livres : telle allait la marche, l'homme ne se travaillant pas, n'étant pas encore éveillé, ou pas encore dans la plénitude du grand songe. Des fonctionnaires, des écrivains : auteur, créateur, poète, cet homme n'a jamais existé !

La première étude de l'homme qui veut être poète est sa propre connaissance, entière ; il cherche son âme, il l'inspecte, il la tente, l'apprend. Dès qu'il la sait, il doit la cultiver ; cela semble simple : en tout cerveau s'accomplit un développement naturel ; tant d'*égoïstes* se proclament auteurs ; il en est bien d'autres qui s'attribuent leur progrès intellectuel ! – Mais il s'agit de faire l'âme monstrueuse : à l'instar des *comprachicos*, quoi ! Imaginez un homme s'implantant et se cultivant des verrues sur le visage.

Je dis qu'il faut être *voyant*, se faire *voyant*.

Le Poète se fait *voyant* par un long, immense et raisonné *dérèglement* de *tous les sens*. Toutes les formes d'amour, de souffrance, de folie ; il cherche lui-même, il épuise en lui tous les poisons, pour n'en garder que les quintessences. Ineffable torture où il a besoin de toute la foi, de toute la force surhumaine, où il devient entre tous le grand malade, le grand criminel, le grand maudit, – et le suprême Savant ! – Car il arrive à l'*inconnu !* Puisqu'il a cultivé son âme, déjà riche, plus qu'aucun ! Il arrive à l'inconnu, et quand, affolé, il finirait par perdre l'intelligence de ses visions, il les a vues ! Qu'il crève dans son bondissement par les choses inouïes et innommables : viendront d'autres horribles travailleurs ; ils commenceront par les horizons où l'autre s'est affaissé !

(Gallimard, coll. « Bibliothèque de la Pléiade », 1972, p. 249-251.)

– Texte 5 –

Gilles Deleuze, *Logique du sens*, 1969

Ce qu'il y a de commun à toutes les figures de l'ironie, c'est qu'elles enferment la singularité dans les limites de l'individu ou de la personne. Aussi l'ironie n'est-elle vagabonde qu'en apparence. Mais, surtout, c'est pourquoi toutes ces figures sont menacées par un intime ennemi qui les travaille du dedans : le fond indifférencié, le sans-fond […] qui représente la pensée tragique, le ton tragique avec lequel l'ironie entretient les rapports les plus ambivalents. […] L'individu tenait le discours classique, la personne, le discours romantique. Mais, sous ces deux discours, et les renversant de manières diverses, c'est maintenant le Fond sans visage qui parle en grondant. […]

Non, les singularités ne sont pas emprisonnées dans des individus et des personnes ; et pas davantage on ne tombe dans un fond indifférencié, profondeur sans fond, quand on défait l'individu et la personne. Ce qui est impersonnel et pré-individuel, ce sont les singularités, libres et nomades. Ce qui est plus profond que tout fond, c'est la surface, la peau. Ici se forme un nouveau type de langage ésotérique, qui est à lui-même son propre modèle et sa réalité. Le devenir-fou change de figure quand il monte à la surface, sur la ligne droite de l'Aiôn, éternité ; de même le moi dissous, le Je fêlé, l'iden-

tité perdue, quand ils cessent de s'enfoncer, pour libérer au contraire les singularités de surface. [...]
L'acteur représente, mais ce qu'il représente est toujours encore futur et déjà passé, tandis que sa représentation est impassible, et se divise, se dédouble sans se rompre, sans agir ni pâtir. C'est en ce sens qu'il y a un paradoxe du comédien : il reste dans l'instant, pour jouer quelque chose qui ne cesse de devancer et de retarder, d'espérer et de rappeler. Ce qu'il joue n'est jamais un personnage : c'est un thème (le thème complexe ou le sens) constitué par les composantes de l'événement, singularités communicantes effectivement libérées des limites des individus et des personnes. Toute sa personnalité, l'acteur la tend dans un instant toujours encore plus divisible, pour s'ouvrir au rôle impersonnel et pré-individuel. Aussi est-il toujours dans la situation de jouer un rôle qui joue d'autres rôles. Le rôle est dans le même rapport avec l'acteur que le futur et le passé avec le présent instantané qui leur correspond sur la ligne de l'Aiôn. L'acteur effectue donc l'événement, mais d'une tout autre manière que l'événement s'effectue dans la profondeur des choses. Ou plutôt cette effectuation cosmique, physique, il la double d'une autre, à sa façon, singulièrement superficielle, d'autant plus nette, tranchante et pure pour cela, qui vient délimiter la première, en dégage une ligne abstraite et ne garde de l'événement que le contour ou la splendeur : devenir le comédien de ses propres événements, *contre-effectuation*. [...]
Il faudrait que l'individu se saisisse lui-même comme événement. Et que, l'événement qui s'effectue en lui, il le saisisse aussi bien comme un autre individu greffé sur lui. Alors, cet événement, il ne le comprendrait pas, ne le voudrait pas, ne le représenterait pas sans comprendre et vouloir aussi tous les autres événements comme individus, sans représenter tous les autres individus comme événements. Chaque individu serait comme un miroir pour la condensation des singularités, chaque monde une distance dans le miroir. Tel est le sens ultime de la contre-effectuation.
(Éditions de Minuit, 1969, p. 165, 166, 176, 208-209.)

Section 3. Individu et individualisme

Malgré l'émergence actuelle de formes de socialité originales, on s'accorde généralement pour juger notre monde « individualiste », voire « hyperindividualiste ». Il est d'habitude admis que les propriétés de la subjectivité constituent les assises de l'individualité. On est donc confronté à la situation paradoxale d'une culture individualiste qui s'en prend aux fondements théoriques de la notion d'individu. Ou bien ce sont les propriétés du sujet humain qui doivent être redéfinies ou réévaluées, ou bien l'individualisme contemporain repose sur autre chose que ce que la tradition définit comme « subjectivité ». L'individu est caractérisé par deux dimensions essentielles : il est indivisible (du moins dans sa partie essentielle, le système nerveux central), et il est différent de tout autre. C'est la seconde détermination de la subjectivité (cf. chap. 1, 2) que traduit le terme d'individualité : identité à soi, permanence dans le temps de cette identité, irréductibilité à tout individu différent. La question est de savoir ce qui permet à chacun de se saisir ou d'être saisi selon son originalité propre. Il ne faut pas préjuger des capacités de chacun à s'autodéterminer, puisque la réflexivité de sa faculté de connaître et son autonomie ont pu être remises en cause. Résultant d'une accentuation de certaines propriétés de la subjectivité, la notion d'individu est moderne. L'individualisme est une dynamique culturelle qui prend sa source à la Renaissance pour s'accomplir au XVIIIe siècle, constituant depuis lors un trait majeur de nos sociétés. Il correspond d'abord au postulat selon lequel la nature humaine est individuelle. Il affirme ensuite la légitimité des revendications de la liberté individuelle ; par là même, on reconnaît à l'individu une vocation à l'indépendance qui en fait le producteur de son identité. Enfin, il pose l'individu comme fondement de la société : contrairement à la personne, définie par rapport aux autres, l'individualité est conçue comme une nature, à l'origine de nos institutions. On aura compris qu'il s'apparente étroitement au libéralisme. Plutôt qu'au courant politique, on s'attache ici au « principe d'identité » et à son évolution : qu'est-ce qui permet à un individu d'être défini comme tel ?

Les sociétés antérieures au IVe siècle avant J.-C. sont essentiellement holistes : elles font prévaloir l'organisation de l'ensemble sur chacun de ses rouages. Si la pensée antique découvre l'interrogation sur l'esprit, et même sur le moi, elle reste largement étrangère aux notions de personne et d'identité individuelle. Certes on reconnaissait bien une intégrité physique aux êtres humains, mais celle-ci n'est pas différente de celle qui était attribuée aux animaux. Ce qui différencie l'homme des bêtes, c'est moins son rapport à soi que sa relation aux autres : il peut constituer des communautés. Mieux : comme il ne manque jamais à le faire, on juge qu'il le doit, et par suite que son organisation sous la forme d'ensembles politiques est un fait de nature. On peut penser, à l'instar d'Aristote (cf. texte 1), que la cité grecque, comme la famille et le village dont elle résulte, relève de la satisfaction des besoins naturels. Respectivement, on s'accouple pour se reproduire, on échange pour se nourrir, on se réunit pour se défendre. Lorsqu'on considère que l'essence de l'homme est d'appartenir à un groupe hiérarchisé, on ne dispose d'aucun fondement pour l'individualité. Ses facultés naturelles font de l'homme un être social : par exemple, son langage vise moins l'expressivité que le partage de notions morales. Et la moralité fonde moins la responsabilité personnelle que l'affirmation de valeurs communes (cf. texte 1). Aristote formule le principe anti-individualiste qui prévaudra jusqu'à la Renaissance : « le tout est antérieur à la partie ». On trouve des échos de ses propos chez Cicéron (cf. chap. 1, 2, texte 1), qui subordonne encore la dignité personnelle au respect des devoirs que l'homme libre a envers ses semblables.

3.1. Genèse d'une notion

L'émergence de la notion d'individu est préparée par certaines valorisations du singulier aux dépens de la généralité des concepts. Guillaume d'Ockham, par exemple, au XIVe siècle, destitue l'universel de ses privilèges antiques : « aucun universel n'est une substance existant hors de l'âme » (*Somme de logique*, chap. 15, trad. Joël Biard, Mauzevin, TER, 1988, p. 51). Si les concepts généraux des substances n'existent que dans l'esprit, alors il n'y a rien de réel au-delà de l'être spécifié, particularisé. La promotion de l'individuel sera consacrée par l'exploration d'une intériorité psychologique. Les poètes de la Renaissance (notamment Dante et Pétrarque) découvrent entre leur moi tel qu'il s'inscrit dans la société et tel qu'ils l'appréhendent eux-mêmes une distance qu'ils expriment comme une sorte de détresse au monde. Sans doute l'élection de la Dame n'est-elle pas étrangère à la genèse de l'identité personnelle : Béatrice, Laure incarnent le regard pénétrant qui permet de consacrer une intériorité comme individualité. Le moi n'est accessible, comme il n'est aimable, qu'indirectement : c'est par la même aberration que Narcisse croit saisir son image et la vénérer. Il usurpe ainsi une fonction (porter un regard d'ensemble sur une personne, l'aimer) nécessairement dévolue à une altérité. La pensée de la Renaissance a radicalement modifié la conception de l'être connaissant. Englobant ce qui l'englobe, il est caractérisé comme miroir de la nature, ainsi que l'illustrent les célèbres images figurant des correspondances entre l'univers et le corps humain. La nature devient, à l'aube de l'époque moderne, un cadre vide, appréhendé comme un ensemble de fonctions. De même, au cours des XVe et XVIe siècles, la conscience se trouve libérée des forces qui l'habitaient : son obscurité à elle-même était interprétée à travers la rivalité entre des entités sacrées à l'intérieur des âmes. Dès lors, le sujet devient pour lui-même une tâche ; la constitution de sa personnalité est maintenant son objet propre. Montaigne explicite dans plusieurs passages de ses *Essais* le souci de se consacrer à soi-même. Il ne s'agit pas encore au XVIe siècle de se constituer, de produire sa propre personnalité. Il est question plutôt de s'accepter, de manifester des capacités de réserve et d'adaptation. Le sujet, comme en retrait de lui-même, peut alors se prêter à ses activités sans se réduire à tel ou tel de ses engagements (cf. texte 2). On peut même « se donner à autrui », à condition de ne pas se perdre, de pouvoir se reprendre. Les circonstances (« la fortune ») ont plus de part dans la configuration de notre individualité que nous-mêmes. En le reconnaissant, nous sommes plus en conformité avec notre nature qu'en cherchant à déterminer notre essence. Loin d'être un abandon à l'extériorité, l'attitude de Montaigne vise à se mettre en adéquation avec le monde : il est superficiel, il se prête plus aux glissements qu'à la pénétration. Bien sûr, on peut se constituer son lot de sagesse, mais il risque de n'arriver que trop tard, au terme de la vie, lors même qu'il est devenu inutile. L'individu se conquiert donc dans le mouvement même par lequel il constate sa perte, aussi bien en face des autres qu'à travers le temps. Cette émergence de l'individualité est portée à l'accomplissement par Leibniz : il définit cette notion comme l'application d'une règle métaphysique, qui porte sur l'être des choses. C'est le principe des indiscernables : si deux réalités ne peuvent être distinguées, alors elles sont identiques. On peut en déduire que deux entités, du fait même de leur dualité (elles sont en deux endroits différents, par exemple), sont nécessairement singularisées par quelque propriété qui les individualise. Aux yeux de Leibniz, chaque substance (au premier chef le sujet conscient), pour exister, doit être complète ; c'est-à-dire qu'elle comprend dans sa notion tout ce qui permet de la définir et de la distinguer de toute autre. Elle est douée d'une richesse de qualités qui non seulement interdit de la confondre avec d'autres, mais lui permet encore de se découvrir elle-même.

3.2. *Les risques d'une scission intérieure*

À poursuivre l'exploration de son individualité, le sujet risque de la découvrir paradoxalement divisible. Les Temps modernes, entre le XVIIe et le XXe siècle, conduisent à développer chez l'individu le sentiment d'une diversité d'aspects de son intériorité. Le XIXe siècle, par exemple avec le soupçon portant sur l'origine de notre moralité (cf. chap. 1, 2), destitue la conscience de sa transparence à elle-même. Des forces profondes, intérieures à l'individu sans lui être manifestes, peuvent prendre la forme d'une entité différenciée, voire d'une personnalité. C'est l'expérience relatée entre autres par Stevenson : un médecin parvient à traduire physiquement sa schizophrénie. Puisqu'il donne à la dualité de sa nature un sens moral, la créature qu'il engendre au moyen d'un procédé biochimique (M. Hyde) est un être maléfique. Outre les péripéties pratiques de la substitution d'un corps à l'autre, le problème moral de la responsabilité des crimes commis par son double malfaisant, le ton que Stevenson prête à la « confession du Dr Jekyll » est intéressant (cf. texte 3). Car celui-ci inscrit son projet dans une histoire (certains ont pu charger d'autres de leurs crimes) et dans une prospective : on pourra sans doute découvrir d'autres personnalités intérieures à un même sujet. La continuité qui permet d'identifier quelqu'un n'apparaît que sur fond de différences. L'individu, constamment intérieur à lui-même, fait beau jeu, lorsqu'il s'analyse, de son identité à soi. Oscar Wilde présente l'histoire de Dorian Gray, qui a réussi à dissocier son apparence (restant alors inchangée) de ses aspirations profondes (rendant son portrait hideux). Il souligne combien il trouve étroites les conceptions qui prêtent au moi une stricte unité (*Le Portrait de Dorian Gray*, 1891, *Œuvres*, Gallimard, coll. « Bibliothèque de la Pléiade », 1996, p. 485). Voulant maîtriser, comme Jekyll, son identité en en dissociant certains éléments, le jeune dandy finit également par être victime de lui-même : on le retrouve mort après qu'il a voulu assassiner son portrait, comme Jekyll périt de vouloir éliminer Hyde. Il faut donc admettre que l'unité qui définit un individu est plus à même d'être identifiée par une autre instance que par lui-même.

3.3. *Le libéralisme comme promotion de l'individu*

Il n'est donc pas sûr que le sujet soit promu par l'acquisition de son identité individuelle. Pourrait-il par là même être déchu ? Cela semble d'abord curieux, au vu de la définition de la subjectivité : réflexion, permanence dans le temps, moralité. Il semble que l'individualité assure l'identité à travers le temps et même la responsabilité. En d'autres termes, l'individualité est un attribut de la subjectivité. Pourtant, nombreux sont les auteurs à distinguer sujet et individu (ainsi Alain Touraine, *Critique de la modernité*, essentiellement III, 3, Fayard, 1992, p. 295-341). Le sujet reste assimilé aux attributs fondamentaux de l'humaine condition, en quoi il constitue toujours une réflexion sur sa propre identité. L'individu est en revanche caractérisé par la revendication de droits personnels de plus en plus nombreux : droit de posséder, de contracter, d'échanger, de choisir sa confession, son conjoint et finalement ses mœurs. Bref, la tendance de l'individualisme, qui s'identifie pratiquement avec le libéralisme, consiste à multiplier les attributions qui permettent à chacun de se différencier des autres par ses choix. La logique de la subjectivité est celle d'une promotion à la communauté ; tandis que l'individualisme correspond à une différenciation sans cesse accrue. Puisque l'individu est défini par le droit, il relève donc du politique. Le sujet, étant lui défini par des propriétés fondamentales, relève du culturel. On retrouve une distinction similaire chez Alain Renaut. La liberté est conçue pour le sujet comme soumission, tandis que pour l'individu, elle se manifeste comme exigence d'indépendance (cf. texte 5). En d'autres termes, il s'agit de réhabiliter la notion de sujet à l'encontre de la dérive individualiste qui l'a indûment isolé de la communauté. Le problème est de savoir quelle instance reconnaît sa singularité et lui confère par là son identité. Puisqu'il ne peut s'instituer lui-même, sauf à se découvrir autre, il doit prendre acte de sa dépendance à l'égard de l'instance qui le promeut. Sont-ce les institutions ? Est-ce le groupe restreint auquel le sujet appartient ? La constitution même de l'individualité ne relèverait-elle que de la fiction ? La socialité est-elle première et seule réalité, faisant de l'idée d'individu une abstraction ? (Cf. Auguste Comte, *Discours sur l'esprit positif,* 1844, Dalmont, repris dans *Œuvres,* tome XI, Appendice, p. 74.) Doit-on croire qu'une entité bienveillante doit accompagner de son regard extérieur l'être spirituel par là même comme élu à lui-même ? L'idée d'individu trouve son accomplissement sous la forme du libéralisme moderne : pour les théoriciens du contrat, il n'existe originellement que des individus. Le projet politique est subordonné au respect des individus dont il émane. On constate une interdépendance dont on n'échappe qu'en mesurant que l'individu, au même titre que le pacte, n'est qu'une fiction théorique.

3.4. La trouble transparence de l'individu

La question se pose donc de savoir si l'individu possède encore l'autonomie qui définit le sujet. Les contractualistes lui supposent une liberté de choix. L'individu se trouve ici défini au moyen de principes, de postulats politiques. On mesurera toutefois que les théories libérales n'expriment rien d'autre que la tendance historique de notre modernité. Il faut admettre que la notion d'individu est socialement conditionnée. En deçà des manifestations individualistes étudiées par Michel Foucault dans son *Histoire de la sexualité* (1976-1984) – valorisation de la vie privée, intensité des rapports à soi –, l'individualisme philosophique qui fait de l'être conscient singularisé la valeur dernière de notre culture se trouve relativisé. L'identité individuelle est un produit de la société dans laquelle elle émerge. L'indépendance résulte en effet de liens, comme l'individu peut être compris au sein d'un réseau (cf. texte 5). Le sociologue Norbert Élias montre que les réseaux mobiles et souples définissent des perspectives de décision pour les individus : seul l'ensemble des options est conditionné absolument par la structure sociale. L'examen de l'évolution de la civilisation occidentale moderne permet de penser qu'elle offre aux individualités un rôle de plus en plus déterminant. Nos sociétés sont facteur d'individualisation : elles manifestent un « processus de personnalisation », selon l'expression de Gilles Lipovetsky (*L'Ère du vide*, Gallimard, 1983, cf., en outre, chap. 5, 4, texte 4). Chacun est conduit par les pratiques sociales à épouser le narcissisme ambiant. Nos mœurs semblent pousser à son paroxysme l'individualisme. Déjà, dans *La Société de consommation* (Denoël, 1970), Jean Baudrillard montrait que la valeur des objets est prédéfinie par leur appartenance à un système ; leur possession confère des distinctions sociales. Mais la consommation était encore analysée alors comme relation d'intégration à un groupe. Aujourd'hui, il semble que nous ne soyons pas seulement soumis à l'exigence de traduire notre appartenance sociale en termes de besoins, mais encore de rendre lisible la constitution de notre personnalité. Nous sommes déterminés à devenir singuliers, à constituer nous-mêmes notre propre singularité et à manifester cette constitution. Portés par le mouvement d'une déchéance générale des valeurs, nous n'avons qu'à clamer que nous n'avons pas de certitude. Là réside le dernier refuge de nos convictions : la fragile vérité de soi-même. L'individu risque de s'épuiser dans les contradictions qui sont à l'origine même de sa définition (il ne peut se rendre transparent ni aux autres, ni à lui-même) et auxquelles il est conduit (en se singularisant, il ne fait que se conformer à une norme commune). Paradoxalement, alors que nous valorisons l'individualité, nous réduisons la part accordée par chacun à son intériorité : l'originalité prescrite est un effet d'uniformisation. Il ne s'impose pas seulement à nous de consommer, mais de nous consumer : de s'épuiser à rendre visible notre propre constitution. L'idée de sujet paraît moins exposée à dégénérescence que celle d'individu. La subjectivité est en effet un fondement dont on ne préjuge pas de la transparence, ni des dimensions. Il peut donc être réinvesti à la faveur de sa propre opacité, comme en témoignent les redéfinitions très diverses auxquelles donne lieu périodiquement cette notion. Face à l'épuisement de l'individualisme, le sujet ne peut compter que sur les mystères dont il est habité pour défendre encore sa valeur en tant qu'individu.

– Texte 1 –

Aristote, *Les Politiques* (vers 340 av. J.-C.), I, 2, 1252a27-1253a33

Il est tout d'abord nécessaire que s'unissent les êtres qui ne peuvent exister l'un sans l'autre, par exemple la femme et l'homme en vue de la procréation

[...] ; et celui qui commande et celui qui est commandé, et ce par nature, en vue de leur mutuelle sauvegarde. [...]
D'une part, donc, la communauté naturelle constituée en vue de la vie de tous les jours c'est la famille [...]. D'autre part, la communauté première formée de plusieurs familles en vue de relations qui ne soient plus seulement celles de la vie quotidienne, c'est le village. Réalité tout à fait naturelle, le village semble être une colonie de la famille, et certains appellent ses membres des gens qui ont tété le même lait, des enfants et des petits-enfants. [...]
Et la communauté achevée formée de plusieurs villages est une cité dès lors qu'elle a atteint le niveau de l'autarcie pour ainsi dire complète ; s'étant donc constituée pour permettre de vivre, elle permet, une fois qu'elle existe, de mener une vie heureuse. Voilà pourquoi toute cité est naturelle : c'est parce que les communautés antérieures dont elle procède le sont aussi. Car elle est leur fin, et la nature est fin : ce que chaque chose, en effet, est une fois que sa genèse est complètement achevée, c'est cela que nous disons être la nature de cette chose [...] De plus, le ce en vue de quoi, c'est-à-dire la fin, c'est le meilleur, et l'autarcie est à la fois une fin et quelque chose d'excellent.
Il est manifeste, à partir de cela, que la cité fait partie des choses naturelles, et que l'homme est par nature un animal politique, et que celui qui est hors cité, naturellement bien sûr et non par le hasard des circonstances, est soit un être dégradé soit un être surhumain, et il est comme celui qui est injurié en ces termes par Homère : « sans lignage, sans loi, sans foyer ».
Car un tel homme est du même coup naturellement passionné de guerre, étant comme un pion isolé [...]. C'est pourquoi il est évident que l'homme est un animal politique plus que n'importe quelle abeille et que n'importe quel animal grégaire. Car, comme nous le disons, la nature ne fait rien en vain ; or seul parmi les animaux l'homme a un langage. Certes la voix est le signe du douloureux et de l'agréable, aussi la rencontre-t-on chez les animaux ; leur nature, en effet, est parvenue jusqu'au point d'éprouver la sensation du douloureux et de l'agréable et de se les signifier mutuellement. Mais le langage existe en vue de manifester l'avantageux et le nuisible, et par suite aussi le juste et l'injuste. Il n'y a en effet qu'une chose qui soit propre aux hommes par rapport aux autres animaux : le fait que seuls ils aient la perception du bien, du mal, du juste, de l'injuste et des autres notions de ce genre. Or, avoir de telles notions en commun c'est ce qui fait une famille et une cité.
De plus, une cité est par nature antérieure à une famille et à chacun de nous. Le tout, en effet, est nécessairement antérieur à la partie, car le corps entier une fois détruit, il n'y a plus ni pied ni main [...]. Que donc la cité soit à la fois par nature et antérieure à chacun de ses membres, c'est clair. S'il est vrai, en effet, que chacun pris séparément n'est pas autosuffisant, il sera dans la même situation que les autres parties vis-à-vis du tout, alors que celui qui n'est pas capable d'appartenir à une communauté ou qui n'en a pas besoin parce qu'il se suffit à lui-même n'est en rien une partie d'une cité, si bien que c'est soit une bête soit un dieu. C'est donc par nature qu'il y a chez tous les hommes la tendance vers une communauté de ce genre, mais le premier qui l'établit n'en fut pas moins cause des plus grands biens. De même, en effet, qu'un homme accompli est le meilleur des animaux, de même aussi quand il a rompu avec loi et justice est-il le pire de tous.
(Trad. P. Pellegrin, Flammarion, « GF », 1990, p. 87-93.)

– Texte 2 –

Montaigne, *Essais* (vers 1586), « De ménager sa volonté », III, 10

Autant que je puis, je m'emploie tout à moi ; et en ce sujet même, je briderais pourtant et retiendrais volontiers mon affection qu'elle ne s'y plonge trop entière, puisque c'est un sujet que je possède à la merci d'autrui, et sur lequel la fortune a plus de droit que je n'ai. [...]

Mais aux affections qui me distraient de moi et attachent ailleurs, à celles-là certes m'opposé-je de toute ma force. Mon opinion est qu'il se faut prêter à autrui et ne se donner qu'à soi-même. [...] J'ai assez affaire à disposer et ranger la presse domestique que j'ai dans mes entrailles et dans mes veines, sans y loger, et me fouler d'une presse étrangère ; et je suis assez intéressé de mes affaires essentielles, propres et naturelles, sans en convier d'autres étrangères. Ceux qui savent combien ils se doivent et de combien d'offices ils sont obligés à eux-mêmes, trouvent que nature leur a donné cette commission assez entière et nullement oisive. Tu as bien largement affaire chez toi, ne t'éloigne pas.

Les hommes se donnent à louage. Leurs facultés ne sont pas pour eux, elles sont pour ceux à qui ils s'asservissent ; leurs locataires sont chez eux, ce ne sont pas eux. Cette humeur commune ne me plaît pas : il faut ménager la liberté de notre âme et ne l'hypothéquer qu'aux occasions justes [...].

Je me tiens sur moi, et communément désire mollement ce que je désire, et désire peu ; m'occupe et m'embesogne de même ; rarement et tranquillement. Tout ce qu'ils veulent et conduisent, ils le font de toute leur volonté et véhémence. Il y a tant de mauvais pas que, pour le plus sûr, il faut un peu légèrement et superficiellement couler ce monde. Il le faut glisser, non pas s'y enfoncer. [...]

Celui-ci, sachant exactement ce qu'il se doit, trouve dans son rôle qu'il doit appliquer à soi l'usage des autres hommes et du monde, et, pour ce faire, contribuer à la société publique les devoirs et offices qui le touchent. Qui ne vit aucunement à autrui, ne vit guère à soi. « Sachez que quand on est ami de soi-même on est ami de tout le monde. » (Sénèque.) La principale charge que nous ayons, c'est à chacun sa conduite, et c'est ce pour quoi nous sommes ici. [...]

J'ai pu me mêler des charges publiques sans me départir de moi de la largeur d'un ongle, et me donner à autrui sans m'ôter à moi. [...]

Considérez, qu'aux actions mêmes qui sont vaines et frivoles, au jeu [...] de la paume et semblables, cet engagement âpre et ardent d'un désir impétueux jette incontinent l'esprit et les membres à discrétion et au désordre : on s'éblouit, on s'embarrasse soi-même. Celui qui se porte plus modérément envers le gain et la perte, il est toujours chez soi ; moins il se pique et passionne au jeu, il le conduit d'autant plus avantageusement et sûrement. [...]

Il ne faut pas se précipiter si éperdument après nos affections et intérêts. Comme, étant jeune, je m'opposais au progrès de l'amour que je sentais trop avancer sur moi, et veillais à ce qu'il ne me fut si agréable qu'il vint à me forcer enfin et captiver du tout à sa merci, j'en use de même à toutes autres occasions où ma volonté se prend avec trop d'appétit : je me penche à l'opposé de son inclination, comme je le vois se plonger et enivrer de son

vin ; je me garde de nourrir son plaisir si avant que je ne l'en puisse plus r'avoir sans perte sanglante. […]
Moi qui m'en vais, donnerais facilement à quelqu'un qui vient, ce que j'apprends de prudence pour le commerce du monde. Moutarde après dîner. Je n'ai que faire du bien duquel je ne puis rien faire. À quoi bon la science à qui n'a plus de tête ?
(*Œuvres complètes*, éd. A. Thibaudet et M. Rat, Gallimard, coll. « Bibliothèque de la Pléiade », 1962, p. 980, 981, 982, 984, 985, 986, 991-992, 987.
Éd. P. Villey, PUF, 1924 ; rééd. coll. « Quadrige », 1992, p. 1003-1009, 1014, 1010.)

– Texte 3 –

Robert Louis Stevenson, *Le Cas étrange du Dr Jekyll et de M. Hyde* (1886)

De jour en jour, et par les deux côtés de mon intelligence, le moral et l'intellectuel, je me rapprochai donc peu à peu de cette vérité, dont la découverte a entraîné pour moi un si terrible naufrage : à savoir que l'homme en réalité n'est pas un, mais bien deux. Je dis deux, parce que l'état de mes connaissances propres ne s'étend pas au-delà. Mais d'autres viendront après moi, qui me dépasseront dans cette voie ; et j'ose avancer l'hypothèse que l'on découvrira finalement que l'homme est formé d'une véritable confédération de citoyens multiformes, hétérogènes et indépendants. […]
Ce fut par le côté moral, et sur mon propre individu, que j'appris à discerner l'essentielle et primitive dualité de l'homme ; je vis que, des deux personnalités qui se disputaient le champ de ma conscience, si je pouvais à aussi juste titre passer pour l'un ou l'autre, cela venait de ce que j'étais foncièrement tous les deux ; […] j'avais appris à caresser amoureusement, tel un beau rêve, le projet de séparer ces deux éléments constitutifs. Il suffirait, me disais-je, de pouvoir caser chacun d'eux dans une individualité distincte, pour alléger la vie de tout ce qu'elle a d'insupportable : l'injuste alors suivrait sa voie, libéré des aspirations et des remords de son jumeau supérieur ; et le juste s'avancerait d'un pas ferme et assuré sur son chemin sublime […]. C'est pour le châtiment de l'humanité que cet incohérent faisceau a été réuni de la sorte – que dans le sein déchiré de la conscience, ces jumeaux antipodiques sont ainsi en lutte continuelle. N'y aurait-il pas un moyen de les dissocier ? […]
Après avoir reconnu dans mon corps naturel la simple auréole et comme l'émanation de certaines des forces qui constituent mon esprit, je réussis à composer un produit grâce auquel ces forces pouvaient être dépouillées de leur suprématie, pour faire place à une seconde forme apparente, non moins représentative de mon moi, puisque étant l'expression et portant la marque d'éléments inférieurs de mon âme. […]
Je ne puis parler ici que par conjecture, disant non plus ce que je sais, mais ce que je crois être le plus probable. Le mauvais côté de ma nature, auquel j'avais à cette heure donné forme, était moins robuste et moins développé que le bon récemment rejeté. […] Celui-là aussi était moi. Il me semblait naturel et humain. À mes yeux, il offrait une incarnation plus intense de

l'esprit, il se montrait plus intégral et plus un que l'imparfaite et composite apparence que j'avais jusque-là qualifiée mienne. [...]
Des hommes, jadis, prenaient à gages des spadassins pour exécuter leurs crimes, tandis que leur propre personne et leur réputation demeuraient à l'abri. Je fus le tout premier qui en agit de la sorte pour ses plaisirs. [...]
Cette partie de moi-même que j'avais le pouvoir de projeter au-dehors, avait en ces temps derniers pris beaucoup d'exercice et de nourriture ; il me semblait depuis peu que le corps d'Edward Hyde augmentait de taille et que j'éprouvais, sous cette forme, un afflux de sang plus généreux. [...] Tandis qu'au début la difficulté consistait à dépouiller le corps de Jekyll, elle s'était depuis peu, par degrés mais de façon indiscutable, reportée de l'autre côté. Tout donc semblait tendre à cette conclusion : savoir, que je perdais peu à peu la maîtrise de mon moi originel et supérieur, pour m'identifier de plus en plus avec mon moi second et inférieur.
Entre les deux, je le compris alors, il me fallait opter. [...] Il advint de moi, comme il advient de la plupart de la plus grande majorité de mes frères humains, que je choisis le meilleur rôle mais que je manquai finalement d'énergie pour y persévérer.
(Trad. T. Varlet, Flammarion, coll. « GF », 1994, p. 117-118, 119, 122, 123, 124, 131.)

– Texte 4 –

Norbert Élias, *La Société des individus* (1939)

La conscience individuelle est généralement modelée aujourd'hui de telle sorte que chacun se sent obligé de penser : « Je suis ici, tout seul ; tous les autres sont à l'extérieur, à l'extérieur de moi, et chacun d'eux poursuit comme moi son chemin tout seul, avec une intériorité qui n'appartient qu'à lui, qui est son véritable soi, son moi à l'état pur et il porte extérieurement un costume fait de ses relations avec les autres. » C'est ainsi que l'individu ressent les choses.
Cette attitude à l'égard de soi-même et à l'égard des autres paraît naturelle et évidente à ceux qui l'adoptent. Or, elle n'est ni l'un ni l'autre. Elle exprime une empreinte historique très particulière de l'individu par un tissu de relations, une forme de coexistence avec les autres de structure très spécifique. [...]
Un filet est fait de multiples fils reliés entre eux. [...] La forme de chaque fil se modifie lorsque se modifient la tension et la structure de l'ensemble du réseau. Et pourtant ce filet n'est rien d'autre que la réunion de différents fils ; et en même temps chaque fil forme à l'intérieur de ce tout une unité en soi ; il y occupe une place particulière et prend une forme spécifique.
Ce n'est là qu'une image, indigente et insatisfaisante, comme toutes les images de ce genre. Elle suffit tout au plus à titre de schéma conceptuel de l'imbrication des relations humaines pour donner une idée un peu plus claire de la façon dont naît, de l'interdépendance reliant de nombreuses unités, un ordre qui ne peut pas s'étudier sur les différentes unités prises isolément ; mais les relations entre les hommes ne peuvent jamais s'exprimer simplement en termes de formes dans l'espace. En outre, c'est une image statique.

Elle remplit un peu mieux sa fonction si l'on se représente ce réseau en mouvement perpétuel, tissant et défaisant inlassablement des relations. [...]
Tout réseau humain de taille assez importante et assez diversifié présente à la fois deux aspects : il est très rigide et en même temps très élastique. À l'intérieur, de nouveaux espaces s'ouvrent à la décision individuelle. Les individus se voient offrir de nouvelles occasions qu'ils peuvent saisir ou laisser passer. Ils se trouvent à des croisées de chemins où ils doivent choisir, et de leur choix dépend, selon leur position sociale, ou bien uniquement leur sort personnel le plus immédiat ou bien celui de toute une famille et, dans certains cas même, le destin immédiat de nations tout entières ou de groupes tout entiers à l'intérieur de ces nations. [...]
Les uns disent : « Tout dépend des individus. » Les autres disent : « Tout dépend de la société. » Les uns disent : « Mais ce sont toujours et exclusivement des individus isolés qui décident de faire ou de ne pas faire telle ou telle chose. » Les autres disent : « Mais les décisions des individus sont conditionnées par la société. » Les uns disent : « Mais ce que vous appelez "conditionnement social" de l'individu provient uniquement de ce que d'autres individus veulent et font quelque chose. » Les autres répondent : « Mais ce que les autres individus veulent et font est à son tour conditionné socialement. »
Répétons-le : un homme qui ne grandirait pas dans le cadre d'une société humaine ne parviendrait jamais à ce type d'individualité, pas plus qu'un animal. Seul le long et difficile ciselage de ses fonctions psychiques par le rapport avec les autres confère à sa commande de son comportement la forme unique caractéristique de l'individualité spécifiquement humaine. Seul le modelage social fait que se développent aussi chez l'individu, dans le cadre de caractères typiquement sociaux, les traits et les comportements par lesquels l'individu se distingue de tous les autres représentants de sa société. *La société n'est pas seulement le facteur de caractérisation et d'uniformisation, elle est aussi le facteur d'individualisation.*
(Dans *La Société des individus*, Fayard, 1991.
Pocket, 1997, p. 65, 70, 71, 91, 97, 103.)

– Texte 5 –

Alain Renaut, *L'Ère de l'individu* (1989)

Alors que la notion d'autonomie admet parfaitement l'idée d'une soumission à une loi ou à une norme dès lors qu'elles sont librement acceptées (le schème contractualiste exprimant précisément cette soumission à une loi que l'on s'est soi-même donnée), l'idéal de l'indépendance, tendanciellement, ne s'accommode plus d'une telle limitation du Moi et vise au contraire l'affirmation pure et simple du Moi comme valeur imprescriptible. À la normativité auto-fondée de l'autonomie, tend alors à se substituer un pur et simple « souci de soi ». Corrélativement, à la communication ou au *consensus* autour de normes partagées, tend à se substituer la scission du public et du privé, avec cette valorisation des bonheurs privés et cette désertion parallèle de l'espace public que décrit si bien Tocqueville.
Une telle distinction entre humanisme (valorisation de l'autonomie) et individualisme (valorisation de l'indépendance) permet alors de formuler une

> hypothèse nouvelle sur ce qui se serait accompli au sein de l'histoire de la subjectivité. [...]
> Simplement, dans le cadre défini par cette irruption des valeurs nouvelles de la subjectivité et de l'autonomie, il se pourrait que la logique de la modernité, s'il en est une, se soit dessinée comme celle de la substitution progressive et différenciée de l'*individualité* à la *subjectivité*, avec pour corollaire le déplacement d'une éthique de l'autonomie vers une éthique de l'indépendance. Certes l'individu reste une figure du sujet, en ce sens, il faut y insister, que sont requises, pour que l'individualisme puisse se développer, des conditions qui sont bien celles de la modernité, à savoir l'installation de l'homme comme « valeur propre » dans un monde non intrinsèquement hiérarchisé : aussi l'individualisme constitue-t-il assurément, lui aussi, une figure, ou un moment de l'humanisme moderne. [...]
> Plus précisément, avec l'idée même de normativité et celle d'intersubjectivité (comme accord autour de normes communes, si l'on veut : comme *culture*), ce que sape l'individualisme en faisant disparaître toute autre valeur que celle de l'affirmation du Moi, c'est fondamentalement et paradoxalement (puisqu'il en procède) l'idée d'autonomie : la perspective d'une soumission à des lois que je me suis *moi-même* données suppose en effet la possible référence à une telle ipséité du *moi-même*, posée comme distincte de ce qui, en moi, s'y soumet ; l'idéal d'autonomie qui définit l'humanisme requiert donc la définition en moi d'une part d'humanité *commune*, irréductible à l'affirmation de ma seule singularité, – ce que justement, par définition, l'individualisme nie en posant qu'il n'est que des différences irréductibles. [...].
> En toute logique, ce qu'il faudrait interroger en histoire, ce serait moins la subjectivité elle-même que sa dérive individualiste, s'il est vrai que c'est à travers cette dérive qu'au plan théorique se mettent en place des structures intellectuelles dont il y a lieu d'analyser les éventuels effets pervers (je pense notamment aux problèmes suscités par les théories de la « ruse de la raison ») et que, pratiquement, s'ébauchent des phénomènes aussi redoutables que l'atomisation du social et la destruction de l'espace public. Bref, si critique de la subjectivité il devait encore y avoir, ce surtout en tant que la subjectivité et l'humanisme ont été capables d'une telle dérive.
> (Gallimard, 1989, p. 56, 58, 59, 60.)

Section 4. La rationalité et ses inquiétudes

Nous vivons dans un monde rationalisé à outrance : nos paysages sont habités par une technique omniprésente, nos rapports sont administrativement gérés par des principes souvent jugés impérieux, nous entendons fréquemment des « appels à la raison » visant à réglementer et modérer nos conduites et nos découvertes, tandis que l'avenir fait l'objet de nombreux calculs de prospective. Pourtant, alors même que nous nous reconnaissons volontiers héritiers de « l'esprit cartésien » foncièrement rationnel, bien peu de théoriciens osent revendiquer pour leur propre compte l'étiquette, devenue désuète, de « rationaliste ». La raison est une propriété humaine fondamentale, c'est un idéal qui commande une attitude, c'est une méthode d'investigation. Faculté des principes, elle apparaît comme la principale de nos attributions. Le début de l'Évangile de Jean peut être traduit par : « au commencement était le Verbe » ou par « au principe est la raison ». Parce que la rationalité est originelle, elle est déterminante : si on se place à la racine absolue, « ce qui est premier » signifie « ce qui gouverne », car ce qui vient après en dépend. Certes, la raison se « dit » toujours ; elle s'inscrit dans des formules. Mais elle a vocation à conditionner tout discours sensé. S'exprimant par le langage, elle veut pourtant le structurer. L'histoire des conceptions de la raison est travaillée par la question cruciale de la fondation : la faculté propre à produire toutes nos lois devrait s'autolégitimer. Quels que soient les avatars de cette quête fondatrice, la rationalité s'est toujours présentée sous la forme de la pensée correcte, normative et comme pensée normée, calculatoire. Elle procède d'une formalisation qu'on peut tenter d'imposer au discours soit comme rapport de l'esprit aux idées, soit comme relation réglée entre des éléments articulés. Selon le premier biais, la raison intuitive se donne comme fondement de l'adéquation entre notre intellect et les objets du monde. Selon la seconde perspective, la raison démonstrative organise et hiérarchise les termes de notre discours. On comprend que la rationalité entend d'abord rendre intelligible notre expérience à partir de principes antérieurs à celle-ci. Corrélativement, le rationalisme fait ensuite correspondre ses constructions *a priori* à un ordre des choses soit idéal, soit donné, soit construit au cours du progrès historique. La raison est affectée d'une première inquiétude, en ce qu'elle se trouve ébranlée par la remise en cause des valeurs universelles depuis le XIXe siècle (cf. chap. 5, 1) : on ne la conçoit plus comme fondement originaire. Dans un de ses principaux domaines d'application, la science, elle voit au XXe siècle ses lois fondamentales (le principe de contradiction, le principe de causalité) discutées et relativisées (cf. chap. 6, 1). Pouvoir de généralisation, la raison relie et abstrait : n'est-elle pas excessivement centralisatrice ? Ce soupçon pèse aussi bien sur ses applications techniques que sur ses implications politiques. Enfin, l'ultime inquiétude à laquelle nous confrontons la rationalité porte sur le rapport qu'on peut établir entre la fondation de la raison et ses productions : en examinant cette relation, il faudra décider si certains de ses effets dévastateurs relèvent de sa nature ou de conséquences malencontreuses.

4.1. Le rationalisme accompli

En Grèce ancienne, la raison s'institue à partir de son acte : identifier les éléments communs aux objets pour les comprendre sous la même notion et, de là, généraliser. Platon est conduit à fonder notre puissance d'abstraction sur l'existence d'entités formelles éternelles, absolues : les Idées. Après la diffusion du christianisme, la pensée médiévale conjugue la puissance rationnelle de l'esprit avec l'autre source fondamentale du savoir : la foi. De nombreux auteurs subordonnent nos facultés à la vérité révélée, dans une attitude plus ou moins mystique. La raison, en tant que naturelle, reste soumise à la connaissance qui emprunte des voies divines. À partir du XVIe siècle, les succès de l'esprit scientifique conduiront les penseurs à vouloir émanciper la raison des limites que lui imposait la pensée chrétienne du Moyen Âge. Descartes, avant de réaliser son entreprise fondatrice, prend d'abord conscience de l'autonomie d'usage de la raison. Lorsqu'il s'adonne aux mathématiques, il n'a besoin que de rigueur et d'application pour résoudre des problèmes restés avant lui sans solution. Les sciences ne sont que le produit de notre esprit : telle est l'intuition dont les œuvres cartésiennes vont développer toutes les conséquences. Par opposition aux arts, les différentes sciences ne dépendent pas de leurs objets, mais peuvent être rapportées intégralement à l'unité de leur principe : la lumière naturelle ou *mathesis universalis* (cf. textes l). Le savoir scientifique est une mathématique dont on étend l'application à toutes choses : chaque problème sera traité par les moyens de l'ordre et de la mesure. On instaure par là des règles de conception, d'analyse et d'énumération qui, en tant que lois fondamentales de la pensée, pourront s'appliquer indifféremment à toutes les questions. Descartes institue la liaison qui définit le rationalisme et qui prévaut jusqu'à Hegel : puisqu'on ne peut remonter en deçà de la lumière naturelle pour la fonder, il n'existe pas, en droit, de limites à son application. La fondation originaire apparaît garante de la validité universelle. Non seulement les règles de la science sont utilisables partout, mais encore elles le sont par tous : la raison est un attribut commun. Les différences de nos réalisations individuelles peuvent être expliquées par l'intervention d'autres facultés comme la mémoire, l'imagination. Dès lors, le rationalisme deviendra souci partagé d'appliquer rigoureusement notre esprit, d'abord à la nature extérieure, puis à nous-mêmes, pour réguler nos actions et nos collectivités. Épurer l'usage de la raison, de sorte que nos raisonnements ne soient pas nourris de données hétérogènes, sources d'erreur ; telle sera la fonction de toute méthode. L'esprit adopte des règles pour guider sa démarche de connaissance. Il est par là obligé de supposer une correspondance entre ses propres procédés et les relations intrinsèques qu'entretiennent ses objets : les principes de la pensée deviennent ainsi des lois de la nature. On le mesure dans la formulation par Leibniz du principe de raison suffisante (« toute chose a une cause assignable »), qui s'applique aussi bien aux faits qu'aux énoncés destinés à en rendre compte (cf. textes 2). « La cause dans les choses répond à la raison dans les vérités. » (*Nouveaux essais sur l'entendement humain*, 1704, Gerhardt V, Berlin, 1882, p. 457). La raison s'applique par essence aux vérités formelles : ce dont le contraire comporte contradiction est vrai. Cependant, les vérités de fait ressortissent elles aussi d'une analyse rationnelle : même si nous ne pouvons accéder à la série infinie de leurs causes, celle-ci existe et définit leur raison dernière. En droit, c'est-à-dire pour un esprit infini, tout ce qui est peut être compris. Ainsi s'accomplit le rationalisme absolu par l'identification sans reste de l'ordre des choses avec l'ordre des idées. La vérité est adéquation au réel. C'est là le postulat de toute intellection (en particulier de l'explication scientifique), auquel les philosophes classiques ont donné une expression achevée. Ainsi de Hegel, qui précise, avant d'étudier les principes du droit, que la philosophie par définition prend pour objet la totalité du réel. La rationalité se confond avec l'effectivité : tout ce qui est peut être conçu par les règles formelles que se donne notre esprit. Si la rationalité peut négliger l'enveloppe contingente des faits (cf. textes 2), c'est qu'elle accède à l'essence du présent en saisissant la vérité de sa vie interne. La raison retrouve l'animation intime des choses, saisit la logique de l'esprit dans l'histoire. Elle s'incarne dans des moments dont chacun possède sa vérité mais qui ne peuvent être compris que par référence à la totalité de l'évolution de l'humanité. Par exemple, l'examen des régimes traditionalistes d'Asie, de ceux de l'Antiquité et de l'État moderne révèle un progrès de la liberté, successivement accordée à un seul, à quelques-uns, à tous. Depuis l'avènement des philosophies de l'histoire, nous concevons tous les principes, y compris ceux avec lesquels s'identifie la raison, en fonction de leur évolution. Dès lors, la vérité sera moins image adéquate du monde que compréhension de ses transformations. Si le rationalisme a pu conduire à la définition d'un savoir absolu, c'est qu'il a prétendu, avec Hegel, atteindre le moment définitif de l'histoire, celui qui permet de les comprendre tous, parce qu'il les résorbe en lui-même. Nous ne nourrissons plus l'espoir d'une telle intellection ultime, parce que nous ne croyons plus au caractère originaire de la raison. L'idée d'une fondation de la rationalité par elle-même est souvent comparée de nos jours à la situation du baron de Münchhausen qui tentait de se tirer hors de l'eau en tirant sur ses propres cheveux.

4.2. Les critiques de la raison

Si on peut affirmer que notre époque n'est plus rationaliste, ce n'est pas parce que nos activités ne relèveraient pas de la raison. C'est bien plutôt parce que nos productions ne nous paraissent pas unifiées par une assise commune : le principe qui associait un fondement à ses applications ne peut donc plus avoir cours. Utilisant la distinction de Max Weber entre rationalisation théorique (constitution d'une interprétation logique et systématique du monde) et rationalisation pratique (calcul toujours plus précis des moyens adéquats de nos réalisations), on pourrait dire que nos œuvres semblent paradoxalement d'autant plus rationalisées que des conceptions globales nous font défaut. La critique radicale développée par l'école de Francfort – autour de la création d'un institut de recherches sociales par Max Horkheimer et Theodor Wiesengrund Adorno – consiste à lier étroitement les fonctions de la raison à sa nature de fondation. Autrement dit, les conséquences de la rationalité, qu'elles soient déplorables, comme la communication médiatique, ou dramatiques, comme l'holocauste, ne peuvent être conçues comme circonstancielles, mais doivent être rapportées à la nature même de la raison. Ses propriétés en tant que fondation permettent en effet de comprendre les dangers de ses productions. Parce qu'elle est fondement unique, elle se manifeste comme uniformisation, inapte à comprendre les différenciations et les métamorphoses qui caractérisent la vie. Parce qu'elle n'est jamais indépendante d'un programme d'action, la rationalité fondatrice est toujours intéressée, relative aux effets qu'elle poursuit. Parce qu'elle prétend être fondement ultime, elle vise des applications sans reste (qui ne laissent aucune part de leur objet lui échapper). Parce qu'elle se définit comme fondement déterminant, elle se déploie dans des applications autoritaires. On en vient ainsi à considérer que le regard que porte l'esprit rationnel sur ses objets est celui d'un prédateur qui, dans une attitude paranoïaque, chercherait à se protéger d'une extériorité menaçante en la dominant (cf. texte 3). Ces critiques fructueuses de la rationalité doivent être tempérées : car le projet d'une destitution de la raison dans ses prétentions devrait s'assortir d'un programme de substitution par d'autres facultés qui permettraient de suppléer ses productions. Présumer de l'efficacité de ce programme serait oublier que la critique de la raison n'est autre qu'une activité rationnelle. Horkheimer ménage d'emblée la voie qui sera empruntée ultérieurement par la théorie critique développée par l'école de Francfort : la raison, devenue consciente d'elle-même, peut se prémunir contre les effets dévastateurs de sa nature dominatrice. En abandonnant ses prétentions fondatrices, la raison peut poursuivre ses activités en les appréciant dans leur efficacité relative. Telle est la perspective prônée par Edgar Morin. Prenant acte des impasses du projet de rationalisation absolue des Temps modernes (il est moniste, simplificateur, ethnocentriste), il confie à la raison le soin de reconnaître ses propres insuffisances (cf. textes 5). L'esprit rationnel n'est pas imbu de puissance comme le « rationalisateur » : il se déploie dans le dialogue, s'accommodant et se nourrissant de la résistance du réel. Ses productions sont donc mixtes, complexes, relatives. Sans doute ce projet, qui peut expliquer sa formulation incomplète par la nécessaire incomplétude de tout ensemble théorique, procède-t-il d'un solide optimisme. Car à prendre acte de l'absence de socle en laquelle s'édifie la pensée contemporaine, on doit mesurer les risques de diversification et de déviation de ses applications. La fragilisation de la raison ne doit pas nous conduire à lui dénier toute valeur. Considérons par exemple le rôle qui lui est attribué dans nos jugements moraux. L'idée kantienne d'une autonomie de la raison, produisant des lois inconditionnées propres à éclairer nos choix, est devenue presque archaïque. Déjà, à partir de Rousseau, on peut juger que notre sensibilité explique la bienveillance de nos comportements à l'égard d'autrui. La rationalité est de surcroît soupçonnée de masquer des intérêts propres à nos groupes d'appartenance (cf. chap. 1, 2). Certes la rationalisation de nos hésitations n'épuise pas les processus de décisions dont nous sommes le siège. En effet, nous agissons selon des déterminations qui ne sont pas exclusivement rationnelles. Cela ne signifie pas que la modélisation de nos choix par la raison ne soit pas efficace pour expliquer et même améliorer nos conduites. Ainsi Raymond Boudon, se situant en cela dans la filiation de Max Weber, précise que ce n'est pas parce que la rationalité n'est pas le seul mode d'organisation de notre culture qu'elle n'en reste pas le meilleur mode d'analyse (« Esquisse d'une théorie de la rationalité », *Le Juste et le Vrai*, Paris, Fayard, 1995, p. 527-563). Privée de l'hégémonie que lui conféraient ses prétentions fondatrices, la raison déploie ses productions comme des outils qui sont évalués à l'aune de leurs résultats : sa conception est désormais fonction de ses applications.

4.3. *Tentative de refondation pragmatique*

L'idée d'une dépendance de la rationalité à l'endroit de son usage est contemporaine : elle caractérise l'attitude pragmatique. La tradition a toujours analysé les propositions en fonction de leur sens. La sémantique, étudiant les significations des termes employés, suffisait à l'interprétation de nos discours, conçus comme indépendants des conditions dans lesquelles ils ont été produits. À l'inverse, la pragmatique rapporte tout énoncé à sa situation d'énonciation et permet d'en saisir le sens en fonction de l'échange effectif de propos tel qu'il a lieu entre des interlocuteurs. Des philosophes contemporains, particulièrement Karl-Otto Appel et Jürgen Habermas, défendent la perspective d'une pragmatique transcendantale. Par l'analyse formelle des exigences de toute discussion réelle, ils identifient des principes de la raison, qualifiée alors de « communicationnelle ». Toute négociation suppose la volonté de parvenir à un accord : en ce sens, elle comporte des clauses de véracité et d'honnêteté. Ces présuppositions rationnelles sont subordonnées à la volonté d'aboutir à une conclusion commune (cf. texte 4). On doit mesurer que cette conclusion, qui constitue une norme de communication, n'est pas antérieure à l'acte même de dialogue : ces principes rationnels sont subordonnés à leur effectuation. Nécessité de viser un accord collectif, souci de ne pas introduire d'erreurs (*a fortiori* de tromperie fallacieuse) dans son argumentation constituent des impératifs moraux relatifs à la forme même de l'échange verbal. Non normatifs, parce qu'ils ne définissent pas le bien mais statuent sur les conditions de toute définition d'un bien commun, ils constituent une « éthique de la discussion ». Il s'agit d'une conception procédurale de la vérité : le vrai n'est pas antérieur à l'échange argumentatif, mais dépend de la recherche de validité mise en œuvre. Les normes instituées de façon pragmatique peuvent être de différente échelle : ou bien elles sont relatives à un groupe restreint, en tant qu'elles constituent des présuppositions locales, ou bien elles tendent à valoir pour tous et revendiquent donc une prétention à l'universalisation. Loin de l'universalisme *a priori* de la raison classique, la raison communicationnelle ne suppose qu'une « universalisabilité » comme horizon *a posteriori*. Que la raison soit produite par l'histoire ne lui interdit pas de nourrir l'espoir d'échapper à une stricte détermination, par l'interprétation même de son historicité. Il n'est pas nécessaire de poser l'absoluité des valeurs pour mesurer que la concurrence de fait des perspectives confrontées dans un débat se nourrit de leur tension vers l'universel. On peut de la sorte définir un pluralisme sans relativisme : toutes nos interprétations ont une origine relative, à laquelle elles ne manquent jamais de chercher à échapper. L'opposition effective des partis n'interdit pas à chacun l'effort de ramener l'autre à ses vues : au contraire, la possibilité même d'une rationalisation générale fonde la multiplicité de nos échanges circonscrits. Avec la pragmatique transcendantale paraît donc s'inaugurer pour la raison un fondement relatif.

Déjà tous les rationalismes absolus ne pouvaient donner à notre faculté rationnelle le plus grand rôle que dans la mesure où ils ménageaient un espace d'indétermination pour son activité : par exemple, chez Leibniz, la multiplicité des points de vue ; chez Hegel, la relativité de chaque esprit historique. En Dieu, dans le savoir absolu, la raison n'a plus aucune fonction. On peut en déduire qu'il n'y a de rationalité que relative. On comprend aussi la relation s'instaurant entre fondation et applications de la raison : les doctrines classiques établissaient certes une correspondance étroite entre la spéculation et l'instrumentalisation. Mais cela semble surtout concerner l'équivalence entre le caractère originaire et l'universalité. L'absolutisation de l'application n'est peut-être pas en raison directe, mais plutôt inverse, avec l'ampleur des tentatives de fondation. En effet, plus on déploie l'activité de constitution d'un socle ultime, moins on se montre excessif dans ses essais de mise en œuvre pratique. Car le geste de fondation, avec ses difficultés, produit une hiérarchisation qui se répercute par un étagement circonscrit des développements instrumentaux. Inversement, il est à soupçonner que la conviction d'une absence de fondement possible laisse à la raison le champ libre pour toute production. Vouée intégralement à ses applications, la rationalité peut nourrir le fantasme de fabriquer l'esprit, la vie, bref l'homme. Au-delà du Surhomme nietzschéen, ultime avatar de l'humanité conçue comme dépassement d'elle-même, la posthumanité évoquée par Francis Fukuyama serait un effet de la conception aboutie de l'homme par l'homme. Cette menace est la conséquence de l'oubli de la relativité fondamentale qui définit notre condition d'êtres rationnels.

– Textes 1 –

Descartes, *Règles pour la direction de l'esprit* (vers 1630), I, IV, V

Étant donné que toutes les sciences ne sont rien d'autre que la sagesse humaine, qui demeure toujours une et toujours la même, si différents que soient les objets auxquels elle s'applique, et qui ne reçoit pas plus de changement de ces objets que la lumière du soleil de la variété des choses qu'elle éclaire, il n'est pas besoin d'imposer de bornes à l'esprit : la connaissance d'une vérité ne nous empêche pas en effet d'en découvrir une autre, comme l'exercice d'un art nous empêche d'en apprendre un autre, mais bien plutôt elle nous y aide. En vérité il me semble étonnant que presque tout le monde étudie avec le plus grand soin les mœurs des hommes, les propriétés des plantes, les mouvements des astres, les transformations des métaux et d'autres objets d'étude semblables, tandis que presque personne ne songe au bon sens ou à cette sagesse universelle, alors que cependant toutes les autres choses doivent être appréciées moins pour elles-mêmes que parce qu'elles y ont quelque rapport. Ce n'est donc pas sans raison que nous posons cette règle comme la première de toutes, car rien ne nous éloigne plus du droit

chemin pour la recherche de la vérité, que d'orienter nos études, non vers cette fin générale, mais vers des buts particuliers. [...]
Si quelqu'un veut chercher sérieusement la vérité, il ne doit donc pas choisir l'étude de quelque science particulière : car elles sont toutes unies entre elles et dépendent les unes des autres ; mais il ne doit songer qu'à accroître la lumière naturelle de sa raison, non pour résoudre telle ou telle difficulté d'école, mais pour qu'en chaque circonstance de la vie son entendement montre à sa volonté le parti à prendre ; et bientôt il s'étonnera d'avoir fait de plus grands progrès que ceux qui s'appliquent à des études particulières, et d'être parvenu, non seulement à tout ce que les autres désirent, mais encore à de plus beaux résultats qu'ils ne peuvent espérer. [...]
J'ai cultivé jusqu'à maintenant, autant qu'il a été en moi, cette mathématique universelle, si bien que désormais je crois pouvoir m'occuper, sans que ce soit par un zèle prématuré, de sciences un peu plus élevées. [...]
Toute la méthode consiste dans l'ordre et la disposition des choses vers lesquelles il faut tourner le regard de l'esprit, pour découvrir quelque vérité. Or, nous la suivrons exactement, si nous ramenons graduellement les propositions compliquées et obscures aux plus simples, et si ensuite, partant de l'intuition des plus simples, nous essayons de nous élever par les mêmes degrés à la connaissance de toutes de autres.
(Trad. G. Le Roy, Gallimard, coll. « Bibliothèque de la Pléiade », 1953, p. 37-39, 51, 52.
Trad. J. Brunschwig, Garnier, 1963, p. 78-79, 99, 100.)

Descartes, *Discours de la méthode* (1637)

Le bon sens est la chose du monde la mieux partagée : car chacun pense en être si bien pourvu, que ceux même qui sont les plus difficiles à contenter en toute autre chose n'ont point coutume d'en désirer plus qu'ils en ont. En quoi il n'est pas vraisemblable que tous se trompent ; mais plutôt cela témoigne que la puissance de bien juger et distinguer le vrai d'avec le faux, qui est proprement ce qu'on nomme le bon sens ou la raison, est naturellement égale en tous les hommes ; et ainsi, que la diversité de nos opinions ne vient pas de ce que les uns sont plus raisonnables que les autres, mais seulement de ce que nous construisons nos pensées par diverses voies, et ne considérons pas les mêmes choses. Car ce n'est pas assez d'avoir l'esprit bon, mais le principal est de l'appliquer bien. Les plus grandes âmes sont capables des plus grands vices aussi bien que des plus grandes vertus, et ceux qui ne marchent que fort lentement peuvent avancer beaucoup davantage, s'ils suivent toujours le droit chemin, que ne font ceux qui courent et qui s'en éloignent.
(Gallimard, coll. « Bibliothèque de la Pléiade », 1953, p. 126.
Éd. L. Renault, Flammarion, coll. « GF », 2000, p. 29-30.)

– Textes 2 –

Leibniz, *La Monadologie* (1714), § 31-36

Nos raisonnements sont fondés sur deux grands principes, celui de la contradiction en vertu duquel nous jugeons faux ce qui en enveloppe, et vrai ce qui est opposé ou contradictoire au faux.

Et celui de la raison suffisante, en vertu duquel nous considérons qu'aucun fait ne saurait se trouver vrai, ou existant, aucune énonciation véritable, sans qu'il y ait une raison suffisante pour quoi il en soit ainsi et non pas autrement. Quoique ces raisons le plus souvent ne puissent point nous être connues.
Il y a deux sortes de vérités, celles de raisonnement et celles de fait. Les vérités de raisonnement sont nécessaires et leur opposé est impossible, et celles de fait sont contingentes et leur opposé est possible. Quand une vérité est nécessaire, on en peut trouver la raison par l'analyse, la résolvant en idées et en vérités plus simples jusqu'à ce qu'on vienne aux primitives.
C'est ainsi que chez les mathématiciens, les théorèmes de spéculation et les canons de pratique sont réduits par l'analyse aux définitions, axiomes et demandes.
Et il y a enfin des idées simples dont on ne saurait donner la définition ; il y a aussi des axiomes et demandes ou en un mot, des principes primitifs, qui ne sauraient être prouvés et n'en ont point besoin aussi ; et ce sont les énonciations identiques dont l'opposé contient une contradiction expresse.
Mais la raison suffisante se doit trouver aussi dans les vérités contingentes ou de fait, c'est-à-dire, dans la suite des choses répandues par l'univers des créatures ; où la résolution en raisons particulières pourrait aller à un détail sans bornes, à cause de la variété immense des choses de la nature et de la division des corps à l'infini.
(Gerhardt VI, Berlin, 1885.
Olms, 1978, p. 612-613.
Éd. É. Boutroux, Le Livre de poche, 1991, p. 140-143.)

Hegel, *Principes de la philosophie du droit* (1821)

Il faut considérer comme un *bonheur* pour la science – en fait, comme on l'a remarqué, c'est la *nécessité de la Chose* – que ce philosopher-là, qui pouvait continuer à prospérer au-dedans de lui-même en tant que *sagesse d'école*, se soit mis plus étroitement en rapport avec l'effectivité, dans laquelle on prend au sérieux les principes des droits et des obligations, et qui vit à la lumière de la conscience de ces principes. [...] La philosophie, parce qu'elle est *l'examen approfondi du rationnel*, est par là même *l'appréhension* du *présent* et de *l'effectif*, et non pas l'établissement d'un *au-delà* qui devrait être Dieu sait où, – dont on sait bien dire en fait où il est, à savoir dans l'erreur d'une pensée ergoteuse vide, unilatérale. [...]
Ce qui est rationnel est effectif ; et ce qui est effectif est rationnel.
C'est dans cette conviction que se tient toute conscience impartiale, ainsi que la philosophie, et c'est d'elle que celle-ci part dans l'examen de l'univers *spirituel* aussi bien que *naturel*. Lorsque la réflexion, le sentiment ou quelque autre figure qu'aurait la conscience subjective regarde le *présent* comme quelque chose de *vain*, le toise de haut, en sait plus long, la conscience se trouve dans le domaine du vain et, parce qu'elle n'a d'effectivité que dans le présent, elle n'est ainsi elle-même que vanité. Réciproquement, lorsque *l'idée* passe pour n'être qu'une idée, qu'une représentation dans un acte-d'opiner, la philosophie accorde au contraire le discernement de ce que rien n'est effectif, sinon l'idée. Il importe alors de connaître, dans l'apparence de ce qui est temporel et passager, la substance qui est immanente et l'éternel qui est présent. Car le rationnel, qui est synonyme de l'idée, en pénétrant en même

temps, en son effectivité, dans l'existence externe, s'avance au milieu d'une richesse infinie de formes, de phénomènes et de configurations, et habille son noyau de l'écorce colorée dans laquelle la conscience loge d'abord. Cette écorce, seul le concept la perce pour trouver la pulsation interne et sentir encore son battement même dans les configurations externes. Mais les rapports infiniment divers qui se forment dans cette extériorité de par le paraître en elle de l'essence, ce matériau infini et sa réglementation, tel n'est pas l'objet de la philosophie.
(Trad. J.-F. Kervégan, PUF, 1998, p. 83, 84, 85.
Trad. A. Kaan, Gallimard, coll. « Tel », 1940, p. 40, 41, 42.)

– Texte 3 –

Max Horkheimer, *Éclipse de la raison* (1947)

Les systèmes philosophiques de la raison objective impliquaient la conviction que l'on pouvait découvrir une structure englobante ou fondamentale de l'être, et que l'on pouvait en tirer une conception de la destination de l'homme. Pour eux, une science digne de ce nom se comprenait comme la mise en œuvre d'une telle réflexion, d'une telle spéculation. Ils s'opposaient à toute épistémologie qui réduirait la base objective de notre connaissance à un chaos de données sans coordination aucune, et identifierait notre travail scientifique à une pure et simple organisation, classification ou estimation de telles données. Ces dernières activités, en quoi la raison subjective tend à voir la fonction essentielle de la science, sont, sous l'angle des systèmes classiques de la raison objective, subordonnées à la spéculation. La raison objective aspire à remplacer la religion traditionnelle par la pensée et la connaissance philosophique méthodique, et ainsi à devenir, à elle seule, source de tradition. [...]
Ce concept de raison était incontestablement plus humain, mais en même temps plus faible, que le concept religieux de vérité, plus accommodant à l'égard des intérêts dominants, plus adaptable à la réalité existante et par conséquent, dès son origine, en danger de céder à « l'irrationnel ». [...]
En fait, toute philosophie qui aboutit à l'affirmation de l'unité de la nature et de l'esprit en tant que soi-disant donnée ultime, c'est-à-dire toute espèce de monisme philosophique, sert à fortifier l'idée de la domination de l'homme sur la nature. [...] La tendance même à postuler l'unité représente une tentative de consolider la prétention de l'esprit à la domination totale, même lorsque cette unité se présente au nom du contraire absolu de l'esprit, la nature : car rien n'est censé demeurer en dehors de ce concept global. Ainsi même l'affirmation du primat de la nature cache en elle-même l'affirmation de la souveraineté absolue de l'esprit, parce que c'est l'esprit qui conçoit ce primat de la nature et lui subordonne tout. [...]
S'il nous fallait parler d'une maladie qui affecte la raison, il serait nécessaire de comprendre que cette maladie n'a pas frappé la raison à un moment historique donné, mais qu'elle a été inséparable de la nature de la raison dans la civilisation telle que nous l'avons connue jusque-là. La maladie de la raison c'est que la raison naquit de la tendance impulsive de l'homme à dominer la nature et le « rétablissement » dépend de la connaissance de la nature de la maladie originelle et non point de la guérison de ses symptômes les plus

tardifs. La véritable critique de la raison mettra nécessairement à jour les couches les plus profondes de la civilisation et explorera les toutes premières phases de son histoire. Depuis le temps où la raison est devenue l'instrument de domination de la nature humaine et extra-humaine par l'homme – c'est-à-dire depuis ses débuts – elle a été frustrée de sa propre intention de découvrir la vérité. Cela est dû au fait même qu'elle a fait de la nature un simple objet et qu'elle n'a pas su découvrir la trace d'elle-même dans une telle objectivation, que ce soit dans les concepts de matière et de choses ou dans ceux de Dieux et d'esprit. On pourrait dire que la folie collective, qui s'étend aujourd'hui des camps de concentration jusqu'aux réactions, en apparence des plus inoffensives, de la culture de masse, était déjà présente en germe dans l'objectivation primitive, dans la contemplation intéressée du monde en tant que proie par le premier homme. La paranoïa, cette folie qui bâtit des théories logiquement élaborées de la persécution, n'est pas simplement une parodie de la raison, elle se manifeste, d'une manière ou d'une autre, en toute forme de raison qui n'est que recherche de buts déterminés. [...]
Ainsi le dérangement de la raison va bien au-delà des malformations évidentes qui la caractérisent à l'heure actuelle. La raison ne peut réaliser ce qui est raisonnable en elle que par la réflexion sur la maladie du monde telle qu'elle est produite et reproduite par l'homme. Dans une telle autocritique la raison, en même temps, restera fidèle à elle-même en sauvegardant de toute application pour des mobiles inavoués le principe de vérité dont à elle seule nous sommes redevables. La sujétion de la nature régressera vers la sujétion de l'homme et vice versa, aussi longtemps que l'homme ne comprendra pas sa propre raison et le processus de base par lequel il a créé et maintiendra l'antagonisme qui est sur le point de le détruire. La raison peut être plus que la nature, mais seulement si elle se fait une idée nette et concrète de son « naturel » – qui tient dans sa tendance à la domination – cette tendance même qui, paradoxalement, l'aliène de la nature. Ainsi, en étant l'instrument de la réconciliation, elle sera également plus qu'un instrument. Les changements de direction, les avances et les reculs de cet effort reflètent le développement de la définition de la philosophie.
(Trad. J. Debouzy, Payot, 1974, p. 22, 23, 182, 183.)

– Texte 4 –

Jürgen Habermas, *Morale et communication* (1983)

J'appelle communicationnelles, les interactions dans lesquelles les participants sont d'accord pour coordonner en bonne intelligence leurs plans d'action ; l'entente ainsi obtenue se trouve alors déterminée à la mesure de la reconnaissance intersubjective des exigences de validité. Lorsqu'il s'agit de processus d'intercompréhension explicitement linguistiques, les acteurs, en se mettant d'accord sur quelque chose, émettent des exigences de validité ou plus précisément des exigences de vérité, de justesse ou de sincérité. [...]
Dans l'activité communicationnelle chacun est motivé rationnellement par l'autre à agir conjointement et ce en vertu des effets d'engagement illocutoires inhérents au fait que l'on propose un acte de parole. [...]
La clé de voûte d'une éthique de la discussion est donc constituée par les deux hypothèses suivantes : l'hypothèse (a) selon laquelle les exigences nor-

matives de validité ont un sens cognitif et peuvent être traitées comme des exigences de vérité ; l'hypothèse (b) selon laquelle il est requis de mener une discussion réelle pour fonder en raison normes et commandements, cela se révélant, en dernière analyse, impossible à mener de manière monologique, c'est-à-dire au moyen d'une argumentation hypothétiquement développée en pensée. [...]

L'argumentation n'est donc nécessaire en tant que mise en scène intersubjective que parce qu'il est nécessaire, lorsque l'on définit une manière d'agir collective, de coordonner les points de vue individuels et, par là même, d'aboutir à une conclusion commune. Toutefois, la norme arrêtée ne peut être tenue pour justifiée que si la conclusion est tirée à partir d'argumentations, autrement dit que si elle est obtenue selon les règles pragmatiques d'une discussion. Il faut, en effet, que soit garanti le fait que chaque personne concernée a eu toutes les possibilités de donner son adhésion de son plein gré ; la forme de l'argumentation doit empêcher que d'aucuns se bornent à suggérer, voire à imposer aux autres ce qui est bon pour eux. Ainsi ce n'est pas l'impartialité du jugement qu'elle doit rendre possible, mais le fait que la volonté puisse se former hors de toute influence, autrement dit de manière autonome. Dès lors, ces règles de la discussion ont elles-mêmes un contenu normatif : elles neutralisent les disparités de pouvoir et veillent à une satisfaction équitable des intérêts personnels de chacun. [...]

Le programme qui propose de fonder en raison l'éthique de la discussion exige bien de : (1) introduire un principe d'universalisation faisant fonction de règle argumentative ; (2) identifier les présuppositions pragmatiques de l'argumentation en général, qui sont incontournables et dont le contenu est normatif ; (3) présenter explicitement ce contenu normatif en lui donnant, par exemple, la forme des règles de la discussion ; et (4) démontrer qu'il existe entre (3) et (1) un rapport d'implication matérielle en relation avec l'idée de justification des normes. [...]

Le principe d'une éthique de la discussion se réfère à une *procédure* qui consiste, en l'occurrence, à honorer par la discussion des exigences normatives de validité. On taxera donc, à juste titre, l'éthique de la discussion de *formelle.* Elle ne livre pas des orientations relatives au contenu, mais une manière de procéder : la discussion pratique. L'objet de cette manière de procéder n'est assurément pas de produire des normes légitimées. Il consiste bien plutôt à tester la validité de normes qui sont proposées ou envisagées à titre d'hypothèse. Il faut donc que les discussions pratiques reçoivent leurs contenus de l'extérieur. Sans l'horizon propre au monde vécu d'un certain groupe social, et sans conflits d'action inhérents à une situation donnée dans laquelle les participants estiment devoir régler par le consensus une querelle portant sur un problème de société, vouloir mener une discussion pratique ne présenterait aucun intérêt. C'est la situation initiale concrète qui se donne, selon le cas, comme l'antécédent auquel se réfère la discussion pratique, qui détermine, dans la négociation, l'« émergence » d'objets et de problèmes. [...]

Certes, les valeurs culturelles sont porteuses d'une exigence de validité intersubjective, mais elles sont à ce point prises dans la totalité d'une forme de vie particulière qu'elles ne peuvent pas prétendre, d'emblée, à

une validité normative au sens strict. Tout au plus *sont-elles candidates* au statut de normes susceptibles de promouvoir un intérêt universel.
(Trad. C. Bouchindhomme, Le Cerf, 1986.
Flammarion, coll. « Champs », 1990, p. 79, 89, 93, 118, 125.)

– Textes 5 –

Edgar Morin, *Introduction à la pensée complexe* (1990)

La rationalité c'est le jeu, c'est le dialogue incessant entre notre esprit qui crée des structures logiques, qui les applique sur le monde et qui dialogue avec ce monde réel. Quand ce monde n'est pas d'accord avec notre système logique, il faut admettre que notre système logique est insuffisant, qu'il ne rencontre qu'une partie du réel. La rationalité, en quelque sorte, n'a jamais la prétention d'épuiser dans un système logique la totalité du réel, mais elle a la volonté de dialoguer avec ce qui lui résiste. [...]

La rationalisation consiste à vouloir enfermer la réalité dans un système cohérent. Et tout ce qui, dans la réalité, contredit ce système cohérent est écarté, oublié, mis de côté, vu comme illusion ou apparence.

Ici nous nous rendons compte que rationalité et rationalisation ont exactement la même source, mais qu'en se développant elles deviennent ennemies l'une de l'autre. Il est très difficile de savoir à quel moment nous passons de la rationalité à la rationalisation ; il n'y a pas de frontière ; il n'y a pas de signal d'alarme. Nous avons tous une tendance inconsciente à écarter de notre esprit ce qui va la contredire, en politique comme en philosophie. [...]

Nous devons sans cesse lutter contre la déification de la Raison qui est pourtant notre seul instrument de connaissance fiable, à condition d'être non seulement critique mais autocritique.
(ESF, 1990, p. 94, 95, 96.)

Edgar Morin et Anne-Brigitte Kern, *Terre-patrie* (1993)

La pensée mutilée et l'intelligence aveugle se prétendent et se croient rationnelles. En fait, le modèle rationaliste auquel elles obéissent est mécaniste, déterministe, et exclut comme absurdité toute contradiction. Il n'est pas rationnel, mais rationalisateur.

La vraie rationalité est ouverte et dialogue avec un réel qui lui résiste. Elle opère une navette incessante entre la logique et l'empirique ; elle est le fruit du débat argumenté des idées, et non la propriété d'un système d'idées. La raison qui ignore les êtres, la subjectivité, l'affectivité, la vie, est irrationnelle. Il faut faire la part du mythe, de l'affect, de l'amour, du repentir, qui doivent être considérés rationnellement. La vraie rationalité connaît les limites de la logique, du déterminisme, du mécanisme ; elle sait que l'esprit humain ne saurait être omniscient, que la réalité comporte du mystère. Elle négocie avec l'irrationalisé, l'obscur, l'irrationalisable. Elle doit lutter contre la rationalisation qui puise aux mêmes sources qu'elle et qui pourtant n'enferme, dans son système cohérent qui se veut exhaustif, que des fragments de réalité. Elle est non seulement critique, mais autocritique. On reconnaît la vraie rationalité à sa capacité de reconnaître ses insuffisances.

La rationalité n'est pas une propriété (dans les deux sens du terme : 1°la qualité dont sont dotés certains esprits – scientifiques, techniciens – et dont sont dénués les autres, 2°le bien dont les techniciens et les scientifiques sont propriétaires).
En devenir conscients nous invite à rompre avec l'illusion, proprement occidentale, de se croire propriétaire de la rationalité, et avec l'habitude de juger toute culture à la mesure de ses performances technologiques. Dans toute société, même archaïque, en même temps que mythes, magie, religion, il y a présence de rationalité dans la confection d'outils, la tactique de chasse, la connaissance des plantes, des animaux, du terrain. Dans nos sociétés modernes, il y a aussi présence de mythes, de magie, de religion, y compris un mythe providentialiste se camouflant sous le terme de raison, et y compris une religion du progrès. La pleine rationalité, elle, rompt avec la raison providentialiste et avec l'idée rationalisatrice du progrès garanti. Elle conduit à considérer dans sa complexité l'identité terrienne de l'être humain.
(Le Seuil, 1993, p. 188-189.)

Organisation du lien social

Section 1. La société

« Chacun sait ce que signifie le mot "société", chacun croit du moins le savoir. On se transmet ce mot de l'un à l'autre, comme une pièce de monnaie dont on aurait plus besoin de vérifier la valeur » (Norbert Élias, *La Société des individus*, 1939, trad. J. Etoré, Fayard, 1991, p. 37). Pourtant le terme même de société est particulièrement difficile à définir puisqu'il comprend les relations entre les individus qui la peuplent (lien social, pouvoir, domination, égalité…) tout en étant une institution ou un type de groupe humain différent d'autres formes constituées (État, nation, peuple, communauté, tribu, classe, famille, entreprise…). Qu'est-ce donc en effet que la société « que nous constituons tous ensemble et que pourtant personne d'entre nous, ni nous tous réunis, n'avons voulue ni projetée telle qu'elle existe aujourd'hui, et qui n'existe pourtant que par la présence d'une multitude d'hommes et ne continue de fonctionner que parce qu'une multitude d'individus veulent et font quelque chose, mais dont la construction et les grandes transformations historiques ne dépendent cependant manifestement pas de la volonté des individus ? » (*Ibid.*) Répondre à cette question suppose une démarche à la fois anthropologique, historique et sociologique qui occupe les sciences *sociales* à plein temps depuis la fin du XIXe siècle. Il n'est donc pas question ici de tenter d'en résumer les réponses, mais plutôt d'essayer d'en donner un aperçu selon deux axes : analytiquement par la distinction entre société et communauté, et historiquement par la constitution de la société civile comme espace de légitimation d'un « social » autonome, dégagé à la fois de la politique (cf. chap. 4, 1) et de l'économie (cf. chap. 2, 2).

1.1. Communauté et société

La différenciation entre deux modèles, celui de l'unité organique fondée sur le statut, la communauté (*Gemeinschaft*), et celui de l'association d'échanges volontaire fondée sur le contrat, la société (*Gesellschaft*), présentée par le sociologue allemand Ferdinand Tönnies en 1887 (*Communauté et société. Catégories fondamentales de la sociologie pure*), permet d'établir analytiquement les caractères fondamentaux de l'organisation des groupes sociaux humains, que l'on peut inscrire sur un *continuum* entre les deux pôles communautaire et social. La *Gemeinschaft* renvoie à une unité morale, à l'enracinement, à l'intimité et à la parenté. Il s'agit d'un type d'organisation sociale qui réalise pleinement les valeurs d'historicité et de mutualité entre ses membres, et qui ne laisse qu'une faible place à l'autonomie individuelle. Les croyances et les institutions ne sont pas choisies ou délibérées, elles sont données, elles ont une valeur légitime intrinsèque. Il renvoie à un modèle social traditionnel, celui des « sociétés holistes » décrites par Louis Dumont. Tönnies utilise pour décrire la communauté l'image du corps vivant (sur le modèle de la « solidarité organique » de Herbert Spencer que reprend Émile Durkheim pour l'opposer à la solidarité mécanique, *De la division du travail social*, 1893 – cf. texte 3) par opposition à la machine que serait la société moderne, associée à la déshumanisation des grandes villes notamment. Dans ces conditions, les gens restent unis malgré tous les facteurs de division, alors que dans la *Gesellshaft*, ils restent divisés malgré tous les facteurs d'unification. Tönnies décèle dans ces deux modèles une manière spécifique de penser, de ressentir et d'agir : la *Wesenwille* pour la *Gemeinschaft* et la *Kürwille* pour la *Gesellschaft*. La première est issue d'une volonté naturelle ou spontanée (littéralement une « volonté issue de l'essence »), elle s'inscrit dans l'évolution historique et culturelle du groupe, elle insiste sur la continuité et sur la conformité de la personne à l'intérieur du groupe. La seconde est un choix arbitraire et rationnel qui vient d'une volonté réfléchie (littéralement une « volonté fondée sur un choix »). Les buts dans la *Gesellschaft* ne sont pas imposés par la tradition, ils sont adaptés aux circonstances et aux changements constatés par l'individu ainsi qu'à ses désirs. La *Gesellschaft*, c'est la société moderne, celle de l'âge de la domination « légale rationnelle » décrite par Max Weber qui approfondit et perfectionne la distinction de Tönnies (cf. texte 4), celle aussi d'une division en classes conformément à l'industrialisation de la production (*Économie et société*, 1921).

1.2. La société avant l'individu

La société pour les Anciens comme pour les Chrétiens au Moyen Âge était avant tout conçue comme un ordre social dans lequel chacun avait une place déterminée par sa naissance, son activité et son statut, et auquel il était difficile d'échapper. L'homme comme « animal politique et social » (de Aristote et de saint Thomas d'Aquin) n'est en fait que la part humaine d'un monde organisé et ordonné en dehors de lui et au-delà de lui, selon la Nature ou selon le monde divin, à la fois modèles et sources d'harmonie, du « bien » et du « vrai », vers lesquels l'organisation sociale doit incessamment tendre. La société est « holiste » et hiérarchisée, chacun y remplit un rôle précis (cf. texte 5), et seule la société elle-même a de la « valeur » (Louis Dumont, *Essais sur l'individualisme*, 1983).

L'avènement du sujet individuel moderne bouleverse les relations et l'organisation sociales. La « société des individus », qui s'organise à partir des XVIe et XVIIe siècles, se caractérise essentiellement, sur le plan du lien social, par l'autonomisation de différentes sphères d'activité et d'identification de l'individu : la sphère privée (de l'intime et du familial, mais aussi de l'activité économique, qui va prendre de plus en plus d'importance), la sphère publique (lieu du politique et des relations avec l'État, acteur social né avec l'individu) et une sphère intermédiaire, zone de contact entre les deux précédentes et dont la définition reste problématique : la société, au sein de laquelle l'individu moderne travaille par exemple. Le lien social moderne prend tout son sens à travers l'entre-deux permanent entre privé et public qu'incarne la « société civile ».

1.3. La constitution de la société civile

C'est au XVIIe siècle, dans l'œuvre de Thomas Hobbes, que l'on trouve défini pour la première fois le terme de « société civile ». Hobbes veut en effet « instituer le social » en distinguant une société civilisée, organisée et structurée par l'existence d'un pouvoir politique pourvoyeur de paix, de l'état de nature qui est, selon lui, l'état de la vie humaine individualisée, de cet homme libre qu'est l'homme moderne. Pour sortir de cet état de « guerre de tous contre tous » qui se résume à la loi du plus fort, les individus libres vont passer un contrat social et instituer ainsi une société « civile », qui se confond encore avec la société politique, car il s'agit d'un ensemble qui s'oppose à l'état de nature. Le social et la société sont institués ou caractérisés par le passage d'un état à un autre, passage rendu concret par le pacte social, pacte de soumission à un souverain absolu, le Léviathan (cf. chap. 3, 2, et chap. 3, 3.).

À la fin du XVIIe siècle, John Locke introduit un élément nouveau dans la définition de la société civile : la propriété. Locke poursuit la préoccupation de Hobbes en ce qu'il essaie lui aussi de comprendre comment les hommes peuvent former une société en sortant de l'état de nature, sur la seule base de la réalisation des droits naturels, à partir du plus fondamental d'entre eux, le droit de propriété (cf. chap. 3, 4 – cf. texte 1). L'homme social lockéen est déjà en cela un « *homo œconomicus* » préoccupé non seulement par la préservation de sa vie mais également par celle de ses biens. Locke esquisse à cette occasion une première distinction entre société civile et État, bien qu'il ne les oppose pas. La société civile apparaît en effet comme le lieu « de la propriété et des échanges », alors que l'État fait déjà figure de protecteur des intérêts collectifs. Cette esquisse de différenciation annonce l'émergence d'une double conception de la société civile : d'un côté une société civile « politique » issue du contrat social et incarnation de l'intérêt général – ce sera celle de Rousseau –, de l'autre une société civile « économique », lieu d'un ajustement spontané des intérêts particuliers, régulé par ses propres lois et qu'Adam Smith n'aura aucun mal à identifier au marché en l'opposant à l'État.

Cette double origine de la société civile reste présente aujourd'hui encore dans les différentes conceptions de la société. D'un côté, la société est conçue comme un espace purement privé, réservé aux relations interindividuelles, et qui se situent eux-mêmes dans la tradition libérale en opposant la société civile à l'État dont il faut veiller à limiter l'extension. De l'autre, la société civile est conçue comme sphère publique et comme le lieu par excellence du débat politique.

Au XVIIIe siècle, la question du lien et de l'organisation sociale se transforme. Du souci d'institution du social et de formation de la société civile, on passe progressivement à une préoccupation de « régulation du social », de recherche des moyens de l'harmonisation des relations sociales entre individus. C'est la réponse apportée par « l'économie politique » – dont Adam Smith expose la théorie dans *La Richesse des nations* (1776) (cf. chap. 2, 2.) – qui s'impose peu à peu comme la seule manière de concevoir la régulation sociale. Les autres réponses apportées au cours du XVIIIe siècle échouent en effet à fournir à la société un principe d'harmonie, qu'il soit politique comme chez Rousseau ou juridique, comme c'est le cas à travers la figure du « législateur » chère aux premiers utilitaristes – Helvétius et Bentham notamment. Smith est le premier à systématiser les notions de besoin et d'intérêt sans avoir recours à une intervention extérieure pour fonder l'ordre social – législateur ou politique. Il borde ainsi le lien social entre la nécessité empirique de l'être-ensemble, du « sens commun » social, mise à jour par David Hume au début du siècle et la gestion pratique des intérêts des individus entre eux, sous la figure de la « Main invisible ». Il le borde aussi contre les passions dévastatrices dont sont capables les hommes lorsqu'ils sortent de la logique à la fois raisonnable et rationnelle de l'échange civilisé, du « doux commerce » cher à Montesquieu qui résume ainsi l'essentiel de l'enjeu social moderne : « Il est heureux pour les hommes d'être dans une situation où, pendant que leurs passions leur inspirent la pensée d'être méchants, ils ont pourtant intérêt de ne pas l'être » (*Esprit des Lois*, XXI, 20).

Au début du XIXe siècle, Hegel, lecteur attentif des penseurs anglo-écossais car il s'agit là dit-il « d'une de ces sciences qui sont nées des Temps modernes comme d'un terrain qui leur est propre » (Hegel, *Principes de la philosophie du droit*, 1821), critique l'idée d'une société civile dominante occupant la totalité de l'espace social, qu'elle phagocyterait au détriment du politique et de son bras armé, l'État. Il le fait dans un contexte nouveau, à double titre : alors que les sociétés d'Europe occidentale commencent à s'industrialiser et que l'homme moderne prend la figure du « bourgeois » et alors qu'émerge l'État-nation qui accentue la cassure entre la société civile conçue comme un simple marché et l'État, représentant l'autorité politique (cf. chap. 3, 2, et chap. 4, 2). Il en déduit une notion : la *bürgerlische Gesellschaft* (la société civile bourgeoise), conçue comme un « système des besoins », intermédiaire entre la famille et l'État. Hegel attribue à la société civile un rôle supplémentaire, historique, d'émancipation de l'homme. C'est en effet dans la société civile que « l'homme vaut parce qu'il est homme, non parce qu'il est juif, catholique, protestant, allemand ou italien » *(ibid.)*. Toutefois, ce serait diminuer considérablement l'apport de Hegel au débat sur la société civile que de le cantonner à un rôle de mise en forme philosophique de l'économie politique du XVIIIe siècle. Il va construire une véritable critique des insuffisances de la société civile en établissant des relations complexes entre celle-ci et l'État qui acquiert chez lui un rôle majeur. Il développe ainsi une véritable philosophie de la société qui n'attend pas que l'économie réalise le politique. C'est d'ailleurs sur ce point que Marx s'oppose à Hegel lorsqu'il défend la réduction de l'espace politique à la société civile – il entend « remettre Hegel sur ses pieds » (*Le Capital*, postface de 1873) –, seule à même de représenter, à ses yeux, un universel véritable. Il ne sert à rien en effet de vouloir à toute force construire un autre espace, forcément artificiel, comme le fait Hegel. Il s'agit, paradoxalement, d'une conception de la société civile proche de celle des libéraux, visant au « dépérissement du politique » représenté chez Marx par le dépérissement ultime de l'État, après lequel ne subsisterait qu'une société sans classes, une société de la fin de l'histoire… de la lutte des classes (cf. texte 2). Une partie du courant marxiste, à la suite d'Antonio Gramsci dans les années 1920, présente une conception différente de la société civile comme le regroupement d'institutions qui n'ont rien à voir ni avec le marché ni avec l'État, telles que les associations, les églises… afin de leur faire jouer un rôle révolutionnaire alors qu'elles ne se sont pas construites dans le mouvement ouvrier, classiquement en charge de la révolution.

L'affrontement au XXe siècle de deux systèmes de pensée et de pouvoir issus du capitalisme et du libéralisme d'une part, du socialisme et du marxisme d'autre part, laisse la question de la société civile dans l'état qui était le sien au XIXe siècle. Elle « renaît » dans les années 1960 et surtout au début des années 1970 avec l'avènement sur la scène publique de la critique du totalitarisme communiste menée par certains intellectuels à l'Ouest et les dissidents à l'Est. Son développement comme lieu du débat public et de la liberté en fait dès lors l'agent de la démocratie contre toute forme d'oppression, mais aussi contre l'unicité et l'universalité de l'État comme garant et représentation de l'intérêt général.

– Texte 1 –

John Locke, *Traité du gouvernement civil* (1690), chap. : « De la société civique ou politique »

87. Les hommes étant nés tous également, ainsi qu'il a été prouvé, dans une *liberté* parfaite, et avec le droit de jouir paisiblement et sans contradiction, de tous les droits et de tous les privilèges des *lois de la nature* ; chacun a, par la *nature*, le pouvoir, non seulement de conserver ses biens propres, c'est-à-dire, sa vie, sa *liberté* et ses richesses, contre toutes les entreprises, toutes les injures et tous les attentats des autres ; mais encore de juger et de punir ceux qui violent les *lois de la nature*, selon qu'il croit que l'offense le mérite, de punir même de mort, lorsqu'il s'agit de quelque crime énorme, qu'il pense mériter la mort. Or, parce qu'il ne peut y avoir de *société politique*, et qu'une telle société ne peut subsister, si elle n'a en soi le pouvoir de conserver ce qui lui appartient en propre, et, pour cela, de punir les fautes de ses membres ; là seulement se trouve une *société politique*, où *chacun des membres s'est dépouillé de son pouvoir naturel, et l'a remis entre les mains de la société, afin qu'elle en dispose dans toutes sortes de causes, qui n'empêchent point d'appeler toujours aux lois établies par elle*. Par ce moyen, tout jugement des particuliers étant exclu, la *société* acquiert le droit de souveraineté ; et certaines lois étant établies, et certains hommes autorisés par la communauté pour les faire exécuter, ils terminent tous les différends qui peuvent arriver entre les membres de cette *société-là*, touchant quelque matière de droit, et punissent les fautes que quelque membre aura commises contre la *société* en général, ou contre quelqu'un de son corps, conformément aux peines marquées par les lois. Et par là, il est aisé de discerner ceux qui sont ou qui ne sont pas ensemble en *société politique*. Ceux qui composent un seul et même corps, qui ont des lois communes établies et des juges auxquels ils peuvent appeler, et qui ont l'autorité de terminer les disputes et les procès, qui peuvent être parmi eux et de punir ceux qui font tort aux autres et commettent quelque crime : ceux-là sont en *société civile* les uns avec les autres ; mais ceux qui ne peuvent appeler de même à aucun tribunal sur la terre, ni à aucunes *lois positives*, sont toujours dans *l'état de nature* ; chacun, où il n'y a point d'autre juge, étant juge et exécuteur pour soi-même, ce qui est, comme je l'ai montré auparavant, le véritable et parfait *état de nature*.

(Trad. D. Mazel, Flammarion, coll. « GF », 1984, p. 206-207.)

– Texte 2 –

Karl Marx et Friedrich Engels, *Manifeste du parti communiste* (1848)

L'histoire de toute société jusqu'à nos jours, c'est l'histoire de la lutte des classes. Homme libre et esclave, patricien et plébéien, baron et serf, maître de jurande et compagnon, en un mot, oppresseurs et opprimés, se sont trouvés en constante opposition ; ils ont mené une lutte sans répit, tantôt déguisée, tantôt ouverte, qui chaque fois finissait soit par une transformation révolutionnaire de la société tout entière, soit par la ruine des diverses classes en lutte.

Aux époques historiques anciennes, nous trouvons presque partout une organisation complète de la société en classes distinctes, une hiérarchie variée de positions sociales. Dans la Rome antique, nous avons des patriciens, des chevaliers, des plébéiens, des esclaves ; au Moyen Âge, des seigneurs, des vassaux, des maîtres, des compagnons, des serfs ; et, dans presque chacune de ces classes, de nouvelles divisions hiérarchiques.

La société bourgeoise moderne, qui est issue des ruines de la société féodale, n'a pas surmonté les vieux antagonismes de classes. Elle a mis en place des classes nouvelles, de nouvelles conditions d'oppression, de nouvelles formes de lutte.

Toutefois, notre époque – l'époque de la bourgeoisie – se distingue des autres par un trait particulier : elle a simplifié les antagonismes de classes. De plus en plus, la société se divise en deux grands camps ennemis, en deux grandes classes qui s'affrontent directement. la bourgeoisie et le prolétariat.

Les citoyens hors barrière des premières villes sont issus des serfs du Moyen Âge ; c'est parmi eux que se sont formés les derniers éléments de la bourgeoisie.

La découverte de l'Amérique, la circumnavigation de l'Afrique offrirent à la bourgeoisie naissante un nouveau champ d'action. Les marchés des Indes orientales et de la Chine, la colonisation de l'Amérique, les échanges avec les colonies, l'accroissement des moyens d'échange et des marchandises en général donnèrent au commerce, à la navigation, à l'industrie un essor inconnu jusqu'alors ; du même coup, ils hâtèrent le développement de l'élément révolutionnaire au sein d'une société féodale en décomposition.

L'ancien mode de production, féodal ou corporatif, ne suffisait pas aux besoins qui augmentaient en même temps que les nouveaux marchés. La manufacture vint le remplacer. Les maîtres de *jurandes* furent expulsés par les petits industriels ; la division du travail entre les diverses corporations disparut devant la division du travail au sein même des ateliers. Cependant les marchés ne cessaient de s'étendre, les besoins de s'accroître. La manufacture devint bientôt insuffisante, elle aussi. Alors la vapeur et les machines vinrent révolutionner la production industrielle. La manufacture dut céder la place à la grande industrie moderne et les petits industriels se trouvèrent détrônés par les millionnaires de l'industrie, chefs d'armées industrielles, les bourgeois modernes.

La grande industrie a fait naître le marché mondial, que la découverte de l'Amérique avait préparé. Le marché mondial a donné une impulsion énorme au commerce, à la navigation, aux voies de communication. En retour, ce développement a entraîné l'essor de l'industrie. À mesure que l'industrie, le commerce, la navigation, les chemins de fer prirent de l'extension, la bourgeoisie s'épanouissait, multipliant ses capitaux et refoulant à l'arrière-plan toutes les classes léguées par le Moyen Âge.

(Trad. M. Rubel, Gallimard, coll. « Bibliothèque de la Pléiade », *Œuvres,* Économie I, 1965, p. 161-163.)

– Texte 3 –

Émile Durkheim, *De la division du travail social* (1893)

Il y a dans chacune de nos consciences, avons-nous dit, deux consciences : l'une, qui nous est commune avec notre groupe entier, qui, par conséquent, n'est pas nous-même, mais la société vivant et agissant en nous ; l'autre qui ne représente au contraire que nous dans ce que nous avons de personnel et de distinct, dans ce qui fait de nous un individu. La solidarité qui dérive des ressemblances est à son *maximum* quand la conscience collective recouvre exactement notre conscience totale et coïncide de tous points avec elle : mais, à ce moment, notre individualité est nulle. [...].

Les molécules sociales qui ne seraient cohérentes que de cette seule manière ne pourraient donc se mouvoir avec ensemble que dans la mesure où elles n'ont pas de mouvements propres, comme font les molécules des corps inorganiques. C'est pourquoi nous proposons d'appeler mécanique cette espèce de solidarité. Ce mot ne signifie pas qu'elle soit produite par des moyens mécaniques et artificiellement. Nous ne la nommons ainsi que par analogie avec la cohésion qui unit entre eux les éléments des corps bruts, par opposition à celle qui fait l'unité des corps vivants. Ce qui achève de justifier cette dénomination, c'est que le lien qui unit ainsi l'individu à la société est tout à fait analogue à celui qui rattache la chose à la personne. La conscience individuelle, considérée sous cet aspect, est une simple dépendance du type collectif et en suit tous les mouvements, comme l'objet possédé suit ceux que lui imprime son propriétaire.

Il en est tout autrement de la solidarité que produit la division du travail.

Tandis que la précédente implique que les individus se ressemblent, celle-ci suppose qu'ils diffèrent les uns des autres. La première n'est possible que dans la mesure où la personnalité individuelle est absorbée dans la personnalité collective ; la seconde n'est possible que si chacun a une sphère d'action qui lui est propre, par conséquent une personnalité. Il faut donc que la conscience collective laisse découverte une partie de la conscience individuelle, pour que s'y établissent ces fonctions spéciales qu'elle ne peut pas réglementer ; et plus cette région est étendue, plus est forte la cohésion qui résulte de cette solidarité. En effet, d'une part, chacun dépend d'autant plus étroitement de la société que le travail est plus divisé, et, d'autre part, l'activité de chacun est d'autant plus personnelle qu'elle est plus spécialisée. Ici donc, l'individualité du tout s'accroît en même temps que celle des parties ; la société devient plus capable de se mouvoir avec ensemble, en même temps que chacun de ses éléments a plus de mouvements propres. Cette solidarité ressemble à celle que l'on observe chez les animaux supérieurs. Chaque organe, en effet, y a sa physionomie spéciale, son autonomie, et pourtant l'unité de l'organisme est d'autant plus grande que cette individuation des parties est plus marquée. En raison de cette analogie, nous proposons d'appeler organique la solidarité qui est due à la division du travail.

(PUF, 1973, p. 98-101.)

– Texte 4 –

Max Weber, *Économie et société* (1921), vol. I, chap. 1, B, 9 : « Communalisation et sociation »

Nous appelons « communalisation » *[Vergemeinschaftung]* une relation sociale lorsque, et tant que, la disposition de l'activité sociale se fonde – dans le cas particulier en moyenne ou dans le type pur – sur le sentiment subjectif (traditionnel ou affectif) des participants *d'appartenir* à une *même communauté [Zusammengehörigkeit].* Nous appelons « sociation » *[Vergesellschaftung]* une relation sociale lorsque, et tant que, la disposition de l'activité sociale se fonde sur un *compromis [Ausgleich]* d'intérêts motivé rationnellement (en valeur ou en finalité) ou sur une *coordination [Verbindung]* d'intérêts motivée de la même manière. En particulier, la sociation peut (mais non uniquement) se fonder typiquement sur une *entente [Vereinbarung]* rationnelle par engagement mutuel *[gegenseitige Zusage].* C'est alors que l'activité sociétisée s'oriente, dans le cas rationnel : a) de façon rationnelle en valeur, d'après la croyance en son propre caractère obligatoire *[Verbindlichkeit]* ; b) de façon rationnelle en finalité, par anticipation de la loyauté du *partenaire.*

1. Notre terminologie rappelle la distinction que F. Tönnies a établie dans son ouvrage fondamental, *Gemeinschaft und Gesellschaft.* Toutefois Tönnies lui a aussitôt donné, pour des fins qui lui sont propres, un contenu beaucoup plus spécifique qu'il n'est utile pour nos propre fins. Les types les plus purs de la *sociation* sont : a) l'échange *[Tausch],* rigoureusement rationnel en finalité, sur la base d'un libre accord sur le marché – compromis actuel entre les intéressés à la fois opposés et complémentaires ; b) *la pure association* à *but déterminé [Zweckverein]* établie par libre accord, par une entente concernant une activité continue qui, par son intention aussi bien que par ses moyens est instituée purement en vue de la poursuite des intérêts matériels (économiques ou autres) des membres ; c) l'association à base de *convictions [Gesinnungsverein]* motivée de façon rationnelle en valeur, telle que la secte rationnelle, dans la mesure où elle se détourne du souci d'intérêts affectifs ou émotionnels et ne cherche qu'à servir la « cause » (ce qui, en vérité, ne se rencontre sous la forme d'un type tout à fait pur que dans des cas très particuliers).

2. Une *communalisation* peut se fonder sur n'importe quelle espèce de fondement affectif émotionnel ou encore traditionnel, par exemple une communauté spirituelle de frères, une relation érotique, une relation fondée sur la piété, une communauté « nationale » ou bien un groupe uni par la camaraderie. La communauté familiale en constitue le type le plus commode. Cependant la grande majorité des relations sociales ont *en partie* le caractère d'une communalisation, *en partie* celui d'une sociation.

(Trad. J. Chavy et E. de Dampierre (dir.), Pocket, « Agora », 1995, p. 78-79.)

– Texte 5 –

Jacques Le Goff, *Pour un autre Moyen Âge* (1977)

L'ordre clérical est caractérisé par la prière, ce qui indique peut-être une certaine primauté accordée à l'idéal monastique, à celui plutôt d'un certain monachisme, mais qui se réfère surtout à la nature essentielle du pouvoir

> clérical, qui vient de sa capacité spécialisée d'obtenir par l'exercice professionnel de la prière l'aide divine. Roi des *oratores*, le monarque participe d'une certaine façon de la nature et des privilèges ecclésiastiques et religieux et d'autre part entretient avec l'ordre clérical les relations ambivalentes de protecteur et de protégé de l'Église que le clergé carolingien a mises au point au IXe siècle.
> L'ordre militaire n'est peut-être pas lui non plus aussi simple à appréhender qu'il semble à première vue. Son unité, sa cohérence concrètes sont sans doute encore plus éloignées de la réalité que celles de l'ordre clérical. Le terme de *milites* qui, à partir du XIIe siècle, aura tendance à désigner habituellement l'ordre militaire dans le schéma triparti, correspondra sans doute à l'émergence de la classe des chevaliers au sein de l'aristocratie laïque, mais apportera plus de confusion que de clarté dans les rapports entre la réalité sociale et les thèmes idéologiques prétendant l'exprimer. Il reste que, du IXe au XIIe siècle, l'apparition des *bellatores* dans le schéma triparti correspond à la formation d'une nouvelle noblesse et, à cette époque de profonde transformation de la technique militaire, à la prépondérance de la fonction guerrière chez cette nouvelle aristocratie [...]
> Si, malgré cette complexité, on voit aisément qui désignent les deux premiers termes du schéma de la société tripartie, il n'en va pas de même avec le troisième terme. Qui sont les *laboratores* ? S'il est clair, comme l'attestent les équivalents *agricolae* ou *rustici* que nous avons rencontrés, qu'il s'agit, à l'époque que nous considérons et dans les régions où ces textes ont été écrits, de ruraux, il est plus difficile de déterminer quel ensemble social est ici désigné. On considère en général que ce terme désigne le reste de la société, l'ensemble de ceux qui travaillent, c'est-à-dire en fait essentiellement la masse paysanne.
> (Gallimard, 1977, p. 34 et p. 86.)

Section 2. L'économie

L'économie sous la forme du système de production, d'échange et de consommation des biens et services constitue aujourd'hui une part essentielle de l'existence humaine, occupant la majeure partie du temps social consacré au « vivre ensemble ». Elle est même valorisée non seulement comme « science sociale » majeure mais simplement comme activité par rapport à la politique, par exemple, qui n'aurait plus d'influence sur son évolution. Il n'en a pas toujours été ainsi, d'abord parce que l'activité économique n'a pas toujours été valorisée, ensuite parce qu'elle a connu une évolution considérable de sa conception même, enfin parce que la détermination même de cette conception a fait l'objet – si ce n'est pas toujours le cas aujourd'hui – de combats politiques et sociaux virulents.

2.1. L'économie dans sa forme primitive

À l'origine, le terme « économie » désigne essentiellement le principe d'organisation (*nomos*) de la maison (*oikos*), en fait de l'espace privé (familial au sens élargi, comprenant les esclaves notamment) par opposition à l'espace public, « la vie de la cité » (Aristote, *Les Politiques*, livre I, chap. 3 notamment). C'est-à-dire l'espace dans lequel se déroulent les activités de production, d'échange et de consommation, mais aussi les relations interindividuelles (famille, travail…) par opposition à celui où se déroulent les activités politiques (*polis*, les affaires de la cité), l'espace des besoins et de la nécessité par opposition à celui de l'activité libre et utile au bien commun (cf. le parallèle avec le travail, chap. 2, 3.). Cette définition de l'économie comme gestion de la « maisonnée » exclut une activité considérée aujourd'hui comme partie intégrante de l'économie : l'acquisition de biens et de richesses – ce que l'on désignerait aujourd'hui par deux activités : la production de biens et l'échange de biens – (voir Aristote, *ibid.*, chap. 8 et 9, sur « l'art naturel d'acquérir » et la « chrématistique », cf. texte 1).

Le développement des échanges entre les différentes régions européennes qui s'accélère à la fin du Moyen Âge après une longue période autarcique due notamment aux grandes invasions provoque des modifications importantes dans les modalités de l'échange des biens et marchandises – avec le développement à partir du XIIIe siècle des routes maritimes, du mécanisme de la « lettre de change », des procédures d'assurance, de banques qui essaiment leurs comptoirs à travers l'Europe… Une véritable culture marchande, ferment d'une forme primitive de capitalisme se met en place, dans les grandes cités-États d'Italie du Nord et sur le littoral flamand notamment. Face à cette dynamique, les gouvernements des premiers États modernes, en formation, en France et en Angleterre principalement, commencent à développer les instruments d'une gestion des échanges sur leur territoire, par le système fiscal en particulier. Dès le XVIe siècle, la nécessité se fait rapidement sentir d'une expression traduisant ce nouveau mode d'appréhension de l'espace public. Des termes tels que « économie publique » et « économie politique » commencent d'être utilisés. C'est le *Traité d'économie politique* d'Antoine de Montchrétien (1615) qui « popularise » l'expression : « Aussi l'art politique dépend de l'économique ; et comme il en tient beaucoup de conformité, il doit pareillement emprunter son exemple. Car le bon gouvernement domestique, à le bien prendre, est un patron et modèle du public ».

2.2. *Naissance de l'économie politique*

De cette origine commune, deux acceptions vont se succéder dans le temps. Celle d'abord dont témoigne Jean-Jacques Rousseau dans son article « Économie politique » pour *l'Encyclopédie* (1755) et qui domine jusqu'à la Révolution, suivant l'idée que l'État doit réguler l'espace de la production et des échanges de la même manière que l'espace politique. « Économie politique » signifie alors ni plus ni moins, comme le dit Rousseau, critique acerbe du libéralisme économique naissant de son époque, que « gouvernement » (on dirait aujourd'hui « administration »), qu'il distingue de l'exercice de la souveraineté, proprement politique. Celle ensuite qui s'y substitue, dont Adam Smith est le « père fondateur », dans le sens d'une étude de l'activité des phénomènes de production et d'échange, d'une « science économique », détachée du politique. C'est cette seconde acception, à la fois construction historique et détachement disciplinaire de la philosophie morale, qui fait figure de définition de l'économie aujourd'hui encore.

La « redécouverte » de la pensée d'Aristote par les auteurs scolastiques à partir du XIIIe siècle (saint Thomas d'Aquin), au moment même où les échanges se multiplient et le protocapitalisme se développe, conduit à de nombreuses interrogations sur les phénomènes économiques : nature et fonctions de la monnaie, définition du « juste prix », question de l'usure… Les débats qui en découlent restent cependant prisonniers du cadre théologique même s'ils présentent parfois des avancées analytiques qui seront reprises aux XVIIe et XVIIIe siècle par les premiers « économistes ». À partir du XVIe siècle, l'interrogation sur le rôle de l'État et l'émergence, avec la Réforme protestante, d'une doctrine religieuse plus favorable aux pratiques marchandes que le catholicisme (Max Weber, *L'Éthique protestante et l'esprit du capitalisme*, 1905), conduisent à un nouveau cadre d'analyse et à de nouveaux objets d'étude. Il ne s'agit plus de comprendre les phénomènes économiques dans le cadre théologique, mais de produire une connaissance de ceux-ci utile au pouvoir politique : amélioration de la fiscalité, équilibre de la « balance du commerce », organisation de la production… Le « mercantilisme » qui désigne cet ensemble de nouvelles réflexions triomphe au XVIIe siècle à partir de l'idée que la richesse d'un pays dépend de son stock de métaux précieux qu'il faut accroître par tous les moyens : par l'exploitation extérieure (des pays du « Nouveau monde » notamment) et par le développement de la production et des échanges dans les pays européens. La production de biens de plus en plus complexes (riches en valeur ajoutée) permet d'accroître plus rapidement le stock d'or que le simple échange agricole ou de produits peu élaborés – les productions se spécialisent pour mieux s'échanger. C'est sur ces principes que s'appuie Colbert en France pour développer une organisation quasi-militaire de l'économie française. Le mercantilisme encourage aussi la levée des différentes barrières douanières à l'intérieur d'un pays tout en prônant un protectionnisme fort entre les pays. Le mercantilisme apparaît en fait comme la doctrine économique de l'affirmation de l'État moderne puisqu'il nécessite la sécurité extérieure (pour les échanges coloniaux, par l'intermédiaire des grandes compagnies notamment) et la paix intérieure pour le développement de la production et du commerce.

2.3. *L'économie comme modèle de la vie sociale*

C'est pendant les Lumières que l'économie politique devient réellement une manière autonome de comprendre le lien social, qu'elle s'érige en discipline, dépassionnant les rapports sociaux en les soumettant à la stricte logique de l'utilité et de l'intérêt, seules voies susceptibles de libérer l'individu dans la quête de son propre bonheur. Un premier pas important sur cette voie est franchi par le Hollandais Bernard de Mandeville (*La Fable des Abeilles*, 1714) qui scandalise l'Europe intellectuelle. Sous les dehors d'une fiction mettant en scène une ruche, on peut y lire que l'homme, loin d'être tenu à une quelconque loi naturelle ou morale, est un être égoïste et porté vers le mal plutôt que vers le bien. En fait que le comportement de l'homme ne peut tendre de par sa seule volonté vers le bien commun, et que malgré cela, la société en tire avantage. La société, réduite à un système d'échanges entre individus égaux sur la base d'un contrat, n'a pas besoin d'intervention extérieure pour fonctionner correctement. Cette idée qui se développe à travers l'Europe est résumée par la formule « laisser faire, laisser passer » des « Physiocrates ». La doctrine physiocratique, édictée par les Français François Quesnay (*Tableau économique*, 1758) et Turgot (*Réflexion sur la formation et la distribution des richesses*, 1766), repose sur l'idée qu'une loi de nature ordonne l'ensemble de l'activité humaine : l'individu ne peut atteindre le bonheur qu'en accumulant les jouissances que prodiguent les biens économiques – avant tout agricoles et fonciers. La loi de nature consacre la propriété, car seule l'appropriation privée encourage la multiplication des subsistances, l'abondance, et donc… le bonheur. Pour que la propriété soit réellement efficace, il faut que le propriétaire soit réellement libre de toute contrainte – l'État doit « laisser faire, laisser passer ».

Adam Smith prolonge et fait la synthèse de cette nouvelle vision du monde pour en apparaître finalement comme le « père fondateur ». Dans *La Richesse des nations* (1776), il expose que chaque homme étant naturellement porté à l'échange pour se procurer ce qu'il ne peut produire lui-même en travaillant, la division du travail se renforce et devient le principe même de l'existence humaine, c'est d'ailleurs cette division du travail qui crée la « richesse des nations ». L'échange, et l'équilibre qui se crée à cette occasion, conduit donc à l'harmonie mécanique des intérêts individuels les uns par rapport aux autres, chacun y trouvant la satisfaction de ses besoins. La société résulte de cet équilibre spontané où dépendance mutuelle et autonomie individuelle sont intrinsèquement liées – ce que Smith résume dans la célèbre métaphore de la « main invisible », fondatrice de l'économie libérale de marché (cf. texte 2). Le pouvoir politique est entièrement subordonné à cet équilibre au sein d'une « société civile » qui se confond avec le marché économique (cf. chap. 2, 1). L'État, qui existe en tant qu'acteur social, est là pour assurer la fluidité des échanges et garantir le bon fonctionnement du mécanisme marchand. Il a essentiellement un rôle régalien et d'éducation du peuple.

Il appartient, au début du XIXe siècle, aux économistes « classiques » de développer l'intuition smithienne de l'économie de marché. Les développements critiques qui en résultent, à partir des travaux de David Ricardo (cf. texte 3), Thomas Robert Malthus, James et John Stuart Mill, Jean-Baptiste Say – ils développent des théories sur l'échange, la valeur, les facteurs de production, la loi de l'offre et de la demande, etc. – constituent les fondements de la réflexion économique contemporaine. Leur argumentation, à partir d'exemples précis et souvent chiffrés, se fait plus rigoureuse. L'économie entre, avec les sociétés occidentales dont elle entend décrire les mécanismes, dans l'âge de la science et de l'industrie.

2.4. *Critique de l'économie politique*

La révolution industrielle et la mondialisation des échanges – processus qui s'amorcent dès la fin du XVIIIe siècle et qui se développent ensuite par vagues successives malgré la litanie des crises de production et de débouchés qui jalonnent l'histoire économique depuis deux siècles – ont conduit les sociétés occidentales, puis à partir d'elles le monde dans son ensemble, à une surdétermination de la vie sociale et individuelle par l'économie. Le bourgeois et le prolétaire, le capitaliste et le travailleur sont devenus les figures dominantes de l'*homo œconomicus.* Le paradigme d'un capitalisme lié à l'économie de marché s'est imposé à la faveur de ce double phénomène, malgré la contestation radicale dont il a été l'objet – essentiellement de la part du marxisme qui l'a déconstruit pour proposer un paradigme alternatif, mais aussi à une moindre échelle par tout un ensemble de critiques plus « spécialisées », portant sur certains de ses aspects, de la critique morale du capitalisme par le catholicisme à la critique écologiste.

En plein cœur du XIXe siècle, Marx livre la critique, à la fois la plus approfondie et la plus riche de développements concrets, du système capitaliste et de l'économie de marché (essentiellement dans *Les Fondements d'une critique de l'économie politique*, 1857 et dans *Le Capital*, 1867). Il se pose en contempteur de l'économie politique qu'il érige en théorie parfaite du système capitaliste, tout en reconnaissant, avec Smith et Ricardo, que le travail est au fondement de la valeur des biens. En revanche, à ses yeux, le travail se présente sous un double jour : concret (manifeste dans les activités de production et créateur de la valeur d'usage) et abstrait (dépense d'énergie commune à tous les travailleurs, rendus de ce fait solidaires) (cf. chap. 2, 3). La valeur d'un bien peut donc s'exprimer quantitativement par le temps de travail nécessaire à sa production. C'est à partir de cette « théorie de la valeur » que Marx analyse la société capitaliste de son temps. Or, le capitalisme tend depuis ses origines vers un accroissement continu de la quantité de valeur – c'est l'accumulation. Le système capitaliste ne peut réaliser cet accroissement continu de la valeur que grâce au « profit », c'est-à-dire en détenant une valeur finale supérieure à la valeur investie dans le processus de production. Pour réaliser ce tour de force, le capitalisme exploite le travail salarié en percevant une « plus-value » qui correspond à la différence entre valeur d'usage et valeur d'échange (le salaire) du travail. Celui-ci étant calculé au plus juste pour assurer une simple reproduction à l'identique de la force de travail (cf. texte 4). Il y a donc « exploitation » des travailleurs ; c'est sur elle que repose le conflit de classe entre bourgeoisie et prolétariat. Le problème de ce système tient à ce que le développement de la production ne s'accompagne pas d'une augmentation proportionnelle de la demande (la loi des débouchés de Say n'est pas valable). Le taux de profit est donc condamné à baisser du fait de l'accumulation continue de capital et de la concurrence entre les capitalistes pour trouver des débouchés – l'accumulation renforce encore la faillite inévitable du système puisqu'elle favorise la machinisation contre le travail humain, seul créateur de valeur. L'analyse critique que Marx livre du capitalisme et de l'économie de marché fait pourtant de lui un héritier de l'économie politique. Pour lui en effet, « l'infrastructure » (l'économie, les rapports de production) détermine le reste de l'activité sociale et politique (la « superstructure » : politique, État, droit, religion, famille...). Ce matérialisme appliqué à une lecture dialectique de l'histoire comme des luttes de classes successives (cf. chap. 2, 3, texte de Marx et Engels) le conduit à envisager la réorientation de l'histoire (et sa fin) vers une ultime étape (après la révolution prolétarienne et le socialisme) : la satisfaction pleine et entière des besoins des hommes (le communisme) (*Manifeste du parti communiste*, 1848).

2.5. L'économie comme adaptation au capitalisme

En parallèle de cette radicalisation – en même temps que systématisation – des aspirations socialistes du XIXe siècle face aux duretés de la société industrielle, l'effort de réflexion économique dans le cadre de la société capitaliste se poursuit, dans une perspective critique visant à développer le bien-être général (J.S. Mill, G. Sismondi) ou dans le sens d'une radicalisation du modèle du marché (L. Walras).

La poursuite du développement du capitalisme conduit à un changement important des conditions économiques et sociales à la fin du XIXe siècle, avec l'émergence d'une classe moyenne – l'extension de la classe bourgeoise par intégration progressive de prolétaires et de paysans – favorisée par le développement de l'enseignement et les progrès sanitaires et sociaux. Face à ces changements, certains socialistes, tels que Eduard Bernstein, tentent de « réviser » la doctrine marxiste dans le sens d'un réformisme démocratique (*Les Présupposés du socialisme et les Tâches de la social-démocratie*, 1899) donnant naissance à un courant social-démocrate qui affrontera tout au long du XXe siècle à la fois le système communiste d'économie planifiée et le système capitaliste libéral marchand dont les États-Unis vont s'avérer le modèle. La crise économique des années 1930 et la Seconde Guerre mondiale conduiront à une révision du capitalisme par la socialisation d'une part de l'économie (politique d'intervention de l'État par le budget et la monnaie, nationalisations, État-providence, planification indicative, paritarisme...) dont John Maynard Keynes a posé les bases dans sa *Théorie générale de la monnaie et des prix* (1936) (cf. texte 5). La crise des années 1970 provoquera dans les années 1980 une réaction inverse, d'accentuation des traits de l'économie de marché, sous l'appellation de « néo-libéralisme » : indépendance des banques centrales, déréglementation, privatisation, « financiarisation » de l'économie...

L'effondrement du communisme dû en grande partie à un échec de son modèle économique et le mouvement de globalisation actuel – nouvelle révolution industrielle autour des nouvelles technologies de l'information et de la communication et nouvelle accélération des échanges (zones régionales de libre-échange total comme l'Union européenne, accords internationaux) – conduit à une victoire et une extension du modèle capitaliste, libéral et marchand face auquel les États ont du mal à adapter leur stratégie. La régulation politique de l'économie – par quels moyens, jusqu'où... – apparaît aujourd'hui au centre des débats nationaux et internationaux (comme l'ont montré les manifestations contre la mondialisation sous sa forme actuelle de Seattle et de Washington en 1999 et 2000). Les aspirations dominantes des populations de pays touchés par la longue crise des années passées (chômage massif, exclusion sociale...) et aujourd'hui soucieuses du renouveau de la croissance dans le monde tendent à la fois à valider le marché comme mode de création optimal des richesses et à réclamer plus de contrôle et de prévention contre ses effets négatifs et les risques qu'il induit.

L'économie politique semble ainsi pour la première fois de son histoire faire l'objet d'un vaste consensus tout en méritant, là encore pour la première fois à ce point, son nom où se mêlent souci de liberté et souci de régulation.

– Texte 1 –

Aristote, *Les Politiques* (vers 340 av. J.-C.), I, 9, 1256b

Commençons l'étude de la chrématistique par ceci : de chaque objet possédé il y a un double usage ; dans les deux cas, il s'agit d'un usage de la chose en tant que telle, mais pas en tant que telle de la même manière : l'un est propre et l'autre n'est pas propre à l'objet. Ainsi une chaussure sert à chausser et à être échangée ; ce sont bien deux usages d'une chaussure en tant que telle, car celui qui troque une chaussure avec celui qui en a besoin contre de l'argent ou de la nourriture se sert aussi de la chaussure en tant que chaussure, mais pas selon son usage propre : en effet, elle n'a pas été fabriquée en vue du troc. Et il en est de même pour les autres choses que nous possédons. Car il y a échange de tout : il a son origine première dans ce fait conforme à la nature que les hommes ont parfois plus, parfois moins des choses qu'il faut. En ce sens il est clair que le petit commerce n'appartient pas par nature à la chrématistique, car c'est seulement dans la mesure où il le faut qu'on en vint nécessairement à pratiquer le troc. Certes, dans la première communauté, c'est-à-dire la famille, il est manifeste qu'il n'a aucune fonction, mais qu'il en acquiert une quand la communauté s'agrandit. Car les membres de la famille mettaient toutes les choses en commun, alors que ceux qui s'étaient séparés en avaient certes beaucoup de la même manière, mais aussi d'autres qui, nécessairement, selon les besoins firent l'objet d'échanges, comme cela se pratique aussi dans beaucoup des peuplades barbares, selon la formule du troc. Car alors on échange des choses utiles les unes contre les autres et rien de plus, par exemple on donne et on reçoit du vin contre du blé, et ainsi pour chaque chose de cette sorte. Et cet échange-là n'est ni contraire à la nature ni une espèce de chrématistique ; il existait, en effet, pour compléter l'autarcie naturelle. C'est pourtant de lui qu'est logiquement venue la chrématistique.

(Trad. P. Pellegrin, Flammarion, coll. « GF », 1993, p. 115-116.)

– Textes 2 –

Adam Smith, *Recherches sur la nature et les causes de la richesse des nations* (1776)

Livre I, chap. 2

[…] l'homme a presque continuellement besoin du secours de ses semblables, et c'est en vain qu'il l'attendrait de leur seule bienveillance. Il sera bien plus sûr de réussir, s'il s'adresse à leur intérêt personnel et s'il leur persuade que leur propre avantage leur commande de faire ce qu'il souhaite d'eux.

C'est ce que fait celui qui propose à un autre un marché quelconque ; le sens de sa proposition est ceci : *Donnez-moi ce dont j'ai besoin, et vous aurez de moi ce dont vous avez besoin vous-mêmes ;* et la plus grande partie de ces bons offices qui nous sont nécessaires s'obtiennent de cette façon. Ce n'est pas de la bienveillance du boucher, du marchand de bière et du boulanger, que nous attendons notre dîner, mais bien du soin qu'ils apportent à leurs intérêts. Nous ne nous adressons pas à leur humanité, mais à leur égoïsme ; et ce n'est jamais de nos besoins que nous leur parlons, c'est toujours de leur avantage.

Livre IV, chap. 2

À la vérité, l'intention (de l'individu) en général n'est pas en cela de servir l'intérêt public, et il ne sait même pas jusqu'à quel point il peut être utile à la société. En préférant le succès de l'industrie nationale à celui de l'industrie étrangère, il ne pense qu'à se donner personnellement une plus grande sûreté ; et en dirigeant cette industrie de manière à ce que son produit ait le plus de valeur possible, il ne pense qu'à son propre gain ; en cela, comme dans beaucoup d'autres cas, il est conduit par une main invisible à remplir une fin qui n'entre nullement dans ses intentions ; et ce n'est pas toujours ce qu'il y a de plus mal pour la société, que cette fin n'entre pour rien dans ses intentions. Tout en ne cherchant que son intérêt personnel, il travaille souvent d'une manière bien plus efficace pour l'intérêt de la société, que s'il avait réellement pour but d'y travailler. Je n'ai jamais vu que ceux qui aspiraient, dans leurs entreprises de commerce, à travailler pour le bien général, aient fait beaucoup de bonnes choses. Il est vrai que cette belle passion n'est pas très commune parmi les marchands, et qu'il ne faudrait pas de longs discours pour les en guérir.

(Trad. G. Garnier, Flammarion, coll. « GF », 1991, vol. 1, p. 82, et vol. 2, p. 42-43.)

– Texte 3 –

David Ricardo, *Principes de l'économie politique et de l'impôt* (1817), chap. II : « De la rente de la terre »

Lorsque des hommes font un premier établissement dans une contrée riche et fertile, dont il suffit de cultiver une très petite étendue pour nourrir la population, ou dont la culture n'exige pas plus de capital que n'en possèdent les colons, il n'y a point de rente ; car qui songerait à acheter le droit de

cultiver un terrain, alors que tant de terres restent sans maître, et sont par conséquent à la disposition de quiconque voudrait les cultiver ?
Par les principes ordinaires de l'offre et de la demande, il ne pourrait être payé de rente pour la terre, par la même raison qu'on n'achète point le droit de jouir de l'air, de l'eau, ou de tous ces autres biens qui existent dans la nature en quantités illimitées. Moyennant quelques matériaux, et à l'aide de la pression de l'atmosphère et de l'élasticité de la vapeur, on peut mettre en mouvement des machines qui abrègent considérablement le travail de l'homme ; mais personne n'achète le droit de jouir de ces agents naturels qui sont inépuisables et que tout le monde peut employer. De même, le brasseur, le distillateur, le teinturier, emploient continuellement l'air et l'eau dans la fabrication de leurs produits ; mais comme la source de ces agents est inépuisable, ils n'ont point de prix. Si la terre jouissait partout des mêmes propriétés, si son étendue était sans bornes, et sa qualité uniforme, on ne pourrait rien exiger pour le droit de la cultiver, à moins que ce ne fût là où elle devrait à sa situation quelques avantages particuliers. C'est donc uniquement parce que la terre varie dans sa force productive, et parce que, dans le progrès de la population, les terrains d'une qualité inférieure, ou moins bien situés, sont défrichés, qu'on en vient à payer une rente pour avoir la faculté de les exploiter. Dès que par suite des progrès de la société on se livre à la culture des terrains de fertilité secondaire, la rente commence pour ceux des premiers, et le taux de cette rente dépend de la différence dans la qualité respective des deux espèces de terre. Dès que l'on commence à cultiver des terrains de troisième qualité, la rente s'établit aussitôt pour ceux de la seconde, et est réglée de même par la différence dans leurs facultés productives. La rente des terrains de première qualité hausse en même temps, car elle doit se maintenir toujours au-dessus de celle de la seconde qualité, et cela en raison de la différence de produits que rendent ces terrains avec une quantité donnée de travail et de capital. À chaque accroissement de population qui force un peuple à cultiver des terrains d'une qualité inférieure pour en tirer des subsistances, le loyer des terrains supérieurs haussera.
(Trad. H. Guillaumin, 1847 ; Pocket, coll. « Les classiques de l'économie », 1991, p. 124-125.
Trad. P. Contancio et A. Fonteyrand, Flammarion, coll. « Champs », 1977, p. 58-60.)

– Texte 4 –

Karl Marx, *Salaire, prix et profit* (1865)

La *valeur* de la force de travail est déterminée par la quantité de travail nécessaire pour la conserver ou la reproduire, mais *l'emploi* de cette force n'a d'autres limites *que* celles des énergies actives et de la force physique du travailleur. La *valeur* journalière ou hebdomadaire de la force de travail est tout à fait distincte de son exercice journalier ou hebdomadaire ; de même, il faut bien distinguer entre la nourriture dont un cheval a besoin, et le temps durant lequel il est capable de porter son cavalier. La quantité de travail qui limite la *valeur* de la force de travail de l'ouvrier n'impose aucune limite à la quantité de travail que cette force est capable d'exécuter. Voyez l'exemple de notre fileur. Nous avons vu que pour

renouveler tous les jours sa force de travail, il doit produire chaque jour une valeur de 3 sh., et cela en travaillant 6 heures. Or, cela ne le rend point incapable de travailler 10, 12 heures ou plus. Il se trouve qu'en payant la *valeur* quotidienne ou hebdomadaire de la force de travail, le capitaliste a acquis le droit de l'utiliser pendant *toute la journée ou toute la semaine.* Il va donc faire travailler l'ouvrier plus longtemps, mettons *douze* heures par jour. En sus des six heures nécessaires à la reproduction de son salaire, c'est-à-dire de la valeur de sa force de travail, le fileur devra travailler *six autres heures,* que j'appellerai *heures de surtravail* ; ce surtravail se réalise en une *plus-value* et en un *surproduit.* Si notre fileur, qui travaille 6 heures, ajoute au coton une valeur de 3 sh., une valeur parfaitement égale à son salaire, il ajoutera en 12 heures *une* valeur de 6 sh., et produira *un surplus de filé en proportion.* Comme il a vendu sa force de travail, la valeur totale du produit qu'il a créé appartient au capitaliste, possesseur temporaire de la force de travail. Celui-ci va débourser 3 sh., et réalisera ainsi *une* valeur de 6 sh. Il aura en effet déboursé une valeur dans laquelle 6 heures de travail sont cristallisées, et reçu en échange une valeur dans laquelle 12 heures de travail sont cristallisées. En répétant cette opération chaque jour, le capitaliste déboursera chaque fois 3 sh. et en empochera 6, dont une moitié servira à payer un nouveau salaire, et l'autre moitié constituera une *plusvalue* pour laquelle le capitaliste ne paie aucun équivalent. C'est sur cette sorte *d'échange entre le capital et le travail* qu'est fondée la production capitaliste. Ce système, qui est celui du salariat, a pour résultat constant de reproduire le travailleur comme travailleur, et le capitaliste comme capitaliste.
(Trad. M. Rubel, Gallimard, coll. « Bibliothèque de la Pléiade », *Œuvres*, Économie, 1, 1965, p. 512-513.)

– Texte 5 –

John Maynard Keynes, *Théorie générale de l'emploi, de l'intérêt et de la monnaie* (1936), introduction

Les grandes lignes de notre théorie peuvent être décrites comme suit. Lorsque l'emploi croît, le revenu réel global augmente. Or, l'état d'esprit de la collectivité est tel que, lorsque le revenu réel global croît, la consommation globale augmente, mais non du même montant que le revenu. Par suite les employeurs réaliseraient une perte si l'emploi accru était consacré en totalité à produire des biens de consommation. Pour qu'un certain volume d'emploi soit justifié, il faut donc qu'il existe un montant d'investissement courant suffisant pour absorber l'excès de la production totale sur la fraction de la production que la collectivité désire consommer lorsque l'emploi se trouve à ce niveau. Car, faute d'un tel montant d'investissement, les recettes des entrepreneurs seraient inférieures au montant nécessaire pour les inciter à offrir ce volume d'emploi. Il s'ensuit que, pour une valeur donnée de ce que nous appellerons la propension de la collectivité à consommer, c'est le montant de l'investissement courant qui détermine le niveau d'équilibre de l'emploi, c'est-à-dire le niveau où rien n'incite plus les entrepreneurs pris dans leur ensemble à développer ni à contracter l'emploi. Le montant de l'investissement courant

> dépend lui-même de ce que nous appellerons l'incitation à investir et nous verrons que l'incitation à investir dépend de la relation entre la courbe de l'efficacité marginale du capital et la gamme des taux d'intérêt afférents aux prêts selon leurs échéances et leurs risques respectifs.
> (Trad. J. de Largentaye, Payot, 1942, p. 49-50.)

Section 3. Le travail

Le travail est une activité qui structure vies et sociétés contemporaines. Dans sa forme moderne, il est à la fois le principal moyen d'acquisition des revenus permettant aux individus de vivre, un rapport social fondamental et le moyen d'atteindre l'objectif d'abondance que se fixe une société ; il est à la fois le moyen et la réponse au questionnement sur le bien-être matériel de la modernité. Le travail ne joue en fait un tel rôle que depuis deux siècles, à la suite de son « invention » économique qui l'a constitué historiquement comme valeur, au prix d'une dualité toujours irrésolue aujourd'hui entre aliénation et émancipation, souffrance et réalisation de soi. Pourtant la remise en cause, depuis une trentaine d'années, de ce qui était apparu peu à peu comme le mode de fonctionnement normal d'une véritable « société du travail » : le plein emploi à plein temps pour tous, a conduit à une réflexion approfondie sur la « valeur » travail elle-même et sur son caractère central dans notre vie sociale et individuelle – une réflexion qui va bien au-delà de l'interrogation économique sur le chômage et les moyens de le résoudre.

3.1. Le travail sans valeur

Les sociétés humaines n'ont pas toujours été structurées par le travail. Ainsi, dans la Grèce antique, le travail est-il défini comme un ensemble de tâches dégradantes, sans valeur. Les activités humaines sont ordonnées selon la proximité dont elles témoignent avec l'ordre naturel : plus elles ressemblent à l'immuabilité et à l'éternité, plus elles sont valorisées. L'activité contemplative, philosophique ou scientifique, exercée par la raison est celle qui rapproche le plus l'homme de l'ordre cosmogonique ou naturel en ce qu'elle le soustrait de l'action du temps, c'est donc elle qui est la plus élevée dans la hiérarchie. L'activité politique est également valorisée, notamment chez Aristote (cf. chap. 3, 1), car elle permet à l'homme d'exercer pratiquement son humanité, la raison et la parole, dans la Cité. Le lien politique unit des hommes égaux à travers ce qui ressemble à de l'amitié (*philia*) alors que le lien matériel ne crée que des relations de service et de dépendance. Les activités philosophique et politique sont valorisées parce qu'elles relèvent de la liberté, de ce qui est propre à l'homme, alors que le travail relève de la nécessité, il ramène l'homme à sa condition animale, à la satisfaction de besoins dont ne dépend pas le bonheur aux yeux des Grecs. Ainsi le travail ne peut-il en aucun cas être le fondement du lien social, et les activités qu'il recouvre, notamment productives, sont-elles méprisées – et leurs titulaires exclus de la citoyenneté (cf. texte 1). On distingue les activités pénibles (*ponos*) confiées aux esclaves, les activités « d'imitation » liées à la production d'objets pour la satisfaction des besoins (*ergon*) confiées aux artisans et les activités agricoles, fortement liées à la religion, qui constituent une catégorie à part. Il n'y a donc aucune distinction possible entre « œuvre » et « travail » (cf. H. Arendt, *La Condition de l'homme moderne*, 1961, chap. III). Dans *Les Travaux et les Jours* d'Hésiode, on peut ainsi voir que les activités sont hiérarchisées selon le degré de dépendance qu'elles impliquent. Ce modèle d'opposition entre ceux qui travaillent et sont méprisés, et ceux qui vivent du travail des autres et occupent le haut de la hiérarchie sociale que reprennent les Romains (distinction *labor/otium*, travail/loisir) puis le Moyen Âge chrétien (le travail est une malédiction et une punition de l'homme marqué par le péché originel, mais une punition qu'il doit accepter sous peine d'être à nouveau châtié, la paresse étant érigée en péché capital), s'il peut être lu sous le prisme moderne ne détermine pourtant pas l'ordre social, dans le sens où le travail n'est pas au centre des représentations que la société se fait d'elle-même.

L'évolution médiévale (travail des moines, séparation des activités créatrices valorisées comme « œuvre » et des activités marchandes « impures », émergence de bourgeoisies puissantes appuyées sur le travail) conduit à l'élaboration de l'idée d'utilité commune que codifie saint Thomas d'Aquin au XIIIe siècle : « La valeur de la chose ne résulte pas du besoin de l'acheteur ou du vendeur, mais de l'utilité et du besoin de toute la communauté [...]. Le prix des choses est estimé non pas d'après le sentiment ou l'utilité des individus, mais de manière commune » (*Somme théologique*, question 77), ce qui conduit notamment à valoriser, pour la première fois dans l'histoire humaine, le travail et, de là, à libérer les capacités d'invention et de création artistique, favorisant la Renaissance. Au XVIe siècle, le terme travail (*tripalium*) se substitue à ceux de « labeur » et « d'ouvrage » pour désigner l'activité humaine de production de biens, même s'il continue de renvoyer à la fois à la souffrance et au moyen de lutter contre la paresse et l'oisiveté génératrices de vices (Calvin valorise dans ce sens le travail manuel, tout comme les jansénistes au XVIIe siècle pour leur pénitence).

3.2. *L'invention du travail*

Mais ce n'est qu'avec la naissance de la pensée économique (cf. chap. 2, 2.) à la fin du XVIIe et surtout au XVIIIe siècle que le travail, en tant qu'activité productive unifiée de l'homme désormais considéré comme individu, est pensé comme tel et qu'il acquiert une valeur sociale propre. Il devient dès lors un moyen d'accroissement des richesses (un facteur de production) et d'émancipation. Pour John Locke, le rapport de l'homme à la nature se définit désormais comme travail, c'est le travail qui crée la propriété. L'homme n'est plus naturellement un animal politique, il est d'abord un animal travailleur et propriétaire. La valeur des choses vient du travail humain et non de la bonté de la nature (*Traité du gouvernement civil*, 1690, cf. texte 2). La liberté humaine s'exprime maintenant dans le travail. Ce mouvement de valorisation conduit également à en faire l'objet d'un échange marchand : on échange sa propre force de travail dont on est propriétaire contre rémunération, afin d'acquérir d'autres biens. C'est Adam Smith qui le met en évidence à partir de la théorie de Locke : « La plus sacrée et la plus inviolable de toutes les propriétés est celle de son propre travail, parce qu'elle est la source originaire de toutes les autres propriétés. Le patrimoine du pauvre est dans sa force et dans l'adresse de ses mains ; et l'empêcher d'employer cette force et cette adresse de la manière qu'il juge la plus convenable, tant qu'il ne porte dommage à personne, est une violation manifeste de cette liberté primitive. » (*La Richesse des nations*, 1776, livre I, chap. X, 2, Flammarion, coll. « GF », 1991, p. 198). Le travail peut dès lors se spécialiser, se diviser, et s'échanger sur la base de cette spécialisation et de cette division. L'individu autonome qui peut vendre son travail apparaît comme un homme libre par rapport aux différentes formes d'utilisation de la main d'œuvre de l'époque : esclavage, servage… mais son travail apparaît aussi, immédiatement, comme une marchandise, comme une part de l'activité humaine détachable de l'individu. Cette conception est reconnue par la Révolution française qui considère vendeurs et acheteurs ou loueurs de travail comme des individus libres et égaux traitant par contrat. Les organisations et corporations qui régulaient les métiers et les rémunérations sont supprimées (loi sur le travail comme négoce du 17 mars 1791 et loi Le Chapelier du 14 juin 1791).

3.3. Le travail entre aliénation et émancipation

La Révolution française et la révolution industrielle bouleversent à nouveau la conception du travail qui va devenir le modèle de l'activité créatrice. Face aux conditions de plus en plus aliénantes de l'activité productive, une représentation idéale du travail se met en place : il faut libérer les travailleurs de leur condition afin qu'ils puissent retrouver la vérité du travail comme activité créatrice, comme expression de soi, bref, comme « essence de l'homme ». Le but de toute réflexion sur le travail étant désormais de le rendre conforme à son essence. Ce bouleversement a lieu, au début du XIXe siècle, en France où il prend la forme du socialisme utopique (de Saint-Simon à Fourier) et surtout en Allemagne où Hegel lui donne une portée philosophique. L'homme, à la manière de l'Esprit dans l'Histoire (cf. chap. 5, 2), travaille à sa propre réalisation. En s'opposant à la nature, en la transformant, en inventant les moyens de son utilisation, l'homme se révèle à lui-même et se crée lui-même (cf. *La Philosophie de l'esprit*, 1805, « travail, instrument, ruse »). Par le travail, il devient toujours plus humain, il se rapproche des autres hommes et tend à former une communauté d'interdépendance qui à son tour peut faire avancer l'histoire au-delà de la forme particulière du travail à un moment donné en l'occurrence, industriel et salarié au XIXe siècle (cf. *Principes de la philosophie du droit*, 1821, § 243-245). Hegel met ainsi à jour le travail comme essence de l'humanité, à la fois activité créatrice et expression de soi. C'est sur la confrontation entre cette essence et la réalité du travail tel qu'il se pratique au XIXe siècle, dans les manufactures anglaises notamment, que Marx bâtit sa propre théorie, réalisant la synthèse des approches hégélienne du travail comme expression de soi et smithienne du travail comme rapport social marchand. L'homme pour Marx n'est homme que par le travail, que s'il imprime à toute chose la marque de son humanité, s'il humanise la nature. Idéalement, le travail permet à l'homme de se révéler à lui-même, de tisser la sociabilité des hommes entre eux et de transformer le monde (cf. texte 4, 1). Malheureusement, cette « essence » n'a jamais existé historiquement, elle ne peut être pensée, à la suite de la longue évolution des rapports de productions dans les sociétés humaines, que comme un aboutissement, lorsque les conditions seront réunies d'une adéquation entre vérité et réalité. Pour « réaliser » l'essence du travail, Marx élabore sa critique du capitalisme autour de l'idée d'une aliénation du travail qui réduit l'homme à la nécessité (cf. texte 4, 1). L'ouvrier travaille de manière contrainte pour un autre que lui-même, à cause de la propriété privée traitée comme un « fait naturel » par l'économie politique (cf. chap. 2, 2) alors qu'il ne s'agit jamais que d'un rapport d'exploitation construit historiquement qui fausse les relations entre les hommes. Aussi toute la pensée de Marx sur le travail consiste-t-elle à renverser les deux erreurs commises à ses yeux par l'économie politique : faire du travail un simple facteur de production et une marchandise, et considérer le travail comme une peine, comme quelque chose de négatif (cf. texte 4, 2).

3.4. Droit au travail et droit du travail

La révolution de 1848 marque le moment où les ouvriers et leurs porte-parole, les socialistes Joseph Proudhon et Louis Blanc notamment, manifestent leurs aspirations à sortir le travail d'une pure logique de subsistance. Ils revendiquent le travail comme processus de création, devant être rémunéré comme tel plutôt que le capital, un travail collectif qui doit pouvoir bénéficier à tous les travailleurs. Face à l'incertitude apportée par l'industrialisation et les crises cycliques à la vie économique, chacun doit se voir reconnaître un droit au travail rémunéré. Ce droit se présente comme une créance de l'individu sur la société, créance qui doit être garantie par l'État (cf. chap. 3, 4), le travail ne doit plus dépendre du contrat inégal entre travailleur et propriétaire. Les libéraux quant à eux voient dans le droit au travail, l'amorce de l'Étatisme et le combattent à ce titre (c'est le cas de Alexis de Tocqueville notamment en temps que député de l'Assemblée de 1848). Si le droit au travail divise socialistes et libéraux, chacun s'accorde néanmoins sur le fait que le travail est désormais au cœur du lien social et qu'il constitue une source d'épanouissement pour l'individu – même si les uns veulent réaliser cette potentialité en garantissant à chacun l'accès au travail et les autres veulent laisser faire le marché et l'initiative individuelle.

Si les socialistes échouent à voir reconnaître un droit au travail en 1848, la mise en place progressive de droits sociaux (dès la fin du XIXe siècle dans l'Allemagne bismarckienne par exemple), puis de l'État-providence dans les années 1930 et l'après-guerre dans les sociétés occidentales (cf. chap. 3, 2), conduit à une protection des travailleurs dans leur activité même (syndicats, grève, limitation horaire, travail de nuit, des enfants...) et plus largement contre les risques de la vie, notamment contre les accidents du travail et contre le chômage ainsi qu'à la mise en place de politiques de l'emploi, notamment en période de crise économique (dans les années 1930 ou dans les années 1980). Dans les périodes de prospérité et de croissance (pendant les « Trente Glorieuses » de 1945 à 1975 par exemple), la perspective du plein-emploi permet une amélioration de la condition salariale – une meilleure répartition des fruits de la croissance en faveur du travail. Mais, crise ou croissance, cette évolution protectrice consacre un retour à la réalité : l'objectif n'est plus d'atteindre l'utopie du travail émancipateur, son « essence », mais plus simplement de rendre sa réalité supportable (cf. texte 5). Comme le rappelle Hannah Arendt, face à cette « normalisation », il faut être vigilant face au « danger qu'une telle société, éblouie par l'abondance de sa fécondité, prise dans le fonctionnement béat d'un processus sans fin, ne soit plus capable de reconnaître sa futilité – la futilité d'une vie qui "ne se fixe ni ne se réalise en un sujet permanent qui dure après que son labeur est passé" (A. Smith) » (*op. cit.*, p. 186).

Reste à savoir si cette « normalisation », accrue ces dernières années par une crise profonde et de la société du travail et de l'État social, ne conduit pas à envisager « la fin, historiquement prévisible, de la société fondée sur le travail » (Jürgen Habermas, (*Le Discours philosophique de la modernité*, 1985), et, de là, à chercher d'autres espaces ou d'autres activités susceptibles de nourrir le lien social. Qu'il s'agisse de l'action comme le défend Hannah Arendt ou d'un espace public où chacun pourrait devenir « multiactif » grâce à un nouveau rapport au temps entre travail, loisir et engagement par exemple (D. Méda, *Le Travail. Une valeur en voie de disparition*, Aubier, 1995).

– Texte 1 –

Aristote, *Les Politiques* (vers 340 av. J.-C.), III, 5, 1277b

Les artisans doivent-ils être citoyens ?

Parmi les difficultés concernant le citoyen, il en reste encore une. Est-ce qu'est vraiment citoyen seulement celui qui a le droit de participer à une magistrature, ou doit-on ranger aussi les artisans parmi les citoyens ? Car si on doit compter au rang des citoyens ceux qui n'ont aucune part aux magistratures, il ne sera pas possible que l'excellence dont il a été question appartienne à tout citoyen, puisque l'artisan serait citoyen. Mais si aucun d'entre eux n'est citoyen, dans quel groupe faudra-t-il ranger chacun d'eux ? Ils ne sont, en effet, ni des métèques ni des étrangers. Ou dirons-nous que rien d'absurde ne découle de cette remarque ? En effet, les esclaves n'appartiennent à aucun des groupes susdits, ni les affranchis. Car ce qui est vrai, c'est qu'il ne faut pas ranger parmi les citoyens des gens sous prétexte que sans eux la cité ne pourrait pas exister, puisque les enfants ne sont pas citoyens au

même sens que les adultes, mais ceux-ci le sont pleinement, ceux-là sous condition, car ils sont bien des citoyens, mais incomplets. D'ailleurs, jadis, dans certaines cités l'artisan était esclave ou étranger, et c'est pourquoi la plupart le sont encore aujourd'hui. La cité excellente, quant à elle, ne fera pas de l'artisan un citoyen. Mais s'il est lui aussi citoyen, l'excellence du citoyen telle que nous l'avons définie ne devra plus être dite de tout citoyen, ni de tout homme libre du seul fait de sa liberté, mais de ceux qui sont affranchis des tâches indispensables. Parmi les tâches indispensables ceux qui prennent en charge celles qui concernent un seul individu sont des esclaves, alors que ceux qui le font pour celles qui concernent la communauté sont des artisans et des hommes de peine. À partir de cela si on examine un peu plus les choses, ce qu'il en est de ces gens-là devient manifeste, car ce qui a été dit est suffisamment clair pour rendre la chose évidente.
(Trad. P. Pellegrin, Flammarion, coll. « GF », 1993, p. 221-222.)

– Texte 2 –

John Locke, *Traité du gouvernement civil* (1690), chap. 5 : « De la propriété des choses »

27. Encore que la terre et toutes les créatures inférieures soient communes et appartiennent en général à tous les hommes, chacun pourtant a un droit particulier sur sa propre personne, sur laquelle nul autre ne peut avoir aucune prétention. Le travail de son corps et l'ouvrage de ses mains, nous le pouvons dire, sont son bien propre. Tout ce qu'il a tiré de *l'état de nature,* par sa peine et son industrie, appartient à lui seul : car cette peine et cette industrie étant sa peine et son industrie *propre* et *seule,* personne ne saurait avoir droit sur ce qui a été acquis par cette peine et cette industrie, surtout, s'il reste aux autres assez de semblables et d'aussi bonnes choses communes.

28. Un homme qui se nourrit de glands qu'il ramasse sous un chêne, ou de pommes qu'il cueille sur des arbres, dans un bois, se les approprie certainement par-là. On ne saurait contester que ce dont il se nourrit, en cette occasion, ne lui appartienne légitimement. Je demande donc : *Quand est-ce que ces choses qu'il mange commencent à lui appartenir en propre* ? Lorsqu'il les digère, ou lorsqu'il les mange, ou lorsqu'il les cuit, ou lorsqu'il les porte chez lui, ou lorsqu'il les cueille ? Il est visible qu'il n'y a rien qui puisse les rendre siennes, que le soin et la peine qu'il prend de les cueillir et de les amasser. Son travail distingue et sépare alors ces fruits des autres biens qui sont communs ; il y ajoute quelque chose de plus que la *nature,* la mère commune de tous, n'y a mis ; et, par ce moyen, ils deviennent son bien particulier. Dira-t-on qu'il n'a point un droit de cette sorte sur ces glands et sur ces pommes qu'il s'est appropriés, à cause qu'il n'a pas là-dessus le consentement de tous les hommes ? Dira-t-on que c'est un vol, de prendre pour soi, et de s'attribuer uniquement, ce qui appartient à tous en commun ? Si un tel consentement était nécessaire, la personne dont il s'agit, aurait pu mourir de faim, nonobstant l'abondance au milieu de laquelle Dieu l'a mise. Nous voyons que dans les communautés qui ont été formées par accord et par traité, ce qui est laissé *en commun* serait entièrement inutile, si on ne pouvait en prendre et s'en approprier quelque partie et par quelque voie. Il est certain qu'en ces

circonstances on n'a point besoin du consentement de tous les membres de la société. Ainsi, l'herbe que mon cheval mange, les mottes de terre que mon valet a arrachées, et les creux que j'ai faits dans des lieux auxquels j'ai un droit commun avec d'autres deviennent mon bien et mon héritage propre, sans le consentement de qui que ce soit. *Le travail,* qui est mien, mettant ces choses hors de *l'état commun* où elles étaient, les a fixées et me les a appropriées.
(Trad. D Mazel, Flammarion, coll. « GF », 1984, p. 162-163.)

– Texte 3 –

Adam Smith, *Recherches sur la nature et les causes de la richesse des nations* (1776), livre I, chap. 8 : « Des salaires du travail »

Mais cet état primitif, dans lequel l'ouvrier jouissait de tout le produit de son propre travail, ne put pas durer au-delà de l'époque où furent introduites l'appropriation des terres et l'accumulation des capitaux. Il y avait donc longtemps qu'il n'existait plus, quand la puissance productive du travail parvint à un degré de perfection considérable, et il serait sans objet de rechercher plus avant quel eût été l'effet d'un pareil état de choses sur la récompense ou le salaire du travail.

Aussitôt que la terre devient une propriété privée, le propriétaire demande pour sa part presque tout le produit que le travailleur peut y faire croître ou y recueillir. Sa rente est la première déduction que souffre le produit du travail appliqué à la terre.

Il arrive rarement que l'homme qui laboure la terre possède par-devers lui de quoi vivre jusqu'à ce qu'il recueille la moisson. En général, sa subsistance lui est avancée sur le capital d'un maître, le fermier qui l'occupe, et qui n'aurait pas d'intérêt à le faire s'il ne devait pas prélever une part dans le produit de son travail, ou si son capital ne devait pas lui rentrer avec un profit. Ce profit forme une seconde déduction sur le produit du travail appliqué à la terre.

Le produit de presque tout autre travail est sujet à la même déduction en faveur du profit. Dans tous les métiers, dans toutes les fabriques, la plupart des ouvriers ont besoin d'un maître qui leur avance la matière du travail, ainsi que leurs salaires et leur subsistance, jusqu'à ce que leur ouvrage soit tout à fait fini. Ce maître prend une part du produit de leur travail ou de la valeur que ce travail ajoute à la matière à laquelle il est appliqué, et c'est cette part qui constitue son profit.

À la vérité, il arrive quelquefois qu'un ouvrier qui vit seul et indépendant, a assez de capital pour acheter à la fois la matière du travail et pour s'entretenir jusqu'à ce que son ouvrage soit achevé. Il est en même temps maître et ouvrier, et il jouit de tout le produit de son travail personnel ou de toute la valeur que ce travail ajoute à la matière sur laquelle il s'exerce. Ce produit renferme ce qui fait d'ordinaire deux revenus distincts, appartenant à deux personnes distinctes, les profits du capital et les salaires du travail.

Ces cas-là, toutefois, ne sont pas communs, et dans tous les pays de l'Europe, pour un ouvrier indépendant, il y en a vingt qui servent sous un maître ; et partout on entend, par *salaires du travail,* ce qu'ils sont

communément quand l'ouvrier et le propriétaire du capital qui lui donne de l'emploi sont deux personnes distinctes.
C'est par la convention qui se fait habituellement entre ces deux personnes, dont l'intérêt n'est nullement le même, que se détermine le taux commun des salaires. Les ouvriers désirent gagner le plus possible ; les maîtres, donner le moins qu'ils peuvent ; les premiers sont disposés à se concerter pour élever les salaires, les seconds pour les abaisser.
(Trad. G. Garnier, Flammarion, coll. « GF », 1991, p. 136-137.)

– Textes 4 –

Karl Marx, « Notes de lecture », *Économie et philosophie* (1844)

Supposons, dit-il, que nous produisions comme des êtres humains : chacun de nous s'affirmerait doublement dans sa production, soi-même et l'autre. 1. Dans ma production, je réaliserais mon individualité, ma particularité ; j'éprouverais, en travaillant, la jouissance d'une manifestation individuelle de ma vie, et dans la contemplation de l'objet, j'aurais la joie individuelle de reconnaître ma personnalité comme une puissance réelle, concrètement saisissable et échappant à tout doute. 2. Dans ta jouissance ou ton emploi de mon produit, j'aurais la joie spirituelle de satisfaire par mon travail un besoin humain de réaliser la nature humaine et de fournir au besoin d'un autre l'objet de sa nécessité. 3. J'aurais conscience de servir de médiateur entre toi et le genre humain, d'être reconnu et ressenti par toi comme un complément à ton propre être et comme une partie nécessaire de toi-même, d'être accepté dans ton esprit comme dans ton amour. 4. J'aurais, dans mes manifestations individuelles, la joie de créer la manifestation de ta vie, c'est-à-dire de réaliser et d'affirmer dans mon activité individuelle ma vraie nature, ma sociabilité humaine. Nos productions seraient autant de miroirs où nos êtres rayonneraient l'un vers l'autre.
[...]
Plus la production et les besoins sont variés, plus les travaux du producteur sont uniformes et plus son travail tombe sous la catégorie du travail lucratif. À la fin, le travail n'a plus que cette signification-là, et il est tout à fait accidentel ou inessentiel que le producteur se trouve vis-à-vis de son produit dans un rapport de jouissance immédiate et de besoin personnel. Peu importe également que l'activité, l'action de travail soit pour lui une jouissance ide sa personnalité, la réalisation de ses dons naturels et de ses fins spirituelles.
(Trad. M. Rubel, *Œuvres*, Économie, II, Gallimard, 1979, coll. « Bibliothèque de la Pléiade », p. 22, 27.)

Karl Marx, *Le Capital* (1867), livre III

Le règne de la liberté commence seulement à partir du moment où cesse le travail dicté par la nécessité et les fins extérieures ; il se situe donc, par sa nature même, au-delà de la sphère de la production matérielle proprement dite. Tout comme l'homme primitif, l'homme civilisé est forcé de se mesurer avec la nature pour satisfaire ses besoins, conserver et reproduire sa vie ; cette contrainte existe pour l'homme dans toutes les formes de la société et

sous tous les types de production. [...] Dans ce domaine, la liberté ne peut consister qu'en ceci : les producteurs associés – l'homme socialisé – règlent de manière rationnelle leurs échanges organiques avec la nature et les soumettent à leur contrôle commun au lieu d'être dominés par la puissance aveugle de ces échanges ; et ils les accomplissent en dépensant le moins d'énergie possible, dans les conditions les plus dignes, les plus conformes à leur nature humaine. Mais l'empire de la nécessité n'en subsiste pas moins. C'est au-delà que commence l'épanouissement de la puissance humaine qui est sa propre fin, le véritable règne de la liberté qui, cependant, ne peut fleurir qu'en se fondant sur ce règne de la nécessité. La réduction de la journée de travail est la condition fondamentale de cette libération.
(*Ibid.*, p. 1487.)

– Texte 5 –

Jürgen Habermas, *Écrits politiques* (1990), chap. VI : « La crise de l'État-providence et l'épuisement des énergies utopiques »

[...] dans le projet d'État social, le noyau utopique – la libération du travail hétéronome – a fini par prendre une autre forme. L'obtention de conditions de vie qui soient émancipées et à la mesure de la dignité humaine a cessé d'être immédiatement conditionnée par une révolution dans les conditions de travail, et donc par une transmutation du travail hétéronome en activité autonome. Mais pour autant la réforme des conditions de l'emploi conserve encore dans ce projet une position centrale. C'est encore à elle que l'on se réfère, non seulement quand il s'agit de prendre des mesures visant à humaniser un travail dont les conditions restent fixées par des instances autres que le travailleur lui-même, mais encore et surtout lorsqu'on met en place des dispositions compensatoires qui doivent contrebalancer les risques majeurs inhérents au travail salarié (accident, maladie, perte de l'emploi, absence de retraite de vieillesse). Il s'ensuit en conséquence que toutes les capacités de travail doivent être intégrées dans un système de l'emploi tel qu'il n'ait quasiment plus d'aspérités ou de rudesse – d'où la visée du plein emploi. L'équilibre n'est possible que si le rôle du salarié à temps plein devient la norme. Le citoyen est dédommagé pour la pénibilité qui reste, quoi qu'il en soit, attachée au statut du salarié même s'il est plus confortable ; il est dédommagé par des droits dans son rôle d'usager des bureaucraties mises en place par l'État-providence, et par du pouvoir d'achat, dans son rôle de consommateur de marchandises. Le levier permettant de pacifier l'antagonisme de classe reste donc la neutralisation de la matière à conflit que continue de receler le statut du travail salarié.
(Trad. C. Bouchindhomme, Le Cerf, 1990, p. 111-112.)

Section 4. L'art

Aujourd'hui, tout le monde ou presque va au musée : certaines expositions parisiennes sont qualifiées de « succès populaires ». L'art ne paraît plus réservé à une élite ; il apparaît à la fois comme le vecteur essentiel de notre culture et le moyen privilégié d'accéder à d'autres traditions. Pourtant, les œuvres récentes sont de moins en moins accessibles au public ; des polémiques se développent périodiquement au sujet de l'art contemporain et de son financement, dont les critères sont remis en cause. Quelle que soit la définition que l'on se donne du terme « culture » – comme ensemble de représentations, comme formation de l'esprit par lui-même ou comme organisation sociale –, il est clair pour nous que l'art en constitue une partie, à côté des sciences, des techniques ou de la religion. Les productions relevant des beaux-arts sont cependant des éléments spécifiques d'un système culturel. On leur a constamment reconnu la faculté de condenser les représentations d'une collectivité à une époque donnée. Mais la conception moderne de l'œuvre comme cristallisation d'un esprit commun, ainsi que la figure du génie qui la sous-tend, sont récentes et probablement révolues. Il s'agit d'abord de saisir comment on a pu reconnaître aux œuvres d'art la faculté de révéler une culture, et de mesurer les différentes places que nos sociétés ont successivement réservées aux artistes. À terme, il faut comprendre comment les beaux-arts ont pu se rendre à ce point indépendants de notre culture qu'ils peuvent paraître ne faire que s'y opposer. L'histoire des productions artistiques peut ainsi se lire comme celle d'une formidable émancipation, dans laquelle le pouvoir politique a joué un rôle non négligeable.

4.1. *L'art comme représentation du monde*

Même si, depuis Platon, les artistes sont condamnés au titre de mauvais imitateurs des beautés naturelles, leurs œuvres sont toujours jugées dignes d'attention, susceptibles de représenter un idéal (cf. texte 1). Aristote oppose les disciplines contemplatives (théoriques) aux disciplines praxiques (culturelles), qui visent la transformation du sujet qu'il s'y consacre, et poiétiques (productives), qui visent la transformation d'objets. Les œuvres ne sont pas des choses comme les autres : c'est que, même si leur fabrication est dépréciée, à travers elles s'accomplit une communication privilégiée entre des inspirations emblématiques et l'appréciation de l'amateur. Elles cristallisent une culture ; elles en condensent les traits fondamentaux et permettent de les saisir sous la forme d'un objet. Les sensations éprouvées devant un chef d'œuvre ne renvoient pas seulement à un original représenté, mais semblent valoir par elles-mêmes : elles se répondent dans un mouvement harmonique, prenant leur indépendance par rapport au monde. De cette valeur en soi, les œuvres musicales paraissent le modèle : ainsi Proust fait-il de *La sonate de Vinteuil* le support intemporel de ses sentiments. On comprend dès lors que les beaux-arts aient pu se développer à l'encontre de la dépréciation dont la pensée antique avait frappé les arts de fabrication en tant que reproducteurs d'êtres naturels.

On peut d'ailleurs expliciter l'avènement du monde moderne comme une inversion des rapports entre la nature et l'art. Jusqu'à la fin du Moyen Âge, l'homme est compris comme un élément de l'Univers ; ses pouvoirs de figuration sont donc nécessairement subordonnés à l'existence d'une totalité première. L'un des thèmes favoris de la Renaissance est l'homme comme miroir de la nature, reflétant elle-même les propriétés essentielles de l'humanité. L'humanité commence à nourrir une certaine confiance en ses capacités. Ses facultés de représentation peuvent se reconnaître une valeur, en ce qu'elles ne sont plus jugées à l'aune d'une fidélité à ce qu'elles montrent. Jusqu'alors soumises au monde donné, elles peuvent tenter de constituer une mesure pour la compréhension de ce qui est. Il ne s'agirait plus de savoir si l'art est digne de son modèle, mais si la réalité est à la hauteur d'une représentation artistique. « *All the world is a stage* » (le monde entier est une scène) proclame Shakespeare en assimilant notre situation à une partition théâtrale (*Comme il vous plaira*, acte II, scène 7, cf. texte 2). Descartes, dans ses *Méditations métaphysiques* (1647), requiert une confiance en la véracité de notre créateur pour laver de tout soupçon d'irréalité le monde que nous percevons. L'œuvre d'art a donc conquis droit de cité parmi les productions culturelles, au point de permettre à la culture de se penser comme intention artistique.

4.2. L'autonomisation de l'art

À l'autonomie des œuvres répond la définition d'un jugement esthétique spécifique. Kant le distingue du plaisir sensible procuré par l'œuvre. Il convient de ne pas réduire l'appréciation esthétique à un agrément propre à la sensation (*Critique de la faculté de juger*, 1790, cf. texte 3). Mais le goût pour une composition ne peut non plus être assimilé à un intérêt intellectuel, par exemple moral. Le propre d'une culture artistique, c'est de déceler les correspondances spécifiques que certaines œuvres établissent entre des idées et un moyen de figuration. Le « jeu de l'imagination » dont parle Kant, c'est la faculté d'associer, à l'occasion d'une production originale, des concepts (difficiles à saisir en eux-mêmes) avec des représentations originales. Ainsi, par exemple, de la notion de faste royal, rendue par les efflorescences baroques. L'œuvre d'art est donc par essence expression : elle donne à ce qui n'a pas d'existence sensible une forme figurée accessible à la sensation. Ceci explique le pouvoir révélateur qui est attribué aux chefs-d'œuvre : face à eux, l'esprit reconstitue les traits d'une époque, les aspects essentiels d'une culture à partir de leur « présentification » expressive.

Cette émancipation de l'art n'a été possible que par une transformation du statut de ses producteurs. Toutes les religions monothéistes avaient assorti leur accès à la révélation de la condamnation des idoles. Le second concile de Nicée (787) admet une vénération des images relativement à l'accès qu'elles ménagent à leur objet sacré. Au Moyen Âge, les « ouvriers de l'image », bâtisseurs, sculpteurs, enlumineurs, sont organisés en corporations, comme les autres artisans. Peu à peu, on reconnut à ces techniciens la faculté de transcrire le message divin : les cathédrales devenant des expressions de plus en plus illustrées de la révélation. Au cours des siècles, le statut de l'artiste se modifiera progressivement mais radicalement. Certes, seuls d'abord des personnages d'exception, tels Léonard de Vinci, Le Caravage ou Rembrandt purent échapper à la logique du métier et de la demande. Mais on en vint à admettre que l'on se consacre à l'art par vocation plutôt que par profession ; l'inspiration se substituant au travail et le talent au mérite. Dès la Renaissance, se construit l'image du génie. C'est pourtant à travers le retour aux œuvres antiques que va se développer l'intuition de la grandeur de l'homme. L'artiste acquiert une position sociale, les premières académies se développent, donnant une consécration institutionnelle aux ateliers dans lesquels les grands peintres font travailler leurs disciples.

4.3. *L'art comme transgression*

Pourtant, au cours des XVIe et XVIIe siècles, les artistes restent le plus souvent soumis au pouvoir. Au XVIIIe siècle, les peintres, sculpteurs, poètes restent dans une large majorité défenseurs des valeurs morales et sociales. En marge du mouvement des Lumières, se développent toutefois des tendances remettant en cause le classicisme, soit à travers le libertinage (Boucher, Fragonard), soit par la recherche d'une « beauté de la laideur » (chez Goya, bien qu'on puisse déjà l'observer chez Jérôme Bosch, fin XVe siècle). C'est l'émergence d'un art de la transgression, dont l'emblème est le marquis de Sade. Le terme « artiste » n'est d'ailleurs utilisé dans son sens actuel qu'à partir de la fin du XVIIIe siècle.

Au XIXe siècle se développent les grandes figures mythiques du créateur : vie de bohème, solitude dans la foule, génie méconnu, poète maudit. Cette valorisation de la singularité conduit à une conception nouvelle de l'activité artistique : vocation plutôt qu'apprentissage, inspiration personnelle plutôt que labeur, innovation plutôt que conformation à des canons. On assiste à une diversification des courants esthétiques, en même temps que les créateurs se regroupent en clubs, correspondant moins à des sociétés instituées qu'à des collectifs informels se reconnaissant dans certains quartiers comme Montmartre ou Montparnasse. Cet éclatement des courants artistiques va destituer progressivement le Salon officiel de sa crédibilité. Les personnalités révoquées par le jury créent le salon des refusés, dont les années 1863, 1864 et 1873 donnèrent naissance à l'impressionnisme. Dans la transgression des valeurs établies, dans l'efflorescence de ses manifestations comme « avant-garde », l'activité artistique acquiert ses lettres de noblesse. Semblant échapper à toute dégénérescence alors même qu'elle se voue à la perdition, délivrée de sa soumission à un modèle, affranchie de sa dépendance à l'égard de la structure sociale qui lui donne naissance, la création peut se revendiquer pour elle-même, défendre sa valeur en soi. En adoptant la devise « l'art pour l'art », des artistes comme Baudelaire, Théophile Gautier ou Oscar Wilde soulignent que l'art n'a pas à se soumettre à une autre norme que lui-même. L'art n'obéissant à d'autre but que lui-même est le point limite à partir duquel les créations ne se définiront plus comme anticipations d'un avenir, mais comme tentatives de destitution des catégories de la culture dans laquelle elles sont nées. Dès lors, à partir de la fin du XIXe siècle, la modernité connaît un processus d'accélération par lequel elle va se dépasser elle-même. Avec le développement des technologies de communication, les œuvres reçoivent les moyens d'une large diffusion. Paul Valéry note le profond changement de statut que le phonographe fait subir aux œuvres musicales et prévoit que les mêmes transformations affecteront les autres domaines de l'art (cf. texte 4). Dès lors, se pose la question de la réception des productions artistiques par un large public.

4.4. *L'éclatement de l'art*

L'art du XXe siècle ne se contente pas d'accompagner l'époque ou d'en transgresser les valeurs ; il l'interroge dans ses fondements, puisqu'il tend à se destituer de ses pouvoirs d'expression d'une culture. Au-delà de tout futurisme, deux gestes vont s'avérer fondateurs pour l'art contemporain. D'abord, l'art pictural rompt avec la figuration, sous l'égide du peintre Vassili Kandinsky. L'abstraction suspend le jugement portant sur la valeur de représentation de l'œuvre et convie l'esthétique à des appréciations inédites. Vient ensuite l'acte de Marcel Duchamp, qui en 1917 place un urinoir dans un musée : avec le *ready-made*, c'est le statut de l'œuvre d'art qui est mis en question. Que faire quand on a épuisé le contenu de l'œuvre, ce à quoi semble aboutir le célèbre *Carré blanc sur fond blanc* de Malevitch (1920) ? Soit on continue la remise en cause de l'œuvre en contestant son cadre : le *Body-art*, le *Land-art*, les installations ne vont cesser d'étendre le champ de l'œuvre d'art. Soit on développe une réflexion artistique sur le statut de la création : Joseph Beuys incarne ironiquement le prophète de la barbarie ordinaire d'une société sans dieux. L'art conceptuel ne cesse de solliciter le public sur la nature même du geste artistique et de ses résultats. Dès lors, il semble que le souci de transgression prenne quelquefois le pas sur l'élan de création, ce qui n'est pas sans interroger le statut de l'art lui-même. D'abord, toutes les formes de *Performing art* (*happening*, *Process art*) tendent à élargir le terrain sur lequel se définit une œuvre.

À terme, la revendication de l'art total (« tout est art ») se révèle destituante pour l'activité artistique elle-même. C'est pourquoi on peut, à l'instar de certains critiques, requérir du créateur une circonscription du champ de sa production. L'amateur ne peut focaliser son attention et cultiver sa sensibilité que si l'art s'inscrit dans un cadre qui, pour être variable, n'en demande pas moins à être prédéfini. À l'inverse, on peut cautionner les tentatives théoriques par lesquelles l'art entend se rendre indépendant de toute sensibilité. Sous la bannière de l'art conceptuel, on définira les œuvres comme des problèmes philosophiques ou linguistiques, qui s'exposent sous la forme de propositions ou de textes. Une fois défait de toute connivence avec la sensibilité, l'art se donne pour fonction de ne cesser de se redéfinir lui-même, pour mieux interroger la culture dont son intention veut vraisemblablement consacrer l'instabilité et la fragilité.

4.5. *Art et pouvoir*

L'évolution de l'art comme fonction sociale pose, tout au long de son histoire, la question de sa relation au pouvoir. À l'âge moderne, l'institutionnalisation de l'art correspond à l'affirmation de la puissance de l'État. En France, les « institutions de l'esprit » : Collège de France, Académie française (1636), Académie de peinture et de sculpture (1648) sont créées par le roi qui tente d'absorber la création artistique, de faire entrer les pratiques de mécénat dans l'espace public. La Révolution ne fait que « républicaniser » cette pratique de l'instrumentalisation de l'art au service de la politique (voir le rôle joué par le peintre David), encore accrue au XIXe siècle. Ainsi Napoléon III développe-t-il l'idée d'un « État créateur de la création » (Salon officiel, restaurations architecturales de Viollet-Leduc, grands travaux urbains d'Hausmann…) susceptible d'incarner un « esprit français » conçu comme universellement rayonnant. La IIIe République, à côté d'un art officiel destiné à exploser sous les coups de boutoir de la « modernité artistique » (cf. chap 5, 3), innove en créant l'éducation à l'art à l'école, encourageant les vocations et augmentant l'accès aux œuvres. Le Front populaire (Jean Zay, Léo Lagrange) accentue encore, juste avant la guerre, cette idée de culture populaire avec « l'art pour tous ». Cette idée est reprise par l'ensemble des forces politiques après la Seconde Guerre mondiale où se crée un véritable « État culturel » et son expression tout aussi exceptionnelle : un « ministère de la culture », dont les titulaires d'André Malraux à Jack Lang vont faire le cœur du dispositif d'une politique dynamique d'aide à la création, à la protection et à la diffusion des activités artistiques en France (MJC, TNP, prix unique du livre, avance sur recettes pour le cinéma…). Cette intervention de l'État dans la création représentant à la fois une garantie et une menace : garantie contre l'envahissement marchand, notamment en période de domination des produits culturels américains, mais aussi menace de par la tentation toujours présente d'un art officiel, voire obligatoire.

La relation tissée entre art et pouvoir au XXe siècle, enrichie de l'extension des domaines de création et de l'amélioration continue des techniques, reste marquée par le stade ultime de l'instrumentalisation développée par les régimes totalitaires, des œuvres de propagande (les films de Rifiensthal pour Hitler et de Eisenstein pour Staline) aux formes variées de « l'art aryen » et du « réalisme socialiste ». Le poids de ce détour encombrant continue de lester aujourd'hui encore la relation art/pouvoir, les forces économiques du marché qui ont bien souvent pris le relais des puissances publiques comme financiers de l'art apparaissent en effet comme un moindre mal, alors que leur capacité d'influencer et d'orienter la création paraît de plus en plus susceptible de « fabriquer » un art tout aussi canonique et obligé que celui voulu par le pire démiurge totalitaire, parce que légitimé par le désir du consommateur en quête de loisirs dans la société de masse (cf. texte 5).

– Texte 1 –

Platon, *La République* (vers 375 av. J.-C.), livre X, 597b-598d

Socrate – Veux-tu alors, dis-je, que sur ces mêmes bases nous recherchions, à propos de cet imitateur, ce qu'il peut bien être ?

Glaucon – Si tu le veux, dit-il.
– Eh bien ces lits sont de trois genres. Le premier est celui qui est dans la nature, celui dont nous pourrions affirmer, je crois, que c'est un dieu qui l'a fabriqué. Qui d'autre ?
– Personne, je crois.
– Un autre est celui qu'a fabriqué le menuisier.
– Oui, dit-il.
– Et un enfin celui qu'a fabriqué le peintre. N'est-ce pas ?
– Admettons.
– Donc peintre, fabricant de lits, dieu, ces trois-là président à trois espèces de lits.
– Oui, ces trois-là.
– Le dieu, lui, soit qu'il ne l'ait pas voulu, soit que quelque nécessité se soit imposée à lui de ne pas fabriquer plus d'un lit dans la nature, le dieu ainsi n'a fait que ce seul lit qui soit réellement lit. Mais le dieu n'a pas donné naissance à deux lits de cet ordre, ou à plus, et il est impossible qu'ils viennent à naître.
– Comment cela ? dit-il.
– C'est que, dis-je, s'il en créait ne fût-ce que deux, en apparaîtrait à nouveau un unique dont ces deux-Ià, à leur tour, auraient la forme, et ce serait celui-là qui serait ce qui est réellement un lit, et non pas les deux autres.
– C'est exact, dit-il.
– Sachant donc cela, je crois, le dieu, qui voulait d'être réellement le créateur d'un lit qui fût réellement, et non pas d'un lit parmi d'autres ni un créateur de lit parmi d'autres, a fait naître celui-là, qui est unique par nature.
– Oui, c'est sans doute cela.
– Eh bien veux-tu que nous lui donnions le nom d'auteur naturel de cet objet, ou quelque autre nom de ce genre ?
– Oui, ce serait juste, dit-il, puisque c'est bien par nature qu'il l'a créé, aussi bien que toutes les autres choses.
– Et quel nom donner au menuisier ? N'est-ce pas : celui d'artisan du lit ?
– Si.
– Et le peintre, sera-t-il lui aussi l'artisan, et le créateur d'un tel objet ?
– Non, d'aucune façon.
– Que déclareras-tu alors qu'il est, par rapport au lit ?
– Voici, dit-il, à mon avis le nom le plus approprié dont on pourrait le nommer : imitateur de ce dont eux sont les artisans.
– Soit, dis-je. Donc tu nommes imitateur l'homme du troisième degré d'engendrement à partir de la nature ?
– Oui, exactement, dit-il.
– C'est donc aussi ce que sera le faiseur de tragédies, si l'on admet que c'est un imitateur : par sa naissance il sera en quelque sorte au troisième rang à partir du roi et de la vérité ; et de même pour tous les autres imitateurs.
– Oui, c'est bien probable.
– Nous voilà donc tombés d'accord sur l'imitateur. Mais dis-moi, à propos du peintre : te semble-t-il entreprendre d'imiter, pour chaque chose, cela même qu'elle est par nature, ou bien les ouvrages des artisans ?
– Les ouvrages des artisans, dit-il.
Tels qu'ils sont, ou tels qu'ils apparaissent ? Tu dois en effet faire encore cette distinction.

– En quel sens l'entends-tu ? dit-il.
– En ce sens-ci : un lit, que tu le regardes de côté, de face, ou sous n'importe quel angle, diffère-t-il de lui-même en quoi que ce soit, ou bien n'en diffère-t-il en rien, mais apparaît-il seulement différent ? Et de même pour les autres objets ?
– C'est la seconde réponse, dit-il : il apparaît différent, mais ne diffère en rien.
– Alors examine ce point précisément : dans quel but a été créé l'art de peindre, pour chaque chose : en vue d'imiter ce qui est, tel qu'il est, ou bien ce qui apparaît, tel qu'il apparaît ? est-il une imitation de la semblance, ou de la vérité ?
– De la semblance, dit-il.
– Par conséquent l'art de l'imitation est assurément loin du vrai et, apparemment, s'il s'exerce sur toutes choses, c'est parce qu'il ne touche qu'à une petite partie de chacune, et qui n'est qu'un fantôme. Ainsi le peintre, affirmons-nous, nous peindra un cordonnier, un menuisier, les autres artisans, alors qu'il ne connaît rien à leurs arts. Cependant, pour peu qu'il soit bon peintre, s'il peignait un menuisier et le leur montrait de loin, il pourrait tromper au moins les enfants et les fous, en leur faisant croire que c'est véritablement un menuisier.
– Oui, forcément.
– Eh bien, mon ami, voici, je crois, ce qu'il faut penser de toutes les choses de ce genre. Lorsque quelqu'un nous annonce, en parlant d'un certain homme, avoir rencontré en lui un homme qui connaît tous les arts et tous les autres savoirs que tel ou tel possède, chacun pour sa part, un homme dont il n'est rien qu'il ne connaisse plus exactement que quiconque, il faut lui répliquer qu'il est un naïf, et qu'il a apparemment rencontré un sorcier, un imitateur, et s'est si bien laissé tromper par lui, que ce dernier lui a semblé être un expert universel, parce que lui-même n'est pas capable de distinguer le savoir du manque de savoir et de l'imitation.
– C'est tout à fait vrai, dit-il.
(Trad. P. Pachet, Gallimard, 1993, p. 494-497.)

– Textes 2 –

William Shakespeare, *Comme il vous plaira* (vers 1600), acte II, scène 7

Le monde entier est une scène,
Hommes et femmes, tous, n'y sont que des acteurs,
Chacun fait ses entrées, chacun fait ses sorties,
Et notre vie durant, nous jouons plusieurs rôles.
C'est un drame en sept âges. D'abord, le tout petit
Piaulant et bavant aux bras de sa nourrice,
Puis, l'écolier qui pleurniche, avec son cartable,
Et son teint bien lavé qu'il n'a que le matin.
Il s'en va lambinant comme un colimaçon
Du côté de l'école. Et puis c'est l'amoureux
Aux longs soupirs de forge et sa ballade triste

En l'honneur des sourcils parfaits de sa maîtresse.
Et puis vient le soldat tout couvert de jurons
Et de poils, comme une panthère, querelleur.
Poursuivant cette bulle d'air qu'on nomme la gloire,
Il veille, l'arme au pied, sur sa réputation
Et jusque sous la gueule en flammes du canon.
Puis le juge, entouré de sa panse fourrée
D'un bon chapon ; œil dur et barbe formaliste,
Plein de sages dictons, d'exemples familiers.
Ainsi joue-t-il son rôle…
(Trad. J. Supervielle, Gallimard, « Bibliothèque de la Pléiade », *Œuvres complètes*, II, éd. H. Fluchère, 1959, p. 114.)

William Shakespeare, *Macbeth* (vers 1610), acte V, scène 5

Demain, puis demain, puis demain, rampe à petits pas, de jour en jour, jusqu'à la dernière syllabe du souvenir ; et tous nos hiers ont éclairé pour des fous le chemin vers la poussière de la mort. Éteins-toi, éteins-toi, court flambeau ! La vie n'est qu'une ombre qui passe, un pauvre histrion qui se pavane et s'échauffe une heure sur la scène et puis qu'on n'entend plus… une histoire contée par un idiot, pleine de fureur et de bruit et qui ne veut rien dire.
(Trad. M. Maeterlinck, Gallimard, coll. « Bibliothèque de la Pléiade », *Œuvres complètes*, II, éd. H. Fluchère, 1959, p. 1005.)

– Texte 3 –

Emmanuel Kant, *Critique de la faculté de juger* (1790), « Analytique du beau », § 8

Ce caractère étrange : l'universalité d'un jugement esthétique, qui se rencontre dans un jugement de goût, est une chose remarquable sinon pour la logique, du moins pour la philosophie transcendantale ; ce n'est pas sans beaucoup de peine qu'elle en découvre l'origine, mais ce faisant, elle découvre une propriété de notre faculté de connaître qui, sans cette analyse, serait restée inconnue.

Il faut d'abord se bien convaincre de ceci : par le jugement de goût (sur le beau) on attribue à *chacun* la satisfaction que donne un objet, sans pourtant se fonder sur un concept (car il s'agirait alors du bien) ; et cette prétention à l'universalité est si essentielle au jugement par lequel nous déclarons une chose *belle* que si elle manquait personne n'aurait l'idée d'employer cette expression ; nous rapporterions alors à l'agréable tout ce qui plaît sans concept ; or, pour ce qui est de l'agréable on laisse chacun suivre son humeur et nul n'exige d'autrui qu'il tombe d'accord avec son jugement de goût, comme il arrive toujours dans le jugement de goût sur le beau. La première sorte de goût peut s'appeler goût des sens, la seconde, goût de la réflexion ; la première porte de simples jugements individuels, la seconde des jugements qui prétendent avoir valeur commune (publics), mais toutes deux portent des jugements esthétiques (et non pratiques), jugements qui ne concernent que le rapport de la représentation de l'objet au sentiment de plaisir ou de peine. Or, il y a là quelque chose d'étonnant : d'une part, pour le goût des sens, non seulement l'expérience montre que son jugement (sur le plaisir ou la peine que l'on prend à quelque chose) n'a pas de valeur universelle, mais encore tout le monde est assez modeste pour renoncer à l'assentiment d'autrui (encore qu'en fait on trouve assez souvent une très large unanimité dans les jugements de cette sorte) ; mais d'autre part, le goût de la réflexion – qui a pourtant bien souvent, l'expérience le montre, du mal à faire admettre les prétentions de ses jugements – peut néanmoins regarder – et regarde en fait – comme possible de former des jugements qui aient le droit d'exiger cette adhésion universelle, et dans le fait il l'exige de chacun, pour chacun de ses jugements ; et les disputes entre ceux qui jugent ne portent pas sur la possibilité d'une telle prétention, mais seulement sur l'application qu'il convient d'en faire dans des cas particuliers.

Remarquons ici d'abord qu'une universalité qui ne repose pas sur des concepts de l'objet (pas même sur des concepts empiriques) n'est point logique, mais esthétique, c'est-à-dire qu'elle ne renferme aucune quantité objective du jugement mais seulement une quantité subjective ; j'emploie pour désigner celle-ci l'expression de *valeur commune* qui signifie la valeur qu'a pour tout sujet le rapport d'une représentation non à la faculté de connaître, mais au sentiment de plaisir et de peine.

(Trad. J. Barni, 1845, dans *Le Jugement esthétique*, textes choisis par F. Khodoss, PUF, 1991, p. 22-23.
Trad. A. Renaut, Flammarion, coll. « GF », 1995, p. 192.)

– Texte 4 –

Paul Valéry, *Pièces sur l'art* (1928), « La conquête de l'ubiquité »

La Musique, entre tous les arts, est le plus près d'être transposé dans le mode moderne. Sa nature et la place qu'elle tient dans le monde la désignent pour être modifiée la première dans ses formules de distribution, de reproduction et même de production. Elle est de tous les arts le plus demandé, le plus mêlé à l'existence sociale, le plus proche de la vie dont elle anime, accompagne ou imite le fonctionnement organique. Qu'il s'agisse de la marche ou de la parole, de l'attente ou de l'action, du régime ou des surprises de notre durée, elle sait en ravir, en combiner, en transfigurer les allures et les valeurs sensibles. Elle nous tisse un temps de fausse vie en effleurant les touches de la vraie. On s'accoutume à elle, on s'y adonne aussi délicieusement qu'aux substances *justes, puissantes et subtiles* que vantait Thomas de Quincey. Comme elle s'en prend directement à la mécanique affective dont elle joue et qu'elle manœuvre à son gré, elle est universelle par essence ; elle charme, elle fait danser sur toute la terre. Telle que la science, elle devient besoin et denrée internationaux. Cette circonstance, jointe aux récents progrès dans les moyens de transmission, suggérait deux problèmes techniques :

I. — Faire entendre en tout point du globe, dans l'instant même, une œuvre musicale exécutée n'importe où.

II. — En tout point du globe, et à tout moment, restituer à volonté une œuvre musicale.

Ces problèmes sont résolus. Les solutions se font chaque jour plus parfaites.

Nous sommes encore assez loin d'avoir apprivoisé à ce point les phénomènes visibles. La couleur et le relief sont encore assez rebelles. Un soleil qui se couche sur le Pacifique, un Titien qui est à Madrid ne viennent pas encore se peindre sur le mur de notre chambre aussi fortement et trompeusement que nous y recevons une symphonie.
Cela se fera. Peut-être fera-t-on mieux encore, et saura-t-on nous faire voir quelque chose de ce qui est au fond de la mer. Mais quant à l'univers de l'ouïe, les sons, les bruits, les voix, les timbres nous appartiennent désormais. Nous les évoquons quand et où il nous plaît. Naguère, nous ne pouvions jouir de la musique à notre heure même, et selon notre humeur. Notre jouissance devait s'accommoder d'une occasion, d'un lieu, d'une date et d'un programme. Que de coïncidences fallait-il ! C'en est fait à présent d'une servitude si contraire au plaisir, et par là si contraire à la plus exquise intelligence des œuvres. Pouvoir choisir le moment d'une jouissance, la pouvoir goûter quand elle est non seulement désirable par l'esprit, mais exigée et comme déjà ébauchée par l'âme et par l'être, c'est offrir les plus grandes chances aux intentions du compositeur, car c'est permettre à ses créatures de revivre dans un milieu vivant assez peu différent de celui de leur création. Le travail de l'artiste musicien, auteur ou virtuose, trouve dans la musique enregistrée la condition essentielle du rendement esthétique le plus haut.
(Gallimard, coll. « Bibliothèque de la Pléiade », *Œuvres*, II, 1960, p. 1285-1286.)

– Texte 5 –

Hannah Arendt, *La Crise de la culture* (1961)

Quoi qu'il arrive : tant que l'industrie des loisirs produit ses propres biens de consommation, nous ne pouvons pas plus lui faire reproche du caractère périssable de ses articles qu'à une boulangerie dont les produits doivent, pour ne pas être perdus, être consommés sitôt qu'ils sont faits. La caractéristique du philistinisme cultivé a toujours été le mépris des loisirs et du divertissement sous une forme ou une autre, parce qu'aucune valeur n'en pouvait être tirée. La vérité est que nous nous trouvons tous engagés dans le besoin de loisirs et de divertissement sous une forme ou une autre, parce que nous sommes tous assujettis au grand cycle de la vie ; et c'est pure hypocrisie ou snobisme social que de nier pour nous le pouvoir de divertissement et d'amusement des choses, exactement les mêmes, qui font le divertissement et le loisir de nos compagnons humains. Pour autant que la survie de la culture est en question, elle est certainement moins menacée par ceux qui remplissent leur temps vide au moyen des loisirs que par ceux qui le remplissent avec quelques gadgets éducatifs au bonheur la chance, en vue d'améliorer leur position sociale. Et pour autant que la productivité artistique est en question, il ne devrait pas être plus difficile de résister aux massives tentations de la culture de masse, ou d'éviter d'être détraqué par le bruit et le charlatanisme de la société de masse, qu'il n'y avait de difficulté à éviter les tentations plus sophistiquées et les bruits plus insidieux des snobs cultivés dans la société raffinée.
Malheureusement, la question n'est pas si simple. L'industrie des loisirs est confrontée à des appétits gargantuesques, et puisque la consommation fait

disparaître ses marchandises, elle doit sans cesse fournir de nouveaux articles. Dans cette situation, ceux qui produisent pour les *mass media* pillent le domaine entier de la culture passée et présente, dans l'espoir de trouver un matériau approprié. Ce matériau, qui plus est, ne peut être présenté tel quel ; il faut le modifier pour qu'il devienne loisir, il faut le préparer pour qu'il soit facile à consommer.

La culture de masse apparaît quand la société de masse se saisit des objets culturels, et son danger est que le processus vital de la société (qui, comme tout processus biologique, attire insatiablement tout ce qui est accessible dans le cycle de son métabolisme) consommera littéralement les objets culturels, les engloutira et les détruira. Je ne fais pas allusion, bien sûr, à la diffusion de masse. Quand livres ou reproductions sont jetés sur le marché à bas prix, et sont vendus en nombre considérable, cela n'atteint pas la nature des objets en question. Mais leur nature est atteinte quand ces objets eux-mêmes sont modifiés – réécrits, condensés, digérés, réduits à l'état de pacotille pour la reproduction ou la mise en images. Cela ne veut pas dire que la culture se répande dans les masses, mais que la culture se trouve détruite pour engendrer le loisir. Le résultat n'est pas une désintégration, mais une pourriture, et ses actifs promoteurs ne sont pas les compositeurs de Tin Pan Alley, mais une sorte particulière d'intellectuels, souvent bien lus et bien informés, dont la fonction exclusive est d'organiser, diffuser, et modifier des objets culturels en vue de persuader les masses qu'*Hamlet* peut être aussi divertissant que *My Fair Lady,* et, pourquoi pas, tout aussi éducatif. Bien des grands auteurs du passé ont survécu à des siècles d'oubli et d'abandon, mais c'est encore une question pendante de savoir s'ils seront capables de survivre à une version divertissante de ce qu'ils ont à dire.

(Trad. P. Lévy, Gallimard, 1972, p. 264-266.)

Chapitre 3

Fondements de la politique

Section 1. La politique

Pour définir un terme aussi vague que polysémique, on retiendra deux sens principaux, l'un lié à l'action, l'autre à la recherche du pouvoir – deux termes identiques en français mais pour lesquels l'anglais, notamment, dispose de deux mots distincts : *policy* et *politics*. Un gouvernement peut ainsi mener une politique particulière, c'est-à-dire agir dans un sens déterminé – voire dans un domaine particulier, on parle ainsi, par exemple, de la politique éducative –, alors que la politique lorsqu'elle est indéterminée signifie l'organisation d'ensemble (partis, institutions, pratiques…) de la lutte pour accéder, et se maintenir, au pouvoir. Ces deux sens sont bien évidemment liés l'un à l'autre, puisque vouloir accéder au pouvoir c'est, souvent, vouloir agir *politiquement*. Si bien que lorsque l'on parle de « faire de la politique », on comprend aussi bien la lutte pour le pouvoir que l'action elle-même – en arrivant même à définir parfois l'un par l'autre.

1.1. *Politique des Anciens et ordre théologico-politique*

La politique revêt un double visage dès son invention, dans l'Antiquité grecque. Non tant qu'il n'y ait jamais eu d'action ordonnée ou de lutte pour le pouvoir avant les cités grecques du Ve siècle avant J.-C., mais parce que la conjonction de la naissance de la philosophie et de l'invention de la démocratie comme pratique politique a donné une structure intellectuelle permettant de penser, et de codifier, l'exercice politique. La politique présente ainsi chez les penseurs grecs qui lui ont donné son nom un double visage, tel le dieu Janus des Romains : celui de la recherche de l'harmonie dans la vie de la Cité – *polis* –, afin d'agir conformément à l'ordre de la nature et celui d'un conflit – *polemos* – pour le pouvoir pouvant aller jusqu'à la guerre dans laquelle le stratège prussien Carl von Clausewitz voyait la « simple continuation de la politique par d'autres moyens » (*De la guerre*, 1832-1837) ; pratique politique dont Thucydide donne le premier grand traité en même temps qu'il en livre une première histoire dans *La Guerre du Péloponnèse* (vers 400 av. J.-C.) – cf. chap. 5, 2. L'organisation non violente du conflit pour le pouvoir dans l'intérêt de la Cité donne à la politique une autre de ses caractéristiques premières : la composition, autour d'intérêts notamment, de groupes humains acteurs de la politique, les « partis » de la Cité. C'est Aristote qui nous explique que le conflit politique se matérialise souvent sous la forme d'un affrontement entre le plus grand nombre (le peuple, la multitude, les plus pauvres) et le petit nombre (les aristocrates, les plus riches), pour le contrôle de la Cité. Une forme de dialectique entre cet affrontement, structurant les rapports dans la Cité, et la recherche d'une manière idéale de gouverner caractérise ainsi la politique classique, jusqu'à la Renaissance. La lutte pour le pouvoir, et surtout son résultat : la domination de l'un des « partis » sur l'autre, qui ne gouverne qu'en fonction de son intérêt et non celui de la Cité – ce qu'Aristote nomme des « formes déviées » dans sa typologie des régimes (cf. texte 1) –, sont néfastes au bien-être de la Cité. Elles sont le contraire de la politique idéale entendue comme harmonie dans la Cité. Seul le « gouvernement ou régime mixte », la république – c'est-à-dire le meilleur des régimes tel que le définit Aristote (*politeia*), la *res publica* des Romains –, est susceptible de résoudre la contradiction entre la divergence des intérêts et la recherche du bien commun. Il mêle étroitement le meilleur de chaque pouvoir présent dans la Cité : le principe monarchique de la puissance, le principe aristocratique de la sagesse et le principe démocratique de la liberté du peuple. Pour le Cicéron qui défend cette vision classique de la politique au Ier siècle de notre ère, la *res publica* doit ainsi se composer « d'une autorité supérieure et royale, (d')une part faite aux grands, et aussi des affaires laissées au jugement et à la volonté de la multitude » (Cicéron, *De la République*, I, 45, trad. C. Appuhn, Garnier, 1965).

Le Moyen Âge apparaît, politiquement, comme le temps passé par l'Occident chrétien à résoudre son « problème théologico-politique » : s'inspirer de l'ordre divin pour façonner l'ordre humain, mais sous la contrainte, nouvelle, d'une institution universelle, l'Église. Cette prétention contraint les formes classiques de la politique, la Cité et l'Empire, à une lutte incessante contre l'Église ; lutte qui va en épuiser la vitalité au profit d'une forme politique nouvelle, l'État moderne, et du premier régime qui l'incarne, la monarchie – absolue ou nationale (cf. Pierre Manent, *Histoire intellectuelle du libéralisme en dix leçons*, Calmann-Lévy, 1987, chap. 1 : « Le problème théologico-politique »).

1.2. *Le moment machiavélien*

C'est Machiavel qui introduit la première grande rupture dans ce schéma classique de la politique. D'une part, il décrit la politique non plus comme une fin – la recherche de l'harmonie dans la Cité conformément aux fins naturelles de l'homme – mais comme l'ensemble des moyens pratiques par lequel le « Prince », en fait celui ou ceux qui exercent concrètement le pouvoir, est susceptible de conserver son pouvoir – l'homme pouvant ainsi devenir une véritable « bête » si la situation l'exige, en usant aussi bien de la ruse (du renard) que de la force (du lion) par exemple (*Le Prince*, 1513, chap. XVIII) – ; et d'autre part en légitimant le conflit politique, la lutte entre les intérêts et les « partis » qui se disputent le pouvoir dans la Cité : les « grands » et le peuple. Pour Machiavel, qui fait ainsi entrer la politique dans la modernité, le conflit n'est plus synonyme de chaos mais de force créatrice : c'est en effet le bon usage de la désunion et des dissensions partisanes qui font naître la liberté, véritable bien commun de la république (cf. texte 2). « Toutes les lois favorables à la liberté, nous dit Machiavel, ne naissent que de l'opposition » entre les partis de la Cité. Si le modèle de la Cité et du « régime mixte » restent un idéal indépassable pour l'ensemble des penseurs politiques, c'est le modèle impérial qui s'est imposé depuis le Ier siècle – et dont la Chrétienté a repris le cadre, non sans conduire dès le début du second millénaire à un conflit profond entre ses deux chefs putatifs, l'Empereur, glaive terrestre, et le Pape, glaive céleste. Le moment machiavélien est aussi celui de l'avènement de l'État moderne qui sort la politique de l'alternative entre Cité et Empire pour la plonger dans un nouveau contexte, celui de la souveraineté. Machiavel, « second chancelier » de la république de Florence en 1498, en charge notamment de missions diplomatiques, fait le voyage à la cour de Louis XII, roi de France, pour demander son aide contre Pise. Il découvre à cette occasion ce qu'est un grand État moderne, auprès duquel Florence fait pâle figure. À partir de cette expérience, Machiavel comprend qu'il s'agit désormais de la seule entité politique capable de rivaliser avec l'Empire et l'Église, validant ainsi l'évolution historique de son temps ; la Cité, modèle classique de la république, devant se transformer sous peine de disparaître.

1.3. Au risque de l'absolutisme

La naissance de l'État moderne pose dans des termes renouvelés la question du pouvoir. Celui-ci est d'abord conçu comme ne pouvant être qu'absolu dès lors que la souveraineté pleine et entière est reconnue à l'État – les premiers théoriciens de l'État souverain, de la fin du XVIe siècle au milieu du XVIIe siècle, développent une théorie politique de l'absolutisme (cf. chap. 3, 2). Théorie qui s'appuie, et justifie, les pratiques des grandes monarchies de l'époque qui mettent en place des pouvoirs centraux puissants face aux incertitudes nées des troubles religieux (guerres de Religion), civils (Fronde en France, révolution anglaise) et militaires (guerre de Trente Ans) de la fin du XVIe siècle jusqu'au milieu du XVIIe. L'absolutisme, conformément à la doctrine de Hobbes (*Le Léviathan*, 1651), est surtout vu, dans la première partie du XVIIe siècle, comme le moyen de résoudre l'insécurité et les incertitudes nées des troubles précités. On peut d'ailleurs souligner que si Louis XIV a si bien réussi, au cours de son règne, à mettre en place ce qui fait figure de système absolutiste par excellence, c'est en grande partie parce qu'il est apparu au début de son règne comme un pacificateur aimé de son peuple. Ce n'est que dans la seconde partie du XVIIe siècle que la critique de l'absolutisme prend corps, à travers l'élaboration de notions telles que la souveraineté du peuple ou la représentation – que l'on trouve chez Locke par exemple (*Traité du gouvernement civil*, 1690). Au XVIIIe siècle, Montesquieu fait l'éloge de la monarchie parlementaire anglaise et insiste sur la séparation et l'équilibre entre les différents pouvoirs, réfutant l'idée de souveraineté absolue – qu'elle soit celle du roi ou celle du peuple – pour limiter précisément les risques de l'abus du pouvoir. À ses yeux, seul le pouvoir est en mesure d'arrêter le pouvoir. Montesquieu substitue ainsi à la souveraineté absolue, qui décide de tout et en dernier ressort, un mécanisme de prise de décision qui la rend inutile (*De l'esprit des lois*, 1754). Avec Locke et Montesquieu, puis à travers la pensée anglo-écossaise qui se développe tout au long du XVIIIe siècle de David Hume (*Traité de la nature humaine*, livre III, « La Morale », 1740) à Adam Smith (*La Richesse des nations*, 1776), la critique de l'absolutisme s'articule essentiellement autour de la notion de liberté individuelle – que celle-ci s'appuie sur les droits naturels (jusnaturalisme) ou sur l'utilité sociale (utilitarisme) –, donnant ainsi naissance au libéralisme.

1.4. Réaliser la promesse démocratique

Si la pensée politique libérale naissante apparaît à la pointe du combat contre l'absolutisme, elle n'en reste pas moins méfiante vis-à-vis du peuple et de la démocratie (cf. chap. 4, 1). C'est précisément sur ce point que Rousseau, en se plaçant en position de critique du libéralisme de son temps, notamment de Montesquieu, donne une nouvelle définition de l'idéal politique en combinant la volonté d'un retour à la politique des Anciens, autour de l'indispensable « vertu » civique, et la souveraineté (absolue) du peuple – réconciliant ainsi démocratie et république (*Le Contrat social*, 1762, cf. texte 3). Une fois la souveraineté populaire reconnue – historiquement à travers les révolutions américaine et française de la fin du XVIIIe siècle – comme le fondement légitime du pouvoir politique, la « question politique » change à nouveau de nature. Les divisions entre les composantes de la Cité ou de l'État s'organisent désormais à l'intérieur du cadre même de la démocratie : le conflit politique et la recherche du bien commun, ou du moins d'un accord sur le lien social, sont « internalisés » en même temps que s'établit un clivage, en forme de *continuum* politique sur un axe gauche-droite constitué à l'occasion de la Révolution française, entre progressistes et conservateurs ; les uns voulant poursuivre, approfondir ou dépasser l'œuvre révolutionnaire, les autres, la modérer, l'atténuer ou l'effacer. Les nouveaux problèmes soulevés, sources de division entre les forces se réclamant de ce clivage, sont désormais liés à l'extension du suffrage et des droits et libertés politiques au plus grand nombre, ainsi que celui de la meilleure (la plus juste) représentation des différents intérêts dans le cadre démocratique : c'est-à-dire de la manière dont les exclus traditionnels de la politique – les moins riches, les femmes... – vont pouvoir être peu à peu intégrés au sein du « peuple souverain » (voir Pierre Rosanvallon, *Le Sacre du citoyen. Histoire du suffrage universel en France*, Gallimard, 1992).

Le nouveau cadre du débat politique suscite aussi le renouvellement de l'interrogation sur l'organisation du champ politique et l'affrontement qui s'y déroule. Pour représenter les différences, notamment les différents intérêts, des « partis politiques » s'organisent à la fin du XIXe siècle (voir Moïsei Ostrogorski, *La Démocratie et l'Organisation des partis politiques*, 1996). Ils correspondent à une phase d'institutionnalisation du fonctionnement de la démocratie moderne. De la même manière, d'autres acteurs indispensables à ce fonctionnement, tels que les syndicats, se mettent également en place dans la deuxième moitié du XIXe siècle. Ce sont des outils de représentation politique et sociale qui permettent d'affiner la représentation démocratique de type parlementaire, en multipliant les lieux de débat, en spécifiant les intérêts et en permettant à certaines revendications d'avancer en dehors du cadre politique *stricto sensu*. Deux conceptions d'ensemble de la politique se dessinent alors : une conception étroite, institutionnelle, qui débouche sur l'élitisme (le gouvernement des meilleurs qu'il faut élire pour leur compétence) et une conception plus large (incluant toutes les formes de représentation des intérêts, des différences sociales, etc.), de démocratie « substantielle » dans laquelle la majorité – le peuple – a toujours raison.

C'est en partie au nom de cette représentation trop formelle du peuple que se construit, à partir du milieu du XIXe siècle, la contestation marxiste et que vont, plus généralement, se structurer les partis socialistes puis communistes. Une « démocratie réelle » doit ainsi être opposée à la « démocratie formelle », bourgeoise, c'est-à-dire une démocratie qui prenne en compte le peuple comme entité formée de travailleurs, de producteurs, et plus seulement de ceux qui possèdent le capital, et le confisquent, au nom du droit de propriété. La politique peut à cette seule condition devenir véritablement l'affaire de tous, un tous incarné par le peuple, conformément à la promesse de l'idéal révolutionnaire de souveraineté populaire. Cette approche ouvre, en même temps qu'une tentative « scientifique » de répondre à cette promesse, le temps de l'idéologie qui va caractériser l'affrontement politique au XXe siècle en l'entraînant vers un phénomène qui lui est propre, celui du totalitarisme.

1.5. *L'impasse totalitaire*

Le totalitarisme comme phénomène politique est propre au XXe siècle. Il soulève ainsi la question du caractère moderne du XXe siècle lui-même : est-ce que le totalitarisme est le débouché nécessaire du projet politique moderne ou bien est-ce que c'est une régression par rapport à ce projet, un moment de recul dans l'évolution de l'humanité telle qu'elle a été pensée par la modernité ? (Cf. chap. 5, 4.) Le phénomène totalitaire (violence politique organisée, éradication des différences individuelles, déshumanisation, emprise absolue et arbitraire de l'État...), a conduit la pensée politique et morale à la remise en cause d'un certain nombre de notions fondatrices ou consubstantielles de la modernité politique : ainsi est-il difficile aujourd'hui d'échapper à une réflexion sur la formation et la forme même des États modernes, sur l'existence d'un monde commun, sur la place du peuple en politique... Le totalitarisme que l'on peut en première approximation qualifier de tentative de contournement si ce n'est de résolution des contradictions de la modernité – par exemple comment conduire à l'unité d'une société en la fondant sur la légitimité de la différence individuelle sans en appeler à une quelconque transcendance... – apparaît précisément comme la négation exacte de la promesse d'émancipation moderne.

L'élaboration même de la notion de totalitarisme atteste de la volonté de comprendre ce phénomène politique original. C'est Hannah Arendt qui l'a explicitée le plus complètement dans sa série sur *les Origines du totalitarisme* (en trois volumes : *Sur l'antisémitisme, l'impérialisme, le système totalitaire* publiés à partir de 1951 ; édition française : Le Seuil, « Points », 1982-1984). Arendt tente de saisir la genèse de ce phénomène, en montrant comment s'est déployé le mouvement sans fin de « domination ou de maîtrise (*Herrschaft*) totale » qui fait disparaître le singulier sous l'universel abstrait – qui opère le passage de l'unique comme individualité irréductible à l'unique comme totalité indivisible. La différence radicale du totalitarisme avec les autres formes de pouvoir et d'oppression politiques connues jusqu'alors tient dans le saut qualitatif qu'il opère dans nos grilles d'appréhension du monde, dans notre compréhension des phénomènes de domination et d'asservissement de l'être humain. Le totalitarisme apparaît aux yeux de Arendt comme la dissolution du peuple – c'est-à-dire du cœur de la démocratie moderne – dans une masse homogène, interdisant toute expression de la différence à l'intérieur de celle-ci, réservant l'expression politique (parole et acte politique) à « l'État-parti-unité » au sommet duquel trône son incarnation symbolique : le chef, qu'il soit *Duce, Führer* ou « Petit père des peuples ». Le ressort premier de la constitution d'une idéologie totalitaire est celle de l'ennemi politique – du « bouc émissaire » à l'intérieur du corps social, et de l'ennemi étranger à l'extérieur, d'où le recours fréquent au nationalisme comme arme de combat – appuyée sur une conception conflictuelle de la politique qu'a exposée Carl Schmitt (*La Notion de politique*, 1932 – cf. texte 5), mais organisée dans le but d'établir une forme d'ordre politique qui devra être immuable.

1.6. Une crise de la politique : la fin des idéologies ?

La levée de l'hypothèque communiste en 1989, à l'occasion de la chute du mur de Berlin et de l'effondrement des régimes pro-soviétiques d'Europe de l'Est, marque incontestablement, en même temps que la victoire de l'idéal démocratique moderne, une nouvelle étape dans la manière d'appréhender la politique qui renvoie bien souvent à une recherche d'équilibre entre triomphe (idéologique ?) de l'économie de marché et d'un capitalisme financier mondialisé, dépolitisation des citoyens dans les démocraties (les enjeux politiques devenant moins conflictuels, affaiblissement du clivage droite-gauche) et ouverture de nouveaux territoires de conquête (extension de la régulation par le droit au niveau mondial, lutte contre les nouveaux risques : environnement, santé, violence...).

Est-ce pour autant que l'on peut parler de fin des « idéologies » telles qu'elles ont prospéré dans une version souvent criminelle au XXe siècle ? Pour reprendre une analyse classique du phénomène, issue du marxisme, l'idéologie répond à une fonction essentielle au sein de la structure sociale : les hommes en produisant leurs conditions d'existence se produisent eux-mêmes. C'est la fameuse « condition dernière de la production ». La reproduction des conditions de la production permet de maintenir la domination d'une classe – et, classiquement, dans la tradition marxiste, cette fonction est assurée par l'État comme appareil répressif. Or, comme le disait déjà Rousseau : « Le plus fort n'est jamais assez fort pour être toujours le maître, s'il ne transforme sa force en droit et l'obéissance en devoir » *(Contrat social,* I, 3). On trouve la même idée chez Max Weber, pour lequel aucune domination, notamment moderne, ne peut s'exercer par la force brute. Elle ne peut s'imposer que si elle est légitime. La notion d'idéologie s'enrichit donc d'un sens nouveau, bien perçu par Louis Althusser notamment. Elle n'est plus seulement instance de dissimulation et facteur d'illusion, elle devient aussi instance de légitimation. C'est le rôle des fameux « appareils idéologiques de l'État » (AIE) que la tradition marxiste a peu exploré – et qui donnent tout son sens au marxisme d'Althusser. Ainsi pour lui, « l'idéologie fait-elle organiquement partie, comme telle, de toute totalité sociale. Tout se passe comme si les sociétés humaines ne pouvaient subsister sans formations spécifiques, ces systèmes de représentations – de niveau divers – que sont les idéologies… Seule une conception idéologique du monde a pu imaginer des sociétés sans idéologies, et admettre l'idée utopique d'un monde où l'idéologie – et non telle de ses formes historiques – disparaîtrait sans laisser de trace pour être remplacée par la science » (Althusser, *Pour Marx,* 1965).

– Texte 1 –

Aristote, *Les Politiques* (vers 340 av. J.-C.), livre III, 7, 1279a

[1] Les constitutions s'offrent à notre examen : combien elles sont et quelles elles sont, et d'abord celles qui sont droites. Les déviations, en effet, manifesteront d'elles-mêmes leur nature quand celles-ci auront été définies.

[2] Puisque constitution et gouvernement signifient la même chose, et qu'un gouvernement c'est ce qui est souverain dans les cités, il est nécessaire que soit souverain soit un seul individu, soit un petit nombre, soit un grand nombre de gens. Quand cet individu, ce petit ou ce grand nombre gouvernent en vue de l'avantage commun, nécessairement ces constitutions sont droites, mais quand c'est en vue de l'avantage propre de cet individu, de ce petit ou de ce grand nombre, ce sont des déviations. Car ou bien il ne faut pas appeler citoyens ceux qui participent à la vie de la cité, ou bien il faut qu'ils en partagent les avantages.

[3] Nous appelons d'ordinaire royauté celle des monarchies qui a en vue l'avantage commun ; parmi les constitutions donnant le pouvoir à un nombre de gens petit mais supérieur à un, nous en appelons une l'aristocratie soit parce que les meilleurs y ont le pouvoir, soit parce qu'on y gouverne pour le plus grand bien de la cité et de ceux qui en sont membres. Quand c'est la multitude qui détient le gouvernement en vue de l'avantage commun, la constitution est appelée du nom commun à toutes les constitutions, un gouvernement constitutionnel.

[4] Et c'est rationnel, car il peut arriver qu'un seul individu ou qu'un petit nombre se distingue par sa vertu, alors qu'il est vraiment difficile qu'un grand nombre de gens possèdent une vertu dans tous les domaines, avec comme exception principale la vertu guerrière : elle naît en effet dans la masse. C'est pourquoi dans cette dernière sorte de constitution c'est la classe guerrière qui est absolument souveraine et ce sont ceux qui détiennent les armes qui participent au pouvoir.

[5] Les déviations des constitutions qu'on a indiquées sont : la tyrannie pour la royauté, l'oligarchie pour l'aristocratie, la démocratie pour le gouvernement constitutionnel. Car la tyrannie est une monarchie qui vise l'avantage du monarque, l'oligarchie celui des gens aisés, la démocratie vise l'avantage des gens modestes.

Aucune de ces formes ne vise l'avantage commun.

(Trad. P. Pellegrin, Flammarion, coll. « GF », 1990, p. 229-230.)

– Texte 2 –

Nicolas Machiavel, *Discours sur la Première Décade de Tite-Live* (1531), livre I, chap. 4 : « Que les différends entre le Sénat et le Peuple ont rendu la République romaine puissante et libre »

Je soutiens à ceux qui condamnent les querelles du Sénat et du peuple qu'ils condamnent ce qui fut le principe de la liberté, et qu'ils sont beaucoup plus frappés des cris et du bruit qu'occasionnaient sur la place publique que des bons effets qu'elles produisaient. Dans toute république, il y a deux partis : celui des grands et celui du peuple ; et toutes les lois favorables à la liberté ne naissent que de leur opposition. Depuis les Tarquins jusqu'aux Gracques, c'est-à-dire durant trois cents ans, les troubles n'y occasionnèrent que peu d'exils, et coûtèrent encore moins de sang ; on ne peut les croire bien nuisibles, ni les regarder comme bien funestes à une république qui, durant le cours de tant d'années, vit à peine, à leur occasion huit ou dix citoyens envoyés en exil, n'en fit mettre à mort qu'un très petit nombre, et en condamna même très peu à des amendes pécuniaires. On ne peut davantage qualifier de désordonnée une république où l'on voit briller tant de vertus : c'est la bonne éducation qui les fait éclore, et celle-ci n'est due qu'à de bonnes lois ; les bonnes lois, à leur tour, sont le fruit de ces agitations que la plupart condamnent si inconsidérément. Quiconque examinera avec soin l'issue de ces mouvements, ne trouvera pas qu'ils aient été cause d'aucune violence qui ait tourné au préjudice du bien public ; il convaincra même qu'ils ont fait naître des règlements à l'avantage de la liberté, « Mais, dira-t-on, quels étranges moyens ! Quoi, entendre sans cesse les cris d'un peuple effréné contre le Sénat, et du Sénat déclamant contre le peuple ; voir courir la populace en tumulte par les rues, fermer ses boutiques, et même sortir de Rome en masse ! Toutes choses qui épouvantent encore, rien qu'à les lire. » Je dis que chaque État libre doit fournir au peuple un débouché normal à son ambition, et surtout les républiques, qui, dans les occasions importantes, n'ont de force que par ce même peuple. Or, tel était le débouché à Rome : quand celui-ci voulait obtenir une loi, il se portait à quelques-unes de ces extrémités dont nous venons de parler, ou il refusait de s'enrôler pour aller à la guerre ; en sorte que le Sénat était obligé de le satisfaire.

Les soulèvements d'un peuple libre sont rarement pernicieux à sa liberté. Ils lui sont inspirés communément par l'oppression qu'il subit ou par celle qu'il redoute. Si ses craintes sont peu fondées, on a le recours des assemblées, où la seule éloquence d'un homme de bien lui fait sentir son erreur. « Les peuples, dit Cicéron, quoique ignorants, sont capables d'apprécier la vérité, et ils s'y rendent aisément quand elle leur est présentée par un homme qu'ils estiment digne de foi. »

On doit donc se montrer plus ménager de ses critiques envers le gouvernement romain, et considérer que tant de bons effets forçant l'admiration ne pouvaient provenir que de très bonnes causes. Si les troubles de Rome ont occasionné la création des tribuns, on ne saurait trop les louer. Outre qu'Ils mirent le peuple a même d'avoir sa part dans l'administration publique, ils furent établis comme les gardiens les plus assurés de la liberté romaine.

(Éd. E. Barincou, Gallimard, coll. « Bibliothèque de la Pléiade », 1952, p. 390-391.)

– Texte 3 –

Jean-Jacques Rousseau, *Du contrat social* (1762), livre II

Chap. I : « Que la souveraineté est inaliénable »

La première et la plus importante conséquence des principes ci-devant établis est que la volonté générale peut seule diriger les forces de l'État selon la fin de son institution, qui est le bien commun : car si l'opposition des intérêts particuliers a rendu nécessaire l'établissement des sociétés, c'est l'accord de ces mêmes intérêts qui l'a rendu possible. C'est ce qu'il y a de commun dans ces différents intérêts qui forme le lien social, et s'il n'y avait pas quelque point dans lequel tous les intérêts s'accordent, nulle société ne saurait exister. Or, c'est uniquement sur cet intérêt commun que la société doit être gouvernée. Je dis donc que la souveraineté n'étant que l'exercice de la volonté générale ne peut jamais s'aliéner, et que le souverain, qui n'est qu'un être collectif, ne peut être représenté que par lui-même ; le pouvoir peut bien se transmettre, mais non pas la volonté. En effet, s'il n'est pas impossible qu'une volonté particulière s'accorde sur quelque point avec la volonté générale, il est impossible au moins que cet accord soit durable et constant ; car la volonté particulière tend par sa nature aux préférences, et la volonté générale à l'égalité. Il plus impossible encore qu'on ait un garant de cet accord quand même il devrait toujours exister ; ce ne serait pas un effet de l'art mais du hasard. Le souverain peut bien dire : Je veux actuellement ce que veut un tel homme ou du moins ce qu'il dit vouloir ; mais il ne peut pas dire : Ce que cet homme voudra demain, je le voudrai encore ; puisqu'il est absurde que la volonté se donne des chaînes pour l'avenir, et puisqu'il ne dépend d'aucune volonté de consentir à rien de contraire au bien de l'être qui veut. Si donc le peuple promet simplement d'obéir, il se dissout par cet acte, il perd sa qualité de peuple ; à l'instant qu'il y a un maître il n'y a plus de souverain, et dès lors le corps politique est détruit.

Chap. II : « Que la souveraineté est indivisible »

Par la même raison que la souveraineté est inaliénable, elle est indivisible. Car la volonté est générale ou elle ne l'est pas ; elle est celle du corps du peuple, ou seulement d'une partie. Dans ce premier cas cette volonté déclarée est un acte de souveraineté et fait loi. Dans le second, ce n'est qu'une volonté particulière, ou un acte de magistrature ; c'est un décret tout au plus. Mais nos politiques ne pouvant diviser la souveraineté dans son principe la divisent dans son objet ; ils la divisent en force et en volonté, en puissance législative et en puissance exécutive, en droits d'impôts, de justice, et de guerre, en administration intérieure et en pouvoir de traiter avec l'étranger : tantôt ils confondent toutes ces parties et tantôt ils les séparent ; ils font du souverain un être fantastique et formé de pièces rapportées ; c'est comme s'ils composaient l'homme de plusieurs corps dont l'un aurait des yeux, l'autre des bras, l'autre des pieds, et rien de plus. Les charlatans du Japon dépècent, dit-on, un enfant aux yeux des spectateurs, puis jetant en l'air tous ses membres l'un après l'autre, ils font retomber l'enfant vivant et tout rassemblé. Tels sont à peu près les tours de gobelets de nos politiques ; après avoir démembré le corps social par un prestige digne de la foire, ils rassemblent les pièces on ne sait comment. Cette erreur vient de ne s'être pas fait des notions

exactes de l'autorité souveraine, et d'avoir pris pour des parties de cette autorité ce qui n'en était que des émanations. Ainsi, par exemple, on a regardé l'acte de déclarer la guerre et celui de faire la paix comme des actes de souveraineté, ce qui n'est pas ; puisque chacun de ces actes n'est point une loi mais seulement une application de la loi, un acte particulier qui détermine le cas de la loi, comme on le verra clairement quand l'idée attachée au mot *loi* sera fixée. En suivant de même les autres divisions on trouverait que toutes les fois qu'on croit voir la souveraineté partagée on se trompe, que les droits qu'on prend pour des parties de cette souveraineté lui sont tous subordonnés, et supposent toujours des volontés suprêmes dont ces droits ne donnent que l'exécution.
(Éd. P. Burgelin, Flammarion, coll. « GF », 1992, p. 51-53.)

– Texte 4 –

Alexis de Tocqueville, *De la démocratie en Amérique* (1835-1840), vol. II, 2e partie, chap. I : « Pourquoi les peuples démocratiques montrent un amour plus ardent et plus durable pour l'égalité que pour la liberté »

[...] Quoique les hommes ne puissent devenir absolument égaux sans être entièrement libres, et que par conséquent l'égalité, dans son degré le plus extrême, se confonde avec la liberté, on est donc fondé à distinguer l'une de l'autre.

Le goût que les hommes ont pour la liberté et celui qu'ils ressentent pour l'égalité sont, en effet, deux choses distinctes, et je ne crains pas d'ajouter que, chez les peuples démocratiques, ce sont deux choses inégales. Si l'on veut y faire attention, on verra qu'il se rencontre dans chaque siècle un fait singulier et dominant auquel les autres se rattachent ; ce fait donne presque toujours naissance à une pensée mère, ou à une passion principale qui finit ensuite par attirer à elle et par entraîner dans son cours tous les sentiments et toutes les idées. C'est comme le grand fleuve vers lequel chacun des ruisseaux environnants semble courir.

La liberté s'est manifestée aux hommes dans différents temps et sous différentes formes ; elle ne s'est point attachée exclusivement à un état social et on la rencontre autre part que dans les démocraties. Elle ne saurait donc former le caractère distinctif des siècles démocratiques.

Le fait particulier et dominant qui singularise ces siècles, c'est l'égalité des conditions ; la passion principale qui agite les hommes dans ces temps-là, c'est l'amour de cette égalité.

Ne demandez point quel charme singulier trouvent les hommes des âges démocratiques à vivre en égaux, ni les raisons particulières qu'ils peuvent avoir de s'attacher si obstinément à l'égalité plutôt qu'aux autres biens que la société leur présente : l'égalité forme le caractère distinctif de l'époque où ils vivent ; cela seul suffit pour expliquer qu'ils la préfèrent à tout le reste. Mais, indépendamment de cette raison, il en est plusieurs autres qui, dans tous les temps porteront habituellement les hommes à préférer l'égalité à la liberté.

Si un peuple pouvait jamais parvenir à détruire ou seulement à diminuer lui-même dans son sein l'égalité qui y règne, il n'y arriverait que par de longs et pénibles efforts. Il faudrait qu'il modifiât son état social, abolît ses lois, renouvelât ses habitudes, altérât ses mœurs. Mais, pour perdre la liberté politique, il suffit de ne pas la retenir, et elle s'échappe.

Les hommes ne tiennent donc pas seulement à l'égalité parce qu'elle leur est chère ; ils s'y attachent encore parce qu'ils croient qu'elle doit durer toujours. […]

Les biens que la liberté procure ne se montrent qu'à la longue, et il est toujours facile de méconnaître la cause qui les fait naître.

Les avantages de l'égalité se font sentir dès à présent, et chaque jour on les voit découler de leur source.

La liberté politique donne de temps en temps à un certain nombre de citoyens de sublimes plaisirs.

L'égalité fournit chaque jour une multitude de petites jouissances à chaque homme. Les charmes de l'égalité se sentent à tous moments et ils sont à la portée de tous ; les plus nobles cœurs n'y sont pas insensibles, et les âmes les plus vulgaires en font leurs délices. La passion que l'égalité fait naître doit donc être tout à la fois énergique et générale.

Les hommes ne sauraient jouir de la liberté politique sans l'acheter par quelques sacrifices, et ils ne s'en emparent jamais qu'avec beaucoup d'efforts. Mais les plaisirs que l'égalité procure s'offrent d'eux-mêmes. Chacun des petits incidents de la vie privée semble les faire naître, et, pour les goûter, il ne faut que vivre. […]

Chez la plupart des nations modernes, et en particulier chez tous les peuples du continent de l'Europe, le goût et l'idée de la liberté n'ont commencé à naître et à se développer qu'au moment où les conditions commençaient à s'égaliser, et comme conséquence de cette égalité même. Ce sont les rois absolus qui ont le plus travaillé à niveler les rangs parmi leurs sujets. Chez ces peuples, l'égalité a précédé la liberté ; l'égalité était donc un fait ancien, lorsque la liberté était encore une chose nouvelle ; l'une avait déjà créé des opinions, des usages, des lois qui lui étaient propres, lorsque l'autre se produisait seule, et pour la première fois, au grand jour. Ainsi la seconde n'était encore que dans les idées et dans les goûts, tandis que la première avait déjà pénétré dans les habitudes, s'était emparée des mœurs, et avait donné un tour particulier aux moindres actions de la vie. Comment s'étonner si les hommes de nos jours préfèrent l'une à l'autre ?

Je pense que les peuples démocratiques ont un goût naturel pour la liberté ; livrés à eux-mêmes, ils la cherchent, ils l'aiment. et ils ne voient qu'avec douleur qu'on les en écarte. Mais ils ont pour l'égalité une passion ardente, insatiable, éternelle, invincible ; ils veulent l'égalité dans la liberté, et, s'ils ne peuvent l'obtenir ils la veulent encore dans l'esclavage. Ils souffriront la pauvreté, l'asservissement, la barbarie, mais ils ne souffriront pas l'aristocratie. Ceci est vrai dans tous les temps, et surtout dans le nôtre. Tous les hommes et tous les pouvoirs qui voudront lutter contre cette puissance irrésistible seront renversés et détruits par elle. De nos jours, la liberté ne peut s'établir sans son appui et le despotisme lui-même ne saurait régner sans elle.

(Gallimard, coll. « Folio Histoire », 1961, p. 138-139, 140-142.)

– Texte 5 –

Carl Schmitt, *La Notion de politique*, 1932

La distinction spécifique du politique, à laquelle peuvent se ramener les actes et les mobiles politiques, c'est la discrimination de l'ami et de l'ennemi. Elle fournit un principe d'identification qui a valeur de critère et non une définition exhaustive ou compréhensive. Dans la mesure où elle ne se déduit pas de quelque autre critère, elle correspond, dans l'ordre du politique, aux critères relativement autonomes de diverses autres oppositions : le bien et le mal en morale, le beau et le laid en esthétique, etc. Elle est autonome en tout cas, non pas au sens où elle correspondrait à un champ d'activité original qui lui serait propre, mais en cela qu'on ne saurait ni la fonder sur une ou plusieurs de ces autres oppositions, ni l'y réduire. Si déjà l'opposition entre le bien et le mal n'est pas purement et simplement identique à celle du beau et du laid ou à celle de l'utile et du nuisible et n'y est pas directement réductible, à plus forte raison faut-il éviter de confondre ou d'amalgamer l'opposition ami-ennemi avec l'une des oppositions précédentes. Le sens de cette distinction de l'ami et de l'ennemi est d'exprimer le degré extrême d'union ou de désunion, d'association ou de dissociation ; elle peut exister en théorie et en pratique sans pour autant exiger l'application de toutes ces distinctions morales, esthétiques, économiques ou autres. L'ennemi politique ne sera pas nécessairement mauvais dans l'ordre de la moralité ou laid dans l'ordre esthétique, il ne jouera pas forcément le rôle d'un concurrent au niveau de l'économie, il pourra même, à l'occasion, paraître avantageux de faire des affaires avec lui. Il se trouve simplement qu'il est l'autre, l'étranger, et il suffit, pour définir sa nature, qu'il soit, dans son existence même et en un sens particulièrement fort, cet être autre, étranger et tel qu'à la limite des conflits avec lui soient possibles qui ne sauraient être résolus ni par un ensemble de normes générales établies à l'avance, ni par la sentence d'un tiers, réputé non concerné et impartial. Un monde d'où l'éventualité de cette lutte aurait été entièrement écartée et bannie, une planète définitivement pacifiée serait un monde sans discrimination de l'ami et de l'ennemi et par conséquent un monde sans politique. Ce monde-là pourrait présenter une diversité d'oppositions et de contrastes peut-être intéressants, toutes sortes de concurrences et d'intrigues, mais il ne présenterait logiquement aucun antagonisme au nom duquel on pourrait demander à des êtres humains de faire le sacrifice de leur vie et donner à certains le pouvoir de répandre le sang et de tuer d'autres hommes. Une fois de plus, il est sans importance pour la définition du politique que l'on appelle ou non de ses vœux, comme un idéal, ce monde sans activité politique.

(Trad. Steinhauser, Calmann-Lévy, 1963.
Flammarion, coll. « Champs », 1992, p. 64-65.)

Section 2. L'État

L'État, au sens moderne, est une autorité souveraine qui s'exerce sur l'ensemble d'un peuple et d'un territoire déterminé. Cette forme d'organisation humaine est née, en Occident (Europe), à partir de la fin du Moyen Âge, à l'issue d'un processus historique de « monopolisation de la contrainte » que Norbert Élias décrit dans *La Dynamique de l'Occident* (1939). À partir du XVIe siècle, les guerres de religion vont changer la nature du conflit en politique, et donner à l'État moderne son premier grand rôle : celui qui vise à assurer durée et unité à l'organisation politique en opérant comme « réducteur d'incertitudes », en garantissant la sûreté de ses sujets à l'intérieur comme à l'extérieur. Il est considéré alors comme une puissance absolue, disposant de l'*imperium* – voir la théorie de la souveraineté de Jean Bodin, le processus d'autonomisation par rapport à l'Église afin d'assurer la liberté religieuse (édit de Nantes en 1598) et la constitution d'un « ordre westphalien » (structurant l'Europe autour de grandes entités étatiques souveraines après la guerre de Trente Ans qui se termine par les traités de Westphalie en 1648) même si certains auteurs commencent à penser, toujours dans le cadre de la garantie de la sûreté des sujets, à une limite possible à l'*imperium*, au nom d'un droit naturel moderne au XVIIe siècle – Grotius, Hobbes, Spinoza, Pufendorf, Locke (cf. chap. 3, 1). Au XVIIIe siècle, le développement de l'économie et la prise de conscience d'un lien social de nature économique, conduit à l'opposition entre l'État et la société civile (cf. chap. 2, 1). Au XIXe, l'État intervient de manière croissante dans la société pour limiter les effets destructeurs de la révolution industrielle – élaboration d'un droit protecteur des travailleurs par exemple – en même temps qu'il devient la forme de « droit commun » de la construction de l'espace politique sous le vocable d'État-nation. C'est le moment d'une nouvelle définition de l'État à la fois comme État-nation et comme État-providence – dimensions qui se développent au cours du XXe siècle, et qui sont aujourd'hui en crise.

2.1. Le monopole de la contrainte légitime

Historiquement, le pouvoir de l'État s'est constitué contre d'autres pouvoirs. Contre le pouvoir de l'Église (lien temporel-spirituel), contre le pouvoir impérial, contre les multiples pouvoirs féodaux. Le processus a été le même partout en Europe, il a d'abord consisté dans la monopolisation des ressources financières – impôt d'État, monopole des postes instauré sous Louis XI en France – et des ressources militaires. C'est en effet dans la violence et par la guerre que se constitue peu à peu l'espace politique qui va donner naissance à l'État. Au départ, ce sont souvent des seigneurs qui ont vaincu les autres qui ont constitué les premiers États modernes. L'État parvient ainsi au monopole de la violence légitime lorsqu'il n'est plus contesté par une autre autorité sur un territoire donné – c'est le cas en France sous le règne de Louis XIV (1661-1715) –, y compris au risque d'excès et de la « Raison d'État ». Après la victoire sur la Fronde, la noblesse est peu à peu soumise au roi qui distribue seul charges et offices. L'Église catholique ne conteste plus l'autorité du roi et échange la reconnaissance d'une monarchie de droit divin contre le fait d'être la seule religion reconnue – religion d'État, élimination des contestations internes (des jansénistes, par exemple, dans les années 1660), « dragonnades » dans les années 1680, révocation de l'édit de Nantes en 1685. Les derniers « états » provinciaux – au sens ancien du terme : états du Dauphiné, de Normandie… – cessent de se réunir, ils ne sont plus convoqués.

2.2. *Réduire l'incertitude et produire l'universel*

Philosophiquement, l'État apparaît comme un réducteur d'incertitudes, destiné à garantir la durée et la sûreté d'une communauté politique. Ainsi Machiavel qui est le premier à parler d'État au sens moderne au début du XVIe siècle, considère-t-il que le plus important pour le Prince est de se maintenir au pouvoir, quels que soient les moyens qu'il utilise, afin d'assurer la pérennité de l'État au-delà des péripéties politiques – et non en vue de la réalisation de son intérêt personnel (cf. chap. 3, 2). L'autonomisation de l'État et son appropriation de l'*imperium* est également le sens de la théorie de la souveraineté développée par Bodin dans *Les Six Livres de la République* en 1576 (cf. texte 1). Hobbes donne à l'État absolu du *Léviathan* (1651) son caractère essentiel de « réducteur d'incertitude », puisqu'il assure la sécurité intérieure et la paix extérieure grâce au pouvoir absolu qu'il reçoit des citoyens qui ne conservent que le droit de sûreté – celui qu'ils jugent le plus important, celui qui leur permet d'échapper à l'état de nature où règne la « guerre de tous contre tous ». L'État garantit par son monopole légitime de la violence physique la sûreté de chacun – « les contrats sans l'épée ne sont que des mots » – et remplace l'arbitraire comme facteur régulateur de la société. Pour Montesquieu, au XVIIIe siècle, cette conception absolutiste de l'État est de nature despotique. La souveraineté pour être maintenue doit être mixte, et le pouvoir pour ne pas s'opposer à la liberté doit être à la fois séparé et équilibré (cf. texte 2). Il prend pour exemple la « Constitution anglaise » issue de la Glorieuse Révolution (1688).

Après la Révolution française, l'État revêt une nouvelle dimension philosophique avec le dépassement du débat entre pouvoir absolu qui protège ses sujets/citoyens et organisation technique du gouvernement représentatif permettant la reconnaissance de la liberté. Cette nouvelle dimension fait de lui un « producteur d'universel » au nom de son rôle d'unification de la société – ce que Rousseau avait avancé à travers les notions de « souveraineté populaire » et de « volonté générale » dans le *Contrat social* (1762). L'État doit désormais non plus seulement garantir l'aspiration à la liberté mais aussi réaliser l'égalité. Il est à la fois garant et acteur de l'unité politique face à la diversité inhérente à la société moderne : pluralisme des opinions, des croyances, des valeurs… Son rôle est de créer le lien social entre des individus tous à la fois libres, égaux et différents. Au début du XIXe siècle, Hegel donne à cette nouvelle dimension de l'État sa forme canonique : « L'État est l'Idée universelle, la vie spirituelle universelle. Du fait qu'ils y sont nés, les individus se trouvent envers lui dans un rapport de confiance et d'accoutumance ; c'est en lui qu'ils ont leur être et leur réalité, leur savoir et leur vouloir, et c'est par lui qu'ils acquièrent une valeur et se maintiennent à l'existence. » (Hegel, *La Raison dans l'histoire*, 1822-1828.) L'État, esprit objectif, s'oppose à l'individu, le sujet contractant de la société civile qui n'a ni éthique sociale propre ni vérité, qui ne peut donc les acquérir qu'en étant membre de l'État – qu'en lui appartenant. L'intérêt commun (général) transcende les intérêts différenciés (particuliers) qui s'opposent dans la société civile, mais la manière de les transcender passe par la règle de droit – édictée par l'État de droit – et non par la fiction de la volonté générale comme le pense Rousseau (cf. texte 3).

2.3. *Ordre bureaucratique et risque totalitaire*

Pour Max Weber, auteur de la célèbre définition de l'État comme « monopole de la violence légitime », l'État moderne met en œuvre les règles universelles du droit à travers l'administration bureaucratique – qui est la forme pratique de la domination légale rationnelle. La norme légale rationnelle représente l'ensemble des règles de droit d'une société. Elle signifie que l'on obéit plus à une personne mais à un ordre immanent, impersonnel et universel. Cette norme est mise en œuvre par une administration bureaucratique – type d'administration que l'on peut retrouver appliqué à toute organisation : hôpital, entreprise... et pas seulement à « l'administration » *stricto sensu*. Cette forme de domination moderne succède à la forme « charismatique » appuyée sur l'émotion et à la forme « traditionnelle » adossée à l'idée de transmission. La domination légale rationnelle est consubstantielle de la modernité, elle est inévitable dans un « monde désenchanté », sécularisé, où règne l'autonomie du sujet rationnel (cf. texte 4).

Au XXe siècle, le phénomène totalitaire tel que le décrit Hannah Arendt confirme et infirme à la fois la conception légale rationnelle de l'État, en développant à l'extrême le contrôle bureaucratique et la mainmise sur les consciences mais en abdiquant aussi du caractère public de l'État dans le sens où il y a destruction de toute séparation public-privé indispensable à la pensée moderne – annihilation du privé au public et disparition de l'espace public lui-même par sa totalisation (cf. chap. 3, 1).

2.4. *L'État « instituteur du social »*

La participation de l'État à la construction d'un espace social organisé et peu à peu autonomisé est une des données essentielles de l'époque contemporaine. Ainsi Tocqueville souligne-t-il dans *L'Ancien Régime et la Révolution* (1856) que la centralisation administrative qui existait sous l'Ancien Régime avait fait passer l'État du simple statut de puissance souveraine à celui de « tuteur du corps social » : incitation à la création d'activités, grands travaux... C'est d'ailleurs cette constatation qui est pour Tocqueville à la base de la disparition des « corps intermédiaires » si nécessaires à la démocratie moderne (*De la démocratie en Amérique*, 1836) : « Aux dessus de ceux-là [les individus] s'élève un pouvoir immense et tutélaire, qui se charge seul d'assurer leur jouissance et de veiller sur leur sort. Il est absolu, détaillé, régulier, prévoyant et doux. Il ressemblerait à la puissance paternelle si, comme elle, il n'avait pour objet de préparer les hommes à l'âge viril ; mais il ne cherche, au contraire, qu'à les fixer irrévocablement dans l'enfance ; il aime que les citoyens se réjouissent, pourvu qu'ils ne songent qu'à se réjouir. Il travaille volontiers à leur bonheur ; mais il veut en être l'unique agent et le seul arbitre ; il pourvoit à leur sécurité, prévoit et assure leurs besoins, facilite leurs plaisirs, conduit leurs principales affaires, dirige leur industrie, règle leurs successions, divise leurs héritages ; que ne peut-il leur ôter entièrement le trouble de penser et la peine de vivre. »

La tendance décrite par Tocqueville pour l'Ancien Régime se poursuit après la Révolution, dès lors que l'État n'a plus affaire qu'à des individus désocialisés : c'est à lui qu'appartient de créer de la sociabilité. C'est une situation particulière à la France car elle a perdu ses structures de socialisation traditionnelles avec la Révolution qui a parachevé l'évolution centralisatrice de l'Ancien Régime. La France a ainsi connu à la fois une Révolution libérale – celle des droits de 1789 – et démocratique – au sens de « l'égalisation des conditions » de Tocqueville –, contrairement, par exemple, à l'Angleterre où ont survécu en s'adaptant les structures anciennes à partir des révolutions du XVIIe siècle. C'est cette particularité qui a déterminé en France l'interventionnisme de l'État dans de nombreux domaines de la vie sociale : organisation politique du pays – c'est l'État qui produit la Nation par l'uniformisation du territoire : création révolutionnaire des départements, réforme des poids et mesures, imposition du français comme langue nationale… –, lutte contre les particularismes – abolition des privilèges, loi Le Chapelier… –, éducation – monopole de l'État destiné à « produire » des citoyens, à créer une histoire commune avec ses fêtes, la célébration de sa mémoire, une politique du patrimoine… Le révolutionnaire Fabre d'Églantine, créateur du calendrier révolutionnaire résumait ainsi cette perspective : « Il faut se saisir de l'imagination des hommes pour la gouverner. »

2.5. *L'État-providence*

Dans la perspective de l'État « instituteur du social », le phénomène le plus significatif reste l'émergence de l'État-providence. L'avènement de la « société industrielle » va forcer l'État à intervenir pour limiter les effets sociaux de la Révolution industrielle. En France, les premières lois sociales sont adoptées entre 1860 et 1890 – 1864 : droit syndical, 1884 : droit de grève, 1892 : interdiction du travail de nuit des femmes, limitation du travail des enfants… L'État commence à produire des « certitudes » sur la société : développement de l'information statistique, des enquêtes démographiques, d'un véritable « savoir propre » qui renforce et accroît son pouvoir – voir à ce sujet les analyses de Michel Foucault dans *Surveiller et punir* notamment. Cet aspect de prise en charge globale de la société fait un grand pas à l'occasion de chaque guerre mondiale avec leur cortège de politiques de reconstruction, de pensions, de lutte contre le chômage… C'est en 1945 que se réalise pleinement l'État-providence, dans tous ses droits, dans les pays occidentaux. La révolution keynésienne en économie – Keynes écrit avant la guerre pour résoudre les problèmes posés par la crise de 1929 et des années 1930, mais sa théorie triomphe après la Seconde Guerre mondiale, même si quelques-uns des principes qu'il défend sont déjà à l'œuvre dans la politique du *New Deal* de Roosevelt aux États-Unis avant la guerre – qui formule les principes de l'intervention de l'État dans l'économie vient légitimer, économiquement, l'État-providence. La légitimité de l'intervention de l'État dans les domaines économiques – nationalisations, politiques monétaire et budgétaire – et sociaux est validé par les Trente Glorieuses qui permettent aux pays occidentaux de connaître une phase de croissance économique et d'amélioration des conditions sociales sans précédent.

La crise économique des années 1970 entraîne une crise des finances publiques qui conduit à une menace sur la redistribution sociale. Dans ce contexte, les contributions qui augmentent (impôts et cotisations) pour faire face à la crise ne sont plus vécues comme une juste solidarité mais comme une contrainte d'autant plus insupportable que le chômage de masse, la précarité et l'exclusion sociale se développent. À la crise économique, s'ajoute une crise idéologique de l'État-providence rendu responsable de la crise sociale par l'inefficacité de sa politique égalitariste et centralisatrice, comparée à celle des pays communistes : l'État-providence couplé à une politique économique keynésienne – bref, le compromis social d'après-guerre – est analysé comme une antichambre au totalitarisme par la droite néo-libérale qui s'inscrit en cela dans la filiation de la pensée libérale du XXe siècle – Friedrich von Hayek, Ludwig von Mises, Karl Popper (cf. textes 5). Une troisième crise de l'État-providence, de nature philosophique, met en jeu les représentations que nous nous faisons de la solidarité : dissociation de l'univers de l'assurance et de celui de la solidarité. L'État-providence correspond en effet de moins en moins aux besoins et aux demandes qui s'expriment depuis une vingtaine d'années : les définitions des populations sont plus floues et plus individualisées comme celles des classes de risques qui se multiplient, alors que les progrès de la connaissance des situations individuelles (notamment en matière médicale) conduisent à une logique assurancielle privative, laissant à la solidarité nationale les plus graves, les plus chers et les plus difficiles à assurer compte tenu du risque qu'ils représentent (cf. P. Rosanvallon, *La Crise de l'État-providence*, 1980, et *La Nouvelle Question sociale*, 1995).

– Texte 1 –

Jean Bodin, *Les Six Livres de la République* (1576), livre I, chap. 8

La souveraineté est la puissance absolue et perpétuelle d'une République [...] Poursuivons maintenant l'autre partie de notre définition, et disons que signifient ces mots, puissance absolue... Cette puissance est absolue et souveraine, car elle n'a autre condition que la loi de Dieu et de nature ne commande... car si nous disons que celui a puissance absolue qui n'est point sujet aux lois, il ne se trouvera Prince au monde souverain : vu que tous les Princes de la terre sont sujets aux lois de Dieu, et de nature, et à plusieurs lois humaines communes à tous peuples... Or, il faut que ceux qui sont souverains ne soient aucunement sujets aux commandements d'autrui, et qu'ils puissent donner loi aux sujets, et casser ou anéantir les lois inutiles, pour en faire d'autres : ce que ne peut faire celui qui est sujet aux lois, ou à ceux qui ont commandement sur lui. C'est pourquoi la loi dit que le Prince est absous de la puissance des lois : et ce mot de loi emporte aussi en latin le commandement de celui qui a la souveraineté. Aussi voyons-nous qu'en tous édits et ordonnances on y ajoute cette clause. Nonobstant tous édits et ordonnances, auxquels nous avons dérogé, et dérogeons par ces présents, et à la dérogatoire des dérogatoires : clause qui a toujours été ajoutée aux lois anciennes : soit que la loi fût publiée du même Prince, ou de son prédécesseur… Et tout ainsi que le Pape ne se lie jamais les mains, comme disent les canonistes : aussi le Prince souverain ne se peut lier les mains, quand même il le voudrait. Aussi voyons nous à la fin des édits et ordonnances ces mots : car tel est notre plaisir, pour faire entendre que les lois du Prince souverain, bien qu'elles fussent fondées en bonnes et vives raisons, ne dépendent néanmoins que de sa pure et franche volonté. Mais quant aux lois divines et naturelles, tous les Princes de la terre y sont sujets, et n'est pas en leur puissance d'y contrevenir, s'ils ne veulent être coupables de lèse-majesté divine, faisant guerre a Dieu, sous la grandeur duquel tous les Monarques du monde doivent faire joug, et baisser la tête en toute crainte et révérence. Et par ainsi la puissance absolue des Princes et seigneuries souveraines ne s'étend aucunement aux lois de Dieu et de nature : et celui qui a mieux entendu que c'est de puissance absolue, et qui a fait ployer les Rois et Empereurs sous la sienne, disait que ce n'est autre chose que déroger au droit ordinaire : il n'a pas dit aux lois divines et naturelles… le Prince n'est point sujet à ses lois, ni aux lois de ses prédécesseurs, mais bien à ses conventions justes et raisonnables, et en l'observation desquelles les sujets en général ou en particulier ont intérêt.

(Fayard, 1986.
Livre de poche, 1993, p. 118-122.)

– Texte 2 –

Charles-Louis de Secondat, baron de Montesquieu, *De l'esprit des lois* (1748), livre XI, chap. 6 : « De la Constitution d'Angleterre »

Il y a dans chaque État trois sortes de pouvoirs ; la puissance législative, la puissance exécutrice des choses qui dépendent du droit des gens, et la puissance exécutrice de celles qui dépendent du droit civil.

Par la première, le prince ou le magistrat fait des lois pour un temps ou pour toujours, et corrige ou abroge celles qui sont faites. Par la seconde, il fait la paix ou la guerre, envoie ou reçoit des ambassades, établit la sûreté, prévient les invasions. Par la troisième, il punit les crimes, ou juge les différends des particuliers. On appellera cette dernière la puissance de juger, et l'autre simplement la puissance exécutrice de l'État.

La liberté politique dans un citoyen est cette tranquillité d'esprit qui provient de l'opinion que chacun a de sa sûreté ; et pour qu'on ait cette liberté, il faut que le gouvernement soit tel qu'un citoyen ne puisse pas craindre un autre citoyen.

Lorsque dans la même personne ou dans le même corps de magistrature, la puissance législative est réunie à la puissance exécutrice, il n'y a point de liberté ; parce qu'on peut craindre que le même monarque ou le même sénat ne fasse des lois tyranniques pour les exécuter tyranniquement.

Il n'y a point encore de liberté si la puissance de juger n'est pas séparée de la puissance législative et de l'exécutrice. Si elle était jointe à la puissance législative, le pouvoir sur la vie et la liberté des citoyens serait arbitraire ; car le juge serait législateur. Si elle était jointe à la puissance exécutrice, le juge pourrait avoir la force d'un oppresseur.

Tout serait perdu si le même homme, ou le même corps des principaux, ou des nobles, ou du peuple, exerçaient ces trois pouvoirs : celui de faire des lois, celui d'exécuter les résolutions publiques, et celui de juger les crimes ou les différends des particuliers.

Dans la plupart des royaumes de l'Europe, le gouvernement est modéré, parce que le prince, qui a les deux premiers pouvoirs, laisse à ses sujets l'exercice du troisième. Chez les Turcs, où ces trois pouvoirs sont réunis sur la tête du sultan, il règne un affreux despotisme.

Dans les républiques d'Italie, où ces trois pouvoirs sont réunis, la liberté se trouve moins que dans nos monarchies. Aussi le gouvernement a-t-il besoin, pour se maintenir, de moyens aussi violents que le gouvernement des Turcs ; témoins les inquisiteurs d'État, et le tronc où tout délateur peut, à tous les moments, jeter avec un billet son accusation.

Voyez quelle peut être la situation d'un citoyen dans ces républiques. Le même corps de magistrature a, comme exécuteur des lois, toute la puissance qu'il s'est donnée comme législateur. Il peut ravager l'État par ses volontés générales, et, comme il a encore la puissance de juger, il peut détruire chaque citoyen par ses volontés particulières.

Toute la puissance y est une ; et, quoiqu'il n'y ait point de pompe extérieure qui découvre un prince despotique, on le sent à chaque instant.

Aussi les princes qui ont voulu se rendre despotiques ont-ils toujours commencé par réunir en leur personne toutes les magistratures ; et plusieurs rois d'Europe, toutes les grandes charges de leur État.

(Éd. V. Goldschmidt, Flammarion, coll. « GF », 1979, t. 1, p. 294-295.
Gallimard, coll. « Folio », 1995, p. 327-329.)

– Texte 3 –

G.W.F. Hegel, *Principes de la philosophie du droit* (1821), IIIe partie, 3e section, § 258

L'État, comme réalité en acte de la volonté substantielle, réalité qu'elle reçoit dans la conscience particulière de soi universalisée, est le rationnel en soi et pour soi : cette unité substantielle est un but propre absolu, immobile, dans lequel la liberté obtient sa valeur suprême, et ainsi ce but final a un droit souverain vis-à-vis des individus, dont le plus haut devoir est d'être membres de l'État.

R : Si on confond l'État avec la société civile et si on le destine à la sécurité et à la protection de la propriété et de la liberté personnelles, l'intérêt des individus en tant que tels est le but suprême en vue duquel ils sont rassemblés et il en résulte qu'il est facultatif d'être membre d'un État. Mais sa relation à l'individu est tout autre ; s'il est l'esprit objectif, alors l'individu lui-même n'a d'objectivité, de vérité et de moralité que s'il en est un membre. L'association en tant que telle est elle-même le vrai contenu et le vrai but, et la destination des individus est de mener une vie collective ; et leur autre satisfaction, leur activité et les modalités de leur conduite ont cet acte substantiel et universel comme point de départ et comme résultat. La rationalité, considérée abstraitement, consiste essentiellement dans l'unité intime de l'universel et de l'individuel et ici concrètement, quant au contenu, dans l'unité de la liberté objective, c'est-à-dire de la volonté générale substantielle et de la liberté subjective comme conscience individuelle et volonté recherchant ses buts particuliers ; quant à la forme, c'est par suite une conduite qui se détermine d'après des lois et des principes pensés donc universels. Cette idée est l'être universel et nécessaire en soi et pour soi de l'esprit. Maintenant l'origine historique de l'État ou plutôt de chaque État particulier, de son droit et de ses modalités : est-il sorti des relations patriarcales, de la crainte ou de la confiance, ou de la corporation, et comment a été conçu et affermi dans la conscience le fondement de tels droits, est-ce comme droit divin, positif ou comme contrat, coutume, etc., ce sont des questions qui n'intéressent pas l'idée d'État elle-même mais, eu égard à la connaissance philosophique, dont seule il est question ici, c'est un simple phénomène, une affaire historique ; eu égard à l'autorité d'un État réel, si elle se fonde sur des principes, ceux-ci sont pris des formes du droit en vigueur chez lui.
(Trad. A. Kaan, Gallimard, 1940 ; rééd. coll. « Tel », 1989, p. 270-272.)

– Texte 4 –

Max Weber, *Le Savant et le Politique* (1919)

Mais qu'est-ce donc qu'un groupement « politique » du point de vue du sociologue ? Qu'est-ce qu'un État ? Lui non plus ne se laisse pas définir sociologiquement par le contenu de ce qu'il fait, Il n'existe en effet presque aucune tâche dont ne se soit pas occupé un jour un groupement politique quelconque : d'un autre côté il n'existe pas non plus de tâches dont on puisse dire qu'elles aient de tous temps, du moins *exclusivement,* appartenu en propre aux groupements politiques que nous appelons aujourd'hui États ou qui ont été historiquement les précurseurs de l'État moderne. Celui-ci ne se laisse définir sociologiquement que par le *moyen* spécifique qui lui est propre, ainsi qu'à tout autre groupement politique, à savoir la violence physique.
« Tout État est fondé sur la force », disait un jour Trotski à Brest-Litovsk. En effet cela est vrai. S'il n'existait que des structures sociales d'où toute violence serait absente, le concept d'État aurait alors disparu et il ne subsisterait que ce qu'on appelle, au sens propre du terme, l'« anarchie ». La violence n'est évidemment pas l'unique moyen normal de l'État – cela ne fait aucun doute –, mais elle est son moyen spécifique. De nos jours, la relation entre

État et violence est particulièrement intime. Depuis toujours les groupements politiques les plus divers – à commencer par la parentèle – ont tous tenu la violence physique pour le moyen normal du pouvoir.
Par contre il faut concevoir l'État contemporain comme une communauté humaine qui, dans les limites d'un territoire déterminé – la notion de territoire étant une de ses caractéristiques – revendique avec succès pour son propre compte *le monopole de la violence physique légitime.* Ce qui est en effet le propre de notre époque, c'est qu'elle n'accorde à tous les autres groupements ou aux individus, le droit de faire appel à la violence que dans la mesure où l'État le tolère, celui-ci passe donc pour l'unique source du « droit » à la violence. Par conséquent, nous entendrons par politique l'ensemble des efforts que l'on fait en vue de participer au pouvoir ou d'influencer la répartition du pouvoir, soit entre les États, soit entre les divers groupes à l'intérieur d'un même État.
[...] Comme tous les groupements politiques qui l'ont précédé historiquement, l'État consiste en un rapport de *domination* de l'homme sur l'homme fondé sur le moyen de la violence légitime (c'est-à-dire sur la violence qui est considérée comme légitime). L'État ne peut donc exister qu'à la condition que les hommes dominés se soumettent à l'autorité revendiquée chaque fois par les dominateurs. Il existe en principe trois raisons internes qui justifient la domination, et par conséquent il existe trois fondements de la *légitimité.* Tout d'abord l'autorité de l'« éternel hier », c'est-à-dire celle des coutumes sanctifiées par leur validité immémoriale et par l'habitude enracinée en l'homme de les respecter. Tel est le « pouvoir traditionnel » que le patriarche ou le seigneur terrien exerçaient autrefois. En second lieu l'autorité fondée sur la grâce personnelle et extraordinaire d'un individu (charisme) : elle se caractérise par le dévouement tout personnel des sujets *à* la cause d'un homme et par leur confiance en sa seule personne en tant qu'elle se singularise par des qualités prodigieuses, par l'héroïsme ou d'autres particularités exemplaires qui font le chef. C'est là le pouvoir « charismatique » que le prophète exerçait ou – dans le domaine politique – le chef de guerre élu, le souverain plébiscité, le grand démagogue ou le chef d'un parti politique. Il y a enfin l'autorité qui s'impose en vertu de la « légalité », en vertu de la croyance en la validité d'un statut légal et d'une « compétence » positive fondée sur des règles établies rationnellement, en d'autres termes l'autorité fondée sur l'obéissance qui s'acquitte des obligations conformes au statut établi. C'est là le pouvoir tel que l'exerce le « serviteur de l'État » moderne ainsi que tous les détenteurs du pouvoir qui s'en rapprochent sous ce rapport.
(Trad. J. Freund, Plon, 1959.
UGE, coll. « 10/18 », 1982, p. 100-103.)

– Textes 5 –

Karl Popper, *La Société ouverte et ses ennemis* (1962), tome 1

Libéralisme et intervention de l'État ne sont pas contradictoires ; aucune liberté n'est possible si l'État ne la garantit pas. Ainsi, un certain contrôle de l'État sur l'enseignement est nécessaire pour que l'école soit accessible à tous

et les enfants protégés contre la négligence éventuelle de leurs parents ; cependant, un contrôle excessif aboutirait à l'endoctrinement. Il n'existe pas de formule toute faite qui permette de résoudre le grave problème des limitations de la liberté. Il y aura toujours des cas marginaux et il faut s'en réjouir, car, sans le stimulant qu'ils constituent, la volonté des citoyens de combattre pour la liberté s'évanouirait, et avec elle cette liberté même. Vu dans cette lumière, le prétendu conflit entre liberté et sécurité – cette dernière étant garantie par l'État – n'existe pas. Car, d'un côté, il n'y a de liberté qu'assurée par l'État et, de l'autre, seul un État contrôlé par des citoyens libres peut vraiment leur donner la sécurité.
(Trad. J. Bernard et P. Monod, Le Seuil, 1979, p. 98.)

Friedrich von Hayek, *Droit, législation et liberté* (1973), tome 3
Pour retrouver certaines vérités fondamentales que des générations de démagogie ont oblitérées, il est nécessaire de réapprendre le sens des valeurs fondamentales de la grande Société, de la Société ouverte ou élargie, et pourquoi elles sont nécessairement négatives, garantissant à l'individu le droit dans un domaine connu de poursuivre ses objectifs à lui en s'appuyant sur ce qu'il sait personnellement. Seules de telles règles négatives rendent possible la formation d'un ordre autogénéré, mettant en œuvre les connaissances et servant les désirs des individus.
Nous devrons nous faire à l'idée encore étrange que, dans une société d'hommes libres, la plus haute autorité doit en temps normal n'avoir aucun pouvoir de commandement, ne donner aucun ordre quel qu'il soit. Son seul pouvoir devrait être celui d'interdire en fonction d'une règle, de telle sorte qu'elle devrait sa suprématie à sa fidélité, en tout acte, à un principe général.
Trad. R. Audouin, PUF, 1983 ; rééd. coll. « Quadrige », 1995, p. 155.)

Robert Nozick, *Anarchie, État et utopie* (1974), chap. 10
L'État minimal nous traite comme des individus inviolés, qui ne peuvent pas être utilisés de certaines façons par d'autres, comme moyens, outils, instruments, ou ressources ; il nous traite comme des personnes ayant des droits individuels avec la dignité que cela suppose. Nous traitant avec respect et respectant nos droits, il nous permet, individuellement ou avec ceux que nous choisissons, de choisir notre vie et de réaliser nos desseins et notre conception de nous-mêmes, dans la mesure où nous pouvons le faire, aidés par la coopération volontaire d'autres individus possédant la même dignité. Comment un État ou un groupe d'individus *ose-t-il* en faire plus ? Ou moins ?
(Trad. E. d'Auzac de Lamartine, PUF, 1988, p. 405 .)

Section 3. Le contrat social

La notion de contrat social permet de matérialiser, mais aussi d'analyser, le lien social. Il s'organise, classiquement, autour de deux dimensions, celle du « pacte d'association », *pactum societatis,* et celle du « pacte de sujétion », *pactum subjectionis* ; permettant ainsi de déterminer et la manière dont les hommes décident de s'unir, les uns aux autres, pour former une société – contrat des individus entre eux – et de sortir de l'état de nature, et la manière dont ils vont mettre en place les moyens de leur obéissance à l'autorité politique – contrat entre les individus et l'État. Celui-ci apparaissant à son tour comme l'acteur susceptible de garantir l'ordre politique et social, et ainsi d'assurer la bonne « exécution » du contrat.

3.1. *L'idée de contrat*

La plupart des communautés humaines semblent attacher de l'importance au fait que leurs membres partagent des valeurs communes. En Europe, depuis l'Antiquité grecque au moins, l'idée d'un accord sur le sens de ce qui est commun est devenu un élément essentiel de la vie sociale – ne serait-ce que pour sa compréhension, son explication et sa justification. La vie politique de la Cité grecque, particulièrement sous sa forme démocratique – à Athènes au Ve siècle par exemple –, dépendait ainsi directement d'une sorte de « raisonnement public », au moins pour les décisions majeures. Cette préoccupation a conduit, notamment, à une intense activité d'analyse de la nature des valeurs humaines, définie comme une véritable « invention de la politique » elle-même (Moses Finley, *L'Invention de la politique,* 1983) – cf. chap. 3, 1. Ainsi les penseurs grecs ont-ils débattu très tôt du fait de savoir si la société, le droit et le pouvoir étaient le résultat de choix de la part des hommes, de « conventions » qu'ils auraient établies entre eux – c'est le cas du « conventionnalisme » des sophistes par exemple auxquels s'oppose Socrate –, ou bien s'il s'agissait de nécessités renvoyant l'homme à un « ordre naturel » transcendant. Pendant la période chrétienne, on retrouve la forme contractuelle à travers le « serment féodal » notamment qui fait reposer l'ordre social sur un lien de subordination : celui du vassal vis-à-vis de son seigneur – le vassal promettant aide et service à son seigneur en échange de la protection de ce dernier. Il s'agit d'un échange : « obéissance » contre « protection », assuré par une promesse mutuelle, par une forme de contrat bilatéral de droit privé. Or, comme l'a souligné l'historien Marc Bloch, cette forme primitive de contrat ne pouvait que se transmettre à la sphère politique en en modifiant considérablement les contours. C'est dans la France de la fin du XVIe siècle qu'on trouve une première formulation explicite du contrat social, à travers la théorie politico-juridique des Monarchomaques (François Hotman, Théodore de Bèze, Philippe du Plessis Mornay, Hubert Languet). C'est en réaction au massacre de la Saint-Barthélemy en 1572, et à la montée en puissance des thèses absolutistes – dont Jean Bodin expose la première grande théorie en 1576, cf. chap. 3, 2 – que des penseurs politiques protestants français élaborent une critique de l'autorité politique du roi en mettant en avant des notions qui vont être développées au XVIIe et XVIIIe siècle par les critiques de l'absolutisme : résistance au tyran (voire tyrannicide), consentement du peuple et contractualisation des rapports politiques. Ils appuient leur « droit de résistance » sur les limites imposées au pouvoir du roi par deux contrats symétriques : un premier, du roi et de son peuple solidairement devant Dieu (le roi doit respecter la vraie foi et les commandements de Dieu, et si c'est le cas son peuple lui obéir) ; et un second, entre le roi et le peuple (si le roi règne avec justice, le peuple lui obéit, sinon le peuple est délié de son devoir d'obéissance, et le peuple peut se lever contre le roi – c'est la théorie dite de la « résistance constitutionnelle »).

3.2. *Du contrat social*

Hobbes, philosophe de la première moitié du XVIIe siècle, marqué par les violences de la guerre de Trente Ans (1618-1648) et de la Première révolution anglaise, place au centre de sa réflexion la manière dont le lien social est fondé en raison. Il développe l'idée d'un contrat social absolutiste. À ses yeux, les hommes ne peuvent pas vivre en paix dans l'état de nature, représentation d'un monde où « l'homme est un loup pour l'homme », soumis à la loi du plus fort. Ils doivent trouver un accord qui leur permette de se protéger. Pour échapper à la peur de mourir qui les anime et garantir leur sûreté personnelle – premier droit naturel (cf. chap. 2, 4) –, les hommes se soumettent au souverain – que Hobbes appelle le « Léviathan » (*Le Léviathan*, 1651) – dans les mains duquel ils remettent l'ensemble de leurs droits en échange de sa protection. Cette protection est rendue à la fois indispensable et opératoire par la monopolisation au profit du Léviathan de la violence légitime (cf. chap. 3, 2). C'est désormais l'autorité, celle que donne le contrat passé par les individus entre eux (pacte d'association) au Léviathan (pacte de sujétion), qui fait la loi, et non plus la vérité, qu'elle soit issue de l'ordre naturel ou de l'ordre divin (cf. textes 1 et 2).

Locke fait passer le contrat social du statut de simple acte rationnel de calcul d'intérêts vitaux – mettre fin au risque de la mort violente par la soumission à une autorité politique extérieure –, à celui d'acte raisonnable – acte de confiance établi entre individus afin d'améliorer leurs situations respectives. Pour Locke, philosophe anglais de la fin du XVIIe siècle, théoricien de la Seconde révolution anglaise, l'essentiel de ce qui est nécessaire à l'homme pour vivre parmi ses semblables est déjà présent dans l'état de nature : c'est la relation d'individu à individu, notamment par l'établissement de contrats particuliers fondés, par exemple, sur la parole donnée. L'institution de la société, par un contrat d'ensemble, se fait donc en continuité avec les relations interindividuelles établies entre des hommes naturellement égaux – c'est un contrat social libéral. Il a pour but d'améliorer la qualité de ces relations et de cette égalité. Pour Locke, la morale naturelle issue de la loi naturelle reste fondatrice de la morale sociale, c'est le fondement même de la justice sociale (cf. texte 3). Ce qui compte, c'est la garantie par la société du respect de la morale individuelle, des devoirs afférents aux libertés et droits des individus, dont le premier est la propriété (*Traité du gouvernement civil*, 1690). Celle-ci a remplacé la sûreté comme problème central de l'institution de l'ordre politique. Locke bâtit ainsi, en même temps qu'une nouvelle théorie du contrat social, les fondations du libéralisme classique par opposition à la solution absolutiste de Hobbes. Un libéralisme dans le cadre duquel la société civile instituée par le contrat peut se contenter d'un État minimal destiné à assurer le bon fonctionnement des échanges interindividuels – société civile et échanges qui prendront progressivement au XVIIIe siècle la figure du marché dans la pensée anglo-écossaise, notamment dans la synthèse qu'en fait Adam Smith en 1776 dans *La Richesse des nations*.

Au XVIIIe siècle, Rousseau détache l'idée de contrat social à la fois de ses présupposés libéraux (Locke) et de l'idée de soumission (Hobbes). Le contrat social devient avec lui l'acte par lequel l'abandon unanime des volontés particulières fait naître la volonté générale du corps public (cf. texte 4). À la multitude naturelle des individus et aux inégalités qui en découlent, le contrat substitue dès lors l'unité du peuple en corps. Pour Rousseau, la loi de nature ne peut fonder l'ordre social, il faut donc qu'il y ait un moment particulier de fondation pour éviter l'état dans lequel se trouvent les hommes dès lors qu'ils se rencontrent et se côtoient dans l'état de nature, en fait dès lors qu'ils « inventent » la propriété (*Discours sur l'origine et les fondements de l'inégalité parmi les hommes*, 1754 – cf. texte 4). Mais il serait tout autant dangereux que les hommes acceptent de mettre leur liberté dans les mains d'un seul. Le contrat établit donc la souveraineté du peuple comme entité, cette souveraineté s'incarnant dans la volonté générale dont la loi est l'expression. Les individus ne se défont plus d'une partie de leur liberté et de leur souveraineté au profit d'un prince tout puissant, comme chez Hobbes, mais au profit d'un ensemble politique : le « peuple souverain » qui les dépasse tout en les contenant (*Le Contrat social*, 1762). C'est le sens de la volonté générale qui n'est pas la simple addition des volontés particulières mais le dépassement de celles-ci dans une unité et une totalité qui emportent l'adhésion unanime des individus devenus citoyens. Les conditions mêmes du gouvernement qui découlent de cette fondation originale de l'ordre politique conduisent à une égalité exigeante entre les citoyens : gouvernement direct du peuple par lui-même dans une république de petite taille – pas de représentation, pas de partage de la souveraineté, taille réduite du corps politique, rotation rapide des responsabilités, etc.

3.3. *Contre le contrat social*

Au lendemain de la Révolution française, le contrat social est soumis à une triple critique. Celle, d'abord, des Réactionnaires (Joseph de Maistre, Louis de Bonald) pour lesquels la Révolution dans son ensemble est condamnable, et avec elle « l'esprit des Lumières », au nom de la rupture marquée par rapport à la société d'Ancien Régime, organisée et hiérarchisée selon un ordre transcendant immuable dicté par la volonté de Dieu. La Révolution est également attaquée, pour sa « part d'ombre » (la période de la Terreur notamment), par les libéraux qui reprochent au contrat social, sous ses traits rousseauistes, d'être destructeur de l'individu et de sa liberté fondamentale. Pour Benjamin Constant, par exemple, la conciliation de la liberté et de la souveraineté absolue du peuple, au cœur de la théorie rousseauiste, passe par la réciprocité rigoureuse du contrat que chacun passe avec tous et par une exacte égalité dans la participation de tous au corps politique. Or, remarque Constant, dans la société ces deux conditions ne sont jamais réunies : « l'accord qui se fait au nom de tous étant nécessairement de gré ou de force à la disposition d'un seul ou de quelques-uns, il arrive qu'en se donnant à tous, il n'est pas vrai qu'on ne se donne à personne ; on se donne au contraire à ceux qui agissent au nom de tous » (*De la liberté des Modernes*, 1819). La loi comme expression de la volonté générale n'est dès lors pas l'instrument de la liberté que décrit Rousseau, elle peut s'y opposer – pour Constant, c'est l'idée de primauté de la loi qui a permis de justifier le despotisme de la Convention en 1793. Contemporain de Constant, Hegel a longtemps été vu comme le critique principal des théories du contrat social (cf. texte 5), comme le philosophe qui s'est intéressé à l'histoire et à ses réalités objectives plutôt qu'aux abstractions des théories contractualistes, inaugurant ainsi une troisième lecture de l'après-Révolution devant déboucher sur le dépassement de celle-ci, au nom du sens de l'Histoire et des progrès de l'Humanité. Pour Hegel, il est toujours possible de voir les individus comme des êtres soucieux de leur seul intérêt particulier – et ainsi de concevoir le contrat comme le moyen le plus utile pour régler leurs relations – mais ces micro-relations contractuelles présupposent des liens qui ne sont pas de nature contractuelle. Ainsi considérer l'État comme le résultat d'un contrat ne peut qu'inverser la relation logique qui doit être établie entre les liens de type contractuel et les autres : l'inférence, à partir d'une communauté d'intérêts particuliers, d'un « être commun » politique est une erreur. Un simple accord de volontés ne peut créer le type d'unité que représente l'État – une « unité » qui renvoie à la fois à un contexte culturel et à un ensemble institutionnel. Au lieu de nous aider à clarifier notre compréhension de l'obligation politique, le langage contractualiste la rend floue en instaurant une confusion entre notre devoir de répondre volontairement aux engagements contractés et les fondements mêmes de nos devoirs. En fait, pour Hegel, le contrat ne permet d'expliquer ni la mise en place, historique, des États, ni les fondements de nos devoirs envers l'État. À la suite de Hegel, au XIXe siècle, Karl Marx livre une critique virulente de la notion de contrat social. Il en rejette d'abord les prémices individualistes, considérant que l'individualisme a pour fonction d'universaliser et de « déshistoriciser » une conception de la nature humaine pour faire simplement apparaître celle-ci comme le produit de la société de marché qu'elle ne servirait qu'à justifier. Il considère que l'individu envisagé par les contractualistes n'est qu'une fiction idéologique, celle du libéralisme. Pour Marx, ensuite, la liberté formelle postulée dans la théorie libérale dessine le cadre d'une société dans laquelle la majorité des individus ne bénéficient pas de libertés réelles ou substantielles. La majorité de la population ne pouvant fournir sur le marché que sa force de travail, elle ne peut disposer de la liberté dont disposent les détenteurs du capital. Ce qui détruit la possibilité même de l'homme de se réaliser en tant que tel, c'est-à-dire dans sa capacité à agir selon sa volonté. L'essence de l'homme est donc en contradiction avec son existence dans le régime capitaliste. Enfin, Marx ne se reconnaît pas dans la méthode abstraite des contractualistes, il entend appuyer sa théorie sur une base matérielle. Son matérialisme renvoie les contractualistes dans un autre univers : celui d'une philosophie politique non scientifique parce qu'elle ne prend pas en compte la réalité du monde, économique avant tout. Le remplacement progressif de la question démocratique par la question sociale comme interrogation centrale des sociétés contemporaines, dont Marx va être le premier artisan, va reléguer la notion de contrat social au second plan, celle-ci sombrant à l'occasion du grand combat idéologique au XXe siècle entre communisme et capitalisme. La pensée contractualiste n'a trouvé, depuis, les moyens de sa résurgence qu'à travers les nouvelles interrogations sur la justice sociale (cf. chap. 4, 3).

– Texte 1 –

Thomas Hobbes, *Le Citoyen* (1642), section I, chap. II : « De la loi de nature en ce qui regarde les contrats »

IX. L'action de deux, ou plusieurs personnes, qui *transigent* mutuellement de leurs droits, se nomme un contrat. Or, en tout contrat, ou les deux parties effectuent d'abord ce dont elles ont convenu, en sorte qu'elles ne se font aucune grâce, ou l'une, effectuant, laisse à la bonne foi de l'autre l'accomplissement de la promesse, ou elles n'effectuent rien. Au premier cas, le contrat se conclut et finit en même temps. Aux autres, où l'une des parties se fie à l'autre, et où la confiance est réciproque, celui auquel on se fie promet d'accomplir ensuite sa promesse, qui est proprement le *pacte* du contrat.

X. Le *pacte* que celui auquel on se fie promet à celui qui a déjà tenu le sien, bien que la promesse soit conçue en termes du futur, ne transfère pas moins le droit pour l'avenir, que si elle était faite en termes du présent, ou du passé. Car l'accomplissement du pacte est un signe manifeste, que celui qui y était obligé a entendu les paroles de la partie à laquelle il s'est fié, comme procédant d'une pure et franche volonté de les accomplir au temps accordé. Et puisque ce dernier, ne doutant pas du sens auquel on prenait ses paroles, ne s'en est pas rétracté, il n'a pas voulu qu'on le prît d'autre façon et s'est obligé à tenir ce qu'elles ont promis. Les promesses donc qui se font ensuite d'un bien qu'on a reçu (qui sont aussi des pactes) sont les signes de la volonté, c'est-à-dire du dernier acte de la délibération, par lequel on s'ôte la liberté de manquer à sa parole, et par conséquent, elles obligent. Car là où la liberté cesse, là l'obligation commence.

XI. Les pactes qui se font en un contrat, où il y a une confiance réciproque, au délai qui se fait de l'accomplissement des promesses, sont invalides en l'état de nature, si l'une des parties a quelque juste sujet de crainte. Car celui qui accomplit le premier sa condition s'expose à la mauvaise foi de celui avec lequel il a contracté ; tel étant le naturel de la plupart des hommes, que, par toutes sortes de moyens, ils veulent avancer leurs affaires. Et il ne serait pas sagement fait à quelqu'un, de se mettre le premier en devoir de tenir sa promesse, s'il y a d'ailleurs quelque apparence que les autres ne se mettront pas à son imitation en la même posture. […] Mais si les choses vont de la sorte

en l'état de nature, il n'en est pas ainsi en celui de la société civile, où il y a des personnes qui peuvent contraindre les réfractaires, et où celui qui s'est obligé par le contrat à commencer peut hardiment le faire, à cause que l'autre demeurant exposé à la contrainte, la raison pour laquelle il craignait d'accomplir sa condition, est ôtée.
(Trad. S. Sorbière, Flammarion, coll. « GF », 1982, p. 106-107.)

– Textes 2 –

Thomas Hobbes, *Le Léviathan* (1651)

Chap. XIII : « De la condition naturelle des hommes en ce qui concerne leur félicité et leur misère »
Aussi longtemps que les hommes vivent sans un pouvoir commun qui les tienne tous en respect, ils sont dans cette condition qui se nomme guerre, et cette guerre est guerre de chacun contre chacun. [...] Toutes les conséquences d'un temps de guerre où chacun est l'ennemi de chacun se retrouvent aussi en un temps où les hommes vivent sans autre sécurité que celle dont les munissent leur propre force ou leurs propre ingéniosité. Dans un tel état, il n'y a [...] pas de société ; et ce qui est le pire de tout, la crainte et le risque d'une mort violente ; la vie de l'homme est alors solitaire, besogneuse, pénible, quasi-animale, et brève.

Chap. XVII : « Des causes de la génération et de la définition de la République »
La seule façon d'ériger un tel pouvoir commun, apte à défendre les gens de l'attaque des étrangers, et des torts qu'ils pourraient se faire les uns aux autres, et ainsi à les protéger [...], c'est de confier le pouvoir à un seul homme ou à une seule assemblée, qui puisse réduire toutes leurs volontés. [...] Cela va plus loin que le consensus ou concorde : il s'agit d'une unité réelle de tous en une seule et même personne, unité réalisée par une convention de chacun avec chacun passée de telle sorte que c'est comme si chacun disait à chacun : j'autorise cet homme ou cette assemblée, et je lui abandonne mon droit à me gouverner moi-même, à cette condition que tu lui abandonnes ton droit et que tu autorises toutes ses actions de la même manière. Cela fait, la multitude ainsi unie en une seule personne est appelée République, en latin *Civitas*. Telle est la génération de ce grand Léviathan, ou plutôt pour parler avec révérence, de ce dieu mortel, auquel nous devons, sous le Dieu immortel, notre paix et notre protection. Car en vertu de cette autorité qu'il a reçue de chaque individu de la République, l'emploi lui est conféré d'un tel pouvoir et d'une telle force, que l'effroi qu'ils inspirent lui permet de modeler les volontés de tous, en vue de la paix à l'intérieur et de l'aide mutuelle contre les ennemis de l'extérieur.
(Trad. F. Tricaud, Sirey, 1971, p. 124-125, 177-178.)

– Texte 3 –

John Locke, *Traité du gouvernement civil* (1690), chap. IX : « Des fins de la Société politique et du gouvernement »

123. Si l'homme, dans l'état de nature, est aussi libre que j'ai dit, s'il est le seigneur absolu de sa personne et de ses possessions, égal au plus grand et sujet à personne ; pourquoi se dépouille-t-il de sa liberté et de cet empire, pourquoi se soumet-il à la domination et à l'inspection de quelque autre pouvoir ? Il est aisé de répondre, qu'encore que, dans l'état de nature, l'homme ait un droit, tel que nous l'avons posé, la jouissance de ce droit est pourtant fort incertaine et exposée sans cesse à l'invasion d'autrui. Car tous les hommes étant rois, tous étant égaux et la plupart peu exacts observateurs de l'équité et de la justice, la jouissance d'un bien propre dans cet état, est mal assurée, et ne peut guère être tranquille. C'est ce qui oblige les hommes de quitter cette condition, laquelle, quelque libre qu'elle soit, est pleine de crainte, et exposée à de continuels dangers, et cela fait voir que ce n'est pas sans raison qu'ils recherchent la société, et qu'ils souhaitent de se joindre avec d'autres qui sont déjà unis ou qui ont dessein de s'unir et de composer un corps, pour la conservation mutuelle de leurs vies, de leurs libertés et de leurs biens : choses que j'appelle d'un nom général, propriétés.

124. C'est pourquoi, la plus grande et la principale fin que se proposent les hommes, lorsqu'ils s'unissent en communauté et se soumettent à un gouvernement, c'est de conserver leurs propriétés, pour la conservation desquelles bien des choses manquent dans l'état de nature.

(Trad. D. Mazel, Flammarion, 1984 ; rééd. coll. « GF », 1992, p. 236-237.)

– Textes 4 –

Jean-Jacques Rousseau, *Discours sur l'origine et les fondements de l'inégalité parmi les hommes* (1754), 2e partie

Le premier qui ayant enclos un terrain s'avisa de dire : Ceci est à moi, et trouva des gens assez simples pour le croire, fut le vrai fondateur de la société civile. Que de crimes, de guerres, de meurtres, que de misères et d'horreurs n'eût point épargné au genre humain celui qui, arrachant les pieux ou comblant le fossé, eût crié à ses semblables : « Gardez-vous d'écouter cet imposteur ; vous êtes perdus si vous oubliez que les fruits sont à tous, et que la terre n'est à personne ! » Mais il y a grande apparence qu'alors les choses en étaient déjà venues au point de ne pouvoir plus durer comme elles étaient : car cette idée de propriété, dépendant de beaucoup d'idées antérieures qui n'ont pu naître que successivement, ne se forma pas tout d'un coup dans l'esprit humain : il fallut faire bien des progrès, acquérir bien de l'industrie et des lumières, les transmettre et les augmenter d'âge en âge, avant que d'arriver à ce dernier terme de l'état de nature.

(Éd. H. Guillemin, UGE, coll. « 10/18 », 1973, p. 345-346.
Éd. J. Roger, Garnier-Flammarion, 1971 ; rééd. coll. « GF », 1992, p. 222.)

Jean-Jacques Rousseau, *Du contrat social* (1762), livre I, chap. 6

Je suppose que les hommes parvenus à ce point où les obstacles qui nuisent à leur conservation dans l'état de nature l'emportent, par leur résistance, sur les forces que chaque individu peut employer pour se maintenir dans cet état. Alors cet état primitif ne peut plus subsister ; et le genre humain périrait s'il ne changeait pas sa manière d'être.

Or, comme les hommes ne peuvent engendrer de nouvelles forces, mais seulement unir et diriger celles qui existent, ils n'ont plus d'autre moyen, pour se conserver, que de former par agrégation une somme de forces qui puisse l'emporter sur la résistance, de les mettre en jeu par un seul mobile et de les faire agir de concert.

Cette somme de forces ne peut naître que du concours de plusieurs : mais la force et la liberté de chaque homme étant les premiers instruments de sa conservation, comment les engagera-t-il sans se nuire et sans négliger les soins qu'il se doit ? Cette difficulté, ramenée à mon sujet, peut s'énoncer en ces termes : « Trouver une forme d'association qui défende et protège de toute la force commune la personne et les biens de chaque associé, et par laquelle chacun, s'unissant à tous, n'obéisse pourtant qu'à lui-même, et reste aussi libre qu'auparavant. » Tel est le problème fondamental dont le contrat social donne la solution. [...] « Chacun de nous met en commun sa personne et toute sa puissance sous la suprême direction de la volonté générale ; et nous recevons encore chaque membre comme partie indivisible du tout. »

À l'instant, au lieu de la personne particulière de chaque contractant, cet acte d'association produit un corps moral et collectif, composé d'autant de membres que l'assemblée a de voix, lequel reçoit de ce même acte son unité, son moi commun, sa vie et sa volonté. Cette personne publique, qui se forme ainsi par l'union de toutes les autres, prenait autrefois le nom de cité et prend maintenant celui de République ou de corps politique, lequel est appelé par ses membres État quand il est passif, souverain quand il est actif, Puissance en le comparant à ses semblables. À l'égard des associés, ils prennent collectivement le nom de peuple, et s'appellent en particulier citoyens, comme participant à l'autorité souveraine, et sujets, comme soumis aux lois de l'État. Mais ces termes se confondent souvent et se prennent l'un pour l'autre ; il suffit de les savoir distinguer quand ils sont employés dans toute leur précision.

(Éd. H. Guillemin, UGE, coll. « 10/18 », 1973, p. 72-74.
Éd. P. Burgelin, Flammarion, coll. « GF », 1992, p. 38-39.)

– Textes 5 –

Benjamin Constant, *Principes de politique* (1815), chap. I : « De la souveraineté du peuple »

[Rousseau] définit le contrat passé entre la société et ses membres, l'aliénation complète de chaque individu avec tous ses droits et sans réserve à la communauté. Pour nous rassurer sur les suites de cet abandon si absolu de toutes les parties de notre existence au profit d'un être abstrait, il nous dit que le souverain, c'est-à-dire le corps social, ne peut nuire ni à l'ensemble de

ses membres, ni à chacun d'eux en particulier ; que chacun se donnant tout entier, la condition est égale pour tous, et que nul n'a intérêt de la rendre onéreuse aux autres ; que chacun se donnant à tous, ne se donne à personne ; que chacun acquiert sur tous les associés les mêmes droits qu'il leur cède et gagne l'équivalent de tout ce qu'il perd avec plus de force pour conserver ce qu'il a. Mais il oublie que tous ces attributs préservateurs qu'il confère à l'être abstrait qu'il nomme le souverain résultent de ce que cet être se compose de tous les individus sans exception. Or, aussitôt que le souverain doit faire usage de la force qu'il possède, c'est-à-dire, aussitôt qu'il faut procéder à une organisation pratique de l'autorité, comme le souverain ne peut l'exercer par lui-même, il la délègue, et tous ces attributs disparaissent. L'action qui se fait au nom de tous étant nécessairement de gré ou de force à la disposition d'un seul ou de quelques-uns, il arrive qu'en se donnant à tous, il n'est pas vrai qu'on ne se donne à personne ; on se donne au contraire à ceux qui agissent au nom de tous. De là suit, qu'en se donnant tout entier, l'on n'entre pas dans une condition égale pour tous, puisque quelques-uns profitent exclusivement du sacrifice du reste ; il n'est pas vrai que nul n'ait intérêt de rendre la condition onéreuse aux autres, puisqu'il existe des associés qui sont hors de la condition commune. Il n'est pas vrai que tous les associés acquièrent les mêmes droits qu'ils cèdent ; ils ne gagnent pas tous l'équivalent de ce qu'ils perdent, et le résultat de ce qu'ils sacrifient, est, ou peut être l'établissement d'une force qui leur enlève ce qu'ils ont.
(Éd. M. Gauchet, *Écrits politiques*, Gallimard, coll. « Folio Essais», 1997, p. 313-314.)

G.W.F. Hegel, *Principes de la philosophie du droit* (1821), IIIe partie, 3e section, § 258

[Rousseau] en concevant la volonté seulement dans la forme définie de volonté individuelle (comme plus tard aussi Fichte), et la volonté générale, non comme le rationnel en soi et pour soi de la volonté, mais comme la volonté commune qui résulte des volontés individuelles comme conscientes, l'association des individus dans l'État devient un contrat, qui a alors pour base leur volonté arbitraire, leur opinion et une adhésion expresse et facultative et il s'ensuit les conséquences ultérieures purement conceptuelles, destructrices du divin existant en soi et pour soi de son autorité, de sa majesté absolues. [...] Arrivées au pouvoir, ces abstractions ont produit d'une part le plus prodigieux spectacle vu depuis qu'il y a une race humaine : recommencer *a priori*, et par la pensée, la constitution d'un grand État réel en renversant tout ce qui existe et est donné, et vouloir donner pour base un système rationnel imaginé ; d'autre part, comme ce ne sont que des abstractions sans Idée, elles ont engendré par leur tentative, les événements les plus horribles et les plus cruels
(Trad. A. Kaan, Gallimard, 1940 ; rééd. coll. « Tel », 1989, p. 272.)

Section 4. Du droit naturel aux droits de l'homme

Les droits de l'homme sont au cœur des préoccupations politiques contemporaines, qu'ils soient l'objet d'une revendication, notamment contre des régimes qui les bafouent, ou d'une relative satisfaction quant à leur extension, dans le monde et dans chacune des sociétés où les individus de plus en plus nombreux s'en réclament. Mais la condition de leur réalité ou de leur effectivité tient aussi aux capacités de discernement que l'on doit déployer à leur endroit tant une « politique des droits de l'homme » (Marcel Gauchet) qui se concevrait comme une clôture sur elle-même tendrait à vider l'exercice même de l'activité politique de toute substance. Pour exercer notre discernement, il ne faut pas seulement tenter de bâtir une typologie des droits, mais également essayer d'en lire la généalogie depuis l'idée, fondatrice, de droit naturel.

4.1. Le droit naturel ancien

La dualité entre droit naturel et droit positif se fait jour dès l'Antiquité, avec la « découverte », philosophique, de la nature, et l'opposition entre celle-ci et la convention. Pour Aristote, les premiers philosophes sont ceux qui discourent sur « la nature » et non plus sur « les dieux ». Sophocle met en scène, dans *Antigone*, le dilemme entre les deux ordres ; lorsque Antigone expose à Ismène, sa sœur, son projet d'enterrer dignement Polynice, leur frère, alors même que Créon, roi de Thèbes, a strictement interdit ses obsèques puisqu'il a combattu contre la Cité, celle-ci est horrifiée : « Imagine la mort misérable entre toutes dont nous allons périr, si, rebelles à la loi, nous passons outre à la sentence ». Dans le *Criton*, Platon décrit la mort de Socrate comme le refus de désobéir à la loi de la Cité qui l'a condamné. C'est Aristote qui formule la théorie classique du droit naturel : le droit est inscrit dans la nature, il s'agit pour l'homme de le découvrir, de le « mettre à jour », afin de trouver, dans le monde humain, dans la Cité, lieu de la vie sociale et politique, notamment, la voie dictée par l'ordre naturel, l'ordre cosmogonique. Le « droit naturel classique » (Leo Strauss, *Droit naturel et Histoire*, 1953) est donc celui des hommes comme êtres participants de l'ordre naturel. Il s'agit d'un droit de la nature *en* l'homme. Pour que la loi de la Cité autorise les hommes à vivre en harmonie, à être conforme à leur nature propre « d'animaux politiques » (Aristote, cf. chap. 3, 1), elle doit être conforme à la loi naturelle. La place de l'homme dans la nature se réduit en effet à la place de l'homme dans la Cité. C'est pourquoi Solon, le réformateur athénien du VIe siècle avant J.-C., prétend retranscrire la loi naturelle le plus fidèlement possible dans la nouvelle Constitution qu'il donne à Athènes. Platon applique le même principe de dévoilement du « bien commun » par la loi naturelle pour décrire sa Cité idéale dans la *République*. Aristote présente également la loi naturelle comme la source de la « justice générale », celle qui rend l'homme juste parce qu'il se soumet à la nécessité de son être en devenant en fait « ce qu'il est déjà », naturellement. Pour les Anciens, l'homme ne peut finalement devenir que lui-même, il ne peut échapper à « sa » nature, à la fois ontologique et transcendante, qu'au prix de sa propre mort, comme Antigone. Cette conception a été durcie lors de son appropriation par la théologie chrétienne (saint Thomas d'Aquin au XIIIe siècle) qui a fait de la loi naturelle et du droit naturel une loi et un droit divins (cf. texte 1).

4.2. *Le droit naturel moderne*

C'est contre cette conception théologique du droit naturel que se construit la conception moderne du droit naturel. Le droit naturel moderne est un droit individuel possédé en propre par chaque homme, fondé sur son caractère unique et détaché de toute transcendance. C'est le courant du « nominalisme » qui, au XIVe siècle (Guillaume d'Ockham, Dunn Scott), prépare le terrain à la notion moderne de droit naturel en aidant l'homme à se débarrasser de la vision d'un monde d'essences et de valeurs incarnées proposé par la philosophie ancienne puis par la théologie chrétienne. La nature devient un conglomérat d'atomes réfractaires à toute pensée du général, elle se limite à une « coutume » construite par l'homme avide d'un ordre nécessaire à son action. Une nouvelle conception du droit naturel prend peu à peu la place de la loi naturelle ancienne. C'est avec Hugo Grotius (*Du droit de la guerre et de la paix*, 1625), Thomas Hobbes (*Le Léviathan*, 1651), Samuel Pufendorf (*Du droit de la nature et des gens*, 1672), au XVIIe siècle, que le droit naturel prend sa forme proprement « moderne » en passant d'un statut objectif – l'ordre juridique conforme à la loi naturelle ou à la loi divine – à un statut subjectif : un droit attaché à l'individu comme sujet autonome, libre de sa conscience par l'exercice de sa raison (cf. texte 2). L'homme moderne est en mesure de déterminer lui-même ce qui est bon, juste, bien, vrai ou beau par lui-même. Sa raison ne lui sert plus à découvrir ou à révéler un ordre qui le dépasse et l'englobe à la fois, elle lui sert à comprendre comment le monde s'ordonne autour de lui : il est dans « sa » nature de pouvoir se donner sa propre loi. L'idée d'un droit naturel qui ne serait plus une simple « mise à jour » de l'ordre naturel ou divin, mais plutôt un droit humain supérieur opposable au droit positif qui peut s'avérer contraire au droit naturel devient possible en même temps que la distinction entre légitimité et légalité. En remplaçant la loi divine comme justification ultime de tout ordre humain, le droit naturel moderne devient une référence proprement juridique qu'il va falloir définir et préciser. Ce processus conduit les auteurs du XVIIe siècle à « pluraliser » la notion : les droits naturels, et à la mise en avant de ceux-ci : le droit à la sûreté pour Hobbes, le droit à la liberté de conscience pour Spinoza, le droit de propriété pour Locke… Poussée à son terme, à partir de la fin du XVIIe siècle, cette logique fait du droit naturel moderne une arme contre l'autorité : il n'est plus la transcription dans la vie humaine, politique notamment, de l'ordre naturel ; il n'est donc plus la justification de l'ordre établi, il permet au contraire sa contestation. Désormais, si le droit naturel peut permettre au Souverain d'édicter des lois (droit positif), il faut qu'elles soient conformes à celui-là, sinon il autorise leur renversement – des lois humaines contraires au droit naturel légitiment la désobéissance (Locke, *Traité du gouvernement civil*, 1690).

4.3. Les droits de l'homme

En perdant son caractère transcendant, le droit naturel moderne se pluralise et s'humanise, mais il reste à le généraliser et à l'universaliser. Car en tant qu'immanence il est confronté à une difficulté qui va hanter le Siècle des Lumières : comment s'appuyer, de manière sûre et certaine, pour contester l'absolutisme notamment, sur des droits naturels de l'homme si celui-ci peut les définir, sans référence hors de lui-même ? Comment ne pas risquer l'arbitraire et le relativisme des droits humains selon une nature de l'homme que l'on s'accorde à reconnaître comme différente sous tel ou tel « climat », dans tel ou tel « régime » (Montesquieu, *De l'esprit des lois*, 1748). Comment rendre les droits de l'homme à la fois opératoires, universels et inaliénables ? En les gravant dans le marbre, à la manière des lois anciennes et divines : en les « déclarant ». La fin du XVIIIe siècle va marquer le triomphe de la déclaration des droits : Déclaration d'indépendance américaine (1776), Déclaration des droits de l'homme et du citoyen (1789), *Bill of Rights* américain (1789-1791). L'acte déclaratoire va permettre d'ancrer les droits de l'homme dans la modernité politique, sans référence à une quelconque transcendance, tout en les plaçant au-dessus du droit positif, relatif à chaque société. La Déclaration des droits de l'homme et du citoyen de 1789 apparaît, dans l'imaginaire politique contemporain, comme le symbole même de la substitution d'une table des droits humains aux tables de la loi naturelle ou divine – les déclarations américaines et française sont souvent représentées, dans l'iconographie révolutionnaire, sous la forme d'une double « table de la loi » à la manière des Dix Commandements. La Déclaration de 1789 est d'abord un pur produit humain, la proclamation par un acte solennel d'une conception des droits de l'individu qui s'est progressivement élaborée aux XVIIe et XVIIIe siècles. Elle se présente également, en même temps, comme une nouveauté radicale, comme l'acte fondateur d'un nouvel ordre politique (cf. texte 3). Cette distinction va prendre forme avec la mise en place de constitutions écrites, dont les déclarations de droits vont souvent former le préambule, en leur donnant à la fois force de droit et en les plaçant au sommet de la hiérarchie des normes juridiques. Dans le cadre démocratique contemporain, la déclaration de droits doit être votée de manière solennelle et constitue une référence pour le juge constitutionnel. Même si sur ce point, la Déclaration des droits de l'homme et du citoyen de 1789 relève d'une ambiguïté puisqu'elle est le résultat d'une synthèse délicate entre la conception jusnaturaliste moderne et la volonté des Révolutionnaires de 1789, fervents lecteurs de Rousseau, de donner à la loi toute sa puissance ; c'est-à-dire d'une synthèse entre les exigences du droit naturel moderne et celles de la « volonté générale » qui peut aller contre ces droits naturels – ceux que l'homme possède intrinsèquement dès l'état de nature mais qui se transforment lorsqu'il se passe dans l'état civil par la voie du contrat social. La loi devient à partir de ce moment, et jusqu'à la prééminence constitutionnelle établie par la Ve République, dans la tradition juridico-politique française à la fois la garantie et la limitation des droits naturels de l'homme énoncés dans les articles de la Déclaration. Les droits sont ainsi des droits de l'homme *et* du citoyen de manière indissociable – certains auteurs distinguent même les droits civiques ou politiques d'une part (association, expression, opinion, manifestation) et les droits de l'homme *stricto sensu* de l'autre (sécurité et liberté personnelle, propriété, liberté de conscience), d'autres, tels que Kant, assimilent les deux catégories : liberté de conscience et liberté d'expression par exemple.

4.4. La critique des droits de l'homme

La rupture voulue et proclamée par la Révolution française avec « l'ordre du temps », dont la Déclaration de 1789 constitue le point de départ, provoque un rejet de la notion même de droits de l'homme, tout entière assimilée à la conception française. Alors que la révolution américaine, plus respectueuse de la généalogie des droits par rapport à la « loi naturelle » citée par Jefferson dans sa Déclaration d'indépendance de 1776, est mieux acceptée, comme une sorte de « troisième révolution » anglaise, après celles du XVIIe siècle, inscrivant l'homme dans la continuité de l'histoire. La critique des droits de l'homme se confond ainsi avec celle de la Révolution française. C'est Edmund Burke qui lorsqu'il condamne dès 1790 la Révolution française (*Réflexions sur la révolution de France*) au nom de la continuité de l'histoire, contre la rupture dont elle se réclame, fournit le premier fondement philosophico-politique d'une pensée critique des droits de l'homme (cf. texte 4). À ses yeux, les droits de l'homme déclarés par l'Assemblée nationale française le 26 août 1789 sont contraires à l'idée de droits humains naturels véritables ; ils ne sont que métaphysiques et abstraits, car ils ne reposent pas sur une base empirique et historique leur permettant de trouver leur effectivité. Les droits de l'homme négligent l'inscription de la réalité humaine dans le temps et dans l'espace au prix d'un nouveau despotisme, celui du peuple comme masse, incontrôlable et tout-puissant. Il faut enraciner les droits pour qu'ils aient une réalité. Hannah Arendt reprend la thèse de Burke (*Essai sur la révolution*, 1963) en opposant le *Bill of Rights* américain – c'est-à-dire les neuf premiers amendements à la Constitution américaine –, lié intrinsèquement par son inclusion dans la Constitution à une organisation politique précise, historiquement définie, et la Déclaration des droits de l'homme et du citoyen qui proclame des droits indépendamment de toute organisation politique. Ce qui revient pour Arendt à ramener la condition politique des hommes à l'abstraction et à la nudité de la Nature, privant ainsi les peuples et les individus de la protection que peut seule leur donner l'appartenance à une communauté historique. L'opposition, au droit de l'homme au nom de la continuité de l'ordre humain emprunte, au tournant des XVIIIe et XIXe siècles, deux voies également fécondes pour la naissance des grands courants politiques contemporains : une, opposée aux droits de l'homme au nom de la Providence, l'autre, au nom de l'Histoire. Joseph de Maistre (*Considérations sur la France*, 1796) condamne ainsi les droits de l'homme au nom de l'oubli de Dieu et de la finalité humaine qu'ils représentent mais aussi en reprenant la critique de l'abstraction et du caractère anhistorique de la nouvelle société proclamée par la Révolution : « J'ai vu dans ma vie des Français, des Italiens, des Russes etc. Je sais même grâce à Montesquieu qu'on peut être Persan : mais quant à l'homme, je déclare ne l'avoir rencontré de ma vie ; s'il existe, c'est bien à mon insu ». La table rase révolutionnaire est également mise en accusation par la philosophie de l'histoire. Hegel (*Principes de la philosophie du droit*, 1821) cite lui aussi Montesquieu pour montrer combien le volontarisme abstrait des droits de l'homme contredit l'inscription des sociétés humaines dans le temps. Marx reprend à son compte cette critique pour réclamer des droits réels, ancrés dans la nécessité sociale et historique du temps, contre les droits formels de l'homme abstrait déclarés par les Révolutionnaires français : « Il est assez énigmatique qu'un peuple, qui commence tout juste à s'affranchir [...], à fonder une communauté politique, proclame solennellement le droit de l'homme égoïste. [...] l'émancipation politique fait de la *communauté politique*, de la communauté civique, un simple *moyen* devant servir à la conservation de ces soi-disant droits de l'homme [...], c'est l'homme en tant que bourgeois, et non pas l'homme en tant que citoyen, qui est considéré comme l'homme vrai et authentique » (*La Question juive*, 1844).

4.5. Les générations de droits

Le contenu même des droits de l'homme a évolué depuis le XVIIIe siècle, se présentant à la manière d'un ensemble de couches successives ou de « générations ». On peut en distinguer trois. La première génération des droits est celle qui est contenue dans les déclarations de la fin du XVIIIe siècle, directement issue des droits naturels, des droits qui, selon Claude Lefort, permettent à l'homme de « sortir de soi-même, de se lier aux autres hommes par la parole, l'écriture, la pensée » (*L'Invention démocratique*, 1981). Il s'agit des droits civils et politiques dont le premier, à l'origine de tous les autres est le droit à la sûreté mis en avant par Hobbes. Ils relèvent des libertés individuelles (propriété, mouvement, pensée, opinion, religion...) et de la libre participation à l'exercice politique (publicité, égalité, association, suffrage, résistance à l'oppression...). Ce sont des « droits-libertés » liés à la possibilité même d'une vie démocratique, les premiers à être bafoués et supprimés par les régimes totalitaires par exemple. La deuxième génération de droits est née au XIXe siècle (notamment en 1848 en France) et a atteint sa maturité au lendemain de la Seconde Guerre mondiale, avec la Déclaration universelle des droits de l'homme de 1948 et la naissance des systèmes étendus d'État-providence (cf. texte 5). Elle se présenta à la fois comme prolongement et comme contestation de la première, jugée insuffisante par les philosophies de l'histoire notamment. Ce sont des droits économiques et sociaux qui s'adressent à l'homme comme membre de la société, comme être collectif, et qui sont le résultat d'une réflexion sur la société elle-même. Ce ne sont plus des droits naturels, mais des droits contextuels, adaptés et adaptables aux différentes conditions économiques et sociales. Ce sont des « droits-créances » qui permettent le passage des droits formels aux droits réels, en fait la réalisation effective des droits de la première génération, par la possibilité qu'ils ouvrent aux hommes de réclamer à l'État non plus une simple protection mais une action en leur faveur. Ce sont les droits non plus des hommes en tant que tels, individus ou citoyens, mais des hommes en tant que producteurs, travailleurs... en tant que ce que leur fonction ou leur rôle social leur assigne. Il s'agit notamment du droit au travail, du droit de se syndiquer, du droit de grève, du droit à l'éducation, du droit à la protection contre les risques sociaux : retraite, accident du travail, maladie, famille... La troisième génération de droits est contemporaine. Il s'agit, comme le dit Marcel Gauchet, « de donner un nom générique et de fournir une compréhension unifiée à des grandes affirmations de la différence, sexuelle, ethnique, générationnelle qui ont marqué la dernière décennie [les années 1970-1980] » (« Les droits de l'homme ne sont pas une politique », *Le Débat*, n° 3, juillet-août 1980). Il s'agit en fait d'une catégorie hétérogène de « nouveaux droits » qui approfondissent ceux des précédentes générations ou envisagent l'homme dans des dimensions nouvelles, à la fois plus intime et plus globale. On peut ainsi isoler d'une part les droits liés à l'adaptation de ceux de la première génération au monde contemporain : reconnaissance de droits spécifiques aux femmes, protection de la vie privée et de l'intimité, protection contre les risques liés au traitement automatisé de l'information, droit à disposer de son propre corps, droit à la satisfaction de son désir, droit à la différence..., d'autre part, les droits liés à la « globalisation du monde » depuis la Seconde Guerre mondiale : droit des peuples à disposer d'eux-mêmes, droit au développement, droit à la libre détermination, droit à la reconnaissance identitaire des minorités... Si on ajoute à cette énumération les questions nouvelles, et délicates, soulevées par les progrès de la génétique et des biotechnologies, on peut avancer que la multiplication des droits de toute nature et les conflits entre droits concurrents ou contradictoires qui peuvent surgir tendent à rendre plus confuse encore la notion de progrès à laquelle les droits de l'homme sont liés depuis le XVIIIe siècle. Si l'extension des droits représente incontestablement un mouvement de progrès dans l'histoire de l'humanité, on peut toutefois se demander si la capacité de mettre des limites à cette extension ou, du moins, de l'organiser n'est pas la meilleure garantie de l'exercice effectif de ces droits.

– Texte 1 –

Saint Thomas d'Aquin, *Somme théologique* (1266-1273), IIa, Q. 57, art. 2 : « Convient-il de diviser le droit entre droit naturel et droit positif ? »

Il paraît qu'il ne convient pas de diviser le droit en droit naturel et en droit positif.

1° Ce qui est naturel est immuable et le même chez tous les hommes. Or, dans les choses humaines on ne trouve rien de pareil ; car toutes les règles du droit humain souffrent quelque exception, elles ne règnent pas également partout. Donc il n'y a pas de droit naturel.
2° On appelle droit positif celui qui procède de la volonté humaine. Or, une chose n'est pas juste précisément parce qu'elle procède de la volonté humaine ; car, autrement, la volonté humaine ne pourrait pas être injuste. Donc le juste n'étant autre chose que le droit, on ne doit pas admettre le droit positif.
3° Le droit divin n'est pas un droit naturel puisqu'il dépasse la portée de la nature
humaine ; il n'est pas un droit positif, puisqu'il repose sur l'autorité divine et non sur 1'autorité humaine. Donc c'est à tort que le droit est divisé en droit naturel et en droit positif. Mais le Philosophe (Aristote) indique ainsi le contraire, *Ethic.*, V, 7 : « Dans la justice politique une chose est naturelle et une autre est légale, ou bien établie par une loi positive. »
(Conclusion. – La division du droit en droit naturel et en droit positif est juste et rationnelle.)
Comme nous venons de le dire dans l'article précédent, le droit ou le juste est une œuvre adéquate ou égale à une autre sous un rapport quelconque. Or, une chose peut être adéquate, aux yeux d'un homme, de deux manières : d'abord par la nature même de la chose, quand un homme, par exemple, donne une chose pour recevoir exactement la même valeur ; et c'est ce qu'on appelle droit naturel. Une chose, en second lieu, est adéquate à une autre par suite d'une mesure établie ou d'une convention faite, quand un homme, par exemple, se tient pour satisfait si on lui donne telle chose. Et ceci encore peut arriver de deux manières : ou bien en vertu d'une convention particulière, comme cela a lieu dans tout pacte entre personnes privées, ou bien en vertu d'une convention publique, comme quand tout le peuple consent à ce qu'une chose soit tenue par le prince qui gouverne ce peuple et le représente ; c'est là ce qu'on appelle le droit positif.
Je réponds aux arguments : 1° Ce qui est naturel à un être ayant une nature immuable, doit, à la vérité, être toujours et partout le même ; mais la nature de l'homme est changeante : ce qui est naturel à l'homme doit par là même être sujet à des défectuosités et à des exceptions. Ainsi il est de droit naturel assurément que le dépôt soit rendu à celui qui vous l'a confié, et si la nature humaine était toujours droite et juste, cela serait invariablement observé ; mais comme il arrive parfois que la volonté humaine est dépravée, il arrive aussi que le dépôt ne doive pas être rendu, de peur qu'un homme dont la volonté est ainsi dépravée n'en fasse un mauvais usage, comme, par exemple, si un homme qui a perdu la raison ou un ennemi de l'État *(res publica)* redemandait les armes qu'il a remises en dépôt.
2° La volonté humaine, en vertu d'un consentement commun, peut déterminer le juste ou le droit dans des choses qui ne répugnent pas à la justice naturelle ; et c'est à cela que s'applique le droit positif. Voilà pourquoi ces paroles du Philosophe, *Ethic.*, V, 7 : « On appelle légalement juste ce qui peut d'abord être indifféremment d'une manière ou d'une autre, mais qui une fois établi doit demeurer tel. » Quand une chose répugne de soi au droit naturel, il n'appartient pas à la volonté humaine de la rendre juste, comme si l'on voulait établir, par exemple, que le vol ou l'adultère sont des choses permises ; ce

qui fait dire au prophète, *Isa.*, X, 1 : « Malheur à ceux qui font des lois iniques. »

3° On appelle droit divin celui qui est promulgué par l'autorité même de Dieu. Il comprend en partie des choses naturellement justes, mais dont la justice échappe à la pensée humaine ; et en partie des choses qui deviennent justes en vertu de l'institution divine. De telle sorte que la division établie s'applique au droit divin, tout comme au droit humain. Dans la loi divine, en effet, il y a des choses commandées parce qu'elles sont bonnes, et des choses défendues parce qu'elles sont mauvaises ; et il y a aussi des choses bonnes parce qu'elles sont commandées, et des choses mauvaises parce qu'elles sont défendues.

(Trad. Lachat, Vivès, t. VIII, p. 417-420.)

– Texte 2 –

Thomas Hobbes, *Le Léviathan* (1651), Ire partie, chap. XIV : « Des deux premières lois naturelles et des contrats »

Le droit de nature, que les auteurs appellent généralement *jus naturale,* est la liberté qu'a chacun d'user comme il le veut de son pouvoir propre, pour la préservation de sa propre nature, autrement dit de sa propre vie, et en conséquence de faire tout ce qu'il considérera, selon son jugement et sa raison propres, comme le moyen le mieux adapté à cette fin. On entend par liberté, selon la signification propre de ce mot, l'absence d'obstacles extérieurs, lesquels peuvent souvent enlever à un homme une part du pouvoir qu'il a de faire ce qu'il voudrait, mais ne peuvent l'empêcher d'user du pouvoir qui lui est laissé, conformément à ce que lui dicteront son jugement et sa raison.

Une loi de nature *(lex naturalis)* est un précepte, une règle générale, découverte par la raison, par laquelle il est interdit aux gens de faire ce qui mène à la destruction de leur vie ou leur enlève le moyen de la préserver, et d'omettre ce par quoi ils pensent qu'ils peuvent être le mieux préservés. En effet, encore que ceux qui parlent de ce sujet aient coutume de confondre *jus* et *lex,* droit et loi, on doit néanmoins les distinguer, car le droit consiste dans la liberté de faire une chose ou de s'en abstenir, alors que la loi vous détermine, et vous lie à l'un ou à l'autre ; de sorte que la loi et le droit diffèrent exactement comme l'obligation et la liberté, qui ne sauraient coexister sur un seul et même point,

Et parce que l'état de l'homme, comme il a été exposé dans le précédent chapitre, est un état de guerre de chacun contre chacun, situation où chacun est gouverné par sa propre raison, et qu'il n'existe rien, dans ce dont on a le pouvoir d'user, qui ne puisse éventuellement vous aider à défendre votre vie contre vos ennemis : il s'ensuit que dans cet état tous les hommes ont un droit sur toutes choses, et même les uns sur le corps des autres. C'est pourquoi, aussi longtemps que dure ce droit naturel de tout homme sur toute chose, nul, aussi fort ou sage fût-il, ne peut être assuré de parvenir au terme du temps de vie que la nature accorde ordinairement aux hommes.

En conséquence c'est un précepte, une règle générale, de la raison, *que tout homme doit s'efforcer à la paix, aussi longtemps qu'il a un espoir de l'obtenir ; et quand il ne peut pas l'obtenir, qu'il lui est loisible de rechercher et d'utiliser tous les secours et tous les avantages de la guerre.* La première partie de cette règle contient la première et fondamentale loi de nature, qui est *de rechercher et de poursuivre la paix.* La seconde récapitule l'ensemble du droit de nature, qui est le droit *de se défendre par tous les moyens dont on dispose.*
(Trad. F. Tricaud, Sirey, 1971, p. 128-129.)

– Texte 3 –

Déclaration des droits de l'homme et du citoyen du 26 août 1789

Les représentants du peuple français, constitués en Assemblée nationale, considérant que l'ignorance, l'oubli ou le mépris des droits de l'homme sont les seules causes des malheurs publics et de la corruption des Gouvernements, ont résolu d'exposer, dans une déclaration solennelle, les Droits naturels, inaliénables et sacrés de l'homme, afin que cette déclaration, constamment présente à tous les membres du corps social, leur rappelle sans cesse leurs droits et leurs devoirs ; afin que les actes du Pouvoir législatif et ceux du Pouvoir exécutif, pouvant être à chaque instant comparés avec le but de toute institution politique, en soient plus respectés ; afin que les réclamations des citoyens, fondées désormais sur des principes simples et incontestables, tournent toujours au maintien de la Constitution et au bonheur de tous.
En conséquence, l'Assemblée nationale reconnaît et déclare, en présence et sous les auspices de l'Être suprême, les droits suivants de l'Homme et du Citoyen.

Article 1. – Les hommes naissent et demeurent libres et égaux en droits. Les distinctions sociales ne peuvent être fondées que sur l'utilité commune.

Article 2. – Le but de toute association politique est la conservation des droits naturels et imprescriptibles de l'homme. Ces droits sont la liberté, la propriété, la sûreté et la résistance à l'oppression.

Article 3. – Le principe de toute souveraineté réside essentiellement dans la Nation. Nul corps, nul individu ne peut exercer d'autorité qui n'en émane expressément.

Article 4. – La liberté consiste à pouvoir faire tout ce qui ne nuit pas à autrui ; ainsi, l'exercice des droits naturels de chaque homme n'a de bornes que celles qui assurent aux autres membres de la société la jouissance de ces mêmes droits. Ces bornes ne peuvent être déterminées que par la loi.

Article 5. – La loi n'a le droit de défendre que les actions nuisibles à la société. Tout ce qui n'est pas défendu par la loi ne peut être empêché, et nul ne peut être contraint à faire ce qu'elle n'ordonne pas.

Article 6. – La loi est l'expression de la volonté générale. Tous les citoyens ont droit de concourir personnellement, ou par leurs représentants, à sa formation. Elle doit être la même pour tous, soit qu'elle protège, soit qu'elle punisse. Tous les citoyens étant égaux à ses yeux, sont également admissibles à toutes dignités, places et emplois publics, selon leur capacité, et sans autre distinction que celle de leurs vertus et de leurs talents.

Article 7. – Nul homme ne peut être accusé, arrêté ni détenu que dans les cas déterminés par la loi, et selon les formes qu'elle a prescrites. Ceux qui sollicitent, expédient, exécutent ou font exécuter des ordres arbitraires, doivent être punis ; mais tout citoyen appelé ou saisi en vertu de la loi, doit obéir à l'instant : il se rend coupable par la résistance.
Article 8. – La loi ne doit établir que des peines strictement et évidemment nécessaires, et nul ne peut être puni qu'en vertu d'une loi établie et promulguée antérieurement au délit, et légalement appliquée.
Article 9. – Tout homme étant présumé innocent jusqu'à ce qu'il ait été déclaré coupable, s'il est jugé indispensable de l'arrêter, toute rigueur qui ne serait pas nécessaire pour s'assurer de sa personne doit être sévèrement réprimée par la loi.
Article 10. – Nul ne doit être inquiété pour ses opinions, même religieuses, pourvu que leur manifestation ne trouble pas l'ordre public établi par la loi.
Article 11. – La libre communication des pensées et des opinions est un des droits les plus précieux de l'homme ; tout citoyen peut donc parler, écrire, imprimer librement, sauf à répondre de l'abus de cette liberté dans les cas déterminés par la loi.
Article 12. – La garantie des droits de l'homme et du citoyen nécessite une force publique ; cette force est donc instituée pour l'avantage de tous, et non pour l'utilité particulière de ceux auxquels elle est confiée.
Article 13. – Pour l'entretien de la force publique, et pour les dépenses d'administration, une contribution commune est indispensable : elle doit être également répartie entre tous les citoyens, en raison de leurs facultés.
Article 14. – Tous les citoyens ont le droit de constater, par eux-mêmes ou par leurs représentants, la nécessité de la contribution publique, de la consentir librement, d'en suivre l'emploi, et d'en déterminer la quotité, l'assiette, le recouvrement et la durée.
Article 15. – La société a le droit de demander compte à tout agent public de son administration.
Article 16. – Toute société dans laquelle la garantie des droits n'est pas assurée, ni la séparation des pouvoirs déterminée, n'a point de Constitution.
Article 17. – La propriété étant un droit inviolable et sacré, nul ne peut en être privé, si ce n'est lorsque la nécessité publique, légalement constatée, l'exige évidemment, et sous la condition d'une juste et préalable indemnité.
(Éd. L. Jaume, *Les Déclarations des droits de l'homme*, Flammarion, coll. « GF », 1989, p. 11-16.
Éd. M. Delmas-Marty, *Libertés et droits fondamentaux*, Le Seuil, coll. « Points », 1996, p. 41-45.)

– Texte 4 –

Edmund Burke, *Réflexions sur la Révolution de France* (1790)

Je suis aussi loin de dénier en théorie les véritables droits des hommes que de les refuser en pratique (en admettant que j'eusse en la matière le moindre pouvoir d'accorder ou de rejeter). En repoussant les faux droits qui sont mis en avant, je ne songe pas à porter atteinte aux vrais, et qui sont ainsi faits que les premiers les détruiraient complètement. Si la société civile est faite pour l'avantage de l'homme, chaque homme a droit à tous les avantages pour

lesquels elle est faite. C'est une institution de bienfaisance ; et la loi n'est autre chose que cette bienfaisance en acte, suivant une certaine règle. Tous les hommes ont le droit de vivre suivant cette règle ; ils ont droit à la justice, et le droit de n'être jugés que par leurs pairs, que ceux-ci remplissent une charge publique ou qu'ils soient de condition ordinaire. Ils ont droit aux fruits de leur industrie, ainsi qu'aux moyens de faire fructifier celle-ci. Ils ont le droit de conserver ce que leurs parents ont pu acquérir ; celui de nourrir et de former leur progéniture ; celui d'être instruits à tous les âges de la vie et d'être consolés sur leur lit de mort. Tout ce qu'un homme peut entreprendre par luimême sans léser autrui, il est en droit de le faire ; de même qu'il a droit à sa juste part de tous les avantages que procurent le savoir et l'effort du corps social. Dans cette association, tous les hommes ont des droits égaux ; mais non à des parts égales. Celui qui n'a placé que cinq shillings dans une société a autant de droits sur cette part qu'en a sur la sienne celui qui a apporté cinq cents livres. Mais il n'a pas droit à un dividende égal dans le produit du capital total. Quant au droit à une part de pouvoir et d'autorité dans la conduite des affaires de l'État, je nie formellement que ce soit là l'un des droits directs et originels de l'homme dans la société civile ; car pour moi il ne s'agit ici que de l'homme civil et social, et d'aucun autre. Un tel droit ne peut relever que de la convention. [...] Le gouvernement des hommes n'est pas établi en vertu de droits naturels qui peuvent exister et existent en effet indépendamment de lui ; et qui, dans cet état d'abstraction, présentent beaucoup plus de clarté et approchent bien plus près de la perfection : mais c'est justement cette perfection abstraite qui fait leur défaut pratique. Avoir droit à toute chose, c'est manquer de toute chose. Le gouvernement est une invention de la sagesse humaine pour pourvoir aux besoins des hommes. Les hommes sont en droit d'obtenir de cette sagesse qu'elle réponde à ces besoins. Parmi ces besoins, il faut compter celui d'exercer sur les passions humaines une contrainte suffisante – cette contrainte qui fait défaut hors de la société civile.
(Trad. P. Andler, Hachette, 1989, p. 74-76.)

– Texte 5 –

Déclaration universelle des droits de l'homme, adoptée par l'Assemblée générale des Nations unies le 10 décembre 1948

Article 22 – Toute personne, en tant que membre de la société, a droit à la sécurité sociale ; elle est fondée à obtenir la satisfaction des droits économiques, sociaux et culturels indispensables à sa dignité et au libre développement de sa personnalité, grâce à l'effort national et à la coopération internationale, compte tenu de l'organisation et des ressources de chaque pays.
Article 23 – 1. Toute personne a droit au travail, au libre choix de son travail, à des conditions équitables et satisfaisantes de travail et à la protection contre le chômage.
2. Tous ont droit, sans aucune discrimination, à un salaire égal pour un travail égal.
3. Quiconque travaille a droit à une rémunération équitable et satisfaisante lui assurant ainsi qu'à sa famille une existence conforme à la dignité humaine et complétée, s'il y a lieu, par tous autres moyens de protection sociale.

4. Toute personne a le droit de fonder avec d'autres des syndicats et de s'affilier à des syndicats pour la défense de ses intérêts.
Article 24 – Toute personne a droit au repos et aux loisirs et notamment à une limitation raisonnable de la durée du travail et à des congés payés périodiques.
Article 25 – 1. Toute personne a droit à un niveau de vie suffisant pour assurer sa santé, son bien-être et ceux de sa famille, notamment pour l'alimentation, l'habillement, le logement, les soins médicaux ainsi que pour les services sociaux nécessaires ; elle a droit à la sécurité en cas de chômage, de maladie, d'invalidité, de veuvage, de vieillesse ou dans les autres cas de perte de ses moyens de subsistance par suite de circonstances indépendantes de sa volonté.
2. La maternité et l'enfance ont droit à une aide et à une assistance spéciales. Tous les enfants, qu'ils soient nés dans le mariage ou hors mariage, jouissent de la même protection sociale.
Article 26 – 1. Toute personne a droit à l'éducation. L'éducation doit être gratuite, au moins en ce qui concerne l'enseignement élémentaire et fondamental. L'enseignement élémentaire est obligatoire. L'enseignement technique et professionnel doit être généralisé ; l'accès aux études supérieures doit être ouvert en pleine égalité à tous en fonction de leur mérite.
2. L'éducation doit viser au plein épanouissement de la personnalité humaine et au renforcement du respect des droits de l'homme et des libertés fondamentales. Elle doit favoriser la compréhension, la tolérance et l'amitié entre toutes les nations et tous les groupes raciaux ou religieux, ainsi que le développement des activités des Nations unies pour le maintien de la paix.
3. Les parents ont, par priorité, le droit de choisir le genre d'éducation à donner à leurs enfants.
Article 27 – 1. Toute personne a le droit de prendre part librement à la vie culturelle de la communauté, de jouir des arts et de participer au progrès scientifique et aux bienfaits qui en résultent.
2. Chacun a droit à la protection des intérêts moraux et matériels découlant de toute production scientifique, littéraire ou artistique dont il est l'auteur.
Article 28 – Toute personne a droit à ce que règne, sur le plan social et sur le plan international, un ordre tel que les droits et libertés énoncés dans la présente Déclaration puissent y trouver plein effet.
Article 29 – 1. L'individu a des devoirs envers la communauté dans laquelle seul le libre et plein développement de sa personnalité est possible.
2. Dans l'exercice de ses droits et dans la jouissance de ses libertés, chacun n'est soumis qu'aux limitations établies par la loi exclusivement en vue d'assurer la reconnaissance et le respect des droits et libertés d'autrui et afin de satisfaire aux justes exigences de la morale, de l'ordre public et du bien-être général dans une société démocratique.
3. Ces droits et libertés ne pourront, en aucun cas, s'exercer contrairement aux buts et aux principes des Nations unies.
Article 30 – Aucune disposition de la présente Déclaration ne peut être interprétée comme impliquant pour un État, un groupement ou un individu un droit quelconque de se livrer à une activité ou d'accomplir un acte visant à la destruction des droits et libertés qui y sont énoncés.
(Éd. M. Delmas-Marty, *Libertés et droits fondamentaux*, Le Seuil, coll. « Points », 1996, p. 140-142.)

Construction de l'espace politique et social

Section 1. La démocratie

Si l'on s'en tient à un premier niveau d'analyse, la démocratie apparaît comme le régime politique « normal » du monde contemporain. Rares sont en effet les responsables, les partis politiques ou tout simplement les individus qui ne s'en réclament pas : elle est en effet une garantie de liberté et d'égalité, voire de solidarité, sans commune mesure avec les autres formes de gouvernement passées ou présentes. La boutade célèbre de Winston Churchill, selon lequel « la démocratie est le pire des régimes à l'exception de tous les autres », semble ainsi se vérifier chaque jour à la lecture des événements de l'actualité. Pourtant, dès que l'on tente d'en préciser la définition, la démocratie apparaît comme un objet insaisissable, ou du moins en perpétuelle évolution : à la fois toujours incomplète et toujours inachevée (Pierre Rosanvallon, *La Démocratie inachevée*, Gallimard, 2000). La démocratie n'est en effet ni présente partout dans le monde, ni satisfaisante dans les pays démocratiques. Pour saisir le sens de cette double perception d'évidence et d'inachèvement, il est indispensable de comprendre à la fois l'histoire de cette forme de gouvernement du peuple par lui-même et pour lui-même, et d'y dessiner, comme en creux, les traits du « combat » incessant, tant théorique que pratique, que représente l'idéal démocratique.

1.1. Naissance de la démocratie

Pour les Anciens, la démocratie – littéralement le pouvoir du peuple (*demos*) – se définit comme le gouvernement direct de la majorité des hommes libres dans une Cité – le corps des citoyens exclut en particulier les femmes, les esclaves et les étrangers. Mais cette approche positive de l'autonomie politique est immédiatement contrebalancée par un aspect négatif : la démocratie est aussi le régime de l'instabilité, du risque de désordre dans la Cité. Un régime démocratique est incapable d'exister, de manière durable, dans le temps. C'est le sens de la critique fondatrice de Platon quand il désignait la « permissive Athènes » : en instaurant le règne de la volonté populaire, la démocratie autorise la masse du peuple – la multitude, la populace – à se conduire à sa guise, sans qu'aucune limite ne puisse borner son action. La démocratie devient donc vite synonyme d'anarchie, de désordre, de règne des humeurs volages, d'un régime dans lequel la démagogie s'impose pour gouverner (*La République*, livre VIII, 555b-569c – cf. texte 1). La démocratie, gouvernement du peuple par le peuple pour le peuple, ne laisse sa place ni à la vertu ni à l'excellence, mais exclusivement à la liberté. Elle ne repose donc que sur le primat d'un intérêt particulier, celui du peuple qui a pour guide son désir insatiable de liberté. Une liberté qui prend très vite la forme de la licence. Or, rien n'est plus contraire à l'exigence de défense du bien commun qui réside au cœur de la définition de l'idée du meilleur gouvernement : le gouvernement républicain (*politeia*) tel que défini par Aristote (cf. chap. 3, 1). La démocratie apparaît en effet chez Aristote, en regard de la république, comme la forme « déviée » du gouvernement populaire, puisqu'elle ne vise pas « l'avantage commun ». Il précise d'ailleurs que davantage que le nombre de gens qui détiennent le pouvoir, c'est la possession de richesses qui distingue le régime démocratique. Il est celui des pauvres car « partout les gens aisés sont en petit nombre et les gens modestes en grand nombre » (*Les Politiques*, livre III, 8, 1279b). La démocratie, dans sa forme athénienne classique, de Périclès à Démosthène (V^{e} et IVe siècle av. J.-C.), se caractérise par différentes tentatives d'organisation du pouvoir de la multitude autour de quelques règles : égalité arithmétique (chaque citoyen participe aux discussions publiques de l'*Agora* et aux prises de décision les plus importantes), tirage au sort des magistrats parmi les citoyens et rotation rapide des fonctions (voir Mögens Herman Hansen, *La Démocratie athénienne à l'époque de Démosthène*, Les Belles Lettres, 1993). Pour les Anciens, l'idée démocratique reste néanmoins négative, elle est incapable de répondre aux exigences de la vie bonne et de l'harmonie. Elle sacrifie la noblesse et l'excellence de la vie morale et politique de l'homme – en abaissant les buts auxquels l'existence de celui-ci est téléologiquement ordonnée – à la satisfaction des besoins licencieux, ceux du peuple comme masse.

1.2. *Souveraineté et représentation*

Cette appréhension négative de la démocratie comme pouvoir d'une multitude remuante et menaçante reste en vigueur jusqu'au XIXe siècle. Mais le caractère dégradé du terme lui-même n'empêche pas la lente montée en puissance, avec la modernité politique dont elle est un des éléments constitutifs, d'une réalité profondément démocratique : la souveraineté du peuple.

Au XVIe siècle, tant Machiavel que Bodin s'érigent en critiques du « gouvernement populaire » – c'est-à-dire de la démocratie entendue au sens classique. Pour Machiavel (*Le Prince*, 1516), aucune des formes classiques de gouvernement – la monarchie ou principauté, l'aristocratie ou gouvernement des « *optimates* » et la démocratie ou « gouvernement populaire » – ne peut être stable et durer dans le temps. Pour Bodin (*Les Six Livres de la République*, 1576), qui formule l'idée moderne de souveraineté, le « gouvernement populaire » sert de contre-modèle à la monarchie absolue, seul régime à même d'incarner la notion de souveraineté telle qu'il la définit (cf. chap. 3, 2). La souveraineté nécessite en effet une obéissance absolue qui s'oppose à la recherche de la liberté dans la démocratie. La souveraineté ne peut donc en aucun cas être populaire. Hobbes suit le même raisonnement au XVIIe siècle lorsqu'il explique : « [...] on ne peut concevoir que la multitude n'ait de la nature qu'une seule volonté, car chacun de ceux qui la composent a la sienne propre. On ne doit donc pas lui attribuer aucune action quelle qu'elle soit ; par conséquent, la multitude ne peut pas permettre, traiter, acquérir, transiger, faire, avoir, posséder, etc., s'il n'y a en détail autant de promesses, de traités, de transactions, et s'il ne se fait pas autant d'actes qu'il y a de personnes. De sorte que la multitude n'est pas une personne naturelle. » (*Le Citoyen*, chap. VI, 1, trad. S. Sorbière, Garnier-Flammarion, 1982, p. 149.)

La critique de l'absolutisme dans la seconde moitié du XVIIe siècle et surtout au XVIIIe siècle laisse la démocratie, toujours entendue au sens du pouvoir du peuple, dans l'ombre. Et même si Locke évoque la possibilité, temporaire et dans des conditions très particulières de renversement de la tyrannie, d'une souveraineté du peuple, il reste convaincu tout comme Montesquieu que le pouvoir du peuple n'est pas synonyme de liberté du peuple, car il peut se transformer en tyrannie du peuple, et donc ne pas valoir beaucoup mieux que la tyrannie d'un seul (cf. texte 2). À leurs yeux, le « gouvernement mixte » reste le meilleur et la technique de la représentation autorise l'exercice efficace du pouvoir sans encourir le risque de l'absolutisme. Si la démarche de Montesquieu peut être considérée comme une double tentative d'invalidation de l'absolutisme et du gouvernement populaire au nom de la modernité politique conçue comme l'avènement de la liberté, les idées avancées par Rousseau conduisent au retour du gouvernement populaire et de l'esprit démocratique classique au cœur de l'interrogation politique du XVIIIe siècle. Il entend en effet restaurer la vertu et l'égalité, écartées par Montesquieu au profit de l'honneur et de la liberté, comme principes politiques fondamentaux. La théorie politique de Rousseau s'inscrit dans la tradition du gouvernement populaire classique – ce trait est perceptible notamment dans sa description de la bonne taille et du bon poids démographique pour un État (*Du contrat social*, livre II, chap. 9 et 10) – ; toutefois il ne se contente pas de la prolonger, il la dépasse en faisant de la république et de la démocratie directe, qu'il lie de manière étroite à la « souveraineté du peuple », un idéal neuf. Il utilise ainsi la notion de souveraineté telle qu'elle a été mise à jour au XVIe siècle en lui attribuant un nouveau destinataire, désormais incontournable, le peuple (cf. texte 3). Il fait ainsi entrer le peuple, et avec lui la souveraineté, dans l'âge moderne, avant que la Révolution française ne donne, avec l'instauration du suffrage universel, à ce pas philosophique sa réalité pratique, ouvrant ainsi sur une autre histoire, celle de la réponse, heurtée et sans cesse renouvelée, à la promesse démocratique (cf. chap. 3, 1).

Ainsi, à la veille de la Révolution française, gouvernement représentatif (mixte), seule manière de gouverner les États modernes pour Montesquieu, et démocratie (souveraineté du peuple), seul fondement légitime des États modernes pour Rousseau, sont-ils considérés comme incompatibles. Et pourtant la démocratie telle qu'elle va se dessiner à partir de l'expérience révolutionnaire, et telle que nous la connaissons aujourd'hui encore, est une « démocratie représentative ». Ce passage de l'impossibilité d'une réconciliation des catégories classiques à l'âge moderne dont témoigne l'opposition entre Montesquieu et Rousseau, à une notion proprement moderne de la démocratie, ce sont les Fédéralistes américains qui vont en livrer le mécanisme, avant que la Révolution française n'en impose l'universalité du principe. Hamilton, Jay et Madison, dans *Le Fédéraliste* (1788, trad. A. Tunc, Economica, 1988), affirment que le fondement du gouvernement du peuple dans sa version moderne ne se trouve ni dans la taille de la république ni dans la proximité entre gouvernants et gouvernés, mais qu'il réside dans la souveraineté absolue du peuple représenté dans chacun des pouvoirs du gouvernement : exécutif, législatif et judiciaire. Ce choix proprement « révolutionnaire » écarte d'un même mouvement le gouvernement mixte – lié à la représentation de la souveraineté partagée d'une société de corps différenciés – et la démocratie directe rousseauiste praticable seulement dans les petites entités politiques. Il s'agit de construire un système constitutionnel de respect des libertés fondamentales, de présence du peuple (élections des différents pouvoirs, y compris judiciaire) et une véritable séparation des pouvoirs fondée sur la souveraineté populaire. Une démarche pleinement illustrée par les premiers mots de la Constitution américaine : « *We the People* » (Nous, le peuple).

Les Américains semblent ainsi avoir réussi à concilier l'inconciliable : le principe démocratique moderne (la souveraineté du peuple) et l'aspiration à la liberté des individus, Rousseau et Montesquieu ; en fait à avoir trouvé le moyen de résoudre la question politique moderne : comment concilier la nécessité d'un lien social fort et le caractère incontournable, et centrifuge, des aspirations individuelles. En France, le même débat anime toute la période révolutionnaire, mais l'exercice constitutionnel à répétition ne permet pas de lever la contradiction, comme en témoigne une des rares figures qui l'accompagne tout au long de son déroulement, l'abbé Sieyès (*Qu'est-ce que le Tiers-État*, 1789), qui finit par chercher dans l'épée de Bonaparte le 18 Brumaire la solution ultime au problème politique français. Comme le dit Pierre Rosanvallon : « Faute d'avoir pu esquisser la voie d'une démocratie représentative, les Français seront ensuite conduits à de dangereuses radicalisations pour entrer dans la modernité politique. » (*La Démocratie inachevée*, *op. cit.*, p. 91.)

1.3. Régime politique et état social

Au début du XIXe siècle, la question démocratique se pose donc sous un jour nouveau : il ne s'agit plus en effet de contester sa validité, mais désormais de tenter d'en préciser la définition. La première des réponses à cette nouvelle formulation de la question démocratique est celle des libéraux, notamment français. Ils souhaitent préserver une part de l'héritage révolutionnaire, celui de 1789 et de 1795 (Thermidor), mais en rejettent les évolutions de 1793 (Terreur) et de 1798 (18 Brumaire). Ils souhaitent un « gouvernement représentatif » afin d'éviter les dérives de la souveraineté populaire. Ils manifestent la même peur du peuple et de la démocratie que les classiques, tout en approuvant l'égalité entre les hommes et les libertés pour chacun. En fait, ils souhaitent davantage de démocratisation de la vie sociale – la liberté et l'égalité –, notamment un plus grand respect par l'État des droits et libertés essentiels, mais ne veulent pas du suffrage universel. La démocratie va désormais désigner avant tout un état social, c'est-à-dire le processus d'égalisation des conditions dans les sociétés modernes et non le régime politique dans lequel le peuple intervient directement dans la vie publique – qui est désigné par le terme « république » ou tout simplement par « souveraineté du peuple ». Pour Alexis de Tocqueville : « La démocratie constitue l'état social, le dogme de la souveraineté du peuple constitue le droit politique. Ces deux choses ne sont point analogues. La démocratie est une manière d'être de la société, la souveraineté du peuple est une forme de gouvernement. » (*Manuscrits de Yale* et cf. texte 4.) Benjamin Constant en identifiant la volonté générale au consensus majoritaire et en constatant que la représentation est inévitable dans les sociétés modernes, invalide le système rousseauiste. Les droits et libertés de l'homme ne sont pas garantis par la volonté générale qui, même si elle doit légitimement fonder le régime politique, doit être encadrée par un système de protection des droits et libertés. « La souveraineté du peuple n'est pas illimitée ; elle est circonscrite dans les bornes que lui tracent la justice et les droits des individus » (*De la liberté des Modernes comparée à celle des Anciens*, 1819). Mais c'est François Guizot, ministre de Louis-Philippe dans les années 1830, qui théorise le plus crûment ce libéralisme : « Je ne crois ni au droit divin ni à la souveraineté du peuple, comme on les entend presque toujours. Je ne puis voir là que les usurpations de la force. Je crois à la souveraineté de la raison, de la justice, du droit : c'est là le souverain légitime que cherche le monde et qu'il cherchera toujours ; car la raison, la vérité, la justice ne résident nulle part complètes et infaillibles. Nul homme, nulle réunion d'hommes ne les possède et ne peut les posséder sans lacune et sans limites. » (*Du gouvernement de la France depuis la Restauration*, 1820.) Il développe une théorie du gouvernement représentatif « capacitaire » réservant à une élite (à la fois financière et technocratique) le pouvoir. La représentation elle-même n'est pas destinée à exprimer des volontés individuelles ou des intérêts collectifs, elle est « un procédé naturel pour extraire au sein de la société la raison publique, qui seule a droit de la gouverner » (*Histoire des origines du gouvernement représentatif*, tome 2, 1856). La crainte libérale de la démocratie et les appels à un régime élitiste vont se poursuivre à travers de nombreux mouvements et régimes politiques, dont le caractère principal sera de refuser le suffrage universel. Pourtant, ce refus est emporté, au milieu du XIXe siècle, par les aspirations des peuples qui réunissent la définition sociale et la définition politique de la démocratie séparées tout au long de la première moitié du siècle. Avec la révolution de 1848, la démocratie prend corps tout à la fois comme régime politique du gouvernement du peuple, processus d'égalisation des conditions et cadre de la lutte sociale.

1.4. Démocratie formelle et démocratie réelle

À partir de ce moment, une deuxième grande réponse apportée à la question démocratique se dessine à travers la poursuite du mouvement révolutionnaire par la lutte sociale. Elle se caractérise par l'opposition à la démocratie « formelle » ou « bourgeoise » qui priverait le peuple de son pouvoir. Malgré les différences qui animent le courant révolutionnaire, de l'anarchisme de Blanqui au socialisme scientifique de Marx en passant par le socialisme utopique de Fourier, ce qui est au cœur de la contestation radicale de la démocratie, c'est le fait que les procédures et les règles qu'elle suppose ne permettent pas de changer la société, et de réaliser une véritable égalité entre les hommes. Le fait d'obtenir le droit de vote et la garantie d'un minimum de libertés civiques et politiques n'empêche pas la domination d'une classe, la bourgeoisie, sur une autre, le prolétariat. Ce qui compte avant tout ce n'est pas le rapport politique et, dans le cadre démocratique, le suffrage universel, mais le rapport de production, le rapport de force entre les travailleurs et les détenteurs du capital. La politique se fond dans la question sociale.

Ces préventions contre la démocratie bourgeoise n'empêchent pourtant pas une réappropriation du terme par le socialisme. Ainsi Marx voit-il dans la Commune de Paris s'esquisser ce que pourrait être une vraie démocratie sociale, loin de l'illusion de la démocratie représentative. La démocratie fait dès lors figure de « forme spécifique de dictature du prolétariat » (F. Engels, *Critique du programme d'Erfurt*). Lénine parachève l'édifice en notant que la démocratie, « meilleure enveloppe possible du capitalisme », se transforme avec le socialisme en dictature du prolétariat, puis dépérit avec l'État dans la société communiste : l'avènement d'une démocratie « véritablement réelle » conduisant ainsi à sa propre disparition (*L'État et la Révolution*, 1917). Contrairement au fascisme et au nazisme, le marxisme et le communisme ne récusent donc pas la démocratie, ils se l'approprient pour en déduire ses formes « réelles ». Ce qui va donner consistance au XXe siècle à un affrontement idéologique autour du thème démocratique : démocratie libérale représentative contre démocratie « populaire réelle ».

1.5. L'incertitude démocratique

Mais davantage que la « victoire » elle-même obtenue par la démocratie représentative libérale sur le « socialisme réellement existant » des régimes communistes soviétique et est-européens en 1989 à l'occasion de la chute du mur de Berlin, c'est le contenu de cette démocratie victorieuse qui pose aujourd'hui problème. L'extension de la démocratie dans les sociétés démocratiques s'est essentiellement accomplie avec l'accès des femmes au droit de vote, des années 1920 aux États-Unis au lendemain de la Seconde Guerre mondiale en France. L'extension de la démocratie hors des sociétés démocratiques a connu un renouveau important depuis les années 1970, et surtout depuis une dizaine d'années, à travers le phénomène de la « transition démocratique » (Amérique du Sud, Asie, Europe de l'Est, Afrique).

En dehors de cette perspective d'extension de la démocratie, interne et externe, c'est surtout la question de son approfondissement et finalement de la validité de ses modalités pratiques qui est aujourd'hui en jeu. Une analyse purement fonctionnelle de la démocratie, comme sélection des élites, tend à réduire le peuple à une « fiction logique » (Giovanni Sartori, *Théorie de la démocratie*, Armand Colin, 1976). Cette conception élitiste défendue par des auteurs tels que Pareto, Mosca ou Schumpeter (*Capitalisme, socialisme et démocratie*, 1942) fournit une explication convaincante au manque de légitimité de la démocratie moderne, qui se traduit notamment par une lassitude ou une désaffection des électeurs, mais insuffisant pour rendre compte de l'étendue de la question démocratique contemporaine. Le fonctionnalisme de la science politique ne permet pas par exemple de prendre en compte le lien étroit et ambigu qui unit démocratie et totalitarisme. Car la démocratie est à la fois le terreau fertile du totalitarisme et son ennemi le plus farouche. Pour Claude Lefort : « L'État totalitaire ne se laisse concevoir qu'en regard de la démocratie et sur le fond de ses ambiguïtés », il ajoute, plus loin : « Le totalitarisme ne s'éclaire à mes yeux qu'à la condition de saisir la relation qu'il entretient avec la démocratie. C'est d'elle qu'il surgit [...]. Il la renverse en même temps qu'il s'empare de certains de ses traits et leur apporte un prolongement fantastique. » (*L'Invention démocratique. Les limites de la domination totalitaire*, 1981 ; Le Livre de poche, coll. « Biblio Essais », 1983, p. 42 et p. 178 – cf. également texte 5.) La thèse d'une filiation entre démocratie et totalitarisme actualise en fait la méfiance libérale envers la démocratie, envers le peuple comme multitude devenu masse (de manœuvre) dans le totalitarisme. Pour Friedrich von Hayek, par exemple, il faut « protéger la démocratie contre elle-même » (*Droit, législation et liberté*, 1973). Ce libéralisme classique rejoint, autre paradoxe, l'opposition antilibérale à la démocratie qu'il s'agisse des partisans de l'État total, comme Carl Schmitt (*Parlementarisme et démocratie*, 1923) ou de la pensée conservatrice contemporaine fustigeant l'illusion démocratique (J. Plamenatz, *Democracy and Illusion*, 1973). Ainsi le totalitarisme a-t-il démontré, pratiquement et de manière ultime dans l'histoire de l'humanité, la portée du paradoxe de la démocratie soulevé un siècle plus tôt par Tocqueville, et la faible épaisseur de la frontière qui sépare le « tous » inclusif nécessaire à la démocratie du « tout » exclusif totalitaire.

Aujourd'hui, les appels à dépasser un pur formalisme ou un pur procéduralisme, une démocratie qui serait finalement réduite à la formule « le marché plus les droits de l'homme » ou à une « éthique de la discussion » (chère aux philosophes allemands Jürgen Habermas, *De l'éthique de la discussion*, 1983, et Karl-Otto Apel, *Éthique de la discussion*, 1992) pour ne blesser aucune des conceptions de la vie bonne à l'heure du « fait du pluralisme » (John Rawls), sont nombreux. Ils renouent pour une bonne part avec des débats et des modèles hérités du XIXe siècle. Qu'il s'agisse des multiples appels à la consultation directe du peuple – notamment à l'âge des nouvelles technologies et de l'Internet – par le référendum (anciennement le « gouvernement direct »), à « substancialiser » ou à « réintermédier » la démocratie en multipliant ses occasions et ses forums, de la vie associative à l'entreprise en passant par les « mouvements sociaux », bref à faire de la « société civile » (cf. chap. 2, 2) la véritable instance démocratique.

Ainsi la démocratie se maintient-elle, malgré ses victoires sur le totalitarisme et sur les régimes qui en contestent la validité, dans une incertitude créatrice qui apparaît comme son principe d'action même. Elle n'est jamais achevée mais toujours discutée, toujours susceptible d'améliorations et de détournements.

– Texte 1 –

Platon, *La République* (vers 375 av. J.-C.), livre VIII

557 a-c

– Or, la démocratie, je crois, naît lorsque après leur victoire, les pauvres mettent à mort un certain nombre des autres habitants, en expulsant d'autres, et font participer ceux qui restent, à égalité, au régime politique et aux charges de direction, et quand, dans la plupart des cas, c'est par le tirage au sort qu'y sont dévolues les charges de direction.

– Oui, dit-il, c'est comme cela que la démocratie instituée, que cela ait lieu par les armes, ou encore l'autre parti, intimidé, cède la place.

– Eh bien, dis-je, de quelle façon ces gens-là se gouvernent-ils ? et quelle est cette fois-ci ce genre de régime politique ? Car il est visible que l'homme qui est comme nous apparaîtra être l'homme démocratique.
– Oui, c'est visible, dit-il.
– Eh bien en premier lieu, sans doute, ils sont libres, la cité devient pleine de liberté et de licence de tout dire, on y a la possibilité de faire tout ce qu'on veut ?
– Oui, on le dit en tout cas, dit-il.
– Or, partout où existe cette possibilité, il est visible que chacun voudra, pour sa propre vie, l'arrangement particulier qui lui plaira.
– Oui, c'est visible.
– Je crois dès lors que c'est surtout dans ce régime politique qu'on pourrait trouver les hommes les plus divers.

562 c-e
– La liberté, dis-je, car tel est le bien, n'est-ce pas, dont, dans une cité gouvernée de façon démocratique, tu pourrais entendre dire que c'est sa plus belle possession, ce qui fait d'elle la seule cité où il vaille la peine de vivre, quand on est, par nature, un homme libre.
– En effet, dit-il, c'est une phrase qu'on y prononce, et même souvent.
– N'est-ce pas par conséquent, repris-je, comme j'allais le dire à l'instant, le désir insatiable d'un tel bien, et le désintérêt pour tout le reste qui déstabilisent aussi ce régime politique et préparent le recours à la tyrannie ?
– De quelle façon ? dit-il.
– Cela arrive, je crois, lorsqu'une cité gouvernée de façon démocratique, et assoiffée de liberté, tombe sur des chefs qui savent mal lui servir à boire, lorsqu'elle s'enivre de liberté pure au-delà de ce qui conviendrait, et va jusqu'à châtier ses dirigeants s'ils ne sont pas tout à fait complaisants avec elle, et ne lui procurent pas la liberté en abondance : elle les accuse d'être des misérables, à l'esprit oligarchique.
– C'est en effet ce qu'ils font, dit-il.
Quant à ceux qui sont obéissants envers les dirigeants, dis-je, elle les traîne dans la boue en les traitant d'esclaves consentants, et de nullités : en revanche, les dirigeants qui sont semblables à des dirigés, et les dirigés semblables à des dirigeants, elle en fait l'éloge et les honore aussi bien en privé que publiquement. N'est-il pas inévitable que dans une telle cité l'esprit de liberté aille jusqu'à atteindre tout domaine ?
(Trad. P. Pachet, Gallimard, 1993, p. 427-428, 437.)

– Texte 2 –

Charles-Louis de Secondat, baron de Montesquieu, *De l'esprit des lois* (1748), livre XI

Chap. 3 : « Ce que c'est que la liberté »
Il est vrai que, dans les démocraties, le peuple paraît faire ce qu'il veut ; mais la liberté politique ne consiste point à faire ce que l'on veut. Dans un État, c'est-à-dire dans une société où il y a des lois, la liberté ne peut consister qu'à

pouvoir faire ce que l'on doit vouloir, et à n'être point contraint de faire ce que l'on ne doit pas vouloir.
Il faut se mettre dans l'esprit ce que c'est que l'indépendance, et ce que c'est que la liberté. La liberté est le droit de faire tout ce que les lois permettent ; et si un citoyen pouvait faire ce qu'elles défendent, il n'aurait plus de liberté, parce que les autres auraient tout de même ce pouvoir.

Chap. 4 : « Continuation du même sujet »
La démocratie et l'aristocratie ne sont point des États libres par leur nature. La liberté politique ne se trouve que dans les gouvernements modérés. Mais elle n'est pas toujours dans les États modérés ; elle n'y est que lorsqu'on n'abuse pas du pouvoir ; mais c'est une expérience éternelle que tout homme qui a du pouvoir est porté à en abuser ; il va jusqu'à ce qu'il trouve des limites. Oui le dirait ! la vertu même a besoin de limites.
Pour qu'on ne puisse abuser du pouvoir, il faut que, par la disposition des choses, le pouvoir arrête le pouvoir. Une constitution peut être telle que personne ne sera contraint de faire les choses auxquelles la loi ne l'oblige pas, et à ne point faire celles que la loi lui permet.

Chap. 6 : « De la Constitution d'Angleterre »
[…] Comme, dans un État libre, tout homme qui est censé avoir une âme libre doit être gouverné par lui-même, il faudrait que le peuple en corps eût la puissance législative. Mais comme cela est impossible dans les grands États, et est sujet à beaucoup d'inconvénients dans les petits, il faut que le peuple fasse par ses représentants tout ce qu'il ne peut faire par lui-même […].
(Éd. V. Goldschmidt, Flammarion, coll. « GF », 1979, t. 1, p. 292-293, 297. Gallimard, coll. « Folio », 1995, t. 1, p. 325-326, 331.)

– Texte 3 –

Jean-Jacques Rousseau, *Du contrat social* (1762), livre II, chap. 6 : « De la loi »

J'appelle donc République tout État régi par des lois, sous quelque forme d'administration que ce puisse être : car alors seulement l'intérêt public gouverne, et la chose publique est quelque chose. Tout gouvernement légitime est républicain : j'expliquerai ci-après ce que c'est que le gouvernement.
Les lois ne sont proprement que les conditions de l'association civile. Le Peuple soumis aux lois en doit être l'auteur ; il n'appartient qu'à ceux qui s'associent de régler les conditions de la société : mais comment les régleront-ils ? Sera-ce d'un commun accord, par une inspiration subite ? Le corps politique a-t-il un organe pour énoncer ces volontés ? Qui lui donnera la prévoyance nécessaire pour en former les actes et les publier d'avance, ou comment les prononcera-t-il au moment du besoin ? Comment une multitude aveugle qui souvent ne sait ce qu'elle veut, parce qu'elle sait rarement ce qui lui est bon, exécuterait-elle d'elle-même une entreprise aussi grande, aussi difficile qu'un système de législation ? De lui-même le peuple veut toujours le bien, mais de lui-même il ne le voit pas toujours. La volonté générale est toujours droite,

mais le jugement qui la guide n'est pas toujours éclairé. Il faut lui faire voir les objets tels qu'ils sont, quelquefois tels qu'ils doivent lui paraître, lui montrer le bon chemin qu'elle cherche, la garantir de la séduction des volontés particulières, rapprocher à ses yeux les lieux et les temps, balancer l'attrait des avantages présents et sensibles par le danger des maux éloignés et cachés. Les particuliers voient le bien qu'ils rejettent : le public veut le bien qu'il ne voit pas. Tous ont également besoin de guides : il faut obliger les uns à conformer leurs volontés à leur raison ; il faut apprendre à l'autre à connaître ce qu'il veut. Alors des lumières publiques résulte l'union de l'entendement et de la volonté dans le corps social, de là l'exact concours des parties et enfin la plus grande force du tout. Voilà d'où naît la nécessité d'un législateur.

(Éd. H. Guillemin, UGE, coll. « 10/18 », 1973, p. 99-100.
Éd. P. Burgelin, Flammarion, coll. « GF », 1992, p. 63-64.)

– Textes 4 –

Alexis de Tocqueville, *De la démocratie en Amérique* (1835-1840)

I, Introduction

Parmi les objets nouveaux qui, pendant mon séjour aux États-Unis, ont attiré mon attention, aucun n'a plus vivement frappé mes regards que l'égalité des conditions. Je découvris sans peine l'influence prodigieuse qu'exerce ce premier fait sur la marche de la société ; il donne à l'esprit public une certaine direction, un certain tour aux lois ; aux gouvernants des maximes nouvelles, et des habitudes particulières aux gouvernés.

Bientôt je reconnus que ce même fait étend son influence fort au-delà des mœurs politiques et des lois, et qu'il n'obtient pas moins d'empire sur la société civile que sur le gouvernement : il crée des opinions, fait naître des sentiments, suggère des usages et modifie tout ce qu'il ne produit pas.

Ainsi donc, à mesure que j'étudiais la société américaine, je voyais de plus en plus, dans l'égalité des conditions, le fait générateur dont chaque fait particulier semblait descendre, et je le retrouvais sans cesse devant moi comme un point central où toutes mes observations venaient aboutir.

Alors je reportai ma pensée vers notre hémisphère, et il me sembla que j'y distinguais quelque chose d'analogue au spectacle que m'offrait le nouveau monde. Je vis l'égalité des conditions qui, sans y avoir atteint comme aux États-Unis ses limites extrêmes, s'en rapprochait chaque jour davantage : et cette même démocratie, qui régnait sur les sociétés américaines, me parut en Europe s'avancer rapidement vers le pouvoir.

I, 1re partie, chap. 3 : « Conséquences politiques de l'état social des Anglo-américains »

[…] Il est impossible de comprendre que l'égalité ne finisse pas par pénétrer dans le monde politique comme ailleurs. On ne saurait concevoir les hommes éternellement inégaux entre eux sur un seul point, égaux sur les autres ; ils arriveront donc, dans un temps donné, à l'être sur tous.

Or, je ne sais que deux manières de faire régner l'égalité dans le monde politique : il faut donner des droits à chaque citoyen, ou n'en donner à personne. Pour les peuples qui sont parvenus au même état social que les Anglo-Américains, il est donc très difficile d'apercevoir un terme moyen entre la souveraineté de tous et le pouvoir absolu d'un seul.

Il ne faut point se dissimuler que l'état social que je viens de décrire ne se prête presque aussi facilement à l'une et à l'autre de ses deux conséquences. Il y a en effet une passion mâle et légitime pour l'égalité qui excite les hommes à vouloir être tous forts et estimés. Cette passion tend à élever les petits au rang des grands ; mais il se rencontre aussi dans le cœur humain un goût dépravé pour l'égalité, qui porte les faibles à vouloir attirer les forts à leur niveau, et qui réduit les hommes à préférer l'égalité dans la servitude à l'inégalité dans la liberté. Ce n'est pas que les peuples dont l'état social est démocratique méprisent naturellement la liberté ; ils ont au contraire un goût instinctif pour elle. Mais la liberté n'est pas l'objet principal et continu de leur désir ; ce qu'ils aiment d'un amour éternel, c'est l'égalité ; ils s'élancent vers la liberté par impulsion rapide et par efforts soudains, et, s'ils manquent le but, ils se résignent ; mais rien ne saurait les satisfaire sans l'égalité, et ils consentiraient plutôt à périr qu'à la perdre.

D'un autre côté, quand les citoyens sont tous à peu près égaux, il leur devient difficile de défendre leur indépendance contre les agressions du pouvoir. Aucun d'entre eux n'étant alors assez fort pour lutter seul avec avantage, il n'y a que la combinaison des forces de tous qui puisse garantir la liberté. Or, une pareille combinaison ne se rencontre pas toujours.

(Gallimard, coll. « Folio », 1961, p. 37-38, 103-104.)

– Texte 5 –

Claude Lefort, *Essais sur le politique,* XIXe-XXe *siècle* (1986), « La question de la démocratie »

J'ai choisi de mettre en évidence un ensemble de phénomènes qui me paraît, le plus souvent, méconnu. L'essentiel à mes yeux, est que la démocratie s'institue et se maintient dans la *dissolution des repères de la certitude.* Elle inaugure une histoire dans laquelle les hommes font l'épreuve d'une indétermination dernière, quant au fondement du Pouvoir, de la Loi et du Savoir, et au fondement de la relation de *l'un avec l'autre,* sur tous les registres de la vie sociale (partout où la division s'énonçait autrefois, notamment la division entre les détenteurs de l'autorité et ceux qui leur étaient assujettis, en fonction de croyances en une nature des choses ou en un principe surnaturel). C'est ce qui m'incite à juger que se déploie dans la pratique sociale, à l'insu des acteurs, une interrogation dont nul ne saurait détenir la réponse et à laquelle le travail de l'idéologie, vouée toujours à restituer de la certitude, ne parvient pas à mettre un terme. Et voilà encore qui me conduit, non pas à trouver l'explication, mais du moins à repérer les conditions de la formation du totalitarisme. Dans une société où les fondements de l'ordre politique et de l'ordre social se dérobent, où l'acquis ne porte jamais le sceau de la pleine légitimité, où la différence des statuts cesse d'être irrécusable, où le droit s'avère suspendu au discours qui

l'énonce, où le pouvoir s'exerce dans la dépendance du conflit, la possibilité d'un dérèglement de la logique démocratique reste ouverte. Quand l'insécurité des individus s'accroît, en conséquence d'une crise économique, ou des ravages d'une guerre, quand le conflit entre les classes et les groupes s'exaspère et ne trouve plus sa résolution symbolique dans la sphère politique, quand le pouvoir paraît déchoir au plan du réel, en vient à apparaître comme quelque chose de particulier au service des intérêts et des appétits de vulgaires ambitieux, bref se montre *dans* la société, et que du même coup celle-ci se fait voir comme *morcelée,* alors se développe le phantasme du peuple-un, la quête d'une identité substantielle, d'un corps social soudé à sa tête, d'un pouvoir incarnateur, d'un État délivré de la division.
La démocratie ne fait-elle pas déjà place à des institutions, des modes d'organisation et de représentation totalitaire, demande-t-on parfois ? Assurément. Mais il n'en reste pas moins vrai qu'il faut un changement dans l'économie du pouvoir pour que surgisse la forme de la société totalitaire.
(Le Seuil, coll. « Esprit », 1986, p. 29-30.)

Section 2. La nation

La nation est à la fois une idée et une réalité qui s'inscrivent dans la modernité. Devenue depuis la Révolution française la forme privilégiée sinon unique de l'organisation politique dans le monde, la nation nous apparaît comme le cadre « naturel » dans lequel se pense et se vit le lien social et politique moderne, dans lequel s'exerce la solidarité entre les individus et les groupes sociaux. Mais rendre possible et efficace ce lien signifie également exclure groupes et individus du cadre national. Aussi la nation apparaît-elle également, de manière quasi-mécanique, comme le lieu d'une exclusion. Celle-là même qui poussée à son paroxysme a fourni à l'humanité, au XIXe et surtout au XXe siècle, quelques-uns de ses pires moments et phénomènes : du nationalisme au totalitarisme. Aujourd'hui, alors que le nationalisme reste une composante cruciale de la vie de nombreuses sociétés dans le monde, la nation comme forme d'organisation politique est de plus en plus concurrencée par d'autres entités ou espaces de légitimation des relations économiques, politiques et sociales. Elle est ainsi remise en cause à la fois par le mouvement de mondialisation accentuée des échanges économiques et la montée en puissance d'acteurs concurrents dans l'espace international – firmes multinationales, organisations non gouvernementales, organisations internationales, nouvelles entités politiques titulaires de la souveraineté…, et par l'évolution interne des sociétés contemporaines : entre individualisation du lien social et privatisation de la vie collective. En Europe, la construction d'un nouveau cadre de référence politique qui se positionne d'emblée comme un « au-delà des nations » fait figure de résumé de la problématique « postnationale ».

2.1. *Nation ethnique ou nation civique*

Pendant longtemps, les termes « ethnie » et « nation » ont été confondus. Au XIIIe siècle, on parlait ainsi de la « nation française » pour désigner les Français, du royaume de France, au moment où l'historiographie se détachait peu à peu de la religion pour s'intéresser à un objet nouveau, le peuple. La montée en puissance de l'État moderne, à partir du XVIe siècle (cf. chap. 3, 2), provoque la cristallisation du sentiment national autour de l'unité politique, de la souveraineté et de l'appartenance à un corps commun. La nation moderne naît donc de la rencontre d'un héritage commun, des vieilles « nations » (*gens*) et d'une nécessité purement moderne : constituer un ensemble territorial suffisamment uni et puissant pour s'opposer aux autres. C'est avec la Révolution française que la nation devient un concept politique essentiel pour comprendre le monde moderne de par le transfert, juridique et émotionnel, à un être collectif nouveau des attributs de la souveraineté concentrés jusqu'ici dans la personne du roi. Le cri des troupes françaises à Valmy : « Vive la Nation ! » marque symboliquement le moment de cet avènement. Cette irruption est porteuse, immédiatement, d'une double signification : celle de la valeur historique et territoriale, voire ethnique, de la nation, et celle de son avenir politique. Dès lors, deux modèles nationaux se font jour, l'un en France, l'autre en Allemagne, inaugurant deux siècles qui seront marqués par l'affrontement des nations, notamment ces deux-là, au nom de leur principe même.

L'abbé Sieyès, dans sa brochure *Qu'est-ce que le Tiers-État ?* (1789), donne le premier une définition politique de la nation : « un corps d'associés vivant sous une loi commune et représentée par la même législature », c'est-à-dire comme une communauté politique de citoyens formée par l'union des volontés individuelles en une association libre, fondée sur l'adhésion aux principes d'un contrat social. Il s'agit d'une conception de la nation héritée des Lumières et mise en pratique par la Révolution – la nationalité se confond avec la citoyenneté, et se définit comme l'adhésion rationnelle à des « principes », tels que ceux inscrits dans la Déclaration des droits de l'homme et du citoyen de 1789 (cf. chap. 3, 4). C'est sur cette conception volontariste et contractualiste que s'appuie Ernest Renan, dans sa célèbre conférence de la Sorbonne, le 11 mars 1882, lorsqu'il définit la nation comme « un plébiscite de tous les jours » (cf. texte 2). Il n'existe des nations différentes que parce qu'il existe des régimes politiques différents : la différence entre nations est donc politique et non « naturelle ». Cette définition de la nation prend un relief particulier au lendemain de la défaite de 1870 contre l'Allemagne car elle implique de trouver un principe supérieur à celui du regroupement des individus et des peuples parlant la même langue dans une même entité politique. La nation française est ainsi censée constituer à la fois l'incarnation contingente et le point de départ d'une idée appelée à s'étendre dans le monde – y compris d'ailleurs comme justification de l'impérialisme et du colonialisme. Elle devient un modèle idéologique et fomente, sous des dehors patriotiques, un nationalisme. Pourtant, idéalement, cette nation « civique » ne peut se penser que dans la perspective de sa propre disparition comme nation distincte des autres, au moment où la communauté démocratique des citoyens se sera élargie à l'ensemble des peuples dans le cadre d'une « République universelle ». Cette perspective, c'est celle du cosmopolitisme défendu par Kant (*Idée d'une histoire universelle du point de vue cosmopolitique*, 1784), pour lequel la « paix perpétuelle » est le corollaire de l'extension à tous les peuples, et dans le cadre des relations entre États, du modèle national contractualiste.

À cette conception civique « à la française » de la nation s'oppose, classiquement, la conception ethnique, « à l'allemande », forgée dans le mouvement romantique. La nation est vue dans cette perspective comme un « esprit du peuple » (*Volksgeist*) par Johann Herder (*Une autre philosophie de l'histoire*, 1774). Elle n'est plus un principe mais plutôt une « âme collective », unissant culturellement, à partir d'une langue commune par exemple, les hommes en un corps politique et social. L'appartenance à ce corps ne se décide pas, elle ne procède pas d'un choix ou d'une construction mais d'une nécessité identitaire, s'inscrivant dans l'histoire et la géographie. C'est la tradition, l'enracinement dans un passé dont la particularité est revendiquée comme telle et non la perspective d'un avenir à construire qui unit les hommes. La nation est une totalité organique qui englobe chaque individu mais qui se réalise en dehors de lui, avant lui. Les relations entre les nations peuvent être conflictuelles de manière tout à fait bénéfique puisqu'elles mettent en jeu l'existence des peuples eux-mêmes, dans la réalité de leur être et permettent de valider historiquement une hiérarchie entre les peuples. Fichte va exalter cette conception et l'ériger en modèle dans ses *Discours à la nation allemande* écrits en réaction à l'invasion de l'Allemagne par les troupes napoléoniennes après la victoire de Iéna en 1806 (cf. texte 1). La prise en compte d'éléments « objectifs » tels que la langue, la religion ou l'ethnie pour déterminer l'appartenance nationale conduit à l'adoption d'un droit du sang (*jus sanguinis*) strict selon lequel on ne pouvait pas devenir Allemand si l'on était pas né Allemand – l'Allemagne a modifié en 1999 son code de la nationalité en ouvrant plus largement aux personnes sans origine allemande la possibilité d'acquérir la nationalité allemande.

Cette présentation schématique des deux conceptions classiques de la nation pourrait laisser penser qu'il s'agit d'une surdétermination nationale de plus, et renvoyer à une psychologie collective aussi imprécise qu'hasardeuse. Il suffit de rappeler que Maurice Barrès, Charles Maurras, ou Ernest Renan lui-même, dans ses écrits d'avant 1870, lorsqu'il critique la philosophie égalitaire de la Révolution et invoque la « race », ont développé une vision ethniciste et historiciste de la nation qui atteint son apogée à la fin du XIXe siècle, au moment de l'affaire Dreyfus pendant laquelle le thème du « bouc émissaire » étranger devient le ferment du nationalisme (cf. texte 3). En Allemagne, Kant bien sûr, mais aussi Fichte lui-même, dans ses *Considérations sur la Révolution française* ou dans *Fondement du droit naturel* (1797), présentent des thèses universalistes proches de la conception civique de la nation. D'ailleurs, l'exemple de l'évolution d'un Fichte montre bien que le

« principe des nationalités », qui va embraser l'Europe après le passage de Napoléon et déboucher en 1848 sur une Europe traversée de clivages nationaux, s'il procède d'une logique de liberté propre au « modèle français » trouve souvent sa concrétisation et son expression dans l'ethnicisme du « modèle allemand ». La nation moderne apparaît ainsi comme une tentative de faire coïncider le plus exactement possible ce que le philosophe américain contemporain Michael Walzer appelle la « communauté morale » et la « communauté légale », c'est-à-dire de recouper l'ensemble social pertinent de légitimation historique, géographique et culturel dans lequel vivent les individus – Walzer parle d'individus unis par leur compréhension partagée des liens les unissant – et l'ensemble politique choisi par ces mêmes individus pour exercer ce « vivre ensemble » – Walzer évoque des actes de consentement créant et délimitant l'autorité souveraine. Si le recoupement n'est pas total ou maximal, les citoyens s'interrogent sur la légitimité de l'entité politique dans laquelle ils vivent et peuvent la remettre en cause en allant jusqu'à la sécession (*Sphères de justice. Une défense du pluralisme et de l'égalité*, 1983).

2.2. De la nation au nationalisme

De la nation au nationalisme, la frontière est ténue, car c'est dans l'exaltation de l'unité nationale, qu'il s'agisse de défendre des principes ou une identité, que se forge l'esprit d'une nation. Et qu'est-ce que cet esprit sinon la conviction partagée que l'appartenance à une entité politique commune doit se traduire par la mise en avant de différences avec ceux qui sont à l'extérieur de cette entité ? Or, cette spécificité se traduit vite par une autre conviction, selon laquelle le caractère des individus qui composent cette entité est modelé par celui du groupe lui-même, en fonction d'une histoire commune et de principes partagés qu'il est difficile de dissocier. Et la pente naturelle du nationalisme ainsi approché le conduit au conflit, nécessaire pour souder l'unité nationale contre l'extérieur, et pour tester la valeur intrinsèque de son modèle, supposé supérieur aux autres en raison de son caractère exceptionnel. L'universalisation du modèle français n'était pas conçue autrement, dès la Révolution. On perçoit mieux, dès lors, que si la conception ethniciste de la nation entretient une relation plus directe avec le nationalisme, dans la mesure où elle fait de la nation le lieu de la passivité et du non-délibéré et où elle l'inscrit dans le cadre d'une détermination naturelle que l'individu ne peut infléchir, on peut difficilement exonérer la conception contractualiste de toute tentation nationaliste dans la mesure où elle correspond à la recherche d'un fondement transcendant du politique, et qu'elle semble dès lors échapper au cadre même du débat démocratique.

Historiquement, le nationalisme plonge ses racines dans les transformations que subissent les sociétés industrielles au XIXe siècle, dans les « nécessités de la société industrielle » selon Ernest Gellner (*Nation et nationalismes*, 1989). L'émergence de la société industrielle tend en effet à promouvoir une homogénéisation culturelle du fait de la nécessité pour les individus de communiquer dans un idiome standardisé avec les autres acteurs d'une nouvelle division du travail beaucoup plus complexe que par le passé. Le processus de construction nationale progresse ainsi au rythme de l'absorption par le système éducatif de populations de plus en plus périphériques qui ont compris que l'apprentissage de la langue dominante était la condition de leur ascension sociale. Le nationalisme se développe parce qu'il fait figure de substitut à l'ordre social ancien, « holiste », communautaire et hiérarchisé alors que la société individualiste, atomisée et égalitaire, entraîne la destruction des structures sociales traditionnelles. La croyance nationale satisfait ainsi un besoin humain, celui d'appartenir à une communauté cohérente et stable, le sentiment national lui-même se diffusant grâce aux nouveaux moyens de communication de masse – la presse écrite notamment. Son développement procure à des individus qui ne se connaissent pas, sur un territoire étendu, le sentiment d'appartenir à une « communauté imaginée ». Le fait « d'ouvrir un journal » est en effet paradoxal, il est effectué de manière individuelle, dans « une intimité silencieuse et absorbée », tout en sachant que cet acte est reproduit simultanément par des millions d'autres personnes, dont on est sûr de l'existence mais dont on ignore l'identité (Benedict Anderson, *L'Imaginaire national*, 1996). La nation moderne est bien ce rassemblement humain étendu dont les membres s'identifient à la collectivité sans se connaître, et pour laquelle on accepte de mourir en la défendant. Et le nationalisme se définit bien dans « cette tension pour établir une congruence entre la culture et la société politique, dans l'effort pour que la culture soit dotée d'un seul et même toit politique », il ne se limite ni à un romantisme du sang et du sol ni au sentiment d'appartenance « à un même système d'idées, de signes, d'association et de modes de comportement et de communication » (Gellner, *op. cit.*).

2.3. *La nation dans l'ère postnationale*

Les excès du nationalisme au XXe siècle (guerres mondiales, colonialisme, guerres civiles, totalitarismes, « purification ethnique ») ont profondément ébranlé le modèle national. « Si l'on considère le sang qu'elle a fait couler au cours de l'histoire, la manière dont elle a contribué à nourrir les préjugés, le racisme, la xénophobie et le manque de compréhension entre les peuples et les cultures, l'alibi qu'elle a offert à l'autoritarisme, au totalitarisme, au colonialisme, aux génocides religieux et ethniques, la nation me semble l'exemple privilégié d'une imagination maligne. » (Mario Vargas Llosa, cité *in* Dominique Schnapper, *La Communauté des citoyens*, Gallimard, 1994, p. 12.) Dès la fin de la Première Guerre mondiale, l'idée de donner à un « concert des nations » défaillant, incapable d'empêcher la guerre, une structure juridique plus contraignante se fait jour. Ce sont la Société des Nations, née de l'idéalisme du président américain Woodrow Wilson, et surtout, après la Seconde Guerre mondiale, l'Organisation des Nations unies. La logique de cette approche internationale n'est plus la simple coexistence pacifique mais la coopération volontariste à un ensemble institutionnel. On passe d'une régulation bilatérale directe entre les États à une régulation multilatérale par l'intermédiaire d'institutions nouvelles. Des buts sont proclamés communs par les États adhérant aux institutions – buts inscrits dans des déclarations de principe ou des chartes : interdiction de la guerre, émancipation des peuples colonisés, droit au développement, protection du patrimoine de l'humanité… Il s'agit donc de la véritable naissance d'une société internationale avec ses institutions et ses buts propres, irréductibles les unes et les autres aux États. La vocation de ces institutions et de ces buts est universelle. Aujourd'hui, après la fin de la guerre froide et de la bipolarité, le besoin d'une véritable régulation politique dépassant le cadre national s'est accru. Il ne s'agit plus seulement de contrôler la course aux armements ou de garantir la paix entre deux belligérants, il s'agit désormais de faire face à une multiplicité d'enjeux de taille mondiale : de la gestion des marchés financiers à celle de l'immigration, de la lutte contre la criminalité à celle contre les risques environnementaux. Pour faire face à ces bouleversements de l'ordre du monde qui ignorent de plus en plus les frontières, le modèle national paraît de moins en moins adapté (cf. texte 5).

Cette double crise de légitimité et d'efficacité de l'État-nation trouve aujourd'hui sa meilleure illustration dans la construction européenne ; construction inédite parce que volontaire, qui s'opère entre des nations longtemps antagonistes et particulièrement attachées aux instruments de leur souveraineté (cf. texte 4). Trois grandes solutions s'offrent ainsi à une Europe politique entrée la première dans ce que Jürgen Habermas appelle « l'ère postnationale ». D'abord, la poursuite de la méthode dite « fonctionnaliste », celle des Pères fondateurs, de Jean Monnet notamment, qui fait avancer la construction de l'Europe à « petits pas », et selon laquelle l'approfondissement communautaire des institutions européennes existantes doit suffire à rattraper le retard pris par rapport à l'intégration économique, juridique et administrative de l'Union européenne tout en autorisant l'accueil de nouveaux membres. La deuxième voie possible est celle du réinvestissement politique de la nation comme modèle européen spécifique tel que le proposent les « souverainistes », en France notamment, qui déboucherait sur une formule confédérale, limitant l'espace européen à un grand marché. Enfin, la voie d'un regroupement des États européens au sein d'une fédération par la mise en commun, organisée par un pacte constitutionnel, d'une part de leur souveraineté. Cette dernière voie, celle d'un fédéralisme tempéré, apparaît à la fois comme la plus novatrice et la plus prometteuse en ce qu'elle répond aux deux défis de la légitimité et de l'efficacité adressés aujourd'hui à la nation, en respectant à la fois la souveraineté des peuples nationaux, garants de la légitimité démocratique, et en permettant une meilleure adaptation du niveau de décision aux problèmes soulevés. Cette organisation fédérale repose en effet sur un pacte d'où résulte une union volontaire et libre entre les peuples des États membres. Mais ce pacte n'est pas un simple traité de droit international, il se rapproche davantage d'une constitution en ce qu'il crée une loi fondamentale qui règle l'organisation des pouvoirs publics ainsi que la répartition des compétences entre États et

Fédération, tout en garantissant le respect des droits fondamentaux. Ainsi la nation européenne et son cortège de liens communs tissés tout au long de l'histoire n'est-elle pas appelée à disparaître, mais plutôt à s'adapter, au même titre que d'autres concepts et réalités qui lui sont contemporains : l'État, la souveraineté, la démocratie..., à un nouveau moment de cette « modernité inachevée » (Habermas).

– Texte 1 –

Johann Gottlieb Fichte, *Discours à la nation allemande* (1807-1808), 7e discours : « Définition approfondie du caractère originel et allemand d'un peuple »

[...] Et c'est ainsi que doit enfin ressortir dans sa parfaite clarté ce que nous avons voulu *dire* en parlant des Allemands dans la description que nous avons proposée jusqu'ici. Voici le véritable principe de distinction : croit-on à l'existence, en l'homme lui-même, de quelque chose d'absolument premier et d'originel, à la liberté, à la possibilité d'un amendement infini, à un progrès éternel de l'espèce ? Ou bien n'y croit-on pas, et même se figure-t-on apercevoir et concevoir en toute clarté que c'est très exactement le contraire qui se produit ? Tous ceux qui vivent eux-mêmes une existence créatrice et productrice de nouveauté, ou bien qui, si cela leur a été refusé, du moins ont résolu de se désintéresser de ce qui est futile et restent dans l'attente du jour où, peut-être, le courant de la vie originelle viendra les saisir, ou encore ceux qui, sans être allés aussi loin, ont en tout cas un pressentiment de la liberté et ne la haïssent pas, ni ne s'effraient devant elle, mais au contraire l'aiment, tous ceux-là sont des hommes originels, ils constituent, quand on les considère collectivement, un peuple originel, le peuple entendu absolument, bref des Allemands. Tous ceux qui acceptent d'être de second ordre, de n'avoir qu'une nature dérivée, qui se reconnaissent et se conçoivent explicitement comme tels, le sont en effet, et ils le deviennent toujours davantage à la faveur de cette croyance.

Ils constituent un appendice à la vie, laquelle s'est déployée devant eux, ou à côté d'eux, selon sa dynamique propre ils sont l'écho d'une voix déjà éreinte, que répercute la roche ; collectivement, ils sont exclus du peuple originel, et ils sont pour lui des étrangers. Dans la nation qui, jusqu'à aujourd'hui, se nomme le peuple par excellence, autrement dit le peuple allemand, quelque chose d'originel s'est manifesté à l'époque moderne, du moins jusqu'à maintenant, une force productrice du nouveau s'y est affirmée ; désormais, grâce à une philosophie devenue transparente à elle-même, cette nation disposera enfin du miroir dans lequel elle se forgera une conception claire de ce qu'elle fut jusqu'ici par nature, sans en avoir véritablement conscience, et à quoi elle était destinée par cette nature ; et invitation lui est faite de se rendre elle-même entièrement, grâce à cette conception claire et avec un art réfléchi autant que libre, telle qu'elle doit être, de renouveler le pacte et de boucler son propre cercle. On lui expose le principe d'après lequel elle a à boucler un tel cercle quiconque croit à la spiritualité et à la liberté de cette spiritualité, et veut poursuivre par la liberté le développement éternel de cette spiritualité, – celui-là, où qu'il soit né et quelle que soit sa langue, est de notre espèce, il

nous appartient et fera cause commune avec nous. Quiconque croit à l'immobilité, à la régression et à l'éternel retour, ou installe une nature sans vie à la direction du gouvernement du monde, – celui-là, où qu'il soit né et quelle que soit sa langue, n'est pas allemand et est un étranger pour nous, et il faut souhaiter qu'au plus tôt il se sépare de nous totalement.
(Trad. A. Renaut, Imprimerie nationale, 1992.
In E. Renan, *Qu'est-ce qu'une nation ?*, Pocket, coll. « Agora », 1992, p. 244-245)

– Texte 2 –

Ernest Renan, *Qu'est-ce qu'une nation ?* (1882), III

Une nation est une âme, un principe spirituel. Deux choses qui, à vrai dire, n'en font qu'une, constituent cette âme, ce principe spirituel. L'une est dans le passé, l'autre dans le présent. L'une est la possession en commun d'un riche legs de souvenirs ; l'autre est le consentement actuel, le désir de vivre ensemble, la volonté de continuer à faire valoir l'héritage qu'on a reçu indivis. L'homme, messieurs, ne s'improvise pas. La nation, comme l'individu, est l'aboutissant d'un long passé d'efforts, de sacrifices et de dévouements. Le culte des ancêtres est de tous le plus légitime ; les ancêtres nous ont faits ce que nous sommes. Un passé héroïque, des grands hommes, de la gloire (j'entends de la véritable), voilà le capital social sur lequel on assied une idée nationale. Avoir des gloires communes dans le passé, une volonté commune dans le présent ; avoir fait de grandes choses ensemble, vouloir en faire encore, voilà les conditions essentielles pour être un peuple. On aime en proportion des sacrifices qu'on a consentis, des maux qu'on a soufferts. On aime la maison qu'on a bâtie et qu'on transmet. Le chant spartiate : « Nous sommes ce que vous fûtes ; nous serons ce que vous êtes » est dans sa simplicité l'hymne abrégé de toute patrie.
Dans le passé, un héritage de gloire et de regrets à partager, dans l'avenir un même programme à réaliser ; avoir souffert, joui, espéré ensemble, voilà ce qui vaut mieux que des douanes communes et des frontières conformes aux idées stratégiques ; voilà ce que l'on comprend malgré les diversités de race et de langue. Je disais tout à l'heure : « avoir souffert ensemble » ; oui, la souffrance en commun unit plus que la joie. En fait de souvenirs nationaux, les deuils valent mieux que les triomphes, car ils imposent des devoirs, ils commandent l'effort en commun.
Une nation est donc une grande solidarité, constituée par le sentiment des sacrifices qu'on a faits et de ceux qu'on est disposé à faire encore. Elle suppose un passé ; elle se résume pourtant dans le présent par un fait tangible : le consentement, le désir clairement exprimé de continuer la vie commune. L'existence d'une nation est (pardonnez-moi cette métaphore) un plébiscite de tous les jours, comme l'existence de l'individu est une affirmation perpétuelle de vie. Oh ! je le sais, cela est moins métaphysique que le droit divin, moins brutal que le droit prétendu historique. Dans l'ordre d'idées que je vous soumets, une nation n'a pas plus qu'un roi le droit de dire à une province : « Tu m'appartiens, je te prends. » Une province, pour nous, ce sont ses habitants ; si quelqu'un en cette affaire a droit d'être consulté, c'est l'habitant. Une nation n'a jamais un véritable intérêt à s'annexer ou à

retenir un pays malgré lui. Le vœu des nations est, en définitive, le seul critérium légitime, celui auquel il faut toujours en revenir.
(Pocket, coll. « Agora », 1992, p. 54-55.)

– Texte 3 –

Charles Maurras, *Mes idées politiques* (1937), VII, « Patriotisme et nationalisme : définitions »

Les deux mots, par leur passé et par leur étymologie comme par leur sens, ont des acceptions parfaitement distinctes. Patriotisme s'est toujours dit de la piété envers le sol national, la terre des ancêtres et, par extension naturelle, le territoire historique d'un peuple la vertu qu'il désigne s'applique surtout à la défense du territoire contre l'Étranger. Comme le mot suppose une frontière déterminée, un État politique défini, il a quelque chose d'officiel et d'installé. Les intrigants et les flibustiers, comme disait Mistral, sont bien obligés de lui tirer le chapeau. Mais, si nécessaire que soit le patriotisme, loin de rendre inutile la vertu de nationalisme, il la provoque à la vie. Nationalisme s'applique en effet, plutôt qu'à la Terre des Pères, aux Pères eux-mêmes, à leur sang et à leurs œuvres, à leur héritage moral et spirituel, plus encore que matériel. Le nationalisme est la sauvegarde due à tous ces trésors qui peuvent être menacés sans qu'une armée étrangère ait passé la frontière, sans que le territoire soit physiquement envahi. Il défend la nation contre l'Étranger de l'intérieur. La même protection peut être due encore dans le cas d'une domination étrangère continuée dont la force consacrée par un droit écrit n'est pourtant pas devenue un droit réel ainsi qu'il était arrivé, notamment, pour la Pologne, pour l'Irlande et, plus anciennement, pour l'Italie du temps de *Mes prisons*.

De ce qu'un peuple impose doctrine ou méthode à un autre peuple, il ne s'ensuit pas du tout qu'elle rapproche d'une culture plus générale et plus voisine de l'universel. Cela peut arriver. Cela n'arrive pas toujours.

Le propre de l'esprit classique français est de s'enrichir par adaptation, par *intussus*ception de toutes les grandes découvertes de l'humanité Ainsi Rome, d'après Montesquieu, s'honora d'utiliser tous les engins de guerre, toutes les bonnes méthodes qu'elle put observer chez ses ennemis. Le germanisme se renferme au contraire dans l'étroite prison d'un esprit national qui n'a d'humain que ses prétentions, car il est, en fait, très strictement circonscrit dans l'espace et dans le temps.

Il y a donc nationalisme et nationalisme ? Il y a donc autant de nationalismes que de nations ? Mais la même difficulté peut se poser pour le patriotisme aussitôt qu'il se distingue de la simple piété élémentaire du sol natal et de son clocher. Pas plus que les hommes, les patries ne sont égales ni les nations. L'esprit doit se garder en tout ceci du piège que lui tendent le vocabulaire de la démocratie internationale et celui des juristes inattentifs aux différences des matériaux de leurs déductions. Le vieux mot n'a pas cessé d'être vrai, qu'une *science* est *d'abord une langue* bien *faite*. On n'abolit pas les distinctions nécessaires quand on les néglige. L'abstraction légitime a des règles précises, on peut les ignorer cela ne suffit pas pour les anéantir.
(Éd. Albatros, 1986, p. 305-306.)

– Texte 4 –

Dominique Schnapper, *La Communauté des citoyens. Sur l'idée moderne de nation* (1994)

La construction européenne risque d'avoir pour effet pervers de contribuer à cette dépolitisation des démocraties libérales. La paix qu'elle a établie entre les nations européennes démobilise le sentiment national. Le système international européen d'avant 1914, fondé sur les rivalités entre nations voisines, nourrissait le patriotisme et entretenait l'intégration de chaque entité nationale. Toute guerre ou menace de guerre est un facteur d'intégration. Depuis la fin de la Seconde Guerre mondiale, les pays de l'Europe, où étaient nées les nations et où les guerres furent jusqu'au XXe siècle un instrument privilégié de la naissance et de la vitalité du sentiment national, ont conclu leurs rivalités par des négociations, des compromis et des accords. Maintenant que – à tort ou à raison – le communisme n'apparaît plus comme un danger, la situation extérieure risque paradoxalement d'accroître la menace de voir se déliter l'intégration nationale, lorsque, par ailleurs, se multiplient le nombre de ceux qui sont menacés par l'exclusion économique et sociale. Comment ou par qui remplacer les « ennemis héréditaires » que la France, l'Angleterre, l'Allemagne et la Russie ont, selon les périodes, joués l'une pour l'autre ?

La Communauté économique européenne a, d'autre part, créé une Europe des producteurs, des consommateurs et des marchands. Les autorités de Bruxelles interviennent essentiellement dans la vie économique et sociale, elles s'efforcent d'agir sur l'emploi, l'égalité entre les sexes, la rénovation urbaine et l'aménagement rural, la formation et la culture. Elles tendent à renforcer les pouvoirs des collectivités régionales, avec lesquelles elles traitent directement, aux dépens des États nationaux, et à réveiller la vivacité des identités infra-nationales. La citoyenneté « post-nationale », d'ailleurs, qu'appellent de leurs vœux les philosophes et les juristes inquiets de toute dérive nationaliste, si elle était adoptée, agirait aussi dans le sens de la dépolitisation. C'est dans le cadre de la nation que s'étaient construites la légitimité et les pratiques de la démocratie : l'affaiblissement de l'État national, qui est une conséquence de la construction européenne, risque d'entraîner aussi celui de la démocratie. L'appel, souvent maladroit et toujours passionné en France, à « la République » à gauche, et au « patriotisme » et à la « souveraineté » à droite, l'inquiétude qui s'exprime dans toutes les démocraties libérales sur l'échec de l'École, où doit s'enseigner la démocratie, traduisent l'inquiétude que suscite une évolution que le sociologue peut analyser dans ses propres termes. Dans des sociétés qui ne reconnaissent plus la légitimité du principe religieux, ni du principe dynastique, la dissolution du lien national par la citoyenneté dans l'Europe de l'Ouest risque d'affaiblir encore le lien social. Max Weber pensait qu'il n'y avait pas de nation sans volonté de puissance. Il ne pourra pas non plus y avoir d'Europe sans volonté politique commune. La participation au même système économique et social ne suffit pas à unir les hommes. Les sociologues devraient être les derniers à oublier que l'homme social n'est pas seulement un *homo œconomicus*, qu'il vit aussi de ses passions, de ses valeurs et de sa volonté.

(Gallimard, coll. « NRF Essais », 1994, p. 197-198.)

– Texte 5 –

Jürgen Habermas, *Après l'État-nation. Une nouvelle constellation politique* (1998), I, « Tirer la leçon des catastrophes »

Les processus propres à la mondialisation qui ne sont pas purement économiques nous habituent petit à petit à une *autre* perspective. Celle-ci nous révèle toujours plus clairement l'étroitesse de nos théâtres sociaux, la communauté de risques et le tissu des destins collectifs que nous formons. L'accélération et l'intensification de la communication et des échanges réduisent les écarts spatiaux et temporels, alors même que l'expansion des marchés se heurte aux limites de la planète et l'exploitation des ressources à celles de la nature. Ne serait-ce qu'à moyen terme, l'horizon rétréci ne nous permet plus de nous débarrasser des conséquences de nos actions ; de plus en plus rarement, en effet, nous pouvons, sans encourir de sanctions, nous débarrasser de nos faux frais et de nos risques au détriment d'autres secteurs de la société, de régions lointaines, de cultures étrangères ou de générations futures. C'est là une chose évidente qui concerne à la fois les risques que nous fait courir la technologie, difficiles à délimiter, et la production industrielle de matières toxiques au sein des sociétés prospères qui menace désormais tous les continents. Mais alors, pendant combien de temps encore pourrons-nous faire assumer les faux frais de la logique économique aux fractions de la population ouvrière devenues « inutiles » ?

Certes, on ne peut guère s'attendre à ce que des ententes et des réglementations internationales fassent obstacle au rejet des problèmes vers l'extérieur, dans la mesure où les gouvernements, dans leur arène nationale, sont obligés de susciter l'adhésion pour se faire réélire et, à cette fin, doivent être perçus comme des acteurs indépendants. En fait, il faudrait que les États soient progressivement intégrés, d'une manière *perceptible au niveau de la politique intérieure,* aux procédures de coopération d'une communauté d'États ayant force d'obligation dans un esprit de cosmopolitisme. C'est pourquoi il s'agit essentiellement de savoir s'il est possible de faire surgir la conscience qu'une solidarité cosmopolitique est absolument nécessaire dans les sociétés civiles et les espaces publics politiques des régimes qui commencent à s'unir à grande échelle. Car ce n'est que sous la pression d'un tel changement dans la conscience des citoyens, rendu effectif au niveau de la politique intérieure, qu'il sera possible de changer l'idée qu'ont d'eux-mêmes les acteurs capables d'agir à l'échelle de la planète. Changement en vertu duquel ils devraient se considérer de plus en plus eux-mêmes comme les membres d'une communauté internationale, obligés, qu'ils le veuillent ou non, de coopérer, et par là de tenir compte de leurs intérêts respectifs. Il ne faut pas attendre que les élites gouvernantes opèrent un tel changement de perspective, qui consiste à passer des « relations internationales » à la mise en place d'une politique intérieure à l'échelle de la planète ; il faut plutôt que les populations elles-mêmes, dans leur propre intérêt bien compris, encouragent ce changement.

(Trad. R. Rochlitz, Fayard, 2000, p. 36-37.)

Section 3. La justice sociale

La justice est à la fois une valeur, au sens moral, et une institution. Évoquer la justice sociale, c'est faire référence d'abord à la valeur, même si l'expression induit son inscription dans un contexte institutionnel : celui de l'organisation politique et du lien social. On parle aussi de justice distributive, celle-ci renvoyant à la question du juste et de l'injuste dans l'ordre politique et social. S'interroger sur le caractère juste ou injuste d'une société donnée, c'est s'interroger sur la manière dont un ensemble de biens matériels ou symboliques (droits et devoirs, pouvoirs et dépendances, richesse et pauvreté...) est distribué en son sein. Et même s'il ne s'agit pas du seul critère d'appréciation d'une institution ou d'une société, l'évaluation de son caractère juste ou injuste apparaît, en particulier dans le cadre des sociétés démocratiques modernes, comme une donnée essentielle de sa légitimité pour les individus ou les groupes qui en reçoivent ou en subissent bienfaits et obligations.

Il y a deux manières différentes d'être juste pour un individu : soit il y trouve intérêt ou avantage, soit il accepte un devoir d'équité ou une attitude d'impartialité dans la réalisation des aspirations et intérêts de chacun. La première conception, dite de « la justice comme avantage mutuel », apparaît comme une manière classique de penser la justice depuis les sophistes grecs. La justice se résumant dès lors à un compromis entre des hommes qui reconnaissent certaines formes de conduite que leur dicte la prudence ; la justice étant alors conçue comme un pacte entre des égoïstes rationnels dont la stabilité dépend de l'équilibre des forces. La seconde conception, dite de « la justice comme impartialité », implique que le motif de l'action juste tienne au désir d'agir justement de l'agent, c'est-à-dire indépendamment de ses intérêts, voire à son détriment. C'est l'approche kantienne de la justice qui fait de l'acceptation d'un devoir d'équité par les participants à une pratique commune le reflet en chacun de la reconnaissance des aspirations et des intérêts des autres.

3.1. *Justice et égalité*

L'homme est avant tout sensible à l'injustice parce qu'elle correspond à la découverte d'une réalité insupportable, d'un dérangement de l'ordre du monde : « J'errai et je vis toutes les injustices commises sous le soleil et je vis les larmes des victimes de l'injustice [...]. Alors je louai les morts qui étaient déjà morts, plus que les vivants qui étaient encore en vie ; et plus heureux que les deux autres, celui qui ne vit pas encore, et qui n'a pas encore vu l'iniquité qui se commet sous le soleil. » (*L'Ecclésiaste*, 4, 1-3.) L'inégalité vient en second, car elle n'apparaît qu'avec l'émergence du sujet moderne, du sujet de droit (cf. chap. 5, 3). La sensibilité à l'injustice, et de là au sens du juste, est immédiate, alors qu'inégalité et égalité supposent une réflexion de la part de l'homme sur sa place dans le monde. C'est cette réflexion qui fonde précisément la modernité philosophique et les combats politiques qui lui sont liés, qu'il s'agisse de la démocratie ou des droits de l'homme (cf. chap. 3, 4, et chap. 4, 1). L'injustice renvoie à la chute d'un absolu : la justice ; alors que l'inégalité n'est que l'expression d'une situation relative : l'égalité. Pourtant la justice est aussi une notion politique, à propos de laquelle les hommes n'ont de cesse de s'interroger depuis l'Antiquité.

3.2. *Théories classiques de la justice*

L'interrogation méthodique et philosophique sur la justice est née dans la Grèce antique. Avant les philosophes, au VIIIe siècle avant J.-C., le poète grec Hésiode nous dit, dans la *Théogonie*, que Zeus, en dieu souverain juste lui-même et en tant que modèle absolu, « a fait don aux hommes de la justice (*dikè*), qui de beaucoup est le bien le meilleur » (*Les Travaux et les Jours*, trad. P. Mazon, Les Belles Lettres, 1928, p. 279). C'est précisément en cultivant cette disposition à la justice, interdite aux animaux, que les hommes peuvent former cette communauté indispensable à leur survie, qu'ils peuvent connaître le bien. La question qui se pose dès lors est de nature politique : quelle est la relation entre le principe naturel unificateur de la justice et la Cité, lieu de la vie des hommes ? C'est à cette question que vont s'efforcer de répondre sophistes et philosophes, à partir du Ve siècle, au moment où s'établit la démocratie à Athènes, autour de deux thèses principales organisant la justice selon la Nature ou selon la Loi, celle-ci étant une simple convention, une institution proprement humaine. Ainsi Socrate s'oppose-t-il aux sophistes sur la question de la justice dans le *Gorgias* de Platon, en expliquant, notamment, que si l'on peut être heureux et injuste à la fois, à la manière du tyran qu'évoque Polos, alors il vaut mieux subir l'injustice que la commettre. Dans la *République*, Platon développe sa propre théorie de la justice selon laquelle la justice individuelle est une représentation en chacun de l'ordre harmonieux de la Cité autour des vertus (sagesse, courage et modération). Comme pour l'ordre social, la justice de l'âme vient de la répartition harmonieuse des vertus et l'injustice du désordre (cf. texte 1). Pour Aristote, le juste, à l'image du bien, ne peut être de nature conventionnelle. Dans le livre V de l'*Éthique à Nicomaque*, il distingue deux conceptions de la justice : la justice générale et la justice particulière. La première se rapporte à la loi en général, la seconde à l'égalité. La justice générale est une vertu de surplomb – suprême dans le cadre d'une Cité idéale – qui comprend l'ensemble des autres vertus (telles que le courage et la tempérance par exemple) et dispose l'homme à la vie politique et sociale. Mais la justice est également particulière dans le sens où elle renvoie d'une part à la distribution des biens, des honneurs et des richesses, etc., dans la Cité : c'est la justice *distributive* ; d'autre part à la correction des injustices commises dans le cadre des relations privées : c'est la justice *corrective*, celle du juge évaluant le respect des termes d'un contrat par exemple. Ces deux dimensions, relatives à l'égalité dans la Cité sont sous-tendues par la notion de justice *commutative* qui permet de préciser la nature de l'échange et de fixer la valeur des biens dans le caractère de réciprocité de cet échange.

3.3. *Théories modernes de la justice*

L'avènement de la modernité politique, à partir du XVIe siècle, rompt le rapport classique du juste au bien. Il ne s'agit plus de réaliser le juste en fonction d'une conception ordonnée du bien mais d'assurer la justice sociale entre des individus aux droits égaux et aux aspirations variées. La justice sociale devient une question déontologique : elle n'est plus donnée, mais procède désormais de conventions entre les hommes par lesquelles elle doit être à la fois légalisée et légitimée. La justice se confond alors de plus en plus avec le thème juridique de l'égalité. C'est Emmanuel Kant qui en s'inscrivant dans la tradition contractualiste (cf. chap. 3, 3) produit le modèle moderne par excellence d'une théorie déontologique de la justice. Pour Kant, la recherche des conditions de la justice est liée à celle de la liberté dans son acception juridique, c'est-à-dire la liberté d'action circonscrite par les lois. La théorie de la justice de Kant vise ainsi à distinguer la définition juridique de la liberté, celle des hommes dans l'état social, de sa définition « sauvage », celle de la licence de l'état de nature. Le droit se définit pour Kant comme « l'ensemble des conditions au moyen desquelles la volonté de l'un peut s'accorder avec celle de l'autre, suivant une loi générale de liberté » (*Métaphysique des mœurs*, 1797). Or, ce qui est conforme au droit est juste. Les principes de justice sont des principes moraux, ils sont formels et non matériels – ils sont indépendants des désirs, intentions, besoins… variables des individus –, ce sont des impératifs catégoriques. La justice aux yeux de Kant peut donc être définie comme l'ensemble des conditions formelles qui permettent au libre choix de chacun d'être compatible avec la liberté de tous. Il s'agit de la définition de la justice comme impartialité par excellence (cf. texte 2).

L'approche kantienne est réfutée au XIXe siècle par John Stuart Mill au nom d'une conception tout aussi canonique de la justice comme avantage mutuel. Conception ouvertement utilitariste, celle où le juste n'est perçu comme tel que lorsque chacun y trouve son avantage. Mill récuse ce qu'il appelle « l'absolutisme kantien » en constatant que « si la justice est absolument indépendante de l'utilité, si c'est un principe *per se* que l'esprit peut reconnaître par simple introspection, il est difficile de comprendre pourquoi cet oracle intérieur est si ambigu, et pourquoi tant de choses apparaissent tantôt comme justes, tantôt comme injustes, selon le jour sous lequel on les considère » (*L'Utilitarisme*, 1861 – cf. également texte 3).

Rejetant les conceptions kantienne et utilitariste de la justice, les marxistes considèrent la justice sociale comme le simple reflet des préjugés politiques et des besoins économiques des classes dirigeantes, dont le but ultime est la préservation de leur position. Marx a fait la critique de deux discours sur la justice : celui qui en fait une vertu humaine éternelle et celui qui voudrait que l'égalité des droits conduise mécaniquement à l'égalité des résultats. Ainsi, dans sa *Critique du programme de Gotha*, Marx explique-t-il qu'en prenant en compte les droits et la justice distributive on pourrait certes parvenir à une forme de socialisme, mais qu'il est indispensable de se débarrasser de ces préoccupations bourgeoises pour atteindre une forme de société supérieure. À ses yeux, s'intéresser, comme le font certains socialistes, aux formes que pourrait prendre la « redistribution des richesses » dans la société reste une manière non scientifique d'aborder la question sociale. C'est l'analyse et la transformation des modes de production qui seules importent, les modes de distribution étant subordonnés. Pour Marx, le langage de la justice sociale, à l'image de celui des droits, conduit à la rhétorique de « l'égalité formelle », loin donc du processus dialectique qui permet d'atteindre « l'égalité réelle » que suppose la réalisation de la société communiste.

3.4. *La théorie de la justice de John Rawls*

La critique marxiste de l'idée de justice sociale et de la notion juridique moderne d'égalité va s'avérer dévastatrice, reléguant toute interrogation à son sujet au mieux dans les préoccupations des sociaux-démocrates et autres réformistes sur l'État-providence. Le combat idéologique qui s'engage autour de la question de l'égalité rendant vain pendant de nombreuses années toute réflexion sérieuse sur le sujet. Ce n'est, au XXe siècle, qu'à la suite des doutes suscités, à la fois chez les auteurs libéraux modérés et les sociaux-démocrates, tant par l'approche des sociétés communistes – une justice sociale essentiellement fondée sur un égalitarisme volontariste au mépris de la liberté individuelle – que par la mise en échec à l'occasion de la crise économique du compromis qui avait débouché sur la création d'un État-providence protecteur « du berceau à la tombe » que la notion de justice sociale est revenue au centre des préoccupations à la fois philosophiques et politiques. C'est John Rawls qui a été l'artisan de la relance d'un débat sur ce thème.

Rawls reformule la question de la justice sociale moderne : comment les hommes peuvent-ils rester égaux tout en reconnaissant et en formalisant publiquement leurs différences ? Rawls reprend, à la suite de Kant, la réflexion sur le moyen d'assurer à la fois un principe intangible de respect des libertés fondamentales de l'individu en même temps qu'un principe à la fois rationnel et raisonnable de traitement des différences de la situation de chaque individu au sein de la société. Il propose « deux principes de justice », le premier dit « d'égalité des libertés » : « chaque personne doit avoir un droit égal au système le plus étendu de libertés de base égales pour tous qui soit compatible avec le même système pour les autres » ; le second (double) dit « de différence » et de « juste égalité des chances », à propos de la répartition des richesses : « les inégalités sociales et économiques doivent être organisées de façon à ce que, à la fois, (a) l'on puisse raisonnablement s'attendre à ce qu'elles soient à l'avantage de chacun et (b) qu'elles soient attachées à des positions et à des fonctions ouvertes à tous » (John Rawls, *Théorie de la justice*, 1971, trad. C. Audard, Le Seuil, 1987, p. 91). Les inégalités sont ainsi reconnues comme incontournables mais corrigibles, de manière progressive, avant tout au profit de ceux qui bénéficient le moins du libre jeu politique, économique et social offert par la société libérale.

Rawls entend ainsi relever le défi moderne de l'inévitable inégalité sans verser dans l'injustice : en assumant le « fait du pluralisme » des opinions, valeurs, conceptions de la vie bonne, etc. sans risquer de perdre le lien social dans le jeu de la concurrence débridée, et en réaffirmant l'égalité des droits. En fait, corriger les inégalités « réelles » sans sacrifier la liberté des individus et leur égalité juridique (cf. texte 4).

La critique principale adressée à la théorie de la justice de Rawls est venue d'auteurs dits « communautaristes » pour lesquels l'individualisme et le caractère purement déontologique de la conception rawlsienne est en contradiction avec la réalité des sociétés et des aspirations humaines (Michael Sandel, *Le Libéralisme et les Limites de la justice*, 1982 ; Michael Walzer, *Sphères de justice*, 1983). Dans le modèle libéral défendu par Rawls, la société n'est pas fondée sur une identité partagée ou sur une compréhension partagée du « bien commun » mais constituée par des principes, règles et procédures de droit. C'est une communauté de droit, une communauté juridique ou légale plutôt qu'une communauté identitaire ou morale (cf. texte 5). Pour les communautaristes, le défaut de cette conception apparaît immédiatement : il semble en effet indispensable de partager quelque chose : ne serait-ce que l'appartenance aux sociétés développées, démocratiques représentatives et libérales par exemple, afin de pouvoir se mettre d'accord sur les principes de justice qui vont régir la société et permettre le développement des différentes conceptions du bien.

3.5. *Les nouvelles dimensions de la justice sociale*

La remise en cause à l'occasion de la crise de l'État-providence (cf. chap. 3, 2) des fondements du compromis social de l'après-guerre a conduit à l'émergence de nouvelles approches de la justice sociale. La première s'inscrit dans une logique traditionnelle, proche de la théorie marxiste des classes sociales, en mettant en avant la notion de « domination ». Il s'agit, pour l'essentiel, d'une prise en compte des divisions sociales et des relations conflictuelles qui en résultent selon les lignes de force de la structure productive (propriétaires du capital, travailleurs) mais en appliquant les concepts qui y sont liés – la domination, l'aliénation, les rapports de force, etc. – à de nouveaux groupes sociaux : les immigrés, les femmes, les homosexuels, etc. Des groupes qui ne sont plus nécessairement structurés autour du travail et dont le statut apparaît, sous plusieurs aspects, minoré dans la société. On trouve une illustration de cette approche dans les travaux récents de Pierre Bourdieu notamment – sur les modes de reproduction des élites, sur la misère, sur la domination sexuelle… – qui présentent une vision de la société organisée selon des rapports conflictuels entre un « haut » et un « bas » : élite/peuple, hommes/femmes, nationaux/étrangers, journalistes/téléspectateurs, etc. La justice sociale reste, dans ce cadre, affaire de restauration des conditions d'une égalité réelle, celle-ci passant par l'identification précise des mécanismes de la domination sociale de certains groupes vis-à-vis d'autres et leur traitement politique.

Une deuxième approche tend à substituer à la question sociale classique de la redistribution des richesses, la préoccupation pour un phénomène nouveau et spécifique : l'exclusion sociale. Les auteurs qui privilégient l'étude de l'exclusion comme questionnement de la justice sociale distinguent non plus des « classes » mais des « populations », positionnées non plus selon une structure « haut/bas » mais entre un « centre » et une « périphérie » de la société selon leur plus ou moins grande « insertion » dans la vie économique, sociale, politique, culturelle de cette société. Les populations en question forment ainsi des groupes d'inclus, de reclus, et surtout d'exclus, identifiables tout particulièrement dans certains lieux témoins : l'école, les banlieues des grandes villes. Ce sont les traits particuliers qui caractérisent ces différentes populations ou encore les politiques publiques qui sont mises en œuvre pour remédier aux formes variées d'exclusion (les zones d'éducation prioritaire, le revenu minimum d'insertion, la politique de la ville… depuis une vingtaine d'années) qui intéressent les auteurs s'inscrivant dans cette perspective – tels que Alain Touraine, Michel Wieviorka, François Dubet ou Serge Paugam en France.

Pierre Rosanvallon propose une troisième approche dans *La Nouvelle Question sociale* (1995) : les phénomènes actuels d'exclusion ne renvoient pas aux catégories anciennes de l'exploitation, il méritent plutôt d'être analysés d'une manière adaptée aux nouvelles conditions de la vie sociale. Une vie sociale individualisée, dans laquelle il est de plus en plus difficile de parler de groupes sociaux et de classes homogènes. Or, cette « individualisation du social » rend difficile toute politique indifférenciée de lutte contre les inégalités : en particulier en matière de protection sociale et de prise en compte des risques de la vie. « Le traitement de l'exclusion en particulier ne relève pas des mêmes formes d'action publique que celles qui ont été rodées par les politiques sociales inspirées par la lutte contre les inégalités. L'application de mesures générales ne convient pas ; il est nécessaire de mobiliser les ressources des réseaux locaux, un traitement particulier doit être mis en place pour chaque personne, envisagée dans sa singularité » (J. Affichard et J.-B. de Foucauld, *Justice sociale et inégalités*, Introduction, éd. Esprit, 1992, p. 17). Il s'agit donc de mieux appréhender les différences de statut et leur évolution pour chaque individu afin de mieux adapter la protection sociale notamment. On découvre ainsi, au bout de la démarche de la justice sociale comme équité, la notion de « discrimination positive » (traduction malheureuse de l'américain *affirmative action*) : c'est-à-dire la compensation des handicaps sociaux de certains individus ou de certaines catégories d'individus par l'attribution de droits dérogatoires. On passe ainsi graduellement d'une conception de la justice sociale comme correction des inégalités de richesse à la mise en œuvre d'une égalité de la dignité et de reconnaissance de l'identité propre et irréductible de chacun dans la société. Les institutions devant tenir compte de la diversité des projets et des aspirations, ainsi que des situations concrètes.

– Texte 1 –

Platon, *La République* (vers 375 av. J.-C.), livre II, 360e-361d

Glaucon : [...] Pour en venir au jugement lui-même sur la vie des hommes dont nous parlons, c'est si nous savons distinguer l'un de l'autre l'homme le plus juste et l'homme le plus injuste, que nous serons capables de juger correctement. Sinon, nous ne le serons pas. Or, comment opérer cette distinction ? Voici : n'enlevons rien ni à l'injustice de l'homme injuste, ni à la justice du juste, mais posons chacun des deux comme parfait dans ce qu'il pratique. Que pour commencer l'homme injuste agisse comme les hommes compétents dans leur art : comme un pilote, ou un médecin exceptionnel, distingue ce qui est impossible dans son art et ce qui est possible, pour entreprendre le second, en renonçant au premier ; et comme ensuite, si jamais il échoue sur quelque point, il se montre capable de se corriger ; il faudrait de même que l'homme injuste, entreprenant de façon correcte de commettre des injustices, sache passer inaperçu, si l'on veut qu'il soit tout à fait injuste. Quant à celui qui se fait prendre, il faut le considérer comme imparfait. Car l'extrême injustice, c'est de donner l'impression d'être juste, quand on ne l'est pas réellement. Il faut donc attribuer à celui qui est parfaitement injuste l'injustice la plus parfaite, sans rien en soustraire, et permettre qu'au moment où il commet les plus grandes injustices, la plus grande réputation de justice lui soit assurée ; et si cependant il échoue sur quelque point, le rendre capable de se corriger, en étant à la fois apte à parler pour convaincre, au cas où l'une de ses injustices serait dénoncée, ou à user de violence, dans tous les cas où il est besoin de violence, grâce à sa virilité, à sa force, et à sa provision d'amis et de richesses. L'ayant ainsi posé, dressons en paroles à côté de lui l'homme juste, un homme simple et noble, qui entend, comme le dit Eschyle, « non pas sembler, mais être » homme de bien. Oui, il faut enlever ce « sembler ». Car s'il semble être juste, a lui viendront les honneurs et les prébendes, qui vont à celui qui semble être tel. On ne pourrait plus voir alors si c'est en visant ce qui est juste, ou en visant les prébendes et les honneurs, qu'il serait tel. Il faut donc le dénuder de tout, sauf de justice, et faire qu'il soit dans une situation contraire à celle du précédent. Lui qui ne commet aucune injustice, qu'il ait la plus grande réputation d'injustice, de façon qu'on mette sa justice à l'épreuve, pour savoir si elle n'est pas émoussée par la mauvaise réputation et par ce qui en découle ; et qu'il aille sans se déjuger jusqu'à la mort, donnant l'impression, tout au long de sa vie, d'être injuste, alors qu'en réalité il est juste. Ainsi, l'un et l'autre étant allés jusqu'à l'extrême, l'un de la justice, l'autre de l'injustice, qu'on les juge pour savoir lequel d'entre eux est le plus heureux.
(Trad. P. Pachet, Gallimard, coll. « Folio », 1993, p. 101-102.)

– Texte 2 –

Emmanuel Kant, *De ce proverbe : « Cela est bon en théorie, mais ne vaut rien en pratique »* (1793), II, « Du rapport de la théorie avec la pratique dans le droit politique »

[6] L'égalité, comme égalité des sujets. On peut la formuler de cette manière : chaque membre du corps commun a des droits de contrainte sur tout autre,

le chef de l'État seul excepté (parce qu'il n'en est pas un membre mais le créateur ou le conservateur), qui a seul le pouvoir de contraindre sans être soumis lui-même à une loi de contrainte. Mais tout ce qui se trouve sous des lois est sujet d'un État et par conséquent est soumis au droit de contrainte, à l'égal de tous les autres membres du corps commun ; un seul est excepté (dans sa personne physique ou morale), le chef de l'État, qui seul peut exercer toute contrainte de droit. Car s'il pouvait lui aussi être contraint, il ne serait pas le chef de l'État et la série de subordination s'élèverait à l'infini. Mais s'il y en avait deux (deux personnes affranchies de toute contrainte), ni l'une ni l'autre ne serait sous des lois de contrainte et l'une ne pourrait pas commettre d'injustice envers l'autre, ce qui est impossible.

[7] Mais cette égalité générale des hommes dans un État comme sujets de l'État, est tout à fait compatible avec la plus grande inégalité quant au nombre et au degré de ce qu'ils possèdent, soit en fait de supériorité physique et intellectuelle sur les autres, soit en fait de biens de la fortune en dehors d'eux et de droits en général (et il peut y en avoir beaucoup) qu'ils peuvent avoir sur d'autres ; de sorte que le bien-être de l'un dépend beaucoup de la volonté de l'autre (le bien-être du pauvre de la volonté du riche) ; qu'il faut que l'un obéisse (comme l'enfant à ses parents ou la femme à son mari) et l'autre lui commande ; que l'un sert (en qualité de journalier) et l'autre paye, etc. Mais quant au *droit* (lequel, comme expression de la volonté générale, ne peut qu'être unique et concerne la forme du droit et non la matière ou l'objet sur lequel j'ai un droit), les hommes sont pourtant tous égaux, entre eux, comme sujets. Nul, en effet, ne peut contraindre un autre que par la loi publique (et l'exécuteur de cette loi, le chef de l'État), par laquelle cependant tout autre peut dans la même mesure résister aux autres, sans que personne ne puisse perdre sinon par son propre crime ce droit de contraindre (par conséquent ce droit envers autrui) ; nul ne peut même y renoncer de soi-même, c'est-à-dire faire par un contrat, par conséquent par un acte juridique, qu'il n'ait plus de droits mais simplement des devoirs, parce qu'il se priverait ainsi lui-même du droit de faire un contrat et que par suite le contrat se détruirait lui-même.

[8] De cette Idée de l'égalité des hommes dans un corps commun comme sujets résulte encore cette formule : il faut que tout membre de ce corps commun y puisse atteindre tout niveau de situation (pouvant revenir à un sujet) où peuvent l'élever son talent, son travail et sa chance ; et il n'est pas permis à ses co-sujets de lui barrer la route en vertu d'une prérogative *héréditaire* (comme privilégiés pour une certaine situation) qui le retienne éternellement, lui et ses descendants, à un rang inférieur au leur.

(Trad. J.-M. Muglioni, Hatier, 1990, p. 49-50.
Trad. F. Proust, Flammarion, coll. « GF », 1994, p. 66-67.)

– Texte 3 –

John Stuart Mill, *L'Utilitarisme* (1861), chap. V : « Du lien qui unit la justice et l'utilité »

Il existe un lien étroit entre l'idée d'impartialité et celle *d'égalité ;* celle-ci entre souvent comme partie composante aussi bien dans l'idée que dans la pratique de la justice, et aux yeux de bien des gens, elle constitue son essence.

Mais, dans ce cas plus encore que dans aucun autre, la notion de justice varie suivant les personnes, et toujours avec l'idée qu'elles se font de l'utilité *[utility]*. Chaque personne affirme que l'égalité est une exigence de la justice, sauf dans les cas où, à son avis, l'inégalité s'impose parce qu'elle est expédiente. La justice qui consiste à accorder une égale protection aux droits de tous est défendue par des gens qui se montrent partisans de l'inégalité la plus odieuse dans les droits eux-mêmes. Même dans les pays où l'on pratique l'esclavage, il est admis théoriquement que les droits de l'esclave, tels qu'ils sont, doivent être aussi sacrés que ceux du maître ; et qu'un tribunal qui ne les fait pas respecter avec une impartiale rigueur, n'est pas juste ; alors qu'en même temps des institutions qui laissent à l'esclave à peine quelques droits à faire valoir ne sont pas regardées comme injustes, parce qu'elles ne sont pas regardées comme inexpédientes. Ceux qui pensent que pour des raisons d'utilité, les distinctions de rang sont nécessaires, ne regardent pas comme injuste que les richesses et les privilèges sociaux soient inégalement répartis ; mais ceux qui considèrent cette inégalité comme inexpédiente pensent aussi qu'elle est injuste. Quiconque juge le gouvernement nécessaire ne considère en aucune façon comme injuste l'inégalité – si grande qu'elle soit – que l'on établit en donnant au magistrat des pouvoirs qui ne sont pas accordés aux autres personnes. Même parmi ceux qui professent des doctrines égalitaires, il y a autant de façons de poser le problème de la justice qu'il y a de façons différentes de concevoir l'expédient. Quelques communistes considèrent comme injuste que le produit du travail de la communauté soit réparti d'après un autre principe que celui d'une rigoureuse égalité ; d'autres regardent comme juste qu'on attribue la plus grosse part à ceux qui ont les plus grands besoins ; tandis que, selon d'autres, ceux qui travaillent davantage ou produisent davantage, ou dont les services ont plus de valeur pour la communauté sont fondés à réclamer une plus grande quote-part dans la distribution du produit. Et on peut, d'une façon plausible, faire appel au sentiment de la justice naturelle en faveur de chacune de ses opinions.
(Trad. G. Tanesse, Flammarion, coll. « Champs », 1988, p. 124-126.)

– Texte 4 –

John Rawls, *Théorie de la justice* (1971), chap. I, 3 : « L'idée principale de la théorie de la justice »

Mon but est de présenter une conception de la justice qui généralise et porte à un plus haut niveau d'abstraction la théorie bien connue du contrat social telle qu'on la trouve, entre autres, chez Locke, Rousseau et Kant. Pour cela, nous ne devons pas penser que le contrat originel soit conçu pour nous engager à entrer dans une société particulière ou pour établir une forme particulière de gouvernement. L'idée qui nous guidera est plutôt que les principes de la justice valables pour la structure de base de la société sont l'objet de l'accord originel. Ce sont les principes mêmes que des personnes libres et rationnelles, désireuses de favoriser leurs propres intérêts, et placées dans une position initiale d'égalité, accepteraient et qui, selon elles, définiraient les termes fondamentaux de leur association. Ces principes doivent servir de règle pour tous les accords ultérieurs ; ils spécifient les formes de la coopération sociale dans lesquelles on peut s'engager et les formes de gouvernement qui peuvent être établies. C'est cette façon de considérer les principes de la justice que j'appellerai la théorie de la justice comme équité.

Par conséquent, nous devons imaginer que ceux qui s'engagent dans la coopération sociale choisissent ensemble, par un seul acte collectif, les principes qui doivent fixer les droits et les devoirs de base et déterminer la répartition des avantages sociaux. Les hommes doivent décider par avance selon quelles règles ils vont arbitrer leurs revendications mutuelles et quelle doit être la charte fondatrice de la société. De même que chaque personne doit décider, par une réflexion rationnelle, ce qui constitue son bien, c'est-à-dire le système de fins qu'il est rationnel pour elle de rechercher, de même un groupe de personnes doit décider, une fois pour toutes, ce qui, en son sein, doit être pour juste et pour injuste. Le choix que des êtres rationnels feraient, dans cette situation hypothétique d'égale liberté, détermine les principes de la justice – en supposant pour le moment que le problème posé par le choix luimême ait une solution.

Dans la théorie de la justice comme équité, la position originelle d'égalité correspond à l'état de nature dans la théorie traditionnelle du contrat social. Cette position originelle n'est pas conçue, bien sûr, comme étant une situation historique réelle, encore moins une forme primitive de la culture. Il faut la comprendre comme étant une situation purement hypothétique définie de manière à conduire à une certaine conception de la justice. Parmi les traits essentiels de cette situation, il y a le fait que personne ne connaît sa place dans la société, sa position de classe ou son statut social, pas plus que personne ne connaît le sort qui lui est réservé dans la répartition des capacités et des dons naturels, par exemple l'intelligence, la force, etc. J'irai même jusqu'à poser que les partenaires ignorent leurs propres conceptions du bien ou leurs tendances psychologiques particulières. Les principes de la justice sont choisis derrière un voile d'ignorance. Ceci garantit que personne n'est avantagé ou désavantagé dans le choix des principes par le hasard naturel ou par la contingence des circonstances sociales. Comme tous ont une situation comparable et qu'aucun ne peut formuler des principes favorisant sa condition particulière, les principes de la justice sont le résultat d'un accord ou d'une négociation équitables *(fair)*. Car, étant donné les circonstances de la position originelle, c'est-à-dire la symétrie des relations entre les partenaires, cette situation initiale est équitable à l'égard des sujets moraux, c'est-à-dire d'êtres rationnels ayant leurs propres systèmes de fins et capables, selon moi, d'un sens de la justice. La position originelle est, pourrait-on dire, le *statu quo* initial adéquat et c'est pourquoi les accords fondamentaux auxquels on parvient dans cette situation initiale sont équitables. Tout ceci nous explique la justesse de l'expression « justice comme équité » : elle transmet l'idée que les principes de la justice sont issus d'un accord conclu dans une situation initiale elle-même équitable. Mais cette expression ne signifie pas que les concepts de justice et d'équité soient identiques, pas plus que, par exemple, la formule « la poésie comme métaphore » ne signifie que poésie et métaphore soient identiques.

La théorie de la justice comme équité commence, ainsi que je l'ai dit, par un des choix les plus généraux parmi tous ceux que l'on puisse faire en société, à savoir par le choix des premiers principes qui définissent une conception de la justice, laquelle déterminera ensuite toutes les critiques et les réformes

ultérieures des institutions. Nous pouvons supposer que, une conception de la justice étant choisie, il va falloir ensuite choisir une constitution et une procédure législative pour promulguer des lois, ainsi de suite, tout ceci en accord avec les principes de la justice qui ont été l'objet de l'entente initiale. Notre situation sociale est alors juste quand le système de règles générales qui la définit a été produit par une telle série d'accords hypothétiques. De plus, si on admet que la position originelle détermine effectivement un ensemble de principes (c'est-à-dire qu'une conception particulière de la justice y serait choisie), chaque fois que ces principes seront réalisés dans les institutions sociales, les participants pourront alors se dire les uns aux autres que leur coopération s'exerce dans des termes auxquels ils consentiraient s'ils étaient des personnes égales et libres dont les relations réciproques seraient équitables. Ils pourraient tous considérer leur organisation comme remplissant les conditions stipulées dans une situation initiale qui comporte des contraintes raisonnables et largement acceptées quant au choix des principes. La reconnaissance générale de ce fait pourrait fournir la base d'une acceptation par le public des principes de la justice correspondants.
(Trad. C. Audard, Le Seuil, 1987, p. 37-39.)

– Texte 5 –

Michael Walzer, *Sphères de justice. Une défense de l'égalité et du pluralisme* (1983), chap. I : « L'égalité complexe »

S'agissant de justice distributive, l'histoire a révélé une grande variété de dispositifs et d'idéologies. Mais la première réaction du philosophe est de résister à ce que montre l'histoire, au monde des apparences, et de rechercher quelque unité sous-jacente, comme une courte liste de biens fondamentaux, vite ramenés à un seul, ou comme un critère de répartition unique ou un ensemble de critères de ce type, le philosophe se tenant, symboliquement tout du moins, à un point de décision unique. Je voudrais soutenir que rechercher une unité de ce genre c'est se méprendre sur la nature de la justice distributive. En un sens, pourtant, l'impulsion philosophique est inévitable. Même si nous optons pour le pluralisme, comme je le ferai ici, c'est un choix qu'il faut justifier de manière cohérente. Il doit exister des principes qui justifient le choix et qui lui imposent certaines limites, car le pluralisme n'implique pas que nous endossions n'importe quel critère de répartition pour n'importe quel agent possible. Il n'y a vraisemblablement qu'une seule forme correcte et légitime de pluralisme. Mais ce pluralisme sera sans doute de nature à autoriser un ensemble très vaste de répartitions. Par opposition, le présupposé le plus enraciné chez la plupart des philosophes qui ont écrit sur la justice, de Platon à nos jours, est qu'il n'y a qu'un et un seul système distributif que la philosophie puisse justifier.

Aujourd'hui, on décrit souvent ce système comme celui que des hommes idéalement rationnels choisiraient s'ils étaient forcés de choisir de manière impartiale, ignorant tout de leur propre situation, empêchés de faire des revendications au nom d'intérêts particuliers, et confrontés à un ensemble abstrait de biens. Si l'on détermine correctement les conditions portant sur les connaissances et les revendications des individus, et si l'on définit correc-

tement les biens concernés, il est probable que l'on pourra arriver à une conclusion unique. Des hommes et des femmes rationnels, contraints de telle ou telle manière, choisiront un système distributif et un seul. Mais la force de cette conclusion unique n'est pas facile à mesurer. Il est certainement douteux que ces mêmes hommes et femmes, s'ils étaient transformés en individus ordinaires, avec un sens aigu de leur propre identité et leurs propres biens entre les mains, aux prises avec les soucis quotidiens, réitéreraient leur choix hypothétique ou même le reconnaîtraient comme étant le leur. Le problème ne tient pas principalement au particularisme des intérêts, que les philosophes ont toujours cru pouvoir aisément – c'est-à-dire sans que cela suscite d'objection – laisser de côté. Cela, les individus ordinaires peuvent aussi le faire, par exemple pour satisfaire l'intérêt général. Le problème véritable est celui du particularisme de l'histoire, de la culture et de l'appartenance à une communauté. Même s'ils sont censés être impartiaux, la question que se poseront le plus probablement les membres d'une communauté politique n'est pas : que choisiraient des individus rationnels dans telle ou telle condition propre à garantir l'universalité de leur choix ? Mais que choisiraient des individus comme nous, dans la situation qui est la nôtre, partageant une culture et déterminés à continuer à la partager ? Et cette question se transforme rapidement en celle-ci : quelles sortes de choix avons-nous déjà faits durant notre vie commune ? Et quelles conceptions avons-nous (vraiment) en commun ? La justice est une construction humaine, et il est douteux qu'elle puisse se réaliser d'une seule manière. En tout cas, je commencerai par mettre en doute, et même faire plus que mettre en doute, ce présupposé philosophique. Les questions que pose la théorie de la justice distributive peuvent recevoir toute une série de réponses, qui sont compatibles avec l'existence de diversités culturelles et de choix politiques variés. Il ne s'agit pas seulement de réaliser un quelconque principe unique, ou un quelconque ensemble de principes dans diverses situations historiques. Personne ne songe à nier qu'il y ait toute une gamme de réalisations possibles moralement justifiables. La thèse que je veux défendre a une portée plus large : les principes de justice sont eux-mêmes pluralistes dans leur forme même ; on doit répartir différents biens sociaux pour toutes sortes de raisons, en accord avec toutes sortes de procédures, faisant chaque fois intervenir des agents différents ; et toutes ces différences ont leur source dans les conceptions différentes que l'on peut avoir des biens sociaux eux-mêmes, qui sont le produit inévitable de particularismes historiques et culturels.
(Trad. P. Engel, Le Seuil, 1997, p. 25-27.)

Section 4. Le multiculturalisme

Le monde contemporain est traversé par de multiples questionnements identitaires émanant d'individus, de groupes sociaux, de communautés… liés à l'appartenance culturelle. Ces interrogations structurent une grande part du débat public, surtout depuis la fin de l'affrontement entre systèmes idéologiques qui a présidé à l'organisation du monde pendant une bonne part du XXe siècle. Les tensions nationalistes, les fondamentalismes religieux, les tentations de repli identitaire, les mouvements d'affirmation culturelle, les violences racistes sont devenus le quotidien de nombre de sociétés humaines. Non tant que tout cela soit nouveau, mais simplement parce que les conditions socio-historiques contemporaines entre individualisation du lien social, développement économique et « pacification » du monde – en dehors de quelques zones et pays toujours soumis à la violence politique comme moyen de règlement des conflits – favorisent l'émergence de revendications identitaires appuyées sur des fondements culturels. Il serait pourtant réducteur de limiter cette nouvelle « quête identitaire » à une conjoncture historique, aussi déterminante soit-elle. La manière dont se pose aujourd'hui « la question identitaire moderne » se présente ainsi sous les traits d'une nouvelle étape dans la longue histoire de ses formulations successives.

La question identitaire moderne place l'individu face à lui-même. Sans transcendance naturelle ou divine qui s'impose à lui – philosophiquement, on peut comprendre ici la modernité comme la « mort de Dieu » (cf. chap. 1) –, l'homme moderne doit constituer son propre système de valeurs et trouver par et en lui-même les moyens de tisser le lien social dans lequel il s'inscrit. L'existence de l'homme moderne est ainsi marquée par une quête continue de ces valeurs et de ce lien social qui ne cessent, en raison de leur caractère incertain et changeant, de lui échapper. Le monde idéal et le monde réel ne correspondent pas et tout l'effort humain consiste à amener celui-ci vers celui-là, mais dans les conditions spécifiques de la modernité. L'homme ne sait donc pas de quelle manière il doit s'y prendre car il ne dispose d'aucun autre repère que ceux dont il est en mesure de se doter lui-même.

4.1. Le multiculturalisme comme objet intellectuel

Le point de départ des réflexions contemporaines sur le multiculturalisme tient à une conception de l'identité fondée sur la différence culturelle entre les individus et les groupes d'individus. Celle-ci caractérise l'identité humaine à partir de ses appartenances culturelles multiples plutôt que de son individualité – critère réservé à la vision universaliste et égalitariste de l'homme. Le multiculturalisme nous enseigne que l'individu ne peut vivre la différence qui le constitue comme être humain qu'au travers de l'appartenance à un ou plusieurs groupes « culturels ». Ces différents groupes qui forment les sociétés humaines jouant ainsi le double rôle d'agrégats des différences individuelles — qui peuvent être infinies – et de lieux de socialisation primaire des individus, en leur fournissant des éléments d'identification et les moyens d'expression concrète de leur différence (cf. texte 3).

Cette première étape du raisonnement multiculturaliste débouche sur un certain nombre de conséquences fondamentales pour la constitution du lien social. Les groupes culturels, en raison de données historiques, géographiques, démographiques, etc., ne sont pas égaux dans l'expression de leurs différences au sein des sociétés humaines ; ils ne possèdent pas tous le même accès à l'espace public par exemple. Ainsi, certains groupes dominent-ils les autres en leur imposant leur propre vision du monde – qui est une des expressions de leur différence –, niant en cela la ou les différences des autres, dominés. C'est le cas, par exemple, aux yeux des auteurs multiculturalistes, de la culture occidentale d'origine européenne qui valorise l'individu comme être autonome et rationnel, dont l'idéal est l'émancipation de toute emprise collective. Cette domination culturelle impose un modèle unique de pensée (la pensée occidentale sécularisée issue des Lumières), de développement (l'économie capitaliste de marché), et politique (la démocratie des droits et des libertés individuelles) au nom d'un universalisme qui se pense lui-même comme évidence rationnelle (cf. texte 4). Cette domination a conduit à la valorisation d'un certain nombre de traits culturels spécifiques qui a conduit à son tour à l'oppression, voire à la persécution (par le colonialisme, l'impérialisme, le scientisme), des cultures valorisant d'autres traits culturels et d'autres règles sociales. La logique du multiculturalisme étant de renverser ce « sens de l'histoire ». Il s'agit de rompre avec la domination d'un groupe culturel sur d'autres pour laisser place au respect de l'ensemble des cultures et de leurs différences. Aucune culture, aucun groupe culturel, ne pouvant être jugé supérieur à un autre quant aux valeurs et aux règles qu'il défend par exemple. Pour répondre à ces raisons philosophiques et aux enseignements de l'histoire – domination et oppression –, ce multiculturalisme politique ou militant, fidèle en cela à son « invention américaine » depuis les années 1960-1970, propose de se situer sur le terrain du droit. Il prend ainsi une nouvelle dimension, celle de la revendication de droits par les groupes culturels dominés : les minorités. L'idée dominante étant qu'en revendiquant la mise en place de droits compensatoires propres aux groupes minoritaires victimes de la domination et de l'oppression, les sociétés contemporaines peuvent effacer peu à peu les séquelles de l'histoire – c'est-à-dire endosser concrètement la responsabilité de leur attitude vis-à-vis de victimes. On constate ainsi que différents niveaux d'analyse interviennent dans le « raisonnement » multiculturaliste. D'abord un niveau philosophique qui lie une vision anthropologique de l'homme comme membre de groupes culturels à une pensée de la différence comme fondement de l'identité ; ensuite un niveau historique qui présente l'histoire humaine comme une suite de rapports de domination et d'oppression de la part de certaines cultures sur d'autres, et notamment de la culture « mâle blanche occidentale d'origine européenne » ; enfin un niveau à la fois sociologique et politique qui trouve son débouché dans le droit comme pivot des revendications tant sur le mode d'une compensation aux « victimes » de l'histoire (liant droit et responsabilité) que sur celui de la projection par rapport à une conception philosophique de l'homme et de la société – liant droit et norme sociale.

4.2. *Différence, reconnaissance et authenticité*

Le philosophe canadien Charles Taylor explique que l'un des traits fondamentaux de « l'identité humaine » réside dans le besoin de reconnaissance que chacun d'entre nous éprouve : « Notre identité est partiellement formée par la reconnaissance ou par son absence, ou encore par la mauvaise perception qu'en ont les autres : une personne ou un groupe de personnes peuvent subir un dommage ou une déformation réelle si les gens ou la société qui les entourent leur renvoient une image limitée, avilissante ou méprisable d'eux-mêmes [...]. La reconnaissance n'est pas simplement une politesse que l'on fait aux gens : c'est un besoin humain vital. » (« La politique de reconnaissance », *Multiculturalisme, différence et démocratie*, Aubier, 1992, p. 41-42.) Un changement déterminant dans la conscience de l'homme moderne est à l'origine de ce lien étroit entre identité et reconnaissance. Il s'agit du passage, au cours du XVIIIe siècle, de la logique de l'honneur constitutive des sociétés « holistes » et hiérarchiques à celle de la dignité, propre à la société démocratique conformément à un « idéal d'authenticité » : la source de tout bien résidant désormais en nous-mêmes et non plus à l'extérieur de notre être. La consolidation philosophique de cet idéal d'authenticité s'est fait par l'intermédiaire de Jean-Jacques Rousseau et de Johann Herder au XVIIIe siècle, puis de John Stuart Mill qui en fait un des arguments essentiels du chapitre 3 de son essai *Sur la liberté* (cf. textes 1 et 2). Comment dès lors définir ce qu'est concrètement ce sens de « l'identité » pour l'homme moderne ? Il s'agit de « l'arrière-plan à partir duquel nos goûts, nos désirs, nos opinions et nos aspirations prennent leur sens. (Par exemple) si certaines choses que j'apprécie le plus ne me sont accessibles que par la relation avec la personne que j'aime, celle-ci devient alors partie de mon identité [...]. Ainsi la découverte de ma propre identité ne signifie pas que je l'élabore dans l'isolement, mais que je la négocie par le dialogue, partiellement extérieur, partiellement intérieur, avec d'autres. » (C. Taylor, *ibid.*, p. 51-52.)

Depuis la fin du XVIIIe siècle, la formation dialogique de l'identité au sein d'une sphère privée autonome trouve son prolongement naturel dans la politique de reconnaissance égalitaire à l'œuvre dans la sphère publique. Or, c'est précisément parce que les modalités de la reconnaissance égalitaire sont déficientes à l'égard de « minorités » dans les sociétés contemporaines que la question identitaire est reformulée de manière parfois bruyante. La politique de reconnaissance égalitaire a en effet conduit à développer deux positions politiques différentes qui alimentent à leur tour la problématique de l'identité moderne. D'une part, le passage de la logique d'honneur à la logique de dignité a conduit à l'idée d'universalisme – l'égale dignité des hommes conduisant à l'égalité des droits (Kant) –, d'autre part, le développement de la notion moderne d'identité a conduit à la différenciation sociale – c'est-à-dire à la nécessité de reconnaître chacun en fonction de son identité propre. Or, comment faire respecter les différences identitaires dans l'espace public si l'universalisme « trahit » sa mission du fait de son appropriation, de manière à la fois idéologique et pratique, par une partie de l'humanité : l'homme (au sens sexué), blanc, européen, chrétien, hétérosexuel... au détriment de « minorités » aux traits identitaires différenciés. Dans cette perspective, la question identitaire moderne devient une interrogation très pragmatique, puisqu'il s'agit de trouver concrètement un mode d'existence du lien social qui permette de faire vivre ensemble les individus présents au sein d'une société, y compris ceux qui n'appartiennent pas à sa majorité « culturelle » (cf. texte 5).

4.3. *Minorités*

Le groupe culturel couramment évoqué comme unité de mesure dans le débat contemporain sur le multiculturalisme prend le plus souvent les traits d'une « minorité ». En effet, pour que l'on puisse parler à la fois d'identité et de multiculturalisme dans les sociétés contemporaines, il est nécessaire que certains groupes se perçoivent ou soient perçus comme des minorités à caractère culturel ; c'est-à-dire dont le statut minoritaire dépend d'un critère culturel. On distingue, de manière générale, deux types de minorités culturelles : les minorités *indigènes* ou *nationales* dont l'existence est inscrite par l'histoire sur un territoire donné et qui sont souvent géographiquement homogènes (c'est le cas par exemple des aborigènes et des Indiens aux États-Unis, au Canada ou en Australie, c'est aussi le cas de nombreuses populations européennes minoritaires dans le cadre d'États-nations, ces minorités pouvant revendiquer une partie du territoire sur lequel elles vivent), et les minorités *immigrantes* qui proviennent d'une immigration volontaire et dont le désir d'intégration dans la société d'accueil est supposé plus fort que pour la première catégorie – celle dont le statut de minorité ne dépend pas d'une volonté –, cette deuxième catégorie comprenant les minorités issues des vagues d'immigration moderne, comme, par exemple, les hispaniques aux États-Unis, les Maghrébins en France ou les différents ressortissants de l'ancien empire britannique en Grande-Bretagne. Les groupes de cette deuxième catégorie n'ont pas de territoire à revendiquer au sein de la société d'accueil, leurs revendications passent par d'autres biais que la reconnaissance de l'autonomie territoriale.

Si cette typologie classique a l'avantage de la clarté, elle ne répond pourtant pas entièrement aux situations minoritaires que l'on rencontre aujourd'hui dans les sociétés multiculturelles. Ainsi, pour ne prendre que deux exemples, les Noirs américains ne rentrent-ils dans aucune des deux catégories évoquées – ils ne sont ni des indigènes, ni des immigrants volontaires –, alors qu'ils sont incontestablement au cœur de la « question multiculturelle américaine » ; de même est-il difficile aujourd'hui de parler de multiculturalisme en se limitant aux minorités culturelles *stricto sensu*, de nouveaux critères de différenciation minoritaire étant peu à peu venus s'ajouter à la couleur de la peau, à l'appartenance ethnique, à la langue ou à la religion : on peut citer ici des critères tels que le genre (*gender*) pour les femmes et le comportement sexuel pour les homosexuels notamment. C'est pourquoi on présentera ici une classification plus complète empruntée en partie à Will Kymlicka (*Multicultural Citizenship*, 1995). On peut distinguer cinq types de minorités en croisant trois critères : la concentration ou la dispersion territoriale des minorités dans une société donnée, le caractère volontaire ou non de l'inclusion d'une minorité dans la société en question (l'esclavage et la colonisation s'opposant à l'immigration par exemple) et le caractère ethnique ou non ethnique du critère d'identité mis en avant (les Noirs étant, par exemple, opposés aux femmes ou aux homosexuels selon cette distinction). Les cinq situations que l'on peut identifier à partir de cette typologie sont :

– 1) des minorités à forte concentration géographique qui se sont « incorporés » volontairement à une collectivité nationale (cas de la Suisse et du Canada) ;

– 2) des minorités à forte concentration géographique mais « incorporés » de force à la collectivité nationale (cas des Indiens et plus généralement des populations aborigènes) ;

– 3) des minorités à faible concentration territoriale, adhérentes volontaires et de caractère ethnique (cas des immigrés dans les pays occidentaux et des réfugiés politiques, comme par exemple les hispanophones aux États-Unis) ;

– 4) des minorités à faible concentration territoriale mais incorporés involontairement à une collectivité nationale et de caractère ethnique (cas typique des Noirs américains descendants des esclaves) ;

– 5) des minorités à faible concentration géographique et volontaires mais dont la distinction principale concerne le caractère non ethnique de l'identification, et dont le statut de minorité tient à une discrimination à partir de critères imputés ou revendiqués comme distinctifs (cas des femmes et des homosexuels par exemple).

4.4. Identité et culture

L'appartenance à une culture ou à un « groupe » culturel peut apparaître comme une des dimensions essentielles de l'autonomie de l'individu. Dans la modernité, la culture à laquelle on appartient est le contexte qui permet à l'individu de faire des choix autonomes. Si cette culture est faiblement reconnue, alors la marge d'autonomie dont dispose l'individu est réduite. D'où l'importance de la reconnaissance. Si l'on ne se place plus seulement du point de vue de l'individu mais de celui de la société dans son ensemble, la culture comme élément constitutif de l'identité devient incontournable : ignorée elle peut devenir source de conflit, reconnue et intégrée elle enrichit l'ensemble social.

Si l'on veut vraiment comprendre ce qu'est l'identité culturelle pour l'individu comme pour la société, il est nécessaire de dépasser cette approche simpliste, ne serait-ce qu'afin de prendre en compte les situations moins nettes que constituent les appartenances culturelles multiples ou la mise en avant de volontés de rupture avec une affiliation culturelle. C'est-à-dire des situations courantes dans les sociétés multiculturelles contemporaines. Ainsi, les présupposés multiculturalistes, pertinents lorsqu'ils établissent la coexistence de cultures différentes et insistent sur la nécessité de reconnaître les aspirations des différents groupes présents au sein d'une société dans l'espace public, se trouvent-ils malmenés lorsqu'il s'agit de prendre en compte ce qui apparaît comme un phénomène intimement lié à cette « considération » pour la différence : à savoir la possibilité pour certains individus ou pour certains groupes de ne pas se reconnaître dans leur culture d'origine – celle à laquelle la société les rattache spontanément en raison de leur origine nationale, religieuse, ethnique, etc. – soit parce qu'ils ne le désirent pas, soit parce qu'ils ne le peuvent pas, soit que leur culture d'appartenance n'offre pas de ressources suffisantes pour pouvoir s'identifier pleinement à elle, soit qu'ils sont contraints par un événement à abandonner toute ou partie de leur identité, soit encore qu'ils désirent devenir « quelqu'un d'autre », membre d'une autre culture ou d'autres cultures. Un conflit se dessine alors entre la « liberté de choix » de son appartenance – concrètement, d'affichage de tel ou tel critère de sa propre identité dans l'espace public – et les contraintes incontournables d'une appartenance marquée dans la société : couleur de peau, pratique religieuse visible, sexe, etc. Ce conflit témoigne pleinement de la modernité et des difficultés de l'individu à se « situer » dans son environnement : à la fois semblable, parce qu'égal, aux autres hommes et radicalement différent d'eux, il a besoin d'indications pour s'orienter dans l'espace identitaire de la société et des communautés d'appartenance au sein desquelles il vit (cf. texte 3).

– Texte 1 –

Jean-Jacques Rousseau, *Les Rêveries du promeneur solitaire* (1776), « cinquième promenade »

[...] Tel est l'état où je me suis trouvé souvent à l'Isle Saint-Pierre dans mes rêveries solitaires, soit couché dans mon bateau que je laissais dériver au gré de l'eau, soit assis sur les rives du lac agité, soit ailleurs au bord d'une belle rivière ou d'un ruisseau murmurant sur le gravier.

De quoi jouit-on dans une pareille situation ? De rien d'extérieur à soi, de rien sinon de soi-même et de la propre existence, tant que cet état dure, on se suffit à soi-même comme Dieu. Le sentiment de l'existence dépouillé de toute autre affection est par lui-même un sentiment précieux de contentement et de paix qui suffirait seul pour rendre cette existence chère et douce à qui saurait écarter de soi toutes les impressions sensuelles et terrestres qui viennent sans cesse nous en distraire et en troubler ici bas la douceur. Mais la plupart des hommes agités de passions continuelles connaissent peu cet état et ne l'ayant goûté qu'imparfaitement durant peu d'instants n'en conservent qu'une idée obscure et confuse qui ne leur en fait pas sentir le charme. Il ne serait pas même bon dans la présente constitution des choses, qu'avides de ces douces extases, ils s'y dégoûtassent de la vie active dont leurs besoins toujours renaissant leurs prescrivent le devoir. Mais un infortuné qu'on a retranché de la société humaine et qui ne peut plus rien faire ici-bas d'utile et de bon pour autrui ni pour soi peut trouver dans cet état à toutes ces félicités humaines des dédommagements que la fortune et les hommes ne lui sauraient ôter.

(Gallimard, coll. « Bibliothèque de la Pléiade », 1959, p. 1047.
Éd. J. Voisine, Garnier-Flammarion, 1964, p. 102-103.)

– Texte 2 –

John Stuart Mill, *De la liberté* (1859), chap. III

Celui qui laisse le monde, ou du moins son entourage, tracer pour lui le plan de sa vie, n'a besoin que de la faculté d'imitation des singes. Celui qui choisit lui-même sa façon de vivre utilise toutes ses facultés : l'observation pour voir, le raisonnement et le jugement pour prévoir, l'activité pour recueillir les matériaux en vue d'une décision, le discernement pour décider et, quand il a décidé, la fermeté et la maîtrise de soi pour s'en tenir à sa décision délibérée. Il lui faut avoir et exercer ces qualités dans l'exacte mesure où il détermine sa conduite par son jugement et ses sentiments personnels. Il est possible qu'il soit sur une bonne voie et préservé de toute influence nuisible sans aucune de ces choses. Mais quelle sera sa valeur relative en tant qu'être humain ? Ce qui importe réellement, ce n'est pas seulement ce que font les hommes, mais le genre d'homme qu'ils sont en le faisant. Parmi les œuvres de l'homme que la vie s'ingénie à perfectionner et à embellir, la plus importante est sûrement l'homme lui-même. À supposer que ce soient des machines, des automates d'apparence humaine qui construisent les maisons, cultivent le blé, se battent à la guerre, jugent les causes, élèvent des églises et disent les prières, ce serait encore une perte considérable d'échanger ces automates contre les hommes et les femmes qui peuplent aujourd'hui les parties les plus civilisées du monde, car ils ne sont que de tristes échantillons de ce que la nature peut et veut produire. La nature humaine n'est pas une machine qui se construit d'après un modèle et qui se programme pour faire exactement le travail qu'on lui prescrit, c'est un arbre qui doit croître et se développer de tous côtés, selon la tendance des forces intérieures qui en font un être vivant.
(Trad. D. White, Gallimard, coll. « Folio », 1990, p. 150-151.)

– Texte 3 –

Charles Taylor, *Les Sources du moi. La formation de l'identité moderne* (1989)

La meilleure façon de comprendre cela est sans doute d'examiner le problème que nous décrivons habituellement aujourd'hui comme la question de l'identité. Nous en parlons en ces termes parce que les gens formulent spontanément cette question sous la forme : « Qui suis-je ? » Or, on ne peut pas nécessairement répondre à une telle question en se nommant ou en déclinant sa généalogie. Notre réponse constitue une reconnaissance de ce qui importe essentiellement pour nous. Savoir qui je suis implique que je sache où je me situe. Mon identité se définit par les engagements et les identifications qui déterminent le cadre ou l'horizon à l'intérieur duquel je peux essayer de juger cas par cas ce qui est bien ou valable, ce qu'il convient de faire, ce que j'accepte ou ce à quoi je m'oppose. En d'autres mots, mon identité est l'horizon à l'intérieur duquel je peux prendre position.

Les gens peuvent concevoir que leur identité se définit en partie par un certain engagement moral ou spirituel : par exemple, ils sont catholiques ou anarchistes. Ils peuvent la définir aussi en partie par la nation ou par la tradition à laquelle ils appartiennent : ils sont Arméniens ou Québécois. Ce qu'ils laissent entendre par là, ce n'est pas uniquement qu'ils sont fermement attachés à ce point de vue spirituel ou à ce contexte, mais que ceux-ci leur fournissent le cadre à l'intérieur duquel ils peuvent déterminer leur position par rapport à ce qui est bien, digne, admirable, valable. À titre de contre-épreuve, cela revient à dire que s'ils en venaient à perdre leur engagement ou leur identification, ils seraient, en quelque sorte, égarés ; ils ne pourraient plus reconnaître, relativement à tout un éventail de questions, ce que les choses signifieraient à leurs yeux.

Bien entendu, il arrive à certaines personnes de connaître pareille situation. C'est ce que nous appelons une « crise d'identité », une forme aiguë de désorientation, que les gens décrivent souvent en disant qu'ils ne savent plus qui ils sont, mais qui peut également s'entendre comme une incertitude radicale relativement à leur situation. Il leur manque un cadre ou un horizon à l'intérieur duquel les choses pourraient prendre une signification stable, à l'intérieur duquel certaines possibilités de vie pourraient être perçues comme bonnes ou significatives, comme mauvaises ou futiles. Le sens de toutes ces possibilités devient flou, instable ou indéterminé. Il s'agit là d'une expérience douloureuse et terrifiante.

Elle met en lumière un lien essentiel entre l'identité et un type d'orientation. Savoir qui on est, c'est pouvoir s'orienter dans l'espace moral à l'intérieur duquel se posent les questions sur ce qui est bien ou mal, ce qu'il vaut ou non la peine de faire, ce qui à *ses* yeux a du sens ou de l'importance et ce qui est futile ou secondaire. J'éprouve ici le besoin d'employer une métaphore spatiale, mais je crois que cela tient à plus qu'une préférence personnelle. Il semble évident que l'orientation dans l'espace a des racines profondes dans la psyché humaine. Dans certaines formes extrêmes de ce qu'on appelle « désordres de personnalité narcissique », qui prennent la forme d'une incertitude radicale sur soi et sur ce qui compte pour soi, au moment des crises aiguës, les patients manifestent aussi des symptômes de désorientation dans l'espace. La désorientation et l'incertitude sur sa propre situation en tant que personne semblent se transposer en une perte de maîtrise de sa situation dans l'espace physique.

Pourquoi ce lien entre l'identité et l'orientation ? Nous pourrions peut-être formuler la question ainsi : qu'est-ce qui nous amène à transposer en termes d'orientation morale la question « qui sommes-nous ? » Cette seconde formulation indique qu'il n'en a pas toujours été ainsi. Le problème de l'« identité » au sens moderne aurait paru inintelligible à nos ancêtres d'il y a quelques siècles. Erikson a consacré une étude pénétrante à la crise de la foi chez Luther, qu'il a comprise à la lumière des crises d'identité contemporaines, mais Luther lui-même, de toute évidence, aurait trouvé cette description répréhensible, pour ne pas dire tout à fait incompréhensible. Derrière notre façon actuelle de parler de l'identité se profile l'idée qu'on ne peut résoudre les questions d'orientation morale simplement en termes universels. Cette idée se rattache à notre perception postromantique des différences individuelles aussi bien qu'à l'importance accordée à l'expression dans la découverte que chacun fait de son horizon moral personnel. Pour les contemporains de Luther, le problème du cadre moral fondamental qui orientait leur conduite pouvait se formuler *exclusivement* en termes universels. Rien d'autre n'avait de sens. Cela se rattache, bien entendu, au fait que la crise traversée par Luther portait sur le sentiment aigu d'une condamna-

tion et d'un exil irrémédiable, plutôt que sur le sentiment moderne du non-sens, du manque de raison d'être ou du vide.
(Trad. C. Mélançon, Le Seuil, 1998, p. 46-47.)

– Texte 4 –

Jean-François Bayart, *L'Illusion identitaire* (1996)

La critique du culturalisme doit nous permettre de nous dégager du faux dilemme dans lequel les sociétés occidentales tendent à s'enfermer. L'alternative n'est pas entre l'universalisme par uniformisation, au mépris de la diversité des « cultures », et le relativisme par exacerbation des singularités « culturelles », au prix de quelques valeurs fondamentales. L'universalité équivaut à la réinvention de la différence, et il n'est nul besoin de faire de celle-ci le préalable de celle-là. Cette insistance n'est pas seulement pléonastique, elle est suspecte, car elle ouvre la voie à toutes sortes de restrictions mentales et politiques.
Le discours et, hélas, de plus en plus la diplomatie culturalistes emprisonnent les sociétés historiques concrètes dans une définition substantialiste de leur identité, en leur déniant le droit à l'emprunt, à la dérivation créative, c'est-à-dire au changement, éventuellement par invention paradoxale de la modernité. Il n'y a là rien d'autre qu'une Sainte Alliance conservatrice entre les despotes indigènes et leurs protecteurs ou leurs complices occidentaux, une alliance dont nous avons vu les inconséquences en Irak, au Rwanda, en Algérie, en Serbie, en Chine, en Russie, et qui n'a même pas le mérite d'assurer la paix par la répression. N'est pas Metternich qui veut ! En réalité, les démocrates occidentaux devraient être en mesure de clamer haut et fort l'universalité de leurs principes politiques en prévoyant que ceux-ci seront retravaillés dans les sociétés qui les accueillent. Et l'éclat de leurs valeurs viendra de ce qu'ils admettront leur « globalisation », c'est-à-dire leur réinvention, non point seulement par des dirigeants soucieux d'« authenticité », mais par le travail concret de leur énonciation dans les profondeurs des sociétés concernées.
(Fayard, 1996, p. 242-243.)

– Texte 5 –

Alain Touraine, *Pourrons-nous vivre ensemble ? Égaux et différents* (1997)

[…] l'idée de société multiculturelle est incompatible avec les politiques identitaires, puisqu'elle repose sur la recherche de la communication entre les cultures, comme toute conception de la démocratie implique la reconnaissance du pluralisme des intérêts, des opinions, des valeurs. Parler de politique identitaire introduit au contraire un lien nécessaire entre culture, société et politique, ce qui définit, je l'ai rappelé, une communauté. À partir du moment où une population définie (au moins partiellement) par une culture est gérée par un pouvoir politique qui parle en son nom et exerce une autorité sur elle, on sort du domaine de la culture pour entrer dans celui de la communauté. Ce qui est d'autant plus dangereux que les cultures qui doivent être défendues sont le plus souvent minoritaires, et doivent par conséquent recourir à la violence dans une société démocratique, soumise à la loi de la majorité. Chaque fois qu'une catégorie a mené une action au service de sa seule différence, elle a couru le risque d'être entraînée vers la violence et de susciter des réactions de rejet. Le féminisme, en particulier américain, en a fait l'expérience. Plus il insistait sur le thème de la différence, plus il est devenu minoritaire.

C'est ce qui a conduit les mouvements féminins les plus radicaux à dénoncer la politique identitaire *(identity politics)*. Ils se sont en effet aperçus que l'affirmation féministe s'accompagnait de discrimination à l'égard des lesbiennes et que l'affirmation lesbienne était liée, à son tour (au moins aux États-Unis, où le mouvement *Queer* est puissant), à une discrimination contre les lesbiennes afro-américaines, ou hispano-américaines ou encore « *butch* ». Ceci qui a conduit des lesbiennes radicales à un renversement théorique de grande importance [...]. Au lieu de poursuivre une affirmation identitaire de plus en plus fragmentée, elles ont renoué avec l'étude du thème général de la sexualité qui avait été occulté par l'affirmation du genre *(gender)*. Ce thème doit occuper, dans une analyse du Sujet, une place aussi grande que celle de l'identité culturelle. Et c'est précisément ce travail qui constitue l'apport principal du mouvement des femmes, au-delà de l'égalitarisme libéral et de l'affirmation identitaire qui a nourri certains des courants les plus radicaux du mouvement. Par lui on sait en effet que la dualité de l'homme et de la femme est l'expression la plus générale du Sujet humain qui, loin de s'identifier à la raison, est toujours au point de rencontre de l'action rationnelle (qui est impersonnelle) et de la particularité individuelle et collective de chaque être humain. Ainsi, ce qui apparaît parfois comme un tic du langage « politiquement correct », dire par exemple « ceux et celles » au lieu de « ceux », est chargé d'un sens fort.

Aux politiques identitaires s'opposent les actions revendicatives. Il est vrai que ceux qui ont voulu réduire les luttes des femmes, des minorités ethniques ou des immigrés, aussi bien que des homosexuels, à des « fronts » spécialisés d'une lutte de classe générale ont échoué et ont été débordés par ceux ou celles qu'ils voulaient diriger. Mais la contestation d'un ordre idéologique, politique et social dominant a apporté et apporte à la défense des droits culturels des minorités et à ceux des femmes une dimension démocratique et populaire qui les renforce et transforme l'ensemble de la société. Les politiques identitaires, comme, à l'inverse, les appels purement universalistes à la citoyenneté, travaillent contre la société multiculturelle.

(Fayard, p. 231-232.)

Valeurs et histoire

Section 1. Entre universalisme et nihilisme

Le sens, c'est à la fois une direction orientée et une signification. Tous nos actes sont doués de sens : nous visons un objet, auquel nous donnons une définition et par rapport auquel nous ordonnons nos gestes. Le sens, dans ces deux acceptions, apparaît aujourd'hui distribué dans la multiplicité des interprétations ; il n'est plus appréhendé comme donné, mais à produire. Il dépend donc de nos engagements, qui sont eux-mêmes fonction de nos valeurs. Nous vivons dans un climat qu'on nomme parfois « crise des valeurs » ; il s'agit d'un relativisme généralisé. Chaque société, chaque groupe d'intérêts aurait ses propres valeurs ; il serait vain de confronter leurs normes, posées comme incommensurables. L'intention de les comparer est même parfois accusée de réactiver en sous main l'hégémonie de la rationalité occidentale. S'il y a « crise des valeurs », c'est que par définition une valeur, en tant qu'inconditionnée, devrait s'imposer à tous. Les valeurs sont en effet destinées à orienter de façon positive nos choix. Le propre d'une valeur, c'est donc d'apparaître comme nécessaire ; sa force consiste à contraindre l'adhésion de sorte qu'on ne puisse s'y soustraire. En d'autres termes, une valeur est fondatrice (pour nos jugements), mais n'a pas à être fondée. Connaît-on actuellement une anarchie du sens ? Doit-on se passer de tout idéal ? Nos actions peuvent-elles se dispenser de l'horizon d'un sens ? Notre époque postmoderne d'obédience nihiliste accomplit-elle une destitution radicale des significations ? Pour comprendre dans quelles mesures les valeurs peuvent actuellement nous faire défaut, il est nécessaire de retracer l'évolution de leur statut dans notre tradition occidentale.

À l'origine de celle-ci, la culture grecque a promu rationnellement des valeurs logiques, morales, esthétiques dans un souci d'unité et d'harmonie. La dialectique platonicienne pense la quête de connaissance en continuité avec le désir de beauté. Il ne saurait y avoir de disjonction entre le bien et le beau (Platon les désigne souvent d'un même terme), ni entre le bien et le vrai : toute possession, toute pensée, tout jugement supposent une idée du bien (cf. texte 1). Dans la pensée antique et médiévale, l'ontologie (théorie de l'être) ne se distinguait pas de l'axiologie (doctrine des valeurs). L'Idée du Bien, la plus fondamentale de toutes, parfaite, incorruptible, éternelle entre toutes (à la limite insaisissable) constitue donc la condition de la connaissance, de la moralité, de la beauté. Platon identifie là l'objet de toute recherche et ce qui confère sa réalité à tout objet comme à toute connaissance : le Bien est source des positivités que nous visons et garant du rapport entre nos idéaux. La valeur est donc posée comme fondement premier ; de cette orientation ontologique, s'ensuit que nos jugements se définissent par application d'une norme universelle. Bien que les domaines de notre connaissance relèvent de différentes valeurs (le vrai, le bien, le beau), celles-ci constituent un ensemble unifié. Le Moyen Âge a thématisé cette unité des concepts fondateurs de nos connaissances : l'un, le vrai, le bien, le beau sont complémentaires et convertibles. C'est dire qu'il y a congruence entre la morale, la logique et l'esthétique. La pensée chrétienne a renforcé la hiérarchisation des fondements du savoir en identifiant l'être, celui qui rassemble tous les autres, à Dieu. L'être suprême est le support de toutes les valeurs, ultime sommet, clef de voûte de ce qu'on a pu appeler « la grande chaîne des êtres ». Pourtant, la dépendance des concepts inconditionnés à l'égard de Dieu est déjà occasion de débats. Ainsi, on peut concevoir les valeurs comme expression de l'essence divine. S'y conformer, c'est participer du bien suprême. Telle est la position scolastique intellectualiste, tenue par saint Thomas. Une conception plus volontariste, introduite par Descartes, admet que les valeurs sont l'objet d'un décret créateur et qu'elles n'ont d'absolu que ce qu'elles tiennent de la volonté divine. Il y a là une première relativisation des valeurs : les vérités éternelles sont conditionnées, subordonnées à l'autorité de Dieu ; elles ne sont pas douées de son éternité absolue. L'esprit des Temps modernes, sans remettre en cause le Dieu créateur des êtres et fondateur pour nos connaissances, inverse la relation que nous entretenons avec les valeurs.

1.1. Les valeurs comme horizon

À cet égard, les écrits de Francis Bacon sont emblématiques. Il prend soin de distinguer le domaine de la Révélation (dévolu à la théologie) et celui de la connaissance de la nature (cf. texte 2). L'approfondissement de la philosophie naturelle ne saurait que rendre gloire au créateur, car le déchiffrement des lois de l'univers dévoile sa puissance. Le jugement n'est plus l'application d'un principe universel, mais doit se fonder sur une induction : un inventaire raisonné des cas. La connaissance n'est plus une spéculation suspendue à une inspiration, mais c'est une découverte dont il s'agit de développer les sources terrestres. Finalement, l'entreprise scientifique doit être conçue comme les autres œuvres humaines : elle s'inscrit, au titre de conquête de nouveaux territoires, dans un monde qui étend ses limites. Elle doit adopter des procédures pratiques qui la définissent comme une suite d'opérations. Ainsi les différentes disciplines intellectuelles sont caractérisées par la répartition des tâches et l'implantation des ateliers. Bacon ne récuse pas les formes comme fondement de la connaissance ; il reproche à Platon de les avoir conçues comme des données immuables. Les formes ou idées sont à rechercher dans la matière même, là où elles sont imbriquées. Son attitude est novatrice jusqu'en morale : le répertoire des caractères et de leurs particularités n'est pas moins utile que la définition générale des vertus, à laquelle s'attachaient les Anciens. Héraut des Temps modernes, il permet de mesurer combien le vrai, le bien, ne sont plus des concepts auxquels les activités humaines seraient subordonnées. Ils deviennent notre production propre, le fruit de nos efforts. Les valeurs sont donc conçues désormais comme un horizon. Le sens, même s'il est supposé universel, n'est plus donné ; il est à édifier patiemment, pratiquement, collectivement. La modernité est un esprit de conquête (cf. chap. 5, 3) : elle ne cessera de nourrir ses idéaux pour légitimer ses entreprises.

1.2. *Le perspectivisme de Nietzsche*

Le sens ainsi conçu requiert une conversion ; le statut des valeurs est renversé lors des Temps modernes. Un éventuel dépassement de la modernité conduit-il à repenser les valeurs, au risque de les destituer ? Que se serait-il donc passé, qui nous autoriserait à le conclure ? Au cours de la seconde moitié du XIXe siècle, les premières recherches en sciences humaines, les critiques de Marx, de Schopenhauer, relativisent nos valeurs. En les rapportant à nos conditionnements sociaux, nos instincts, elles les dénoncent à titre d'illusions. Qu'elles aient été posées au-dessus de nous (comme immuables) ou en avant de nous (comme idéaux de conquête), une fois dévoilée leur origine, elles se trouvent destituées (cf. texte 3). Les positions nietzschéennes sont nodales à cet égard : son projet de renversement des valeurs ne procède pas d'une humeur particulière, mais d'une critique de la métaphysique (ontologie et théologie classiques). La destitution théorique des valeurs produit le sentiment que tout est vain, dépourvu de sens : une telle attitude peut être qualifiée de « nihiliste ». Elle s'appuie sur le dévoilement des origines de la morale : les valeurs étaient vouées à la protection du faible, elles visaient l'égalité. Ainsi le juste a été défini par le fait de ne pas utiliser sa force, alors qu'aux yeux de Nietzsche la vie, comprise comme volonté de puissance, légitime tout, y compris l'usage de la violence, pourvu qu'il soit créateur. Une fois les valeurs mises en perspective, on peut considérer que tout s'équivaut : on n'a plus de volonté que pour le rien. Est-ce n'avoir plus de volonté ? On peut inversement concevoir le nihilisme comme actif, volonté destructrice du donné, en l'occurrence la morale judéo-chrétienne du ressentiment. Ces deux aspects du nihilisme chez Nietzsche distinguent deux formes de dépassement de la tradition humaniste : le dernier homme d'une part, qui ne peut plus rien vouloir, le surhomme d'autre part, qui par son attitude destructrice se crée lui-même. Ce passage à une volonté constructive reste ténu, souvent incantatoire : l'édification de valeurs nouvelles reste programmatique chez Nietzsche.

Le nihilisme ne saurait se borner à l'affirmation de l'absence de tout sens. Sous cette forme purement négatrice, il reste insuffisant à lui-même. S'il osait se définir comme projet de destruction effective (et non plus théorique), il révélerait sa propre contradiction : l'anéantissement devrait précéder tout programme. Révélateur de l'inanité de notre condition et du monde apparent, l'élan nihiliste a d'abord une fonction critique. À l'instar du doute exacerbé qui permet d'évaluer la certitude de nos connaissances, il sert à tester la viabilité de nos convictions pratiques. Dans *Le Mythe de Sisyphe*, Albert Camus a relevé les manifestations de l'absence de sens auxquelles nous sommes intimement confrontés : opacité du monde, répétitivité de nos actes, vieillissement voué à la mort. Semblant s'insurger contre notre insuffisante logique, le sentiment absurde se retourne contre lui-même, en nous confrontant au problème du suicide. Mais, confronté au problème de l'absence de sens, le sujet peut aussi explorer la voie de la révolte. Tout aussi problématique que le suicide, l'insurrection suppose des valeurs qu'elle n'a pas les moyens de fonder (cf. texte 4). Malgré sa foi utopique et son désespoir pathétique, la révolte a des vertus : elle est active, elle suppose donc la possibilité de valeurs. Quand bien même elle ne s'accomplirait jamais que par des moyens opposés à ses fins, sa possibilité même pose la dignité de ce qu'elle vise. Elle est comme un nihilisme actif : en guerre contre le sens tel qu'il est imposé par la collectivité, elle ne peut par définition conquérir assez de force pour y substituer ses propres valeurs. L'attitude de révolte nous enseigne donc que le nihilisme n'est qu'un état intermédiaire et que la négation dont procède l'insurrection peut définir une condition. C'est sans doute celle de l'homme contemporain, animé d'une puissance critique suffisante pour s'élever contre les valeurs établies, jamais assez assuré du sens de ses propres actes pour l'institutionnaliser. Cette situation se traduit individuellement par le sentiment de très bien savoir ce qu'il ne faut pas faire, ce qui est intolérable, tandis que nous manquons de la connaissance de ce qu'il faut faire, de ce qui est louable (cf. chap. 1, 1).

1.3. Dispersion contemporaine du sens

Le sujet contemporain ne peut donc s'accomplir dans la position de valeurs : il se considère guéri de l'illusion de s'en réclamer ou de les poursuivre. Pourtant, il ne renonce pas au sens de ses actes : seulement, au lieu d'être conçu comme extérieur à ses efforts, ce sens se confond désormais avec ses activités. Résignation et révolte constituent des substituts d'idéaux : en tant que gestes effectifs, elles valent par elles-mêmes. Il n'est plus possible d'attendre d'un sens attesté *a priori* une caution extérieure qui viendrait fonder ou couronner nos entreprises. À l'instar de Jacques Derrida, nombre de philosophes contemporains ont traqué dans les discours les restes de l'hégémonie du sens. Même lorsqu'on a affaire à une polysémie, on tend spontanément à rapporter les différents linéaments sémantiques à la trame d'un horizon commun (cf. texte 5). Pourtant, par le texte, le sens comme cadre se construit en même temps qu'on le suppose toujours déjà constitué. L'origine du discours, sa signification première, n'est pas assignable : elle relève d'une « différance » toujours à l'œuvre. L'auteur de ce néologisme (renvoyant aux deux sens du verbe « différer ») entend par là le jeu de production indéterminée des différences, en particulier des oppositions classiques à partir desquelles se constituent nos théorisations. Le sens se dit dans des textes qui se répondent sans fin. La réévaluation des conceptions que les philosophies ont proposé du langage est solidaire d'une critique radicale de la tradition métaphysique. Depuis Platon le champ théorique s'élabore en dépréciant l'écrit au profit de l'oral. Ce phonocentrisme est solidaire des formes de pouvoir, de l'ontologie et de la pensée du propre que Jacques Derrida essaie de déconstruire (c'est-à-dire de les faire s'excéder elles-mêmes à partir d'une analyse interne). Par exemple l'être, valeur fondamentale de la métaphysique occidentale, est un objet destitué de ses prétentions fondatrices, lorsqu'il n'apparaît que comme un pivot des discours philosophiques qui ne peut être attesté comme présence. Il n'apparaît plus à l'analyse qu'en creux, comme le spectre d'une colonne séminale dont seule la place, vide de toute essence, est dessinée. Le sens se dépose dans la langue sous la forme d'une structure, mais n'est pas accessible lui-même sur un mode structural (défini comme un ensemble de distinctions assignables dans un champ clos). Différence à soi indéfiniment perpétuée, il échappe à jamais à toute détermination définitive. Le fonds commun de notre pensée est donc inquiété par les interrogations contemporaines. Elles prolongent et affinent les critiques du sens qui ont été mises en place depuis la fin du XIXe siècle. Qu'en est-il des valeurs, si le sens se dérobe à nous, dans le mouvement même de son engendrement ? Certes elles se trouvent remises en cause, même à titre d'horizon : il s'éloigne lors même que nous essayons de l'atteindre. Pour autant, doit-on affirmer que le climat engendré par les « philosophies de la différence » soit celui d'une crise, voire d'une anarchie des valeurs, cautionnant ainsi la relation qu'on établit fréquemment entre ces théories et le post-modernisme (cf. chap. 5, 4) ? Certes le projet de déconstruction interroge nos valeurs pour en inquiéter le statut. S'il veut briser l'hégémonie du sens qui résulte du primat de la parole, de l'être, du maître, du propre, s'il entend ne pas leur substituer d'autres hiérarchies (sous cet aspect, il ne « veut rien dire »), cela ne fait pas de lui un subjectivisme. Soutenir que le sens doit être conçu comme inassignable, c'est affirmer qu'il ne cessera de nous échapper, ce qui est tout autre chose que considérer qu'il serait partout accessible. Le déconstructionnisme n'abstient pas d'engagements ; il s'est aussi signalé par des interventions politiques, participant même à la création d'institutions (le Collège international de philosophie). Il n'est donc pas à confondre avec un relativisme généralisé. Si les valeurs fondamentales de notre tradition peuvent être critiquées, ce n'est pas à dire que tout se vaut. Nos actes révèlent des choix attestant d'un pluralisme auxquels ne songent pas à s'attaquer les théoriciens contemporains. Mais le pluralisme n'interdit pas une hiérarchie des valeurs ; au contraire, on peut même juger qu'il la suppose et la fonde, dans la mesure où il revient à organiser la concurrence des options différentes. Cette compétition engage évidemment plusieurs participants ; mais il n'est pas moins clair que tous ne peuvent être gagnants. On doit distinguer le plan de l'engagement et celui de la conception du terrain sur lequel se confrontent les engagements. Si ce dernier est nécessairement pluraliste (et par suite, en un sens, relativiste), nos engagements doivent opérer des hiérarchisations et doivent même, en tant que concurrents, développer des prétentions dogmatiques. Le relativisme se contredit lui-même, puisqu'il ne peut s'affirmer avec relativité, sinon en tolérant le dogmatisme qui l'infirme. Attendons-nous donc à n'en avoir jamais fini avec les rémanences du sens et des valeurs qui le fondent.

– Texte 1 –

Platon, *La République, livre VI* (vers 375 av. J.-C.), 504d-505b, 505d-506a, 508d-509a

Alors, dit-il, c'est donc que le plus important, n'était pas tout ce que nous avons passé en revue, la justice et le reste, et il y a quelque chose qui importe encore plus ? [...] Qu'est-ce cependant que cette étude qui est la plus importante ? Quel en est, selon toi, l'objet ? [...] C'est cela plutôt que je crois : qu'en effet il n'y ait pas de plus important objet d'étude que la nature du bien, c'est une chose au moins que tu as suffisamment entendue ; car c'est précisément en recourant à cette nature que toute action juste ou autre action en viennent à rendre service et à être utiles. Mais, faute de la connaître, fussions-nous par hypothèse instruits au suprême degré de tout le reste, cette nature exceptée, alors, tu le sais bien, il n'y aurait rien qui nous fût utilité ! pas plus que ne nous le serait la possession de quelque chose, le bien en étant excepté. À moins que tu ne croies qu'on gagne rien à posséder quoi que soit, lorsque cette possession n'est pas bonne ? ou à penser, à l'exception du bien, tout le reste, sans avoir rien de beau dans la pensée ? Ah ! non, dit-il, je ne le crois pas, par Zeus ! [...]

Cela donc, que recherche toute âme, c'est aussi en vue de cela qu'elle fait tout ce qu'elle fait, conjecturant que c'est vraiment quelque chose, mais embarrassée et incapable de saisir suffisamment ce que ce peut bien être ; non moins incapable de se faire à ce sujet une conviction aussi solidement confiante qu'à propos des autres objets (ce qui d'ailleurs est cause aussi qu'elle n'atteint pas ce qu'il pouvait y avoir d'utilité dans ces autres objets) ; faut-il donc que cet objet-là, étant tel et ayant une si grande importance, nous disions qu'il doit conserver une pareille obscurité, même pour les hommes dont il s'agit, qui sont les meilleurs dans l'État et aux mains desquels nous mettons toutes choses ? – Non, dit-il, il ne le faut pas du tout ! – Je crois tout au moins, repris-je, que justice et moralité, quand le rapport est ignoré, sous lequel ce sont des choses bonnes, ne possèdent pas pour elles-mêmes de gardien qui mérite beaucoup d'estime, si c'est un gardien ignorant ce rapport ! Or, je conjecture que, avant de le connaître, nul ne connaîtra suffisamment justice et moralité. [...]

Eh bien ! ce principe qui aux objets de connaissance procure la réalité et qui confère au sujet connaissant le pouvoir de connaître, déclare que c'est la nature du Bien ! Représente-la toi comme étant cause du savoir et de la réalité, il est vrai en tant que connue ; mais, en dépit de toute la beauté de l'une et de l'autre, de la connaissance comme de la réalité, si tu juges qu'il y a quelque chose de plus beau encore qu'elles, correct sera là-dessus ton jugement ! Savoir et réalité, d'autre part, sont analogues à ce qu'étaient [...] lumière et vue : s'il était correct de les tenir pour apparentés au soleil, admettre qu'ils soient le Soleil lui-même manquait de correction ; de même, ici encore, ce qui est correct, c'est que savoir et réalité soient, l'un et l'autre, tenus pour apparentés au Bien ; ce qui ne l'est pas, c'est d'admettre que n'importe lequel des deux soit le Bien lui-même ; la condition du Bien a droit au contraire d'être honorée à un plus haut rang ! – Beauté inimaginable, à t'entendre, dit-il, si savoir et réalité en sont les produits et que le Bien lui-même les surpasse en beauté !

(Trad. L. Robin, *Œuvres complètes,* I, Gallimard, coll. « Bibliothèque de la Pléiade », 1940, p. 1091-1092, 1093, 1097.
Trad. P. Pachet, Gallimard, coll. « Folio Essais », 1993, p. 343-344, 345, 350-351.)

– Texte 2 –

Francis Bacon, *Du progrès et de la promotion des savoirs* (1605)

La connaissance de l'homme est semblable aux différentes sortes d'eau : certaines proviennent d'en haut, certaines jaillissent d'en bas. Certaine connaissance est enseignée par la lumière de Nature, une autre est insufflée par la Révélation divine. La lumière de Nature est constituée par les notions de l'esprit et les témoignages des sens. Quant à la connaissance que chacun apprend à l'école, elle est une cumulation et non une origine, comme cela se passe pour une eau qui non seulement est alimentée par sa propre source, mais est encore grossie par d'autres ruisseaux et d'autres flots. Ainsi, eu égard à ces deux sources différentes de lumière ou ces deux origines, la connaissance est, en tout premier lieu, divisée en Théologie et Philosophie. [...]

Parmi toutes les parties de la connaissance, la découverte des formes est la plus digne d'être recherchée, s'il est possible de la trouver. Quant à la possibilité, je dirai : ce sont de piètres découvreurs ceux qui pensent qu'il n'y a point de terre là où ils ne voient que la mer. Mais il est manifeste que Platon, haut esprit à la pointe d'une falaise, a discerné que « les formes étaient le véritable objet de la connaissance », dans sa théorie des idées. Mais il perdit le fruit réel de cette conception en considérant les formes comme absolument abstraites et séparées de la matière et non pas comme limitées et déterminées par elle : ainsi tourna-t-il sa pensée vers la théologie, qui a contaminé toute sa philosophie. Mais si quelqu'un garde sévèrement son regard braqué sur l'action, les opérations et l'usage de la connaissance, il pourra voir ce que

sont les formes, dont la découverte est fructueuse et importante pour la condition humaine.
Que personne, sur la base d'une conception peu solide de la tempérance ou par une modération appliquée là où elle n'a pas lieu de l'être, ne pense ni soutienne qu'un homme peut pousser trop loin ses recherches, ou être trop versé dans l'étude du livre de la parole de Dieu ou dans celle du livre des œuvres de Dieu, c'est-à-dire en théologie ou en philosophie. Au contraire, que les hommes entreprennent d'avancer ou de progresser indéfiniment dans l'une et dans l'autre ; qu'ils prennent garde seulement à mettre en pratique l'une et l'autre en vue de la charité et non de l'orgueil, en vue de leur utilité et non de l'ostentation. [...]
On dirait que, dans la connaissance, ils escomptent trouver un lit pour reposer un esprit qui cherche et s'agite sans relâche, une terrasse sur laquelle une intelligence vagabonde et capricieuse puisse aller et venir en jouissant d'une belle vue, une tour dominante à laquelle puisse monter un esprit orgueilleux, un fort, une citadelle d'où commander batailles et discordes, une boutique pour le profit et le commerce : non un entrepôt opulent destiné à glorifier le Créateur et à porter secours à la condition humaine. C'est cela, pourtant, qui pourrait rehausser la dignité de la connaissance, si l'étude et l'action étaient plus unies, en conjonction plus étroite et plus directe qu'elles n'ont été jusqu'à présent. [...]
Et ce progrès de la navigation et des découvertes peut aussi fonder une espérance : celle de voir toutes les sciences aller de l'avant et augmenter. [...] Comme si le moment où le monde devait s'offrir au regard et être navigué de part en part, et le moment où la connaissance devait s'accroître, étaient destinés à survenir à la même époque. Nous voyons que cela est réalisé déjà en grande partie, car le savoir acquis ces derniers temps est rarement surpassé, même par les deux apogées que le savoir a connus précédemment, la première chez les Grecs, l'autre chez les Romains. [...]
(Trad. M. Le Dœuff, Gallimard, coll. « Tel », 1991, p. 110-111, 123, 12, 46, 103.)

– Texte 3 –

Nietzsche, *Fragments posthumes* (1886-1888)

Les suprêmes valeurs au service desquelles l'homme devait *vivre,* notamment quand elles disposaient de lui de façon pénible et onéreuse : ces *valeurs sociales,* on les a édifiées dessus l'homme en tant que « réalité », que monde « vrai », en tant qu'espérance et monde *futur,* aux fins de leur *renforcement* tonal, comme si elles étaient des commandements de Dieu. Maintenant que l'origine mesquine de ces valeurs est mise au clair, le Tout de ce fait nous semble dévalorisé, « dépourvu de sens »... mais ceci n'est qu'un *état intermédiaire.* [...]
Les positions extrêmes ne sont pas relayées par des positions modérées mais par de nouvelles positions extrêmes, mais *inverses.* C'est ainsi qu'on croit à l'immoralité absolue de la nature, à l'absence de but et de sens des *affections* psychologiquement nécessaires, dès que la croyance en Dieu et en un ordre essentiellement moral n'est plus tenable. Le nihilisme apparaît aujourd'hui *non* parce que le dégoût de l'existence serait plus grand qu'autrefois, mais parce qu'on est devenu méfiant en général à l'égard d'un

« sens » du mal, ou même de l'existence. *Une* interprétation s'est effondrée ; mais du fait qu'elle passait pour « *l'Interprétation* », il semble qu'il n'y ait plus aucun sens dans l'existence, que tout soit *en vain.*
Que cet « en vain ! » soit la caractéristique de notre nihilisme actuel, cela reste à démontrer. La méfiance envers nos appréciations de valeur antérieures culmine dans la question : « toutes les "valeurs" ne sont-elles pas des appeaux grâce auxquels la comédie traîne en longueur sans pour autant se rapprocher d'un dénouement ? » [...]
Mais la morale a protégé la vie du désespoir et du saut dans le néant, chez les hommes et les classes sociales que violentaient et opprimaient d'autres *hommes* : car c'est l'impuissance envers les hommes, *non* l'impuissance envers la nature qui engendre l'amertume la plus désespérée envers l'existence. La morale a traité les tenants de la puissance, les tenants de la violence, les « maîtres » en général comme les ennemis contre lesquels l'homme ordinaire doit être protégé, *c.-à-d. d'abord encouragé et conforté.* La morale a par conséquent enseigné à *haïr* et à *mépriser* le plus profondément ce qui constitue le trait de caractère fondamental des dominateurs : *leur volonté de puissance.* [...]
C'est plutôt *l'inverse !* Il n'est rien dans la vie qui ait de la valeur, sinon le degré de puissance – à supposer justement que la vie elle-même soit volonté de puissance. La morale protégeait du nihilisme les *ratés* en conférant *à chacun* une valeur infinie, une valeur métaphysique, et en l'insérant dans un ordre qui ne concorde pas avec celui de la puissance et de la hiérarchie mondaines : elle enseignait le dévouement, l'humilité, etc. *À supposer que la foi dans cette morale soit anéantie,* les ratés perdraient leur consolation – et *seraient anéantis.*
Résultat final : toutes les valeurs au moyen desquelles jusqu'à maintenant nous avons cherché à rendre le monde d'abord appréciable et de la sorte même avons fini par le *déprécier* dès qu'elles se furent révélées inapplicables – toutes ces valeurs, à les recalculer psychologiquement, ne sont que les résultats de certaines perspectives de l'utilité propres à maintenir et à accroître des formations de domination humaine : et rien que fallacieusement projetées dans l'essence des choses.
Le nihilisme représente un *état intermédiaire* pathologique (pathologique est l'énorme généralisation, la conclusion à une *absence totale de sens*) : soit que les forces productives ne soient encore assez puissantes ; soit que la *décadence* hésite et n'ait pas encore inventé ses remèdes.
(Éd. Colli-Montinari, Gallimard, t. XII, trad. J. Hervier, 1978, t. XIII, trad. P. Klossowski, 1976, successivement XIII, p. 245 ; XII, p. 212-213 ; XII, p. 213 ; XII, p. 214 ; XII, p. 215 ; XIII, p. 244 ; XIII, p. 28.)

– Texte 4 –

Albert Camus, *L'Homme révolté* (1951)

L'absurde, considéré comme règle de vie, est donc contradictoire. Quoi d'étonnant à ce qu'il ne nous fournisse pas les valeurs qui décideraient pour nous de la légitimité du meurtre ? Il n'est pas possible, d'ailleurs, de fonder une attitude sur une émotion privilégiée. Le sentiment de l'absurde est un sentiment parmi d'autres. [...] Si donc il était légitime de tenir compte de la sensibilité absurde, de faire le diagnostic d'un mal tel qu'on le trouve en soi et chez les autres, il est impossible de voir dans cette sensibilité, et dans le

nihilisme qu'elle suppose, rien d'autre qu'un point de départ, une critique vécue, l'équivalent, sur le plan de l'existence, du doute systématique. Après quoi, il faut briser les jeux fixes du miroir et entrer dans le mouvement irrésistible par lequel l'absurde se dépasse lui-même. [...]
La révolte naît du spectacle de la déraison, devant une condition injuste et incompréhensible. Mais son élan aveugle revendique l'ordre au milieu du chaos et l'unité au cœur même de ce qui fuit et disparaît. Elle crie, elle exige, elle veut que le scandale cesse et que se fixe enfin ce qui jusqu'ici s'écrivait sans trêve sur la mer. Mais transformer, c'est agir, et agir, demain, sera tuer alors qu'elle ne sait pas si le meurtre est légitime. [...]
L'insurrection humaine, dans ses formes élevées et tragiques, n'est et ne peut être qu'une longue protestation contre la mort, une accusation enragée de cette condition régie par la peine de mort généralisée. Dans tous les cas que nous avons rencontrés, la protestation, chaque fois, s'adresse à tout ce qui, dans la création, est dissonance, opacité, solution de continuité. Il s'agit donc, pour l'essentiel, d'une interminable revendication d'unité. Le refus de la mort, le désir de durée et de transparence, sont les ressorts de toutes ces folies, sublimes ou puériles. Est-ce seulement le lâche et le personnel refus de mourir ? Non, puisque beaucoup de ces rebelles ont payé ce qu'il fallait pour être à la hauteur de leur exigence. Le révolté ne demande pas la vie, mais les raisons de la vie. Il refuse la conséquence que la mort apporte. Si rien ne dure, rien n'est justifié, ce qui meurt est privé de sens. Lutter contre la mort, revient à revendiquer le sens de la vie, à combattre pour la règle et pour l'unité. [...]
La révolte est une ascèse, quoique aveugle. Si le révolté blasphème alors, c'est dans l'espoir du nouveau dieu. Il s'ébranle sous le choc du premier et du plus profond des mouvements religieux, mais il s'agit d'un mouvement religieux déçu. Ce n'est pas la révolte en elle-même qui est noble, mais ce qu'elle exige, même si ce qu'elle exige, même si ce qu'elle obtient est encore ignoble. [...]
La vraie générosité envers l'avenir consiste à tout donner au présent.
La révolte prouve par là qu'elle est le mouvement même de la vie et qu'on ne peut la nier sans renoncer à vivre. Son cri le plus pur, à chaque fois, fait se lever un être. Elle est donc amour et fécondité, ou elle n'est rien. [...] Alors, quand la révolution, au nom de la puissance et de l'histoire, devient cette mécanique meurtrière et démesurée, une nouvelle révolte devient sacrée, au nom de la mesure et de la vie. Nous sommes à cette extrémité. Au bout de ces ténèbres, une lumière pourtant est inévitable que nous devinons déjà et dont nous avons seulement à lutter pour qu'elle soit. Par-delà le nihilisme, nous tous, parmi les ruines, préparons une renaissance. Mais peu le savent.
(*Essais*, Gallimard, coll. « Bibliothèque de la Pléiade », 1965, p. 418, 419, 508-509, 707 ; rééd. coll. « Folio Essais », 1993, p. 22, 23, 132, 133, 380.)

– Texte 5 –

Jacques Derrida, *La Dissémination* (1972)

Or, il faut choisir entre le texte et le thème. Il ne suffit pas d'installer la plurivocité dans une thématique pour retrouver le mouvement interminable de l'écriture. Celle-ci ne tisse pas seulement plusieurs fils dans un seul terme, de telle sorte qu'en tirant les fils on puisse finir par en dérouler tous les « contenus ».

C'est pourquoi en toute rigueur il ne s'agit pas ici de polythématique ou de polysémie. Celle-ci propose toujours ses multiplicités, ses variations, dans *l'horizon,* au moins, d'une lecture intégrale et sans rupture absolue, sans écart insensé, horizon d'une parousie finale du sens enfin déchiffré, révélé, devenu présent dans la richesse rassemblée de ses déterminations. Quelque intérêt qu'on leur porte, quelque dignité qu'on leur reconnaisse, la plurivocité, l'interprétation qu'elle appelle, l'histoire qui s'y sédimente restent vécues comme les détours enrichissants et provisoires d'une passion, d'un martyre signifiant, témoignant d'une vérité passée ou à venir, d'un sens dont la présence s'est annoncée par énigme. Tous les moments de la polysémie sont, comme le nom l'indique, des moments du sens. [...]
Le concept de polysémie relève donc de l'explication, au présent, du dénombrement du sens. Il appartient au discours d'assistance. Son style est celui de la surface représentative. L'encadrement de son horizon y est oublié. La différence entre la polysémie du discours et la dissémination textuelle, c'est précisément la différence, « une différence implacable ». Celle-ci est sans doute indispensable à la production du sens (et c'est pourquoi entre la polysémie et la dissémination, la différence est très petite), mais en tant qu'il se présente, se rassemble, se dit, se tient là, le sens l'efface et la repousse. Le sémantique a pour condition la structure (le différential), mais il n'est pas lui-même, en lui-même, structural. Le séminal au contraire se dissémine sans avoir jamais été lui-même et sans retour à soi. Son engagement dans la division, c'est-à-dire dans sa multiplication à perte et à mort le constitue comme tel, en prolifération vivante. [...]
L'« *est* », l'être comme indication de présence, procure ce calme, cette conscience de maîtrise idéale, ce pouvoir de la conscience dans la monstration, l'indication, la perception ou la prédication, dans l'opération de la quatrième surface. Dont le discours vous dit : la colonne *est* cela, *est là,* évidente ou cachée derrière la multiplicité des apparitions, la colonne *est.* Or, la colonne n'a pas d'être, ni d'être-là, ici ou ailleurs. Elle n'appartient à personne. Vous n'avez sur elle aucune prise, vous n'en contrôlerez jamais absolument l'extension. Vous ne la prendrez pas ailleurs pour la mettre là. Vous ne la citerez pas à comparaître. Cette colonne n'étant pas (un étant), ne tombant pas sous le coup de *l'est,* toute la métaphysique occidentale, vivant dans l'assurance de ce *est* a tourné autour de la colonne. Non pas sans la voir mais au contraire en croyant la voir. Et s'assurer, en vérité, comme d'un centre, d'un lieu propre, des contours de son effondrement. [...]
On ne peut donc pas se reposer dans la copule. L'accouplement est le miroir. Le miroir se traverse *de lui-même,* autrement dit ne se traverse jamais. La traversée ne survient pas accidentellement au miroir – à l'Occident – elle est inscrite en sa structure. Autant dire que se produisant toujours, elle n'arrive jamais. Comme l'horizon.
(Le Seuil, 1972, p. 389, 390, 391, 392-393 ; rééd. coll. « Points », 1993, p. 425, 426-427, 427-428, 429.)

Section 2. Historiens et historicisme

Notre époque est empreinte d'un intérêt pour l'histoire. Sous les formes les plus superficielles (engouement pour la généalogie, valorisation des *revivals,* succès des biographies et romans historiques) ou plus techniques (faisant la critique d'une œuvre, il convient maintenant de présenter l'histoire des critiques antérieures), notre culture est marquée par un phénomène d'historicisation. Quels sont ses origines, ses traits principaux ? Peut-on dresser un tableau historique qui mène par continuité à ce climat historisant ? Sinon, de quelles ruptures procède-t-il ? On voit qu'on ne peut définir qu'historiquement notre attitude à l'égard de l'histoire. En effet, ou bien on ne prête aucun rôle à la succession chronologique des périodes par lesquelles se développent nos représentations ; ou bien on nourrit sa réflexion de la position déterminée que nous assigne « notre époque », et on ne peut dès lors dépasser sa relativité. Faisant pour l'instant comme si le terme « historicisme » avait une signification unifiée, nous n'hésitons pas à profiter des ambiguïtés de sa définition. Certes, toutes les formes d'historicisme reviennent à considérer la temporalité et la périodisation dans laquelle nous sommes pris comme des facteurs déterminants pour notre condition et nos connaissances. À quel degré ? Entre le constat – devenu pour nous une évidence – selon lequel rien n'existe hors de l'histoire, et un relativisme historique généralisé (tout ce qui est n'existe qu'en vertu de l'esprit éphémère d'une époque), il faudra comprendre les différences et les liens. Plutôt qu'« historicisme », on appellera « esprit historique » l'attitude propre aux Temps modernes selon laquelle on ne peut comprendre le présent qu'à l'aide d'une connaissance informée du passé dont il résulte. L'historicisme désigne plus spécifiquement le souci d'unification de l'histoire, qui s'accomplit dans les grandes philosophies de l'histoire du XIXe siècle : l'unité de la chronologie, une fois conçue comme un enchaînement nécessaire, finit par apparaître celle d'une évolution. Enfin, l'historicisme contemporain nous semble animé de l'idée que toute connaissance est conditionnée par un ensemble de représentations qui définissent un site historique, souvent jugé incommensurable à tout autre. Pour mieux saisir le rôle des différentes formes d'historicisme à notre époque, reconstituons leur filiation.

2.1. *Naissance d'une discipline*

L'intérêt pour l'histoire n'est pas immémorial. Il suppose quelques conditions qui consacrent l'importance du devenir. Les cultures archaïques pensaient le temps comme cyclique, marqué par la répétition des rythmes naturels et des rites sacrés. L'esprit historique s'instaure à l'inverse par la conviction que ce que font les hommes est décisif pour la suite des temps. Thucydide ouvre son œuvre par l'affirmation qu'il ne s'était rien passé de tel que la guerre du Péloponnèse et que tout ce qui suivra en dépendra (cf. texte 1). En outre, pour consigner une suite d'événements, il faut nourrir la certitude que le passé est accessible : même s'il n'est pas identique à l'actuel, il est de même nature. Cela suppose l'idée que les hommes vivent dans un temps homogène qui est à la fois orienté et descriptible : ce que nous figurons couramment comme une flèche. Certes ce milieu peut être confronté à l'influence d'un autre ordre (le divin intemporel), mais ce dernier agissant dans le temps se juxtapose à lui sans briser sa linéarité. Une fois défini comme accessible, le passé risque néanmoins d'apparaître modulable, soumis à l'évaluation humaine. Plus qu'Hérodote, grand conteur et amateur d'histoires, Thucydide montre une inquiétude qui, sans pouvoir être qualifiée de « critique », n'en tient pas moins à se démarquer des auteurs apologétiques et des récits peu vraisemblables. Sans instaurer de méthode systématique, il manifeste, le premier, le souci de confronter les témoignages discordants. On pourrait donc considérer que les problèmes de l'historiographie naissent en même temps que l'attention au passé.

Le souci historique ne semble pas conduire nécessairement à l'unification de son objet. Depuis l'Antiquité, le récit proposé par l'historien est donné comme prélevé sur l'ensemble du temps, horizon de toute narration. L'ordre des événements humains ne paraît pourtant se constituer en enchaînement unifié que sous la condition d'un point de vue extérieur au temps. Saisie comme une espèce de genèse à l'envers, l'autre face de la rédemption, l'histoire dans son ensemble appelle des soins de Dieu une régénérescence ultime. Cette perspective totalisante se marque ainsi parfois au moyen d'une majuscule. Ainsi se distinguent au principe deux règnes, le spirituel et le temporel, constituant deux ordres par lesquels peut se définir la communauté humaine : « deux amours ont fait deux cités : l'amour de soi jusqu'au mépris de Dieu, la cité terrestre ; l'amour de Dieu jusqu'au mépris de soi, la Cité céleste » (saint Augustin, *La Cité de Dieu*, 412-426, XIV, 28, trad. G. Combès, Paris, Desclée de Brouwer, *Œuvres*, tome XXXV, p. 465). Même si les deux cités sont en fait étroitement intriquées, elles sont en droit distinguées en vertu de leur nature : l'histoire humaine tient son unité de sa sublimation en épopée sacrée. Cette tradition se perpétue jusqu'au *Discours* (1681) de Bossuet : « ce long enchaînement des causes particulières qui font et défont les empires dépend des ordres secrets de la Divine Providence. Dieu tient du plus haut des cieux les rênes de tous les royaumes. » (*Discours sur l'histoire universelle*, Flammarion, coll. « GF », 1966, p. 427.) L'unification de l'histoire est donc d'abord un produit de la théologie, à l'origine des premières philosophies de l'histoire, définies comme visions d'ensemble du devenir humain.

Ces efforts de totalisation de l'évolution de l'humanité sont bien opposés au souci de porter un regard critique sur le contenu du passé. C'est au sein de l'Église que naît également, au XVIIe siècle, l'intention d'exactitude dans la restitution des faits : l'érudition religieuse se déploie dans l'étude des Pères de l'Église. Les bénédictins de Saint-Maur élaborent le regard méticuleux qu'ils portent sur les documents historiques. La constitution d'une perspective informée naît d'abord de l'inquiétude portant sur la viabilité des sources. On peut en voir le symbole dans la remise en cause, dans les années 1670, de la crédibilité des papyrus mérovingiens que conservaient notamment les bénédictins à Saint-Denis. Dans *La Diplomatique*, en 1681, Dom Jean Mabillon use d'une méthode extensive, précise, linguistique, pour prouver l'authenticité des manuscrits : il examine et compare l'encre, l'écriture, la langue de nombreuses pièces. Se développe le sentiment qu'il n'y a pas de fait pur, d'activité vierge : toute donnée est un témoignage dans lequel l'historien se trouve engagé. Ce doute qui frappe tous les éléments légués par le passé conduit les historiens à définir les procédures qui permettront d'appréhender avec certitude les documents. Certes l'idée de méthode n'est pas première, mais des règles s'imposent pour faire taire les objections portant sur les sources et définir collectivement le travail des chercheurs. Ainsi Mabillon écrit-il : « je me suis proposé pour la première de mes Règles, l'amour de la vérité. Mais j'y avais encore un engagement particulier, en donnant les originaux des choses » (*Brèves réflexions sur quelques règles de l'histoire*, éd. B. Barret-Kriegel, Paris, POL, 1990 p. 105. L'éditeur commente p. 142 : « en distinguant les originaux des copies, Mabillon sépare ici les sources de première main des sources de seconde main par quoi s'opère la constitution de l'histoire savante »).

2.2. *Les philosophies de l'histoire*

Avec la définition de procédés critiques pour établir l'authenticité du legs de l'histoire, s'opère donc une rationalisation de la discipline : des principes de travail sont adoptés pour régler l'accès aux témoignages. La confiance absolue en la raison développée au XVIIIe siècle va conduire à de sévères remises en cause des anciennes pratiques historiographiques. Avec Montesquieu et Voltaire, sont définis de nouveaux objets d'intérêt pour l'historien : la géographie, les mœurs, la démographie. Mais, à la même époque, se constituent les prémices de représentations laïques de l'humanité en devenir : ces philosophies de l'histoire correspondent à une rationalisation outrancière de l'intérêt pour le passé. La raison, instituant des procédures, permet de classer, d'évaluer, de finaliser les objets qu'elle considère. Le déplacement d'attention depuis l'authenticité du document vers son rôle pour la compréhension d'un enchaînement d'événements fait de l'historien un philosophe. Leibniz (dans ses *Essais de Théodicée*, 1710), Kant (dans son *Idée d'une histoire universelle d'un point de vue cosmopolitique*, 1784), Hegel (dans ses cours des années 1820, par exemple ceux édités sous le titre *La Raison dans l'Histoire* – Paris, UGE, coll. « 10/18 », 1965) accordent de plus en plus d'importance au principe de finalité. L'usage de ce principe (« toute chose existe conformément à un but ») constitue pour Hegel un complément nécessaire à l'étude de l'histoire (cf. texte 2). En effet, le but d'une formation historique (un peuple, une série d'événements, une époque) est inscrit dans l'esprit qui préside à son développement. L'appréhension de cet esprit, tâche philosophique, doit précéder les options de recherche de l'historien et les déterminer. Idéalement, l'esprit qui constitue la trame vivante de la réalité doit animer le savant dans sa recherche. L'objectivité de son étude n'est pas l'impartialité illusoire d'une démarche scientifique, c'est un engagement dont les principes doivent être communs avec son objet. La philosophie de l'histoire déplace donc l'intérêt depuis la critique du document vers le devenir de la réalité. Voulant, dans une inspiration vitaliste, faire de l'évolution un objet de la raison, elle substitue la finalisation au souci d'exactitude, autorisant ainsi les reconstructions globales *a priori*.

L'historicisme se caractérise donc par la tentative plus ou moins accomplie de formuler des lois du devenir (cf. Karl Popper, texte 3). Durant la première moitié du XIXe siècle, non seulement en Allemagne, sous l'influence de Hegel, mais aussi dans toute l'Europe a régné le climat des philosophies de l'histoire. En France, Auguste Comte fonde le positivisme, qui s'efforce de limiter toute étude à l'analyse des faits (expérimentables) et de leurs relations objectives. Bien qu'il prenne pour modèle la démarche scientifique, Comte institue aussi une philosophie de l'histoire sous les espèces de la loi des trois états : l'esprit humain passe nécessairement par l'âge théologique (de la fiction), l'âge métaphysique (de l'abstraction), l'âge positif (de la science) qui est définitif. Des historiens comme Quinet ou Michelet n'hésitent pas à énoncer la finalité du devenir qu'ils retracent dans leurs écrits. C'est sans doute que la forme même de la narration tend à faire d'un enchaînement d'événements une orientation. L'esprit individuel du savant projette spontanément ses propriétés (le fait de poursuivre des objectifs) dans ce qu'il étudie : on assimile ainsi l'histoire d'une notion à la vie d'une entité. La forme du récit est congruente avec celle d'une vie (cf. François Furet, texte 5). Les chercheurs du XIXe siècle paraissent dans leurs travaux soumis à deux exigences conflictuelles : tantôt ils versent dans l'élan historiciste, visant les globalisations finalisées, tantôt ils souscrivent au souci de documentation critique que s'approprie et développe le positivisme dominant à la fin du siècle.

2.3. *Critiques de l'historicisme*

Au XXe siècle, les théorisations philosophiques s'écartent également de plus en plus de l'esprit des philosophies de l'histoire. L'épistémologue Karl Popper vise toutes les formes d'évolutionnisme en sciences sociales : il soutient, contre la plupart des chercheurs, que les méthodes employées dans ce domaine sont les mêmes que celles des sciences de la nature (cf. texte 3). Les historicistes tantôt tentent d'identifier une loi du devenir global de l'humanité, tantôt affirment que chaque moment historique, doué d'autonomie, reste irréductible aux autres. Or, d'une part on ne peut formuler une loi d'évolution du tout sans être extérieur à cette totalité ; d'autre part le relativisme historique qui consiste à affirmer que chaque époque est incommensurable aux autres suppose que le passage d'un moment à un autre de l'histoire ne peut être expliqué que selon sa propre perspective. Popper propose de substituer à ces attitudes la disposition scientifique d'esprit ouvert qui conceptualise un seul des aspects de ses objets et l'étudie au moyen d'hypothèses constituant autant d'essais à confirmer ou à infirmer. La vérification des hypothèses est assurément plus difficile en sciences humaines. Bien qu'elle obtienne des résultats moins probants, elle peut utiliser les mêmes procédures. Les arguments présentés dans le livre *Misère de l'historicisme* (1945) constituent donc autant une critique des philosophies de l'histoire que du relativisme propre à notre époque.

Dans *Être et Temps* (1927, cf. § 74), Heidegger a fait de la temporalité la propriété fondamentale de l'existant. Un sujet conscient n'est pas historique parce qu'il est dans l'histoire, mais parce qu'il possède une structure propre qui lui ouvre les possibilités de sa compréhension historique. L'historicité étant conçue comme intérieure à la conscience, l'histoire n'est plus un objet au sein duquel on peut se mouvoir. Il faudrait plutôt dire qu'on est sensible, en fonction des formes de représentation propres à notre époque, à l'historicité de certains phénomènes exclusivement. En nous s'effectue un travail de l'histoire : nous percevons certaines œuvres en vertu d'une tradition qui vit encore en nous. La compréhension historique constitue donc l'ouverture d'un horizon dont nous disposons déjà. Nos capacités d'interprétation historique sont donc foncièrement limitées. L'horizon de notre compréhension ne peut s'ouvrir au point d'englober la totalité du devenir. C'est que, si nous pouvons nourrir la conscience de la limitation de notre compréhension, nous ne pouvons énoncer et comprendre la nature des limites qui s'imposent à nous, puisqu'elles se confondent avec notre situation historique. On comprend mieux notre formulation initiale selon laquelle il n'y a pas d'extériorité à l'histoire. Pourtant les limitations constitutives de notre conscience historique ne nous interdisent pas de comprendre les œuvres du passé, ni d'améliorer les lectures que nous en proposons. Le relativisme historique pose l'irréductibilité d'une époque à ses précédentes : nos descendants ne manqueront pas de renouveler le regard que nous portons sur le passé. Mais ce n'est pas à dire inversement que les œuvres humaines soient incommensurables à celles qui leur font suite : nous renouvelons nos ascendances en les repensant. Le relativisme historique n'est donc pas absolu : les époques ne sont pas imperméables les unes aux autres, mais les horizons qu'ouvre une période donnée entrent en résonance avec ceux des époques antérieures. On comprend par là même que nous ayons affaire à un éclatement des pratiques historiographiques, en vertu des réponses différentes que les chercheurs apportent aux problèmes qui définissent leur activité (cf. François Furet, texte 5). Nous ne nous comprendrons jamais que de façon indirecte et par suite relative, c'est-à-dire historiquement. Le savoir absolu ne se produira jamais dans l'histoire, mais la conscience de mieux en mieux développée de notre historicité nous permet de diversifier, de renouveler et de faire progresser les perspectives que nous prenons sur notre passé.

– Texte 1 –

Thucydide, *La Guerre du Péloponnèse* (vers 400 av. J.-C.), livre I, préface, n° 1, 21 et 22

Cette histoire de la guerre entre les Péloponnésiens et les Athéniens est l'œuvre de Thucydide d'Athènes. L'auteur a entrepris ce travail dès le début des hostilités. Il avait prévu que ce serait une grande guerre et qu'elle aurait plus de retentissement que tous les conflits antérieurs. Il avait fait ce pronostic en observant que, de part et d'autre, les États entrant en lutte se trouvaient dans tous les domaines à l'apogée de leur puissance. Il constatait d'autre part que tout le reste du monde grec ralliait l'un ou l'autre camp. Ceux qui ne prenaient pas immédiatement parti, se disposaient à le faire. Et ce fut en effet la crise la plus grave qui eût jamais ébranlé la Grèce et, avec elle, une partie du monde barbare. On peut dire que la majeure partie de l'humanité en ressentit les effets.

Quant aux événements qui marquèrent la période précédant cette guerre et, plus anciennement encore, les siècles dont, en raison du temps écoulé, je ne pouvais avoir une connaissance précise, j'estime qu'ils furent, tant au point de vue militaire qu'à tout autre, de médiocre importance. Je fonde cette assurance sur les indices que j'ai recueillis au cours d'une enquête remontant jusqu'aux temps les plus reculés. [...]

Pourtant les risques d'erreur sont faibles, si l'on s'en tient aux indices mentionnés ci-dessus et l'on peut estimer que l'aperçu que j'ai donné sur ces siècles passés est dans l'ensemble véridique. N'allons pas faire plus de cas des poètes, qui, pour les besoins de l'art, ont grandi les événements de ce temps, ni des *logographes*, qui, en écrivant l'histoire, étaient plus soucieux de plaire à leur public que d'établir la vérité. Les faits dont ils nous parlent sont incontrôlables. Ils se sont, au cours des âges, parés des prestiges de la fable, perdant ainsi tout caractère d'authenticité. Qu'on se contente donc pour ce passé lointain d'un savoir fondé sur des données absolument indiscutables. [...]

J'ai prêté aux orateurs les paroles qui me paraissaient les mieux appropriées aux diverses situations où ils se trouvaient, tout en m'attachant à respecter autant que possible l'esprit des propos qu'ils ont réellement tenus.

Quant aux actions accomplies au cours de cette guerre, j'ai évité de prendre mes informations du premier venu et de me fier à mes impressions personnelles. Tant au sujet des faits dont j'ai moi-même été témoin que pour ceux qui m'ont été rapportés par autrui, j'ai procédé chaque fois à des vérifications aussi scrupuleuses que possible. Ce ne fut pas un travail facile, car il se trouvait dans chaque cas que les témoins d'un même événement en donnaient des relations discordantes, variant selon les sympathies qu'ils éprouvaient pour l'un ou l'autre camp ou selon leur mémoire.

Il se peut que le public trouve peu de charme à ce récit dépourvu de romanesque. Je m'estimerai pourtant satisfait s'il est jugé utile par ceux qui voudront voir clair dans les événements du passé, comme dans ceux, semblables ou similaires, que la nature humaine nous réserve dans l'avenir. Plutôt qu'un morceau d'apparat composé pour l'auditoire d'un moment, c'est un capital impérissable qu'on trouvera ici.

(Trad. D. Roussel, Gallimard, coll. « Bibliothèque de la Pléiade », 1964, p. 693-694, 705-706, 706.
Trad. J. de Romily, Robert Laffont, coll. « Bouquins », 1990, p. 173, 183-184.)

– Texte 2 –

Hegel, *Encyclopédie des sciences philosophiques* (1817-1830), III, § 549

Que la présupposition d'un but étant en et pour soi, et des déterminations se développant à partir de lui suivant le concept, soit faite dans le cas de l'histoire, c'est là ce que l'on a nommé une considération *a priori* de celle-ci, et l'on a fait reproche à la philosophie d'écrire l'histoire *a priori* ; sur ce point, et sur l'historiographie en général, il faut faire observer de façon plus précise ce qui suit. Qu'au fondement de l'histoire et, en vérité, essentiellement de l'histoire mondiale, il y ait en et pour soi un but final, et que celui-ci ait été réalisé et soit réalisé effectivement en elle – c'est là le plan de la Providence -, que, d'une façon générale, il y ait de la *raison* dans l'histoire, cela doit être établi pour soi-même philosophiquement et, par là, comme étant en et pour soi nécessaire. Ce qui, seul, peut mériter le blâme, c'est de présupposer des représentations ou pensées arbitraires, et de vouloir trouver et représenter conformes à elles les événements et les actes. [...]

Tout ce qu'on accorde, c'est qu'un historien doit nécessairement, avoir un *objet*, par exemple Rome, son destin, ou la ruine de la grandeur de l'Empire romain. Il suffit d'un peu de réflexion pour discerner que c'est là le but présupposé qui est au fondement des événements eux-mêmes comme du jugement déterminant lesquels d'entre eux ont une importance, c'est-à-dire une relation plus prochaine ou plus lointaine avec lui. Une histoire sans un tel but et sans un tel jugement ne serait qu'une suite, sans grand sens, de la représentation, pas même un conte pour enfant, car même les enfants réclament, dans les récits, un intérêt, c'est-à-dire un but pour le moins donné à pressentir, et la mise en relation avec lui des événements et des actions. [...]

Mais, en réalité, si, dans l'histoire politique, Rome ou l'Empire allemand, etc., sont un objet effectif et vrai, et le but auquel les phénomènes sont à rapporter et suivant lequel ils sont à apprécier, encore bien plus, dans l'histoire universelle, l'esprit universel lui-même, la conscience qu'il a de lui-même et de son essence, est un objet, un contenu, vrai et effectif, et un but auquel, en et pour lui-même, servent tous les autres phénomènes, de telle sorte que c'est uniquement par le rapport à lui, c'est-à-dire par le jugement dans lequel ils sont subsumés sous lui, et lui, inhérent à eux, qu'ils ont leur valeur ainsi que jusqu'à leur existence. Que, dans la marche de l'esprit (et c'est l'esprit qui ne plane pas seulement *sur* l'histoire comme sur les eaux, mais qui tisse sa trame en elle et y est seul le principe moteur), la liberté, c'est-à-dire le développement déterminé par le concept de l'esprit, soit le principe déterminant, et que seul le concept de l'esprit soit à lui-même le but final, c'est-à-dire la vérité, puisque l'esprit est conscience, ou – en d'autres termes – qu'il y ait de la raison dans l'histoire, cela, pour une part, sera au moins une croyance plausible, mais, pour une autre part, c'est une connaissance de la philosophie.

(Trad. B. Bourgeois, Vrin, 1988, p. 327, 329, 331.)

– Texte 3 –

Karl Popper, *Misère de l'historicisme* (1945)

Tous les groupes sociaux ont leurs traditions propres, leurs institutions propres, leur rituel propre. L'historicisme prétend que nous devons étudier l'histoire du groupe, ses traditions et ses institutions, si nous désirons le comprendre et l'expliquer tel qu'il est maintenant, et si nous désirons comprendre, et peut-être prévoir, son développement futur.

L'histoire, comme n'importe quelle autre sorte d'enquête, ne peut s'occuper que d'aspects choisis de l'objet auquel elle s'intéresse. C'est une erreur de croire qu'il peut y avoir une histoire au sens totaliste, une histoire des « états de société » représentant « la totalité de l'organisme social » ou « tous les événements historiques et sociaux d'une époque ». Cette idée dérive d'une conception intuitive d'une *histoire de l'humanité* entendue comme un vaste et immense courant d'évolution. Mais une telle histoire ne peut pas être écrite. Toute histoire écrite est l'histoire d'un certain aspect limité de cette évolution « totale », et elle est, de toute façon, une histoire très incomplète de l'aspect choisi particulier, lui-même incomplet.

Ceci, pouvons-nous dire, est l'erreur centrale de l'historicisme. *Ses « lois d'évolution » s'avèrent être des tendances absolues* ; tendances qui, comme des lois, ne dépendent pas de conditions initiales, et qui nous emportent irrésistiblement selon une certaine direction, vers l'avenir. Elles sont le fondement de *prophéties* inconditionnelles, contrairement aux *prédictions* scientifiques conditionnelles.

De tels points de vue sélectifs remplissent en histoire des fonctions analogues, en bien des façons, à celles des théories dans la science. Il est donc compréhensible qu'on les ait souvent pris pour des théories. Et assurément, les rares idées inhérentes à ces approches qui peuvent être formulées sous la forme d'*hypothèses testables,* qu'elles soient singulières ou universelles, peuvent fort bien être traitées comme des hypothèses scientifiques. Mais en général, des points de vue historiques *ne peuvent pas être testés*. Ils ne peuvent pas être infirmés, et en conséquence les confirmations apparentes sont sans valeur même si elles sont aussi nombreuses que les étoiles du ciel. Nous appellerons un tel point de vue sélectif, ou foyer de l'intérêt historique, lorsqu'on ne peut le formuler en une hypothèse testable, une *interprétation historique*.

La méthode scientifique elle-même a des aspects sociaux. La science, et plus spécialement le progrès scientifique, est le résultat non pas d'efforts isolés mais de la *libre concurrence de la pensée*. Car la science réclame toujours plus de concurrence entre les hypothèses et toujours plus de rigueur dans les tests, et les hypothèses en compétition réclament une représentation personnelle, pour ainsi dire : elles ont besoin d'avocats, d'un jury et même d'un public.

Après tout, ce sont peut-être les historicistes qui ont peur du changement : et c'est peut-être la peur du changement qui les rend si entièrement incapables de réagir rationnellement à la critique, et qui rend d'autres personnes si sensibles à leur enseignement. Tout semble se passer presque comme si les historicistes essayaient de se consoler de la perte d'un monde immuable en s'accrochant à la croyance que le changement peut être prévu parce qu'il est réglé par une loi immuable.

(Trad. H. Rousseau et R. Bouveresse, Plon, 1956.
Pocket, 1988, p. 25, 103, 162, 189-190, 194, 201.)

– Texte 4 –

Hans-Georg Gadamer, *Vérité et méthode* (1960)

Telle est là précisément la puissance de l'histoire sur la conscience humaine finie que, même lorsque la foi en la méthode nous fait renier notre propre historicité, c'est encore elle qui l'emporte. Voilà ce qui fait l'urgence de cette exigence, celle de prendre conscience de ce travail de l'histoire : exigence qui s'impose à la conscience scientifique. Mais cela ne signifie pas du tout que l'on puisse y satisfaire absolument. Quant à l'accomplissement de cette histoire en savoir, c'est une allégation aussi hybride que la prétention hégélienne au savoir absolu, dans lequel l'histoire serait devenue parfaitement transparente à elle-même et ainsi élevée au plan du concept. La conscience propre au travail de l'histoire est au contraire un moment de l'acte même de compréhension. Nous allons voir de quelle manière elle est déjà à l'œuvre dans la *détermination de la bonne question.*

La conscience propre au travail de l'histoire est d'abord conscience de la *situation* herméneutique. Or, acquérir la conscience d'une situation est dans tous les cas une tâche qui présente une difficulté propre. En effet, le concept de situation veut qu'on ne se trouve pas en face d'elle, qu'on ne puisse donc en avoir un savoir objectif. On est dans une situation, on se trouve toujours impliqué dans une situation que l'on ne pourra jamais entièrement tirer au clair. Ce qui est également vrai de la situation herméneutique, c'est-à-dire de la situation dans laquelle nous nous trouvons vis-à-vis de la tradition qu'il nous faut comprendre. L'élucidation de cette situation, c'est-à-dire la réflexion sur le travail de l'histoire, ne peut pas, elle non plus, être menée à son accomplissement. Mais cette impossibilité ne tient pas à un manque de réflexion, elle s'inscrit dans l'essence de l'être historique que nous sommes. *« Être historique » signifie ne jamais pouvoir se résoudre en savoir de soi-même.* [...]

En réalité, l'horizon du présent est en formation perpétuelle dans la mesure où il nous faut constamment mettre à l'épreuve nos préjugés. C'est d'une telle mise à l'épreuve que relève, elle aussi, la rencontre avec le passé et la compréhension de la tradition dont nous sommes issus. L'horizon du présent ne se forme donc absolument pas sans le passé. Il n'y a pas plus d'horizon du présent qui puisse exister à part qu'il n'y a d'horizons historiques que l'on devrait conquérir. *La compréhension consiste au contraire dans le processus de fusion de ces horizons soi-disant indépendants l'un de l'autre.* La force de cette fusion est surtout visible dans les temps plus anciens, dans la naïveté de leur relation à eux-mêmes et à leur origine. Quand la tradition l'emporte, cette fusion ne cesse pas de se produire. Car l'ancien et le nouveau ne cessent pas de s'y conjoindre pour s'imposer de manière vivante, sans même se distinguer expressément l'un de l'autre.

(Trad. P. Fruchon, J. Grondin et G. Merlio, Le Seuil, 1996, p. 323-324, 328.)

– Texte 5 –

François Furet, *De l'histoire-récit à l'histoire-problème* (1975)

L'histoire est fille du récit. Elle n'est pas définie par un objet d'étude, mais par un type de discours. Dire qu'elle étudie le temps n'a en effet pas d'autre sens que de dire qu'elle dispose tous les objets qu'elle étudie dans le temps : faire de l'histoire, c'est raconter une histoire.

Raconter, en effet, c'est dire « ce qui est arrivé » : à quelqu'un ou à quelque chose, à un individu, à un pays, à une institution, aux hommes qui ont vécu avant cet instant du récit et aux produits de leur activité. C'est restituer le chaos d'événements qui constituent le tissu d'une existence, la trame d'un vécu. Le modèle en est tout naturellement le récit biographique, parce qu'il raconte quelque chose qui se présente comme l'image même du temps pour l'homme ; la durée bien nette d'une vie, entre la naissance et la mort, et les dates repérables des grands événements entre ce début et cette fin. Le découpage du temps est ici inséparable du caractère empirique du « sujet » de l'histoire. [...]

Le récit historique obéit donc à un découpage du temps inscrit dans le donné brut du vécu : au fond, il fixe les souvenirs des individus et des collectivités. Il conserve vivant ce qu'ils ont choisi de leur passé ou simplement du passé, sans défaire ni reconstruire les objets de ce passé : c'est qu'il parle de moments, non d'objets. [...]

En somme, l'histoire-récit est la reconstruction d'une expérience vécue sur l'axe du temps : reconstruction inséparable d'un minimum de conceptualisation, mais cette conceptualisation n'est jamais explicitée. Elle est cachée à l'intérieur de la finalité temporelle qui structure tout récit comme son sens même.

Or, ce qui me paraît caractériser l'évolution récente de l'historiographie, c'est le recul peut-être définitif de cette forme d'histoire, florissante toujours au niveau des productions de grande consommation, mais de plus en plus abandonnée par les professionnels de la discipline. Il me semble que nous sommes passés, sans toujours le savoir, d'une histoire-récit à une histoire-problème, au prix de mutations qui peuvent être résumées ainsi :

– 1. L'historien a renoncé à l'immense indétermination de l'objet de son savoir : le temps. Il n'a plus la prétention de raconter ce qui s'est passé, ou même ce qui s'est passé d'important, dans l'histoire de l'humanité, ou d'une portion d'humanité. Il est conscient qu'il choisit, dans ce passé, ce dont il parle, et que, ce faisant, il pose, à ce passé, des questions sélectives. [...]

– 2. En rompant avec le récit, l'historien rompt aussi avec son matériau traditionnel ; l'événement unique. Si, au lieu de décrire un vécu, unique, fugitif, incomparable, il cherche à expliquer un problème, il a besoin de faits historiques moins flous que ceux qu'il trouve constitués sous ce nom dans la mémoire des hommes. [...]

– 3. En définissant son objet d'étude, l'historien a également à « inventer » ses sources, qui ne sont généralement pas appropriées, telles quelles, à son type de curiosité. [...] Or, l'historien qui cherche à poser et à résoudre un problème doit trouver les matériaux pertinents, les organiser et les rendre comparables, permutables, de façon à pouvoir décrire et interpréter le phénomène étudié à partir d'un certain nombre d'hypothèses conceptuelles.

– 4. D'où la quatrième mutation du métier d'historien. Les conclusions d'un travail sont de moins en moins séparables des procédures de vérification qui les sous-tendent, avec les contraintes intellectuelles qu'elles entraînent.

(*Diogène*, n° 89, janvier-mars 1975, p. 112-113, 116 et 117.
L'Atelier de l'histoire, Flammarion, 1982, p. 73-74, 76-77.)

Section 3. La modernité face aux Anciens

Être moderne, c'est appartenir à la modernité : se comprendre dans le mouvement ambitieux d'une entreprise de libération collective. Il fut certes un temps où l'adjectif « moderne » avait une valeur positive. Mais il semble devenu aussi inactuel que des expressions comme « être à la page », « dans le vent ». Dans la désuétude de ces expressions, on peut voir le signe que quelque chose, dans la relation de l'homme occidental à son époque, s'est brisé. Si la notion de modernité désigne l'adéquation à son temps, comment y échapper ? Même en valorisant toute avant-garde, il ne semble pas qu'on prétende relever d'une autre époque, mais plutôt qu'on conçoive le moment historique duquel on participe comme « en progrès ». Ce « progressisme » qui caractérise les sociétés occidentales depuis le XVIIe siècle serait-il dépassable ? De nos jours, aux côtés des postmodernes qui revendiquent sur notre époque un regard extérieur et critique (cf. chap. 5, 4), de nombreuses voix dénoncent le cortège de destructions, d'aliénations, de déshumanisation par lequel se sont développées les promesses de rédemption de l'humanité. La modernité, projet de rationalisation indéfinie de nos collectivités, porte en elle la menace que ses moyens se retournent contre ses fins. Subsiste pourtant chez de grands auteurs (tels Habermas) l'intention d'accomplir la modernité, c'est-à-dire le projet d'émancipation de l'homme issu de la philosophie des Lumières. La posture de Bruno Latour est originale : il définit la modernité par le souci de distinguer deux grands types d'essences, disons les objets naturels d'un côté, les sujets pensants de l'autre, et l'exigence d'effectuer un travail de purification préalable à toute étude, qui consiste à ramener toute entité à l'une de ces essences pures. Il soutient à la fois qu'il est impossible d'être moderne, puisqu'il n'existe que des mixtes, à la fois qu'on ne peut qu'être moderne, puisque l'investigation des mixtes requiert la position des essences pures. En d'autres termes, on ne pourrait être moderne (ou le devenir enfin) qu'à la condition de ne l'être pas tout à fait, pas seulement (cf. texte 1).

3.1. *Difficultés de définition*

Si les attitudes à l'égard de la modernité apparaissent complexes, c'est qu'elle est ambivalente en elle-même. Il s'agit donc de préciser les définitions qu'on lui donne. On peut s'en tenir à une caractérisation historique, qui fait du monde moderne, entre la chute de Constantinople (1453) et la Révolution française (1789), celui du développement des techniques, de la conquête du monde à partir des voyages des grands explorateurs, de la diffusion d'une culture à partir du développement de l'imprimé. On s'accorde sur la définition conceptuelle que nous avons présentée : projet collectif d'émancipation par la rationalisation. Ce progressisme est né de bouleversements occidentaux : la cartographie de la terre, la Réforme, les prémisses d'une science nouvelle. Mais ces facteurs constituent moins des événements que les catalyseurs d'un élan spirituel qui inscrit les conquêtes rationnelles dans un projet commun dont résulte notre monde (cf. Hannah Arendt, texte 5). La modernité est devenue investigation de notre monde exclusivement en tant qu'objet d'exploitation technique, conséquence de l'entreprise cartésienne (cf. chap. 6, 2). Elle correspond donc au rétrécissement progressif des dimensions que nous attribuons à la terre, suite à l'accroissement de nos capacités de transport. Elle s'achève avec les limites que l'on veut donner au processus de domination absolue de notre espèce. Esthétiquement, le terme de modernité renvoie aux bouleversements artistiques qui affectent l'Europe fin de siècle, après l'affirmation d'autonomie de l'activité artistique (« l'art pour l'art », cf. chap. 2, 4), avant 1900. On pourrait voir dans le dandy esthète qui incarne cette modernité le personnage qui répond à la modernisation des conditions de vie au XIXe siècle. Suite au développement de la presse, l'intellectuel a une conscience aiguë de l'actualité. Après que les villes ont été peu à peu redessinées par l'urbanisme, il se définit avant tout comme citadin errant dans un monde de mélange : celui des classes sociales, des mouvements dans la foule. C'est cette modernité dont Baudelaire a tenté la caractérisation emblématique par l'attention du peintre : « tirer l'éternel du transitoire », poser le changeant comme valeur. En même temps qu'un déplacement des objets de l'intérêt esthétique, s'opère une redéfinition du regard. Le temps porte en lui l'intemporel, qu'on ne peut saisir que par une intention datée, faisant du déplacement, du bougé, son centre d'intérêt (cf. texte 4).

Mais si la modernité fait du changement un mot d'ordre et finalement un fondement, elle ne peut manquer de s'accomplir dans un champ de contradictions qui se traduisent comme vécu de crise. Ou bien elle s'épuise à se redéfinir sans cesse, ou bien elle doit assumer sa nature contradictoire. Tant que le classicisme lui opposait la défense de formes équilibrées, donc stables et apaisées, le modernisme pouvait revendiquer à son profit la responsabilité de la crise. Mais dès lors que le propos moderniste est dominant, il semble se scinder et s'assimiler au discours de la crise en général. La modernité pourrait alors correspondre au moment sublime de la rupture, épreuve de risques décisifs. L'ancien déclaré définitivement révolu s'ouvre sur l'inquiétante indétermination du monde nouveau. Conception de la réalité matérielle comme mécanisable au XVIIe siècle, redéfinition de l'ordre social et politique au XVIIIe siècle, développement de l'industrialisation au XIXe siècle : la modernité, tout en se prétendant unique, ne cesse de répéter son geste de rationalisation à vocation libératrice. Elle se plaît d'ailleurs à condamner une « mauvaise modernité », inaccomplie, celle dont elle procède. Par exemple, le romantisme, en réhabilitant le goût pour le Moyen Âge, récuse l'esprit classique épris de clarté et d'équilibre. Pourtant, si toute la difficulté est d'assigner un terme final au projet moderne, on peut repérer son moment initial comme la position d'une confiance immodérée dans les facultés humaines, dominées par la raison. Il en résulte une attitude de rupture avec le passé, qui fonde l'espoir de la reconstruction unifiée d'un monde nouveau. Pour mieux comprendre cette remise en cause de l'ancien, référons-nous aux différentes manières de concevoir les démarcations dont elle procède : l'opposition avec les Anciens se décline en effet selon différents registres. Alors que les Anciens poursuivent la recherche d'une cité capable d'instaurer le bien, les Modernes se caractérisent par le refus des jugements de valeur, au profit des sciences sociales. En outre, la séparation entre vie publique et vie privée distingue l'individualisme moderne du civisme ancien. Plus prosaïquement, les Anciens sont ceux qui ont développé et perpétué les langues classiques, le grec et le latin, tandis que le propre des Modernes est d'avoir défendu les langues nationales. Cette opposition simple nous reconduit à l'une des manifestations originelles de la modernité : la fameuse querelle des Anciens et des Modernes, concernant initialement la pertinence du renouvellement des formes littéraires.

3.2. *Querelle des Anciens et des Modernes*

En faveur des Anciens, on peut présenter de nombreux arguments, qui se trouvent chez la plupart des écrivains du XVIe siècle, grands admirateurs et imitateurs des auteurs grecs et latins, encore renouvelés au XVIIe siècle par Boileau, La Fontaine, La Bruyère. Il y a d'abord l'argument d'antériorité : puisqu'ils étaient là avant, l'humanité leur doit plus de choses qu'à nous. Il repose sur la valeur fondatrice de leurs découvertes. On rencontre aussi un argument qu'on pourrait dire « de pureté » : les Anciens ont le charme des origines, ils sont la source du merveilleux, leur nature n'était pas encore souillée par les travers de notre culture. La simplicité des mœurs et des représentations n'était pas altérée par nos institutions illusoires. Intervient enfin un argument de pérennité : ayant duré plus longtemps, leur valeur est consacrée par l'usage. La défense des Anciens telle que la présente La Bruyère (cf. texte 3) est solidaire d'un contexte social et théologique : le renouvellement des autorités artistiques risquerait de faire droit au jugement frivole des femmes et, au-delà, de remettre en cause la valeur de l'Évangile. Les tenants du parti moderne, tels Perrault et Fontenelle, après Bacon et Pascal, ont beau jeu de retourner ces arguments : même si les Anciens étaient là avant, nous sommes les plus neufs ; ils n'ont pas le monopole de l'inédit, que nous renouvelons. Même si on prend en compte la difficulté de leur entreprise, puisqu'ils avaient tout à faire, leur tâche était en un sens plus facile. Certes leur œuvre fut fondatrice, mais sa vertu inaugurale ne vaut qu'à la condition que nous continuions à la perpétuer. Pascal (cf. texte 2) souligne que c'est en les contredisant que nous les imitons. D'ailleurs, nous leur sommes surtout redevables des erreurs qu'ils nous évitent de commettre, précisent Bacon et Fontenelle. Même s'il se donne comme divin, le merveilleux se renouvelle : à preuve, le sacré chrétien est comme la modernisation du sacré païen. Bien sûr, les Anciens auront toujours duré plus longtemps que nous. Mais ils risquent par là même de s'en trouver plus usés, d'autant que les Modernes, dans les siècles à venir, entrent en concurrence dans la postérité, et peuvent éclipser la réputation de leurs prédécesseurs. La Bruyère écrit que « les hommes n'ont point d'usages ni de coutumes qui soient de tous les siècles » (cf. texte 2), tandis que Fontenelle allègue que « la Nature a entre les mains une certaine pâte qui est toujours la même » (*Digression sur les Anciens et les Modernes*, 1688, *Œuvres complètes*, tome II, Fayard, 1991, p. 414). Pour défendre l'innovation, on se réfère ainsi à une nature humaine éternelle (qui pourrait ne pas autoriser le changement), tandis qu'on associe le changement des hommes (qui devrait entraîner le renouvellement de leurs œuvres) à la défense de l'imitation.

Les arguments des deux partis peuvent être retournés : c'est dire qu'on pourrait ne pas sortir de la querelle. Sa pérennité n'est pas dissociable du conflit qu'elle met en scène : les Anciens n'ont de valeur que par le renouvellement qui ne peut manquer de les déprécier. La querelle nous enseigne au moins que l'esprit a pour tâche d'évaluer son rapport au temps : les tenants des Anciens, en révérant la pérennité d'une tradition, vénéraient la jeunesse de l'humanité. Ce que manifeste la fameuse comparaison de la succession des hommes à un seul individu (cf. Pascal, texte 2), c'est que l'âge n'est pas à évaluer par rapport à la nature (en faisant de la date de naissance un absolu), mais par rapport à la culture (la pérennité d'un auteur définissant sa participation à l'œuvre commune). Le succès des Modernes n'est que la victoire de l'esprit : devenue sûre d'elle-même, la culture affirme la certitude de sa régénération indéfinie. « Cet homme qui a vécu depuis le commencement du monde jusqu'à présent [...] n'aura point de vieillesse » (Fontenelle, *ibid.*, p. 426). Le moderne s'instaure donc moins contre l'ancien qu'à l'encontre du traditionnel. La tradition, qui se dit toujours au présent, fait de l'ancien un repère absolu. Le moderne à l'inverse reconnaît la relativité de tout repère. Si Aristote vieillit toujours, mais ne change pas d'époque, il constitue une référence : son antiquité ne sera jamais altérée. Mais, une fois reconnu que les contemporains sont la maturité de l'humanité, ils sont appelés à juger leur jeunesse, à réévaluer les idées aristotéliciennes. Certes on ne pourra jamais se défaire des Anciens qui constituent nos origines, mais la conception qu'on se fait d'eux ne manquera pas de varier. On peut parler d'un avènement des Temps modernes : à partir du XVIIe siècle, l'esprit humain, animé d'une grande confiance en lui-même, tente de s'émanciper de tout pouvoir qui ne soit pas son propre. Dès lors, la culture s'explicitera dans le cadre d'une polémique, chaque époque étant partagée entre son irrépressible dépendance à l'égard du passé et son désir de rupture avec les Anciens. L'effort de dépassement de la tradition se traduit par un vœu d'unification générale du progrès qu'on instaure. Mais, dans la reconduction de son apologie de l'innovation, le moderne ne peut manquer de se diversifier. Il semble d'autant plus affirmer son unité qu'il ne cesse de se démultiplier : en tant que projet, ouverture, horizon, le modernisme se veut un.

3.3. *Une modernité ouverte*

Mais, dès qu'il s'affirme, il consacre la pluralité, puisqu'il est esprit de découverte. Dès lors, en se perpétuant, il semble laisser derrière lui les vestiges de ses anciennes régénérations : il va se déployer en analyse de multiples traditions, tandis qu'il projette obstinément dans l'avenir son intention d'unité, de paix, d'harmonie. S'instaurant dans et par la dispersion des langues et des traditions, le moderne tente de lui substituer un projet de reconstitution qui ne doive plus son élaboration au divin ni au naturel, mais seulement à l'humain. L'unité de la modernité est donc celle d'un plan de domination de la nature unifié par la raison. Si on en décèle les prémices aux XVe et XVIe siècles, il ne s'exprime pleinement qu'au XVIIe siècle, sous la forme des révolutions théoriques et de l'attitude critique à l'égard des auteurs de l'Antiquité. Mais il n'est pas sûr que le moderne en tant qu'unité dépasse l'état de projet. Car il n'a cessé d'être confronté à ses contradictions : valorisant le présent, il veut s'inscrire dans la durée ; visant l'unité, il ne cesse de se scinder ; procédant de la séparation radicale des objets et des sujets, il s'épuise à ne découvrir que des mixtes ; espérant l'émancipation de l'homme, il instaure une planification technique qui risque de l'aliéner. Enfin, dans son rapport à elle-même, la modernité peut apparaître incapable de se définir (cf. Georges Balandier, texte 6). Messianisme de la grandeur de la science, elle nourrit aussi des aspects catastrophistes. En tant qu'incertitude, elle valorise le bougé, le mouvement, l'acte, l'éphémère, jusqu'à se menacer elle-même. La difficulté d'établir des principes sur l'inachevé, l'instant, voire l'accélération conduit l'époque moderne à ne se développer qu'en exacerbant les contradictions qu'elle recèle : la valeur du progrès s'érode en raison même de sa réaffirmation permanente.

Ainsi l'esthétique moderne développée à la fin du XIXe siècle est bien celle d'une modernité qui s'interroge sur elle-même, au risque de s'avouer insaisissable. Peut-être, au vu des nombreuses réactions de rejet auxquelles la modernité a donné lieu au XIXe siècle, faudra-t-il la déclarer révolue (cf. chap. 5, 4). Encore serait-il nécessaire d'évaluer le degré d'accomplissement du projet moderne. L'effort de rationalisation technique se poursuit ; la modernisation de nos productions, de nos espaces de vie, de nos administrations est plus que jamais à l'ordre du jour. Mais incontestablement la confiance en la modernité s'est perdue : nous sommes assurément sortis du modernisme, défini comme croyance en la viabilité d'un projet collectif rationalisé voué à l'avènement de la liberté, du bonheur et de la paix des hommes par la domination de la nature. Peut-on, dès lors, être encore « moderne » ? On ne le peut sans doute plus naïvement, c'est-à-dire qu'on ne peut l'être désormais que sous la forme d'un désespoir, à l'excès. On peut en voir le signe dans le cri de Rimbaud (« Il faut être absolument moderne », *Illuminations*, 1873 ; Gallimard, coll. « Bibliothèque de la Pléiade », 1972, p. 116), qui coïncidera avec l'abandon d'une recherche esthétique pour la vente d'armes. Si la modernité a une définition inaugurale, elle ne peut se donner de terme et s'épuise dans l'exaspération de ses aspirations dont les moyens sont aussi dangereux que ses fins ont pu paraître rassurantes.

– Texte 1 –

Bruno Latour, ***Nous n'avons jamais été modernes. Essai d'anthropologie symétrique*** **(1991)**

C'est parce qu'elle croit à la séparation totale des humains et des non-humains et qu'elle l'annule en même temps, que la Constitution a rendu les Modernes invincibles. Si vous les critiquez en disant que la nature est un monde construit de main d'hommes, ils vous montreront qu'elle est transcendante et qu'ils n'y touchent pas. Si vous leur dites que la société est transcendante et que ses lois nous dépassent infiniment, ils vous diront que nous sommes libres et que notre destin est entre nos seules mains. Si vous leur objectez qu'ils font preuve de duplicité, ils vous montreront que jamais ils ne mélangent les lois de la nature et l'imprescriptible liberté humaine. Si vous les croyez et que vous détourniez l'attention, ils en profiteront pour faire passer des milliers d'objets de la nature dans le corps social en procurant à celui-ci la solidité des choses naturelles. Si vous vous retournez brusquement comme dans le jeu d'enfants « un, deux, trois, soleil ! », ils resteront figés, l'air innocent, comme s'ils n'avaient pas bougé : à gauche, les choses mêmes, à droite, la société libre des sujets parlants et pensants. Tout se passe au milieu, tout transite entre les deux, tout se fait par médiation, par traduction et par réseaux, mais cet emplacement n'existe pas, n'a pas lieu. C'est l'impensé, l'impensable des Modernes. Comment mieux étendre les collectifs qu'en s'alliant à la fois la transcendance de la nature et la totale liberté humaine, tout en incorporant la nature et en limitant absolument les marges de liberté ? Cela permet en effet de tout faire et son contraire. [...]

J'ai maintenant le choix : ou bien je crois à la Constitution moderne ou bien j'étudie à la fois ce qu'elle permet et ce qu'elle interdit, ce qu'elle éclaire et ce qu'elle obscurcit. Ou bien je défends le travail de purification – et je suis moi-même un purificateur et un gardien vigilant de la Constitution –, ou bien j'étudie à la fois le travail de médiation et celui de purification, mais je cesse alors d'être tout à fait moderne. [...]

Une solution différente apparaît dès que nous suivons à la fois la Constitution et ce qu'elle interdit ou permet, dès que nous étudions en détail le travail de production d'hybrides et le travail d'élimination de ces mêmes hybrides. Nous nous apercevons alors que nous n'avons jamais été modernes au sens de la Constitution. La modernité n'a jamais commencé. Il n'y a jamais eu de monde moderne. L'usage du passé composé est ici d'importance car il s'agit d'un sentiment rétrospectif, d'une relecture de notre histoire. Nous n'entrons pas dans une nouvelle ère ; nous ne continuons plus la fuite éperdue des post-post-post-modernistes ; nous ne nous accrochons plus à l'avant-garde de l'avant-garde ; nous ne cherchons plus à être encore plus malins, encore plus critiques, à creuser encore davantage l'ère du soupçon. Non, nous nous apercevons que nous n'avons jamais commencé d'entrer dans l'ère moderne. Cette attitude rétrospective qui déploie au lieu de dévoiler, qui ajoute au lieu de retrancher, qui fraternise au lieu de dénoncer, qui trie au lieu de s'indigner, je la caractérise par l'expression non moderne (ou amoderne). Est non moderne celui qui considère à la fois la Constitution des Modernes et les peuplements d'hybrides qu'elle dénie.

(La Découverte, coll. « L'Armillaire », 1991 ; rééd. format de poche, 1997, p. 57, 67-69.)

– Texte 2 –

Pascal, *Préface pour le traité du vide* (vers 1650)

Bornons ce respect que nous avons pour les Anciens. Comme la raison le fait naître, elle doit aussi le mesurer ; et considérons que, s'ils fussent demeurés dans cette retenue de n'oser rien ajouter aux connaissances qu'ils avaient reçues, et que ceux de leur temps eussent fait la même difficulté de recevoir les nouveautés qu'ils leur offraient, ils se seraient privés eux-mêmes et leur postérité du fruit de leurs inventions.

Comme ils ne se sont servis de celles qui leur avaient été laissées que comme de moyens pour en avoir de nouvelles, et que cette heureuse hardiesse leur avait ouvert le chemin aux grandes choses, nous devons prendre celles qu'ils nous ont acquises de la même sorte, et à leur exemple en faire les moyens et non pas la fin de notre étude, et ainsi tâcher de les surpasser en les imitant. [...] N'est-ce pas traiter indignement la raison de l'homme, et la mettre en parallèle avec l'instinct des animaux, puisqu'on en ôte la principale différence, qui consiste en ce que les effets du raisonnement augmentent sans cesse, au lieu que l'instinct demeure toujours dans un état égal ? [...] La nature les instruit à mesure que la nécessité les presse ; [...] n'ayant pour objet de maintenir les animaux dans un ordre de perfection bornée, elle leur inspire cette science nécessaire, toujours égale, de peur qu'ils ne tombent dans le dépérissement, et ne permet pas qu'ils y ajoutent, de peur qu'ils ne passent les limites qu'elle leur a prescrites. Il n'en est pas de même de l'homme, qui n'est produit que pour l'infinité. Il est dans l'ignorance au premier âge de sa vie ; mais il s'instruit sans cesse dans son progrès : car il tire avantage non seulement de sa propre expérience, mais encore de celle de ses prédécesseurs, parce qu'il garde toujours dans sa mémoire les connaissances qu'il s'est une fois acquises, et que celles des Anciens lui sont toujours présentes dans les livres qu'ils en ont laissés. Et comme il conserve ces connaissances, il peut aussi les augmenter facilement ; de sorte que les hommes sont aujourd'hui en quelque sorte dans le même état où se trouveraient ces anciens philosophes, s'ils pouvaient avoir vieilli jusqu'à présent, en ajoutant aux connaissances qu'ils avaient celles que leurs études auraient pu leur acquérir à la faveur de tant de siècles. De là vient que, par une prérogative particulière, non seulement chacun des hommes s'avance de jour en jour dans les sciences, mais que tous les hommes ensemble y font un continuel progrès à mesure que l'univers vieillit, parce que la même chose arrive dans la succession des hommes que dans les âges différents d'un particulier. De sorte que toute la suite des hommes, pendant le cours de tant de siècles, doit être considérée comme un même homme qui subsiste toujours et qui apprend continuellement : d'où l'on voit avec combien d'injustice nous respectons l'antiquité dans ses philosophes ; car, comme la vieillesse est l'âge le plus distant de l'enfance, qui ne voit que la vieillesse dans cet homme universel ne doit pas être cherchée dans les temps proches de sa naissance, mais dans ceux qui en sont les plus éloignés ? Ceux que nous appelons Anciens étaient véritablement nouveaux en toutes choses, et formaient l'enfance des hommes proprement ; et comme nous avons joint à leurs connaissances l'expérience des siècles qui les ont suivis, c'est en nous que l'on peut trouver cette antiquité que nous révérons dans les autres.

Ils doivent être admirés dans les conséquences qu'ils ont bien tirées du peu de principes qu'ils avaient, et ils doivent être excusés dans celles où ils ont plutôt manqué du bonheur de l'expérience que de la force du raisonnement. (*Œuvres complètes*, Gallimard, coll. « Bibliothèque de la Pléiade », 1954, p. 531-532, 533-534.

Éd. A. Clair, *De l'esprit géométrique*, Flammarion, coll. « GF », 1985, p. 59-60, 61-62.)

– Texte 3 –

Jean de La Bruyère, *Les Caractères* (1688), « Discours sur Théophraste »

Quelques savants ne goûtent que les apophtegmes des Anciens et les exemples tirés des Romains, des Grecs, des Perses, des Égyptiens ; l'histoire du monde présent leur est insipide ; ils ne sont point touchés des hommes qui les environnent et avec qui ils vivent, et ne font nulle attention à leurs mœurs. Les femmes, au contraire, les gens de la cour, et tous ceux qui n'ont que beaucoup d'esprit sans érudition, indifférents pour toutes les choses qui les ont précédés, sont avides de celles qui se passent à leurs yeux et qui sont comme sous leur main : ils examinent, ils les discernent, ils ne perdent pas de vue les personnes qui les entourent, si charmés des descriptions et des peintures que l'on fait de leurs contemporains et de leurs concitoyens, de ceux enfin qui leur ressemblent et à qui ils ne croient pas ressembler, que jusque dans la chaire l'on se croit obligé souvent de suspendre l'Évangile pour les prendre par leur faible, et les ramener à leurs devoirs par des choses qui soient de leur goût et de leur portée. […]

Ayons donc pour les livres des Anciens cette même indulgence que nous espérons nous-mêmes de la postérité, persuadés que les hommes n'ont point d'usages ni de coutumes qui soient de tous les siècles, qu'elles changent avec les temps, que nous sommes trop éloignés de celles qui ont passé, et trop proches de celles qui règnent encore, pour être dans la distance qu'il faut pour faire des unes et des autres un juste discernement. Alors, ni ce que nous appelons la politesse de nos mœurs, ni la bienséance de nos coutumes, ni notre faste, ni notre magnificence ne nous préviendront pas davantage contre la vie simple des Athéniens que contre celle des premiers hommes, grands par eux-mêmes, et indépendamment de mille choses extérieures qui ont été depuis inventées pour suppléer peut-être à cette véritable grandeur qui n'est plus.

La nature se montrait en eux dans toute sa pureté et sa dignité, et n'était point encore souillée par la vanité, par le luxe, et par la sotte ambition. Un homme n'était honoré sur la terre qu'à cause de sa force ou de sa vertu ; il n'était point riche par des charges ou des pensions, mais par son champ, par ses troupeaux, par ses enfants et ses serviteurs ; sa nourriture était saine et naturelle, les fruits de la terre, le lait de ses animaux et de ses brebis ; ses vêtements simples et uniformes, leurs laines, leurs toisons ; ses plaisirs innocents, une grande récolte, le mariage de ses enfants, l'union avec ses voisins, la paix dans sa famille. Rien n'est plus opposé à nos mœurs que toutes ces choses ; mais l'éloignement des temps nous les fait goûter, ainsi que la distance des lieux nous fait recevoir tout ce que les diverses relations ou les livres de voyages nous apprennent des pays lointains et des nations étrangères.

(*Œuvres*, Gallimard, coll. « Bibliothèque de la Pléiade », 1951, p. 3-4, 12-13. Garnier-Flammarion, 1965, p. 27-28, 34-35.)

– Texte 4 –

Charles Baudelaire, « Le Peintre de la vie moderne » (1863)

Ainsi il va, il court, il cherche. Que cherche-t-il ? À coup sûr, cet homme, tel que je l'ai dépeint, ce solitaire doué d'une imagination active, toujours voyageant à travers *le grand désert d'hommes*, a un but plus élevé que celui d'un pur flâneur, un but plus général, autre que le plaisir fugitif de la circonstance. Il cherche ce quelque chose qu'on nous permettra d'appeler la *modernité* ; car il ne se présente pas de meilleur mot pour exprimer l'idée en question. Il s'agit, pour lui, de dégager de la mode ce qu'elle peut contenir de poétique dans l'historique, de tirer l'éternel du transitoire. Si nous jetons un coup d'œil sur nos expositions de tableaux modernes, nous sommes frappés de la tendance générale des artistes à habiller tous les sujets de costumes anciens. Presque tous se servent des modes et des meubles de la Renaissance, comme David se servait des modes et des meubles romains. Il y a cependant cette différence, que David, ayant choisi des sujets particulièrement grecs ou romains, ne pouvait pas faire autrement que de les habiller à l'antique, tandis que les peintres actuels, choisissant des sujets d'une nature générale applicable à toutes les époques, s'obstinent à les affubler des costumes du Moyen Âge, de la Renaissance ou de l'Orient. C'est évidemment le signe d'une grande paresse ; car il est beaucoup plus commode de déclarer que tout est absolument laid dans l'habit d'une époque, que de s'appliquer à en extraire la beauté mystérieuse qui y peut être contenue, si minime ou si légère qu'elle soit. La modernité, c'est le transitoire, le fugitif, le contingent, la moitié de l'art, dont l'autre moitié est l'éternel et l'immuable. Il y a eu une modernité pour chaque peintre ancien ; la plupart des beaux portraits qui nous restent des temps antérieurs sont revêtus des costumes de leur époque. Ils sont parfaitement harmonieux, parce que le costume, la coiffure et même le geste, le regard et le sourire (chaque époque a son port, son regard et son sourire) forment un tout d'une complète vitalité. Cet élément transitoire, fugitif, dont les métamorphoses sont si fréquentes, vous n'avez pas le droit de le mépriser ou de vous en passer. En le supprimant, vous tombez forcément dans le vide d'une beauté abstraite et indéfinissable, comme celle de l'unique femme avant le premier péché. [...] En un mot, pour que toute *modernité* soit digne de devenir *antiquité*, il faut que la beauté mystérieuse que la vie humaine y met involontairement en ait été extraite. [...]

La corrélation perpétuelle de ce qu'on appelle *l'âme* avec ce qu'on appelle *le corps* explique très bien comment tout ce qui est matériel ou effluve du spirituel représente et représentera toujours le spirituel d'où il dérive. Si un peintre patient et minutieux, mais d'une imagination médiocre, ayant à peindre une courtisane du temps présent, *s'inspire* (c'est le mot consacré) d'une courtisane de Titien ou de Raphaël, il est infiniment probable qu'il fera une œuvre fausse, ambiguë et obscure. L'étude d'un chef-d'œuvre de ce temps et de ce genre ne lui enseignera ni l'attitude, ni le regard, ni la grimace, ni l'aspect vital d'une de ces créatures que le dictionnaire de la mode a successivement classées sous les titres grossiers ou badins d'*impures*, de *filles entretenues*, de *lorettes* et de *biches*. [...]

Malheur à celui qui étudie dans l'antique autre chose que l'art pur, la logique, la méthode générale ! Pour s'y trop plonger, il perd la mémoire du présent ; il abdique la valeur et les privilèges fournis par la circonstance ; car presque toute notre originalité vient de l'estampille que le *temps* imprime à nos sensations.

(*Critique d'art*, dans *Œuvres complètes*, Gallimard, coll. « Bibliothèque de la Pléiade », t. II, 1976, p. 694-696.)

– Texte 5 –

Hannah Arendt, *Condition de l'homme moderne* (1958)

Trois grands événements dominent le seuil de l'époque moderne et en fixent le caractère : la découverte de l'Amérique suivie de l'exploration du globe tout entier ; la Réforme qui, en expropriant les biens ecclésiastiques et monastiques, commença le double processus de l'expropriation individuelle et de l'accumulation de la richesse sociale ; l'invention du télescope et l'avènement d'une science nouvelle qui considère la nature terrestre du point de vue de l'univers. On ne saurait dire que ce sont des événements modernes comme ceux que nous voyons se dérouler depuis la Révolution française, et bien qu'ils ne puissent s'expliquer par une chaîne de causalité quelconque (c'est le cas pour tout événement), ils se produisent cependant dans une continuité sans faille, avec des précédents qui existent et des précurseurs identifiables. On n'y aperçoit en aucune façon la marque singulière d'une éruption de courants souterrains dont la force grandit dans les ténèbres avant d'éclater brusquement. Les noms auxquels nous songeons à leur propos, Galileo Galilei, Martin Luther, et ceux des grands capitaines, explorateurs, aventuriers de l'âge des découvertes, appartiennent encore au monde prémoderne. Bien plus : l'étrange passion de la nouveauté, la prétention presque brutale de la plupart des écrivains, savants et philosophes, depuis le XVIIe siècle d'avoir vu ce que personne n'avait aperçu, pensé ce que nul n'avait pensé – voilà ce qu'on ne trouve chez aucun de ces hommes, même pas chez Galilée. Ces précurseurs ne sont pas des révolutionnaires ; leurs motifs et leurs intentions sont encore fermement enracinés dans la tradition. […]

En fait, la découverte de la Terre, la cartographie des continents et des mers, a demandé des siècles et ne s'achève que de nos jours. Ce n'est qu'aujourd'hui que l'homme prend pleinement possession de sa demeure mortelle et qu'il rassemble les horizons infinis, jadis ouverts, tentations et interdits, en un globe dont il connaît les contours majestueux et la surface en détail comme les lignes de sa main. Au moment précis où l'on découvrit l'immensité de l'espace disponible sur Terre, commença le fameux rétrécissement de la planète, et pour finir, dans notre monde (qui est la conséquence de l'époque moderne, mais qui n'est absolument pas identique au monde de l'époque moderne), tout homme est un habitant de la Terre autant que de sa patrie. Les hommes vivent maintenant dans un tout continu aux dimensions de la Terre, où même la notion de distance, qui reste inhérente à la plus rigoureuse contiguïté d'objets distincts, succombe sous l'assaut de la vitesse. La vitesse a conquis l'espace ; et bien que ce processus de conquête doive s'arrêter à l'infranchissable frontière de la présence simultanée d'un corps en deux points différents, il fait de la distance une chose négligeable, puisqu'il n'y a plus besoin d'un fragment notable de la vie humaine – années, mois, ni semaines – pour atteindre quelque point que ce soit de la Terre.

(Trad. G. Fradier, Calmann-Lévy, 1961.
Pocket, 1983, p. 315-316, 317-318.)

– Texte 6 –

Georges Balandier, *Le Détour. Pouvoir et modernité* (1985)

Toute la difficulté est là : la modernité ne se laisse pas facilement appréhender. C'est dans sa nature. Elle est essentiellement mouvement, mobilité généralisée ; elle rend plus évident ce qui est devenu impossible, mais elle ouvre les voies à de nombreux possibles ; elle confronte à des futurs mal définis et peu prévisibles : aucun référent de la tradition ne peut cautionner le choix de certains d'entre eux, puisqu'elle opère continuellement des ruptures, aucun savoir scientifiquement fondé ne peut les discriminer, puisqu'elle renforce par son action même les facteurs d'indétermination. Une réponse rationnelle, ou tout simplement raisonnable, consiste à traiter les univers sociaux où elle agit comme des « sociétés de bifurcations » ; la sélection des possibles se fait successivement et progressivement, à la façon dont un parcours est effectué de carrefour en carrefour afin de parvenir à son terme. La réponse passionnelle provoque un dédoublement, un partage entraînant un autre passage aux extrêmes – d'un côté, le pessimisme radical annonciateur des catastrophes et de l'autodestruction : le futur n'a pas d'avenir ; de l'autre, l'optimisme absolu prenant l'aspect d'un messianisme sciento-technologique : demain, tout (ou beaucoup) sera possible pour le bien du plus grand nombre. La modernité, c'est le mouvement plus l'incertitude ; définition fragile, car elle se rapporte à ce qui, fuyant, échappe à toute mainmise conceptuelle ; définition qui a une simple fonction de rappel à l'essentiel. La modernité, c'est le bougé, la déconstruction et la reconstruction, l'effacement et l'apport neuf, le désordre de la création et l'ordre des choses encore en place. [...]

La modernité actuelle, parce qu'elle exprime une réalité fragmentée, a fait paraître une temporalité qui l'est tout autant. Elle occulte ce qui n'est pas immédiat, quotidien, actuel, elle valorise ce qui fait une large place à l'éphémère. Elle entretient l'envahissement par l'événement. Elle pousse l'individu à la « conquête du présent », du sien propre ; et la gestion d'une vie tend à devenir celle de ses moments successifs. La culture, culture de l'immédiat et de l'éphémère, est révélatrice en ses modes de création : refus de ce qui est construit, avantage donné au fragment et aux associations d'éléments hétéroclites, rejet de ce qui est achevé et donc définitif, place donnée aux œuvres précaires dont le *happening*, aux arts du mouvement (aux figures cinétiques) et aux expérimentations provocatrices qui bousculent la quotidienneté [...] Le temps est ainsi appréhendé dans l'instant et dans l'inachèvement. [...]

Ce qui est ainsi manifesté à l'œuvre dans la modernité présente, c'est un *passage aux extrêmes : du désenchantement et du pessimisme radical, de l'enchantement et de l'optimisme absolu. Les désillusions engendrent l'effacement des espérances : celles de la réalisation d'un progrès continu, de la possibilité d'un libéralisme bien domestiqué, de la conduite d'une révolution globalement positive. Mais, à l'inverse, l'enchantement produit par l'accélération de l'avancée scientifique et technique et son extraordinaire capacité cumulative conduit à prédire : « demain tout est possible ».*

(Fayard, 1985, p. 13-14, 134-135, 152-153.)

Section 4. Le postmodernisme en devenir

Le terme « postmoderne » est encore peu consacré par les dictionnaires. Sans doute est-ce dû à son apparition relativement récente, aux États-Unis, dans les années soixante. Bien que l'on soit loin de lui accorder la même valeur dans tous les pays occidentaux, les débats auxquels le postmodernisme donne lieu contribuent à définir le sens attribué à notre époque. L'adjectif a d'abord été employé en architecture : il marque la rupture avec le modernisme issu du Bauhaus et consacré par Le Corbusier. Il désigne un mélange délibéré des genres, qui se traduit par le collage de styles hétérogènes, comme on peut l'observer dans certains quartiers de nos villes nouvelles, sous la signature de Ricardo Bofil. Dans ce domaine, le rapport au moderne est explicite : on prône une rupture avec l'unité moderniste (manifestée en architecture aussi par la géométrisation, la luminosité et la recherche de fonctionnalité) en recourant à un assemblage hétéroclite d'éléments modernes et prémodernes. Les œuvres postmodernes relèvent donc d'un antimodernisme ; leur caractère composite – elles ne consistent qu'en reprises d'anciens moments architecturaux – leur vaut parfois l'accusation de néo-conservatisme. La postmodernité ne pourrait-elle se prévaloir d'aucun projet propre ? La généralisation de l'usage du terme « postmoderne » n'a pas simplifié le problème, qui semble se diffracter en autant de questions relatives à des domaines spécifiques. En littérature, la critique américaine a pris l'habitude de désigner par ce terme les pratiques d'écriture auto-référentielle, par lesquelles l'auteur ne se contente pas de décrire, mais décrit aussi l'acte de décrire – ainsi quand l'objet d'un roman est de raconter l'écriture de ce livre. Jusqu'en anthropologie, on parle d'attitude postmoderne lorsque l'ethnologue fait la sociologie de sa propre démarche dans le cadre même de son étude. Théoriquement, la postmodernité est un mouvement attribué aux philosophes français post-structuralistes (Foucault, Deleuze, Derrida), explicitement thématisé par Lyotard. On désigne par ce terme le développement des idées contemporaines dans une aire dépourvue de tout espoir d'accéder à un sens ultime.

4.1. Continuité de la modernité

Le postmoderne ne manque jamais d'associer des continuités aux ruptures dont il entend procéder. En littérature, l'autoréférence et l'écriture fragmentaire n'ont pas attendu la modernité achevée pour se développer. Jean-François Lyotard en trouve des traces chez Montaigne ; Umberto Eco remarque avec malice qu'on risque bientôt de faire remonter le postmoderne à Homère. Les auteurs que l'on vient de nommer post-structuralistes, souvent regroupés sous le terme « philosophes de la différence », ne comprennent le sens que dans la dissémination des significations (cf. chap. 5, 1, texte 5). Mais ils ne manquent pas de pratiquer et de favoriser (par exemple sous le titre de déconstruction) la réappropriation critique d'une tradition. Le postmodernisme semble être un antimodernisme qui se meut dans le substrat culturel de la modernité pour en subvertir les données. Cette appellation est donc menacée de n'être que l'étendard d'une révolution inaccomplie. Pourtant, elle ne cesse de se répandre, au point d'être devenue une manière commode de désigner l'absence d'unité des phénomènes culturels propres à notre monde. On reproche à la notion de n'être pas précise, de ne désigner aucun projet. À défaut de savoir trop précisément en quoi consiste cette tendance, on essaiera de la dater. Devant l'évanescence des perspectives postmodernes et la prolifération des ramifications du projet moderne, on est tenté de définir le postmodernisme comme une ultime excroissance de la modernité. Cette dernière culmine en effet dans une culture de l'ambiguïté et de l'exaspération (cf. chap. 5, 3). Ainsi le postmodernisme pourrait-il n'être compris que comme l'exacerbation des contradictions fondatrices de la modernité. Certains propos de Lyotard pourraient confirmer cette hypothèse : « le postmoderne est déjà impliqué dans le moderne du fait que la modernité, la temporalité moderne, comporte en soi une impulsion à s'excéder en un état autre qu'elle-même. [...] Par constitution, et sans trêve, la modernité est grosse de sa postmodernité. » (*Les Cahiers de philosophie*, Lille, 1988, p. 194, repris dans *L'inhumain*, Galilée, 1988, p. 34) Nous sommes donc confrontés à une double question : la notion de postmoderne est-elle autre chose que le porte-drapeau d'une impatience révolutionnaire un peu brouillonne ? L'excès de modernité est-il encore moderne ?

4.2. Brouillage des repères

Le terme « postmoderne », sous la plume d'essayistes comme Gilles Lipovetsky, a revêtu une acception très générale, désignant la propension de notre temps à légitimer, dans une attitude de tolérance non critique, toutes les valeurs dont se réclament les individus. Ces dernières sont conçues, contrairement à leur définition (cf. chap. 5, 1), comme subjectives. Puisque la culture de notre époque ne laisse subsister comme norme commune que les sujets, un idéal n'a de valeur qu'en tant qu'il est l'objet de revendications individuelles. Dans un espace où les contradictions ne sont plus bannies, puisque la cohérence n'est plus un objectif premier, on assiste à la « coexistence pacifique » des opposés (cf. texte 4). La difficulté à caractériser notre aire culturelle se confirme : non discriminante, ouverte, flottante, peut-elle être active, programmatrice ? Lipovetsky relève des points de rupture de notre climat avec le modernisme : destitution de tout encadrement, fût-il révolutionnaire, discrédit des avant-gardes. L'opposition a été clairement explicitée dans le livre de Jean-François Lyotard qui a consacré le terme : *La Condition postmoderne* (1979). La définition condensée qu'il en donne est : « incrédulité à l'égard des métarécits » (texte 3). On entend par cette dernière appellation un développement potentiellement achevé du projet moderne, qui permet de donner à notre action un cadre collectif et durable. La philosophie des Lumières et ses rêves de paix universelle, toutes les philosophies de l'histoire qui ont conçu l'humanité comme vouée à un destin orienté, le marxisme lui-même et sa quête d'une société sans classes constituaient autant de métarécits qui permettaient de justifier les engagements individuels. Récits en ce qu'ils consistent en la narration d'événements théoriques qui, pour hypothétiques qu'ils fussent, n'en restaient pas moins ordonnés, et validés par cet ordre même. Le préfixe méta (en grec après, au-delà, voire le long de) marque leur caractère englobant, dépassant notre condition pour la mieux définir. Avec la destitution de ces récits d'émancipation (effet des génocides, des revers de la technicité, de l'accroissement du déséquilibre Nord-Sud qu'a produits notre siècle), se trouve menacée la légitimation de nos actions par un cadre d'envergure. On assiste donc à une dissolution des hiérarchies théoriques et à une remise en cause des stratifications institutionnelles.

Il en résulte des conglomérats de systèmes qui se juxtaposent et se conjoignent plus qu'ils ne se superposent et se déduisent. De cette situation théorique, la prolifération des associations, leur absence de fédération peut donner une image. Dans une société de réseaux, les relations tendent à la fois à se multiplier et à s'homogénéiser. Les phrases ne sont plus conçues comme des propositions justiciables d'une analyse sémantique, mais comme des combinaisons requérant un examen pragmatique, décrivant l'énoncé en fonction de la position du locuteur. Une situation d'incrédulité généralisée entraîne une dissémination des repères. Les valeurs, en se multipliant, risquent de perdre leur statut de valeur (cf. chap. 5, 1). Par exemple, on ne compte plus les manifestations culturelles, mais les cultures, en tant qu'ensembles unifiés de normes collectives, sont en perte de vitalité. Le bouleversement de nos représentations correspond sans doute à l'évolution des infrastructures de notre société (cf. Daniel Bell, *The Coming of the Post-Industrial Society*, London, Heinemann, 1974). L'industrialisation représente l'apogée du modernisme ; la conception centralisée des entreprises opérait une planification de la production. Avec la tertiarisation de l'économie, la substitution de la notion de services à celle de biens, le dépassement du machinisme par la technologie, les structures sociales ont connu de profondes modifications. Le travail n'est plus mesurable à l'aune de la quantité de force qu'il engage, sa division par une spécialisation est sans doute mise à mal par la réorganisation de nos cadres d'activité (cf. chap. 2, 3). Certes il y a globalisation de l'assise financière de l'économie. Mais les unités de travail évoluent : même si chacune reste relativement spécifiée, les compétences requises de la part des employés se diversifient. En outre, les sujets trouvent sans doute de moins en moins dans leur profession un cadre d'appartenance. Les distinctions sociales, loin de disparaître, sont masquées par la démocratisation de nombreux biens (confort ménager, automobile, télécommunications). La société postmoderne semble mêler et subvertir les cadres de référence comme l'esprit postmoderne brouille les frontières entre les disciplines. Ainsi, en architecture, la réalisation de complexes intégrés révoque la séparation traditionnelle des tâches réservant la construction de bâtiments à l'architecte, laissant à l'urbaniste la gestion des aires, des axes, des interstices. La *post-modern dance*, en même temps qu'elle fragmente ses œuvres sous forme de performances, multiplie les références aux arts de la scène tels l'opéra et le théâtre. Cette remise en cause des repères semble moins procéder d'une destitution délibérée que d'un brouillage généralisé.

4.3. *Évolution de la religiosité*

Cet effet de dissémination est plus intelligible si on le rapporte aux bouleversements que la modernité a pu produire dans le rôle attribué à la religion. Le Moyen Âge chrétien faisait de Dieu l'instance suprême qui, donatrice de sens, permettait d'orienter nos pensées et nos actes. Max Weber (cf. texte 2) montre que les doctrines de Luther et surtout de Calvin ont introduit un changement radical dans l'existence du croyant. Celui-ci n'est plus chargé d'interpréter le monde pour informer sa quête de salut, puisqu'il se voit assigner un destin imprescriptible. Paradoxalement, c'est dans les affaires temporelles, commerciales, que le protestant sera conduit à œuvrer pour se sauver. Dieu ayant déjà réglé la question du destin des âmes, il déserte le monde. Le chrétien réformé se retrouve donc seul face à son activité : son engagement à remplir assidûment les devoirs de sa vocation devient pour lui le substitut de la quête du salut. Lors des XVIe et XVIIe siècles, une rationalisation du monde cantonne le rôle des forces invisibles à l'intimité de notre esprit. Certes la foi peut subsister ; mais elle est personnelle, ne s'inscrit plus dans des rites. La religiosité reste subjective, une fois ses fonctions sociales devenues caduques dans la société. Les collectivités humaines ont dû se penser dans l'indépendance à l'égard de la divinité. Au XVIIIe siècle, le déisme réduit les fonctions de Dieu à la création et à l'ordonnancement général de l'univers. Au XIXe siècle, les fondateurs des sciences humaines (Marx, Freud, Durkheim), les philosophes (Feuerbach, Schopenhauer, Nietzsche) destituent la religiosité de ses fondements, en la rapportant à nos besoins fondamentaux. On en retient la sentence nietzschéenne : « Le plus grand événement récent – à savoir que "Dieu est mort", que la croyance au Dieu chrétien est tombée en discrédit – commence dès maintenant à étendre son ombre sur l'Europe. » (*Le Gai Savoir*, § 343, *Œuvres*, V, Gallimard, 1982, p. 237.) Enfin la foi se voit contestée dans son rôle de consolation morale, lorsque Dostoïevski présente son objection à toute théodicée. On donne ce nom aux doctrines se proposant de montrer que les imperfections du monde sont compensées par les grandeurs de la création, confirmant que Dieu n'est pas responsable de notre malheur. Ivan, l'un des *Frères Karamazov* (cf. texte 1), considère la souffrance des enfants comme injustifiable : elle restera à jamais incommensurable aux biens dont on peut louer le créateur. Au procès de Dieu, celui qui allègue la souffrance de jeunes innocents constitue un témoin à charge non révocable. Sans condamner Dieu, le sujet humain peut refuser de participer à la création, en « rendant son billet ». La modernité tardive finit par consacrer l'indépendance des institutions à l'égard de la religion. Notre IIIe République se laïcise, proclamant la séparation de l'Église et de l'État (1905). L'esprit des Temps modernes se cultive donc dans l'indépendance, ne récusant pas les valeurs suprêmes mais abhorrant l'idée de les appliquer (cf. chap. 5, 1).

On peut concevoir l'athéisme et l'esprit laïque de nos collectivités comme des prémices de la postmodernité. Pourtant, nos institutions séculières constituent le cadre de comportements s'apparentant à des rites sacrés. En outre, on n'a pas manqué de souligner les divers aspects d'un « retour du religieux » depuis les années 1970. De nombreux groupes se réclamant du judaïsme, du christianisme, de l'Islam revendiquent une capacité de restructuration de la société. Tel a été le résultat d'une enquête menée par Gilles Kepel dans les milieux islamistes avant d'en étendre les conclusions aux trois religions révélées (cf. texte 5). Ces groupes s'inscrivent dans le cadre rationaliste de la modernité ; ils ne semblent pas chercher à surmonter la contradiction entre une société constituée sur des fondements laïques et leur projet. En cela, on pourrait les dire postmodernes. Ils sont en outre d'une diversité notable, manifestant de grandes divergences au sein d'une même religion. Nos sociétés contemporaines sont encore le siège d'un engouement pour les formes orientales de religiosité et voient prospérer des mouvements sectaires. Les attitudes religieuses paraissent de moins en moins structurées par un dogme et des pratiques ; elles sont dévolues, dans un monde laïque, à la conscience personnelle. Elles se particularisent et se trouvent mêlées à d'autres attitudes individuelles. Ces transformations peuvent représenter le symptôme par excellence de la postmodernité : le sentiment religieux ayant perdu un élément essentiel de sa définition (sa fonction sociale), il se développe sous des formes fragmentaires et peut être confondu avec d'autres phénomènes. Il est soumis à ce brouillage que nous jugeons caractéristique de notre époque.

À défaut de définir la postmodernité, on peut donc en repérer les manifestations typiques : dissolution des hiérarchies, perte des repères fondamentaux, discrédit des avant-gardes, dispersion des valeurs conduisant à un narcissisme généralisé. Il en résulte des phénomènes sociaux aux aspects hétéroclites : il n'y a plus homogénéité entre le sens de l'ensemble (la société) et celui que se prêtent les éléments (les individus). Il est difficile de se dire entrés dans l'ère de la postmodernité, définie comme climat avéré d'une époque produisant une nouvelle forme de légitimation. Sans doute alléguera-t-on que l'accomplissement, la fondation, la justification ne sont pas des catégories dont se réclament les postmodernistes. Dès lors, le climat dans lequel nous vivons serait à ranger dans les ultimes manifestations de la modernité. Mais il tend de façon récurrente à saper la catégorie d'innovation. Signe d'une ère qui n'ose pas s'avouer à elle-même ou artefact idéologique pour éphémère temps de crise ? On peut en distinguer quelques traits comme la dissémination, l'esthétisation, l'historicisation. Tant qu'ils n'auront pas été érigés en valeurs, on ne pourra prétendre être sortis de la modernité ni assigner le moment de la rupture. Sans doute ne peut-on caractériser davantage la postmodernité, faute de disposer d'un esprit circonscrit, à substituer au projet moderne. Pourtant, ce dernier n'en finit pas de chanceler, si bien que nous ne pouvons nous situer que dans sa phase finale. Nombreux sont les auteurs à marquer son exaspération par d'autres préfixes que « post- » : surmodernité, ultramodernité, hypermodernité, voire métamodernité sont des néologismes utilisés pour désigner notre époque. Signes d'un état de transition, qui nous conduit à concevoir le postmoderne de façon ténue, incomplète, presque flottante : à l'instar de Guy Scarpetta (*L'Impureté*, Paris, Grasset, 1985, p. 18), nous adoptons une manière postmoderne de concevoir la postmodernité.

– Texte 1 –

Dostoïevski, *Les Frères Karamazov* (1880)

Les hommes sont seuls coupables : on leur avait donné le paradis ; ils ont convoité la liberté et ravi le feu du ciel, sachant qu'ils seraient malheureux ; ils ne méritent donc aucune pitié. D'après mon pauvre esprit terrestre, je sais seulement que la souffrance existe, qu'il n'y a pas de coupables, que tout s'enchaîne, que tout passe et s'équilibre. Ce sont là sornettes d'Euclide, je le sais, mais je ne puis consentir à vivre en m'appuyant là-dessus. Qu'est-ce que tout cela peut bien me faire ? Ce qu'il me faut, c'est une compensation, sinon je me détruirai. Et non une compensation quelque part, dans l'infini, mais ici-bas, une compensation que je voie moi-même. J'ai cru, je veux être témoin, et si je suis déjà mort, qu'on me ressuscite ; si tout se passait sans moi, ce serait trop affligeant. Je ne veux pas que mon corps avec ses souffrances et ses fautes serve uniquement à fumer l'harmonie future, à l'intention de je ne sais qui. Je veux voir de mes yeux la biche dormir près du lion, la victime embrasser son meurtrier. C'est sur ce désir que reposent toutes les religions, et j'ai la foi. Je veux être présent quand tous apprendront le pourquoi des choses. Mais les enfants, qu'en ferai-je ? Je ne peux résoudre cette question. Si tous doivent souffrir afin de concourir par leur souffrance à l'harmonie éternelle, quel est le rôle des enfants ? On ne comprend pas pourquoi ils devraient souffrir, eux aussi, au nom de l'harmonie. Pourquoi serviraient-ils de matériaux destinés à la préparer ? Je comprends bien la solidarité du péché et du châtiment, mais elle ne peut s'appliquer aux petits innocents, et si vraiment ils sont solidaires des méfaits de leurs pères, c'est une vérité qui n'est pas de ce monde et que je ne comprends pas. [...] Pendant qu'il est encore temps, je me refuse à accepter cette harmonie supérieure. Je prétends qu'elle ne vaut pas une larme d'enfant, une larme de cette petite victime qui se frappait la poitrine et priait le « bon Dieu » dans son coin infect ; non, elle ne les vaut pas, car ces larmes n'ont pas été rachetées. Tant qu'il en est ainsi, il ne saurait être question d'harmonie. Or, comment les racheter, c'est impossible. Les bourreaux souffriront en enfer, me diras-tu ? Mais à quoi sert ce châtiment puisque les enfants aussi ont eu leur enfer ? D'ailleurs, que vaut cette harmonie qui comporte un enfer ? Je veux le pardon, le baiser universel, la suppression de la souffrance. Et si la souffrance des enfants sert à parfaire la somme des douleurs nécessaires à l'acquisition de la vérité, j'affirme d'ores et déjà que cette vérité ne vaut pas un tel prix. Je ne veux pas que la mère pardonne au bourreau ; elle n'en a pas le droit. Qu'elle lui pardonne sa souffrance de mère, mais non ce qu'a souffert son enfant déchiré par les chiens. Quand bien même son fils pardonnerait, elle n'en aurait pas le droit. Si le droit de pardonner n'existe pas que devient l'harmonie ? Y a-t-il au monde un être qui ait ce droit ? C'est par amour pour l'humanité que je ne veux pas de cette harmonie. Je préfère garder mes souffrances non rachetées et mon indignation persistante, *même si j'avais tort !* D'ailleurs, on a surfait cette harmonie ; l'entrée coûte trop cher pour nous. J'aime mieux rendre mon billet d'entrée. En honnête homme, je suis même tenu à le rendre au plus tôt. C'est ce que je fais. Je ne refuse pas d'admettre Dieu, mais très respectueusement je lui rends mon billet.

(Trad. H. Mongault, Gallimard, coll. « Bibliothèque de la Pléiade », 1952, p 264-265.)

– Texte 2 –

Max Weber, *L'Éthique protestante et l'Esprit du capitalisme* (1904-1920)

La Réforme ne représenta pas tant l'*abolition* du pouvoir de l'Église sur la vie des fidèles que la substitution d'une *nouvelle* forme de domination à l'ancienne. En l'occurrence, le remplacement d'un pouvoir très accommodant, peu contraignant dans les faits à cette époque, et qui, à bien des égards, n'était guère plus que formel, par une réglementation sérieuse et infiniment pesante des conduites de vie dans leur ensemble, qui investit toutes les sphères de la vie domestique et de la vie publique de la manière la plus exhaustive qu'on puisse imaginer. [...]

[Se développe] la conviction qu'il n'est qu'un moyen de vivre qui agrée à Dieu : non le dépassement de la moralité intramondaine dans l'ascèse monastique, mais l'accomplissement exclusif des devoirs intramondains qui découlent pour chaque individu de la position qui est la sienne et qui constituent par là même sa « vocation ». [...]

Pour ce qui était la grande affaire de leur vie, la question du salut éternel, les hommes du temps de la Réforme en étaient réduits à suivre la voie solitaire qui les conduisait à un destin fixé de toute éternité. Nul ne pouvait leur venir en aide. [...]

Dans l'histoire des religions, le grand processus de *désenchantement* du monde qui débuta avec les prophéties du judaïsme ancien et conduisit à rejeter – ainsi que le fit la pensée scientifique grecque – tous les moyens *magiques* du salut comme autant de superstitions et de sacrilèges, trouvaient ici son aboutissement. [...]

Le « désenchantement » du monde : l'abandon de la *magie* comme instrument du salut ne fut pas poussé aussi loin dans la piété catholique que la religiosité puritaine (et avant elle dans le seul judaïsme). Le catholique avait à sa disposition la *grâce du sacrement* de son Église pour compenser ses propres déficiences : le prêtre était un magicien qui accomplissait le miracle de la transmutation et qui avait entre ses mains un pouvoir décisif. On pouvait se tourner vers lui dans le repentir et la pénitence, il donnait l'expiation, l'espoir de la grâce, la certitude du pardon et *délivrait* ainsi de la *tension* immense que le destin inéluctable du calviniste était d'endurer dans sa vie, sans que rien ne le tempère. Ce dernier ne connaissait pas ces consolations aimables et humaines et ne pouvait pas davantage espérer compenser des moments de faiblesse et de légèreté en redoublant de bonne volonté le reste du temps, comme le catholique et le luthérien. Le Dieu du calvinisme n'exi-

geait pas des siens un certain nombre de « bonnes œuvres », mais une sainteté par les œuvres faite *système*. [...]
Les courants baptistes en arrivèrent, à l'instar [...] des calvinistes de stricte observance, à une dévalorisation radicale de tous les sacrements en tant qu'instruments de salut et menèrent ainsi à son terme le « désenchantement » religieux du monde, jusque dans ses ultimes conséquences. Seule la « lumière intérieure » de la révélation perpétuée autorisait une véritable compréhension des révélations bibliques de Dieu.
(Trad. I. Kalinowski, Flammarion, coll. « Champs », 2000, p. 72-73, 135, 165, 166-167, 190-191, 242.)

– Texte 3 –

Jean-François Lyotard, *La Condition postmoderne* (1979)

La science est d'origine en conflit avec les récits. À l'aune de ses propres critères, la plupart de ceux-ci se révèlent des fables. Mais pour autant qu'elle ne se réduit pas à énoncer des régularités utiles et qu'elle cherche le vrai, elle se doit de légitimer ses règles de jeu. C'est alors qu'elle tient sur son propre statut un discours de légitimation, qui s'est appelé philosophie. Quand ce métadiscours recourt explicitement à tel ou tel grand récit, comme la dialectique de l'Esprit, l'herméneutique du sens, l'émancipation du sujet raisonnable ou travailleur, le développement de la richesse, on décide d'appeler « moderne » la science qui s'y réfère pour se légitimer. C'est ainsi par exemple que la règle du consensus entre le destinateur et le destinataire d'un énoncé à valeur de vérité sera tenue pour acceptable si elle s'inscrit dans la perspective d'une unanimité possible des esprits raisonnables : c'était le récit des Lumières, où le héros du savoir travaille à une bonne fin éthico-politique, la paix universelle. On voit sur ce cas qu'en légitimant le savoir par un métarécit, qui implique une philosophie de l'histoire, on est conduit à se questionner sur la validité des institutions qui régissent le lien social : elles aussi demandent à être légitimées. La justice se trouve ainsi référée au grand récit, au même titre que la vérité.
En simplifiant à l'extrême, on tient pour « postmoderne » l'incrédulité à l'égard des métarécits. Celle-ci est sans doute un effet du progrès des sciences ; mais ce progrès à son tour la suppose. À la désuétude du dispositif métanarratif de légitimation correspond notamment la crise de la philosophie métaphysique, et celle de l'institution universitaire qui dépendait d'elle. La fonction narrative perd ses foncteurs, le grand héros, les grands périls, les grands périples et le grand but. Elle se disperse en nuages d'éléments langagiers narratifs, mais aussi dénotatifs, prescriptifs, descriptifs, etc., chacun véhiculant avec soi des valences pragmatiques *sui generis.* Chacun de nous vit aux carrefours de beaucoup de celles-ci. Nous ne formons pas de combinaisons langagières stables nécessairement, et les propriétés de celles que nous formons ne sont pas nécessairement communicables. [...]
Il y a beaucoup de jeux de langage différents, c'est l'hétérogénéité des éléments. Ils ne donnent lieu à une institution que par plaques, c'est le déterminisme local.
Les décideurs essaient pourtant de gérer ces nuages de socialité sur des matrices d'*input/output*, selon une logique qui implique la commensurabilité

des éléments et la déterminabilité du tout. Notre vie se trouve vouée par eux à l'accroissement de la puissance. Sa légitimation en matière de justice sociale comme de vérité scientifique serait d'optimiser les performances du système, l'efficacité. L'application de ce critère à tous nos jeux ne va pas sans quelque terreur, douce ou dure : soyez opératoires, c'est-à-dire commensurables, ou disparaissez.

Cette logique du plus performant est sans doute inconsistante à beaucoup d'égards, notamment à celui de la contradiction dans le champ socio-économique : elle veut à la fois moins de travail (pour abaisser les coûts de production) et plus de travail (pour alléger la charge sociale de la population inactive). Mais l'incrédulité est désormais telle qu'on n'attend pas de ces inconsistances une issue salvatrice, comme le faisait Marx.

(Éditions de Minuit, 1979, p. 7-8.)

– Texte 4 –

Gilles Lipovetsky, *L'Ère du vide. Essais sur l'individualisme contemporain* (1983)

La culture postmoderne est décentrée et hétéroclite, matérialiste et psy, porno et discrète, novatrice et rétro, consommative et écologiste, sophistiquée et spontanée, spectaculaire et créative, et l'avenir n'aura sans doute pas à trancher en faveur de l'une de ces tendances mais au contraire développera les logiques duales, la coprésence souple des antinomies. [...]

Le postmodernisme n'a pour objet ni la destruction des formes modernes ni la résurgence du passé, mais la coexistence pacifique des styles, la décrispation de l'opposition tradition-modernité, le desserrement de l'antinomie local-international, la déstabilisation des engagements rigides pour la figuration ou l'abstraction, bref la décontraction de l'espace artistique parallèlement à une société où les idéologies dures ne prennent plus, où les institutions marchent à l'option et à la participation, où les rôles et identités se brouillent, où l'individu est flottant et tolérant. Il est trop réducteur d'y reconnaître l'éternelle stratégie du capital avide de commercialisation rapide ou même une figure du « nihilisme passif », comme l'a écrit un critique contemporain. Le postmodernisme est l'enregistrement et la manifestation du procès de personnalisation qui, incompatible avec toutes les formes d'exclusion et de dirigisme, substitue le libre choix à l'autorité des contraintes prétracées, le cocktail fantaisiste à la raideur de la « juste ligne ». L'intérêt du postmodernisme tient en ce qu'il révèle que l'art moderne, le premier pourtant à avoir adopté l'ordre des logiques ouvertes, restait encore tributaire d'une ère dirigiste du fait des valeurs avant-gardistes finalisées sur le seul futur. L'art moderne était une formation de compromis, un être « contradictoire » fait de « terrorisme » futuriste et de personnalisation souple. Le postmodernisme a pour ambition de résoudre cet antagonisme en détachant l'art de son encadrement disciplinaire-avant-gardiste, en instituant des œuvres régies par le seul procès de personnalisation. Ce faisant, le postmodernisme obéit au même destin que nos sociétés ouvertes, postrévolutionnaires, ayant pour objectif d'augmenter sans cesse les possibilités individuelles de choix et de combinaisons. En substituant l'inclusion à l'exclusion, en légi-

timant tous les styles de toutes les époques, la liberté créatrice n'est plus sommée de se plier au style international, elle voit ses sources d'inspiration, ses jeux de combinaisons s'accroître indéfiniment : « L'éclectisme est la tendance naturelle d'une culture libre de ses choix. » Au début du siècle, l'art était révolutionnaire et la société conservatrice ; cette situation s'est renversée au fur et à mesure de l'ankylose de l'avant-garde et des bouleversements de la société engendrés par le procès de personnalisation. De nos jours la société, les mœurs, l'individu lui-même bougent plus vite, plus profondément que l'avant-garde : le postmodernisme est la tentative de réinsuffler un dynamisme à l'art en assouplissant et démultipliant ses règles de fonctionnement à l'image d'une société déjà flexible, optionnelle, réduisant les relégations.
(Gallimard, 1983, p. 14, 137-138 ; rééd. coll. « Folio Essais », 1989, p. 18, 175-176.)

– Texte 5 –

Gilles Kepel, *La Revanche de Dieu* (1991)

Entre 1975 et 1990, les mouvements de réaffirmation de l'identité religieuse ont accompli une mutation considérable.
En l'espace de quinze années, ils ont su transformer la réaction de désarroi de leurs adeptes, face à la crise de la modernité, en projets de reconstruction du monde qui trouvent dans les Textes sacrés les fondements de la société à venir.
L'apparition de ces mouvements s'est produite dans un contexte d'épuisement des certitudes nées des progrès accomplis par les sciences et les techniques depuis les années cinquante. Là où semblaient reculer les barrières de la pauvreté, de la maladie ou de l'aliénation par le travail, sont venues l'explosion démographique, la pandémie de SIDA ou la pollution de la planète et les crises énergétiques. Autant de fléaux qui prenaient place aisément dans une imagerie apocalyptique.
Dans le même temps, le grand messianisme athée du XXe siècle, le communisme, qui avait influé sur la plupart des utopies sociales, entrait en agonie, pour succomber à l'automne 1989 avec la destruction du mur de Berlin, son symbole par excellence.
Les mouvements chrétiens, juifs ou musulmans que nous avons observés s'inscrivent dans cette double perspective : ils s'emploient d'abord à nommer la confusion et le désordre du monde que perçoivent leurs adeptes, en revivifiant un vocabulaire et des catégories de pensée religieuse, appliqués à l'univers contemporain. Puis ils élaborent des projets de transformation de l'ordre social pour le rendre conforme aux injonctions ou aux valeurs de la Bible, du Coran ou des Évangiles, seules garantes, selon leur interprétation, de l'avènement d'un monde de Justice et de Vérité.
Ils présentent un grand nombre de caractéristiques communes, par-delà la simple simultanéité historique de leur apparition. La disqualification d'une laïcité qu'ils font remonter à la philosophie des Lumières les unit. Ils voient, dans l'émancipation orgueilleuse de la raison par rapport à la foi, la cause première de tous les maux du XXe siècle, le début d'un processus qui mènerait en droite ligne aux totalitarismes nazi ou stalinien.

Cette remise en cause radicale des fondements de la modernité sécularisée est prononcée par ses propres enfants qui ont eu accès à l'instruction d'aujourd'hui. Ils ne voient aucune contradiction entre leur maîtrise des sciences et des techniques et leur soumission à une foi qui échappe aux logiques de la raison. [...]
Pour l'ensemble de ces mouvements, c'est la légitimité même de la Cité séculière qui est ruinée. Mais, s'ils s'accordent à considérer que seule une transformation fondamentale de l'organisation de la société peut refaire des Textes sacrés la source d'inspiration première pour la Cité à venir, chrétiens, juifs et musulmans divergent quant au contenu à donner à celle-ci. Chacune des cultures religieuses a élaboré des Vérités spécifiques qui, lorsqu'elles donnent matière à une forte réaffirmation de l'identité, sont exclusives les unes par rapport aux autres. L'œcuménisme s'arrête à la disqualification de la laïcité ; au-delà, les projets de société divergent puis deviennent profondément antagoniques, portant en puissance des luttes sans merci, dans lesquelles aucune doctrine de Vérités ne peut passer de compromis – sauf à perdre prise sur ses adeptes.
(Le Seuil, 1991 ; rééd. coll. « Points », 1992, p. 259-261.)

Science et société

Section 1. Science et pouvoir

Après plusieurs vagues d'industrialisation, notre civilisation technicienne semble consacrer le triomphe de la rationalité scientifique. Le type de savoir propre aux sciences expérimentales a façonné les paysages dans lesquels s'inscrit notre société à ce point que seuls des ingénieurs paraissent en détenir la maîtrise. Les termes de « savant », « expert » ou « chercheur » sont spontanément associés aux sciences, à leurs laboratoires et expériences aussi fascinants qu'impénétrables. D'audacieux théoriciens semblent en passe de nous livrer bientôt les ultimes clefs de notre compréhension de l'univers. La science ne saurait être remise en cause : sa valeur est prouvée par son efficacité, laquelle est indubitablement attestée par les transformations que ses techniciens ont imposées à notre monde. Les sciences de la nature font l'objet d'une confiance générale ; on se représente couramment que ses spécialistes pourront un jour ou l'autre apporter solution à tous les problèmes que nous rencontrons. Pourtant, on appréhende également souvent l'activité scientifique dans un climat d'inquiétude. Les journaux se font l'écho de découvertes annoncées avant d'être assurées ; des experts n'hésitent pas à remettre en cause publiquement les résultats avancés par d'autres chercheurs. Un minimum d'information conduit à mesurer que de nombreux doutes subsistent dans l'esprit des plus savants. Concernant la science du XXe siècle, on en vient même fréquemment à parler de crise des fondements. Il est donc requis d'examiner sommairement de quel type de validité se prévalent les sciences, pour évaluer le crédit qu'on peut leur accorder. Dans quelles mesures relèvent-elles d'un type de savoir autonome ? Leur succès leur assure-t-il une position hégémonique au sein de notre culture ? En quoi l'évolution des théories scientifiques a-t-elle conduit à une redéfinition du type de connaissance qu'elles constituent ?

1.1. *Une visée d'efficacité pour une science impliquée*

Le savoir dit scientifique s'est constitué essentiellement lors de la période moderne. L'Antiquité ne connaissait pas de séparation entre disciplines de recherche ; on distinguait des connaissances en fonction de la seule différence de leurs objets. Dans l'Ancien Testament (cf. texte 1), Salomon est d'abord présenté comme symbole de sagesse, que Dieu lui avait accordée pour satisfaire son appétit spirituel. En exauçant son vœu, le Tout-Puissant avait aussi consacré le fils de David, roi d'Israël. Lui donne-t-on la connaissance suprême parce qu'il est promis au pouvoir, ou bien inversement sa sagesse le détermine-t-elle à régner ? L'exercice de son ministère consacre en tout état de cause la liaison intime de l'intelligence et du jugement de la science et de ses applications. Parce qu'il dispose du savoir, Salomon est bâtisseur : il peut s'approprier des matériaux en les découpant et les assemblant. Et son pouvoir sur les choses se traduit par un pouvoir sur les hommes. Il construit pour instituer le culte propre à sa communauté, mais aussi pour établir les lieux du gouvernement de son peuple. Aucune connaissance ne saurait être isolée de ses implications : en même temps qu'elle transforme le monde, la science épouse et transforme un milieu social. L'intelligence de Salomon se livre principalement à l'élaboration des plans, puis la connaissance procède par classification, mesure, duplication ; elle se traduit par une hiérarchisation des activités qu'elle organise. Si le savoir s'évalue à l'aune de ses capacités de production, aucune théorie ne pourrait être séparée d'un intérêt pratique.

Pourtant, la connaissance scientifique semble s'être constituée essentiellement par le biais d'une revendication d'autonomie de ses fondements. Elle est en effet censée reposer sur des principes qui valent par eux-mêmes, attestés par leur évidence propre. L'un des premiers est le principe de causalité, à partir duquel s'établit la visée explicative des théories. « Les mêmes causes produisent les mêmes effets ». Cette formulation renvoie à l'objet de l'interprétation scientifique : identifier des lois constantes, non soumises à des variations locales. La nature est ainsi conçue comme un ordre stable : cette régularité va permettre la prévision. Le savoir en science a une finalité prospective. « Il n'y a pas d'effet sans cause » : cette formulation exclut de rencontrer dans la nature un élément qui ne ressortisse pas de la législation homogène propre à la rationalité. L'application de ce principe de causalité peut donc être généralisée à l'ensemble de ce qui est. L'univers est régi par des lois qui permettent de le soumettre intégralement aux interprétations et aux prévisions scientifiques. Laplace (cf. texte 2) imagine, pour transcrire ce déterminisme universel, un esprit qui ne connaîtrait aucune limitation : disposant de tous les éléments et de toutes les lois de leur évolution, il serait capable de prévoir avec certitude les états postérieurs du système considéré. Ce qui sous-tend l'évidence de cette déclaration de principe, c'est l'exclusion de tous les événements irrationnels, obéissant à quelque volonté imprévisible. La scientificité s'institue donc à l'encontre de l'explication par les causes finales, ressortissant de l'animisme (croyance selon laquelle les phénomènes matériels sont régis par des orientations spirituelles). Lorsqu'elle se place sous la bannière du déterminisme laplacien, la science est forte des succès de la mécanique et de l'astronomie, qui ont reçu une formalisation accomplie dans les *Principes mathématiques de philosophie naturelle* (1687) de Newton. Depuis Galilée, l'interprétation de la nature est ordonnée à l'expérimentation : c'est par la mathématisation de ce qu'on observe et la généralisation du modèle que l'on peut comprendre la variation des phénomènes. Il s'agit de soumettre le donné à un schéma rationnel qui est idéal et reproductible. Ainsi les sciences de la nature ne sont pas expérimentales parce qu'elles sont construites à partir d'expériences, mais parce qu'elles instituent l'expérimentabilité de leurs résultats. Déployant ses connaissances comme une diversification d'effets, l'activité scientifique vise donc avant tout l'efficacité. Son attention est polarisée par ses objets, qu'elle définit exclusivement dans les relations d'interaction qu'ils entretiennent. La science est le modèle de l'esprit positif, qui se borne par définition à l'explicitation des rapports entre des entités observables. Les sciences de la nature ont pu se prévaloir de tant de succès – notamment en tant que bases théoriques de la révolution industrielle du XIXe siècle – qu'il était tentant de traiter toutes questions par le biais de leur positivité. Le positivisme se définit comme la volonté de soumettre toutes choses à une appréhension d'esprit positif visant la formulation de lois rationnelles. Il désigne donc l'effort pour donner à la méthode scientifique un champ d'application le plus étendu possible. Ainsi son promoteur, Auguste Comte, s'est-il employé à édifier un *Système de politique positive* (1851-1857) fondé sur des principes exclusivement rationnels. Se distingue de cette attitude la propension à considérer les procédés de la science capables de donner solution à tous les problèmes que pourra rencontrer l'esprit humain. L'esprit positif est propre aux sciences de la nature ; l'esprit positiviste est une disposition qui tend à étendre l'application des méthodes expérimentales (mais s'expose à être démentie par les faits), tandis que le scientisme est un acte de foi – une croyance parmi d'autres – qui ne reçoit aucune justification rationnelle. Le triomphe des sciences expérimentales au cours de la période moderne a pu conduire à voir en elles le produit le plus achevé de notre culture. Accordons-nous trop à la science, en voulant sublimer en elle l'ensemble de nos manifestations culturelles ?

1.2. Critiques de l'hégémonie scientifique

L'attitude scientifique est une attention aux objets, à leurs rapports constants, qui répond à une intention de formalisation. C'est donc une discipline d'extériorité, qui ne saisit que les aspects généralisables et « mathématisables » des choses. La science s'est constituée par exclusion de la sensibilité. Elle proscrit l'intériorité, l'affectivité, la vie même, et ne saurait constituer une culture, si cette dernière est caractérisée par un rapport de l'esprit à lui-même – dans l'esthétique, le politique, le religieux. Aux yeux de Michel Henry (cf. textes 4), l'alignement de nos représentations sur une norme scientifique ne conduit pas seulement à réduire notre culture à un de ses aspects, mais encore à détruire l'activité culturelle elle-même. La barbarie, inhérente aux Temps modernes, culminant à notre époque, consiste en effet à empêcher tout rapport de la vie à elle-même. À travers sa recherche d'efficacité, le développement de ses applications technologiques et médiatiques, la science a produit une hégémonie de la technique à laquelle nous nous soumettons, faute d'interroger notre subjectivité, à laquelle nous n'accordons plus de valeur. La science a donc étendu son pouvoir de transformation des choses sur les esprits ; ce faisant, elle en a étouffé les ressources cultuelles, en les rendant incapables de se donner d'autre mesure que l'efficacité.

C'est que, par ses applications techniques, la science a toujours eu partie liée avec le pouvoir politique. De nos jours, souligne Paul Kurt Feyerabend, l'État démocratique moderne est encore le meilleur allié de l'esprit positiviste. Alors que nos institutions se sont rendues indépendantes de toute autre forme de connaissance (mythique, religieuse), elles apportent leur caution exclusive aux sciences « dures ». L'interprétation expérimentale de la nature est au fondement de tous les programmes d'enseignement de nos démocraties occidentales. Dans le développement de nos facultés, nous privilégions la conception sur l'imagination : nous visons l'application technique plutôt que l'invention intellectuelle. La méthode analytique de la science est sclérosante : elle nous cantonne à notre tradition, n'a aucune fonction d'innovation, ne développe qu'une partie du potentiel de notre esprit. En sciences comme dans les autres domaines de production de nos représentations, le seul précepte qui peut subsister, selon Feyerabend, est « tout est bon ». La seule règle définitivement stable, c'est celle de l'absence de règle. Si on admet que les individus peuvent cautionner les idéologies qu'ils souhaitent, on devra leur accorder la possibilité de choisir les formes de représentation qu'ils préfèrent, ce que l'hégémonie de la science ne permet pas. Ces critiques ont le mérite d'attirer notre attention sur la domination exercée par la pensée scientifique sur nos esprits, en vertu de sa collusion avec les structures mêmes du pouvoir.

Pourtant, de telles remises en cause font bon marché de la diversité des sciences. D'abord, depuis le XVIIe siècle, les savoirs expérimentaux se sont spécifiés pour devenir des disciplines propres : chimie au XVIIIe, biologie au XIXe siècle. Aujourd'hui, les domaines de recherche se multiplient, paraissant de plus en plus hétérogènes les uns aux autres. Ensuite, cet éclatement des connaissances conduit à leur reconnaître différents statuts. Ainsi, alors même que la physique s'est constituée par exclusion de l'intervention de causes finales, les sciences de la vie n'ont cessé de débattre de l'éventuelle intervention d'un principe vital, entité immatérielle permettant de décrire l'étonnante organisation du vivant. Certes, depuis la découverte du code génétique (conséquence de l'identification de la structure de l'ADN par Watson et Crick, 1953), l'adaptation de la partie au tout, au sein de l'organisme, a pu recevoir une explication d'ordre mécanique. Depuis Darwin, les notions de mutation et de sélection tentaient de définir les conditions matérielles de l'évolution. Aujourd'hui encore, nombre de chercheurs cultivent l'idée qu'un sens n'a pu être donné aux structures vivantes que par un principe non matériel. Il semble donc que ces reproches d'excès de pouvoir adressés à la connaissance scientifique prennent plus pour cible une science idéale que les savoirs positifs tels qu'ils se construisent. La communauté des chercheurs est moins unie, moins inébranlable que l'on veut bien se le représenter. Les frontières entre la science « pure » et les incertitudes humaines sont malaisées à déterminer. La science se construit dans la cité terrestre et participe de ses faiblesses. Jean-Marc Levy-Leblond (cf. texte 3) a souligné que les chercheurs ne sont pas les promoteurs isolés d'un savoir pur dont seuls les utilisateurs seraient responsables. Dès sa production, le savoir scientifique est impliqué, parce qu'il est financé, parce qu'il obéit à une passion de conquête. Il n'est donc plus possible de se faire du savant l'image d'un expérimentateur objectif qui s'efforcerait par ses résultats d'apporter sa pierre à l'édifice stable et en progression continue de la connaissance.

1.3. *Une science ouverte*

Car l'éclatement des investigations scientifiques a conduit, en raison de l'hétérogénéité croissante des théories, à abandonner le projet classique visant leur unification. Les interprétations des mêmes phénomènes s'opposent entre elles, non seulement parce qu'elles invalident l'état antérieur des connaissances sur la question, mais encore parce qu'il arrive que soient développées plusieurs théorisations qui se contredisent. Au cours du XXe siècle, plusieurs découvertes ont contribué à modifier profondément la conception que nous nous faisions des sciences. Celles-ci constituent pour les Modernes un modèle de vérité. Si les résultats expérimentaux sont vrais, ils devraient être irréfutables. Puisque ce n'est pas le cas, leur révision affecte la scientificité dans son ensemble : ne sont-ce pas ces mêmes méthodes, récusées dans certaines de leurs applications, que nous utilisons pour élaborer les nouvelles théorisations ? Karl Popper, préoccupé d'établir une distinction cruciale entre les sciences véritables et les doctrines usurpant ce titre pour bénéficier du prestige des connaissances scientifiques, élabora une conception faillibiliste des théories expérimentales (cf. textes 5). Dans cette perspective, le critère de scientificité réside dans la capacité de s'exposer à une réfutation lors de tests susceptibles de falsifier les propositions théoriques. La vérité scientifique n'est plus définie comme permanence, mais comme validité provisoire : faculté de résister à des démentis expérimentaux. Une loi n'est valide que si elle est non encore falsifiée. Les propositions qui excluent d'être remises en cause par les phénomènes observés, comme nombre de théories psychologiques, ne ressortissent pas du domaine des sciences exactes. Celles-ci semblent se nourrir de leurs imperfections, faisant de leur faillibilité même leur principale force. Si la science progresse, c'est qu'elle ne procède pas d'un savoir absolu, qui n'aurait pas à construire sa certitude au moyen de procédures de vérification. Les mathématiques mêmes semblent avoir perdu leur statut de vérités inébranlables. Gödel a établi en 1931 l'impossibilité d'une démonstration de la consistance d'un système (c'est-à-dire l'assurance qu'il n'engendrera aucune incohérence) à l'intérieur de ce système. Une telle preuve requerrait une structure de niveau supérieur, et ainsi de suite : le théorème d'incomplétude en reconnaît l'impossibilité. Mais ce n'est pas seulement dans ses ambitions les plus hautes que la science a vu s'immiscer des doutes. Ses fondements mêmes, tels le principe de causalité, ont pu être discutés. En vertu des relations identifiées par Heisenberg, la mesure de la position des microparticules modifie leur niveau d'énergie, et par suite intervient sur leur mouvement : nous ne pouvons avoir qu'une connaissance probable de leur position. La remise en cause du déterminisme a résulté de la question de savoir s'il existait de l'indétermination dans les choses, ou si celle-ci relevait de notre connaissance. La physique quantique était-elle imparfaite, comme le pensait Einstein (« Dieu ne joue pas aux dés ») ou bien fallait-il, selon l'interprétation dite de « l'école de Copenhague », renoncer à l'idée d'entités stables, obéissant à des lois constantes ? Cette dernière perspective a généralement emporté l'adhésion des physiciens, même s'il faut souligner que les inégalités de Heisenberg déterminent une inconnaissabilité. Dès lors, l'indétermination concerne moins la connaissance que le réel. La réalité profonde des choses nous échappe, car les entités étudiées par la microphysique attestent que nos objets de connaissance dépendent des moyens par lesquels nous les appréhendons. L'expérimentateur en mécanique quantique devient acteur ; il n'est plus seulement le spectateur des réactions qu'il observe, mais les produit dans une certaine mesure (cf. Ilya Prigogine et Isabelle Stengers, textes 5). On pourrait presque parler d'observation participante, expression utilisée en sciences humaines pour désigner l'intervention de l'expérimentateur sur la situation qu'il examine. Les phénomènes étudiés depuis les années soixante-dix par la théorie du chaos semblent donner une place prépondérante au désordre : turbulences (en milieu aérien ou liquide), perturbations dans des variations dues à de nombreux paramètres. Pourtant, on tente d'appréhender leurs variations extrêmement sensibles à travers des prévisions. Bien qu'elles soient régies par des équations non linéaires (qui admettent une pluralité, souvent une infinité de solutions), ces variations obéissent à des lois. Certes, leur interprétation conduit à des résultats statistiques, donnant une certitude de probabilité. Les sciences contemporaines en viennent donc moins à récuser qu'à relativiser le principe du déterminisme laplacien. Il serait hâtif de conclure à l'indétermination du réel, puisque l'analyse des théories scientifiques conduit plutôt à admettre que la réalité du monde comme celle de l'humain échappe à nos modélisations. Le réel, considéré désormais comme lointain, voire voilé, est susceptible d'approches diverses et renouvelables : nous prenons acte de la relativité de nos certitudes. La science participe de la fragilité des productions humaines au point d'être décrite selon les mêmes schèmes (intéressement, faillibilité, intervention de l'observateur) que nos autres connaissances. L'épistémologie contemporaine ne fait que consacrer la dépendance du réel à l'égard de nos conceptions : multiples, révisables, relatives à des objectifs discutables. La science n'en reste pas moins un effort de cohérence, d'efficacité et de prévision dans la compréhension toujours incomplète des phénomènes.

– Texte 1 –

La Bible, *Premier livre des rois* (VIe siècle av. J.-C.), IV, 1 et 7, V, 1, 9-10, 29-31, VI, 1, 9-10, 14-15, VII, 1-12, IX, 1-5

Le roi Salomon était roi sur tout Israël. […] Salomon avait douze préfets pour l'ensemble d'Israël, qui ravitaillaient le roi et sa maison ; un mois par an, chacun d'eux assurait le ravitaillement. […]

Salomon dominait sur tous les royaumes depuis le fleuve, sur le pays des Philistins et jusqu'à la frontière d'Égypte. Ils payèrent un tribut et servirent Salomon tous les jours de sa vie. […] Dieu donna à Salomon sagesse et intelligence à profusion ainsi qu'ouverture d'esprit autant qu'il y a de sable au bord de la mer. La sagesse de Salomon surpassa la sagesse de tous les fils de l'Orient et toute la sagesse de l'Égypte. […]

Salomon eut soixante-dix mille porteurs et quatre-vingt mille carriers dans la montagne, sans compter les chefs que les préfets de Salomon avaient préposés au travail : trois mille trois cents hommes qui commandaient le peuple effectuant les travaux. Le roi ordonna d'extraire de grandes pierres, des pierres travaillées, destinées aux fondations de la Maison, des pierres de taille. […]

La quatre cent quatre-vingtième année après la sortie des fils d'Israël hors du pays d'Égypte, la quatrième année du règne de Salomon sur Israël, le mois de Ziw, qui est le deuxième mois, il bâtit la maison du Seigneur. […]

Après qu'il eut bâti la maison et qu'il l'eut achevée, Salomon y fit un plafond à caissons dont l'armature était en cèdre. Il construisit le bas-côté contre toute la Maison ; sa hauteur était de cinq coudées. Il s'encastrait dans la Maison avec des troncs de cèdre. [...] Salomon bâtit la Maison et l'acheva. Puis il bâtit les parois intérieures de la Maison en planches de cèdres, depuis le sol de la Maison jusqu'aux poutres du plafond – il revêtit de bois l'intérieur – et il revêtit le sol de la Maison de planches de cyprès. [...]

Salomon bâtit aussi sa propre maison ; il fallut treize ans pour la terminer complètement. Il bâtit la maison de la Forêt du Liban : cent coudées de long, cinquante coudées de large, trente coudées de haut. Elle était construite sur quatre rangées de colonnes faites de troncs de cèdres avec des madriers de cèdres sur ces colonnes. Par-dessus, un revêtement de cèdre, posé sur les traverses soutenues par des colonnes : il y avait quarante-cinq traverses, quinze par rangée, il y avait trois rangées de fenêtres à cadre, chaque fenêtre de ces trois rangées faisait face à une autre fenêtre. Toutes ces ouvertures, avec leurs montants, avaient une forme carrée et chaque fenêtre faisait face à une fenêtre, aux trois rangées de fenêtres. Il fit la salle des colonnes : cinquante coudées de long, trente coudées de large ; et par-devant, un vestibule à colonnes avec un auvent sur la façade. Il fit la salle du trône, où il rendait la justice, la salle du jugement ; elle avait un revêtement de cèdre depuis le sol jusqu'aux poutres. Quant à la maison où il résidait, elle se trouvait dans une autre cour que celle de la maison destinée à la salle du trône ; elle avait la même forme. Pour la fille du Pharaon, qu'il avait épousée, il dut construire une maison ; elle était comme cette salle.

Tous ces bâtiments étaient en pierres travaillées aux dimensions des pierres de taille et sciées à la scie sur leur faces intérieures et extérieures. Il y en avait depuis les fondations jusqu'aux corniches et, à l'extérieur, jusqu'à la grande cour. Pour les fondations : des pierres travaillées, de grandes pierres de dix et de huit coudées. Sur les fondations, il y avait des pierres travaillées aux dimensions des pierres de taille, et du bois de cèdre. Autour de la grande cour, il y avait trois rangées de pierres de taille et une rangée de madriers de cèdre, de même pour le parvis intérieur de la Maison du Seigneur et pour son vestibule. [...]

Lorsque Salomon eut achevé de bâtir la Maison du Seigneur et la maison du roi, et qu'il eut fait tout ce qu'il lui plut, le Seigneur [...] lui dit : « J'ai entendu la prière et la supplication que tu m'as adressées : cette Maison que tu as bâtie, je l'ai consacrée afin d'y mettre mon nom à jamais ; mes yeux et mon cœur y seront toujours. Quant à toi, si tu marches devant moi comme David, ton père, d'un cœur intègre et avec droiture, en agissant selon tout ce que je t'ai ordonné, si tu gardes mes lois et mes coutumes, je maintiendrai pour toujours ton trône royal sur Israël. »

(*Traduction œcuménique de la Bible*, Le Cerf, 1988, p. 647, 648, 649, 650, 651, 653, 660.)

– Textes 2 –

Pierre Simon de Laplace, *Essai philosophique sur les probabilités* (1814)

Tous les événements, ceux mêmes qui par leur petitesse semblent ne pas tenir aux grandes lois de la nature, en sont une suite aussi nécessaire que les révolu-

tions du soleil. Dans l'ignorance des liens qui les unissent au système entier de l'univers, on les a fait dépendre des causes finales, ou du hasard, suivant qu'ils arrivaient et se succédaient avec régularité, ou sans ordre apparent ; mais ces causes imaginaires ont été successivement reculées avec les bornes de nos connaissances, et disparaissent entièrement devant la saine philosophie, qui ne voit en elles que l'expression de l'ignorance où nous sommes des véritables causes.
Les événements actuels ont avec les précédents une liaison fondée sur le principe évident, qu'une chose ne peut commencer d'être, sans une cause qui la produise. Cet axiome, connu sous le nom de *principe de la raison suffisante*, s'étend aux actions mêmes que l'on juge indifférentes. La volonté la plus libre ne peut sans un motif déterminant leur donner naissance : car si, toutes les circonstances de deux positions étant exactement semblables, elle agissait dans l'une et s'abstenait dans l'autre, son choix serait en effet sans cause [...].
Nous devons donc envisager l'état présent de l'univers comme l'effet de son état antérieur, et comme une cause de celui qui va suivre. Une intelligence qui pour un instant donné connaîtrait toutes les forces dont la nature est animée et la situation respective des êtres qui la composent, si d'ailleurs elle était assez vaste pour soumettre ces données à l'analyse, embrasserait dans la même formule les mouvements des plus grands corps de l'univers et ceux du plus léger atome : rien ne serait incertain pour elle, et l'avenir, comme le passé, serait présent à ses yeux. L'esprit humain offre, dans la perfection qu'il a su donner à l'Astronomie, une faible esquisse de cette intelligence. Ses découvertes en Mécanique et en Géométrie, jointes à celles de la pesanteur universelle, l'ont mis à portée de comprendre dans les mêmes expressions analytiques les états passés et futurs du système du monde. En appliquant la même méthode à quelques autres objets de ses connaissances, il est parvenu à ramener à des lois générales les phénomènes observés, et à prévoir ceux que des circonstances données doivent faire éclore. Tous ces efforts dans la recherche de la vérité tendent à le rapprocher sans cesse de l'intelligence que nous venons de concevoir, mais dont il restera toujours infiniment éloigné.
(Christian Bourgeois, 1986, p. 32-33.)

Robert Blanché, *La Science actuelle et le Rationalisme* (1967)

Par la mécanique quantique, ce n'étaient pas seulement nos notions usuelles d'espace et de temps qui étaient remises en question, mais des notions de caractère franchement intellectuel, des principes liés aux catégories de cause et de substance. [...]
L'atomicité de l'action entraîne, quand on descend à son niveau, l'indissociabilité des propriétés géométriques et des propriétés dynamiques. Les célèbres inégalités de Heisenberg (1927), selon lesquelles l'accroissement de précision dans l'une des deux grandeurs conjuguées s'accompagne nécessairement d'une diminution de précision dans la mesure de l'autre, sont une expression de cette interdépendance. Elles ont pour effet de rendre impossible la prévision précise et certaine de l'évolution d'un système mécanique à l'échelle microphysique et de dissiper ainsi, du moins à cette échelle, le rêve laplacien d'un déterminisme rigoureux. [...]
Ainsi se dissocie l'ancienne formule du déterminisme. Au lieu d'avoir, comme jadis, le déterminisme de l'événement, nous avons maintenant le déterminisme de la probabilité de l'événement. Une formule tertiaire se subs-

titue à la formule binaire, par dédoublement de son second terme. À la place des lois régissant l'évolution dans le temps d'un objet individuel, nous avons des lois plus complexes qui régissent l'évolution dans le temps des probabilités relatives à cet objet. S'il n'y a plus, en microphysique, de lois des phénomènes, la légalité néanmoins y subsiste pour régir leur probabilité.
(PUF, 1967, p. 51, 52, 65 ; rééd. 1973, p. 55, 56, 69.)

– Texte 3 –

Jean-Marc Lévy-Leblond, *L'Esprit de sel* (1981)

« La science est neutre »
[...] La science est souvent considérée comme neutre au regard de ses applications. Ses découvertes pourraient être utilisées indifféremment à des fins bonnes ou mauvaises : l'énergie nucléaire, dit-on, peut servir à produire de l'énergie dans les centrales, comme à détruire gens et biens avec les bombes. Le contenu de la connaissance scientifique serait étranger à toute considération morale ou sociale, et les scientifiques innocents des applications faites de leurs travaux. La responsabilité en incomberait uniquement au pouvoir politique ou à la société dans son ensemble, qui les laisserait mettre en œuvre.
Mais...
Les scientifiques, si prompts à refuser la responsabilité des conséquences néfastes de leurs travaux – ils parlent alors de « détournement », à des fins militaires par exemple -, ne refusent pas les éloges et la reconnaissance dont on les gratifie pour les applications bénéfiques. C'est pourtant la même science et les mêmes scientifiques qui sont impliqués dans la construction des bombes comme des centrales, dans la création des armes bactériologiques comme des vaccins, dans la diffusion de la pollution chimique comme des engrais.
Pour que la science puisse être neutre, il faudrait qu'elle soit source de connaissances pures, origine absolue, vierge de toute influence extérieure. Tel n'est pas le cas : le contexte social détermine la production scientifique de manière essentielle, surtout à notre époque où l'ampleur des travaux de recherche nécessite des investissements financiers et humains considérables. Le choix, au niveau de la politique scientifique, des priorités de la recherche, conditionne, par l'attribution de crédits et de personnel, la possibilité ou non de développement dans les différents secteurs.
De même que la science n'échappe pas à l'influence directe des conditions sociales, les scientifiques ne sont pas isolés du reste de la société, et ne constituent pas une communauté idéale mue par le seul souci du progrès de la connaissance. Certes, l'ampleur quasi industrielle de nombreux domaines actuels de la recherche scientifique réduit la plupart de ceux qui y participent à un rang subordonné, où leur liberté de choix et leur responsabilité personnelle sont des plus réduites. [...] Mais, justement, cette perte d'autonomie laisse le champ libre aux décisions prises par les « patrons » de l'institution scientifique, membres des divers comités de décisions officiels, où leur rôle politique ne peut plus être dissocié de leur travail scientifique. [...]

« La science est objective »
On célèbre couramment l'objectivité de la science, qui fournirait des vérités

absolues, indépendantes des contingences de leur découverte, dont la validité échapperait à tout critère historique, à tout jugement de valeur. Du même coup, le savant est présenté comme le modèle de l'individu objectif, qui, pour découvrir la vérité, ferait abstraction de sa subjectivité et mènerait son travail débarrassé de tout préjugé politique, de toute préférence philosophique, de toute inclination passionnelle.

Mais…

Dans la mesure même où la science est recherche, quête de l'inconnu, elle fait une large place, dans ce qu'elle a de meilleur et de plus noble, à l'invention, à l'imagination, à la liberté de l'esprit. Les grandes découvertes ne sont pas décryptage d'un texte déjà écrit en une langue jusque-là inconnue, mais création d'idées et de concepts. Y participent toutes les ressources de l'individu ou du groupe, éminemment liées au contexte culturel, philosophique, esthétique dans lequel il vit. Le savant ne peut laisser l'idéologie à la porte de son laboratoire. […]

L'intérêt même pour la science ne se réduit pas à l'aspiration mesquine vers l'objectivité du savoir et sa sécurité. Il y a dans le désir de savoir, tant chez le scientifique professionnel dans son laboratoire que chez le profane friand de vulgarisation scientifique, l'expression de véritables passions et de fantasmes profonds. Quand la cosmologie se penche sur l'origine de l'univers, la biologie sur l'origine de la vie, l'anthropologie sur l'origine de l'homme, les sciences ne font à leur manière que reprendre une interrogation fondamentale de l'humanité […] : la science y rejoint la métaphysique et la mystique. […]

Dans la mesure où elle est quête active, et non contemplation passive, la science ne peut prétendre être objective. Elle est, avant tout, l'expression d'un projet social. […] C'est parce que nos sociétés ont adopté devant le monde une attitude bien particulière, se posant, précisément en « sujet » devant une nature considérée comme un « objet », qu'est née la science. Son but, Descartes le dit clairement, est de « nous rendre comme maîtres et possesseurs de la nature ». […] La quête est en réalité conquête, et la recherche scientifique, comme les grandes explorations, vise, après la connaissance du monde, son appropriation.

(Fayard, 1981, p. 199-211.
Le Seuil, coll. « Points », 1984, p. 199-211.)

– Textes 4 –

Paul Feyerabend, ***Contre la méthode. Esquisse dune théorie anarchiste de la connaissance*** **(1975)**

La science est indiscrète, bruyante, insolente ; elle n'est essentiellement supérieure qu'aux yeux de ceux qui ont opté pour une certaine idéologie, ou qui l'ont acceptée sans avoir jamais étudié ses avantages et ses limites. Et comme c'est à chaque individu d'accepter ou de rejeter des idéologies, il s'ensuit que la séparation de l'État et de l'Église doit être complétée par la séparation de l'État et de la Science : la plus récente, la plus agressive et la plus dogmatique des institutions religieuses. Une telle séparation est sans doute notre seule chance d'atteindre l'humanité dont nous sommes capables, mais sans l'avoir jamais pleinement réalisée.

L'idée que la science peut, et doit, être organisée selon des règles fixes et universelles est à la fois utopique et pernicieuse. Elle est utopique, car elle implique une conception trop simple des aptitudes de l'homme et des circonstances qui encouragent, ou causent, leur développement. Et elle est pernicieuse en ce que la tentative d'imposer de telles règles ne peut manquer de n'augmenter nos qualifications professionnelles qu'aux dépens de notre humanité. En outre, une telle idée est préjudiciable à la science, car elle néglige les conditions physiques et historiques complexes qui influencent en réalité le changement scientifique. [...]
L'État et la Science, cependant, travaillent en étroite liaison. D'immenses sommes sont dépensées pour le progrès des idées scientifiques. Des disciplines bâtardes qui n'ont pas une seule découverte à leur crédit, comme la philosophie des sciences, profitent du boom de la science. Même les relations humaines sont traitées de manière scientifique, comme le montrent les programmes d'éducation, les propositions de réforme des prisons, l'entraînement de l'armée, et ainsi de suite. Presque toutes les matières scientifiques sont obligatoires dans nos écoles. Si les parents d'un enfant de 6 ans peuvent décider de le faire instruire dans les rudiments du protestantisme ou de la foi juive, ou décider tout simplement de ne pas lui donner d'instruction religieuse, ils n'ont pas la même liberté dans le cas des sciences. Il faut absolument apprendre la physique, l'astronomie, l'histoire. On na pas le droit de les remplacer par la magie, l'astrologie ou l'étude des légendes.
(Trad. B. Jurdant et A. Schlumberger, Le Seuil, 1979 ; rééd. coll. « Points », p. 332, 339.)

Michel Henry, *La Barbarie* (1987)

La science, telle que nous l'entendons aujourd'hui, est la science mathématique de la nature qui fait abstraction de la sensibilité. Mais la science ne peut faire abstraction de la sensibilité que parce qu'elle fait d'abord abstraction de la vie, c'est celle-ci qu'elle rejette de sa thématique et que, procédant de la sorte, elle méconnaît totalement. Il faut bien comprendre la raison de cette méconnaissance et pourquoi, dès qu'elle réalise son projet d'établir une connaissance objective de la nature, la science écarte la qualité sensible et n'en tient plus aucun compte. Cette mise à l'écart, en effet, n'est rien d'évident. [...]
Interdire au contraire la réduction du monde-de-la-vie au monde-de-la-science, seule le peut une pensée capable de saisir le monde-de-la-vie dans sa spécificité, c'est-à-dire, si étrange que cela paraisse, dans son irréductibilité au monde et à tout monde possible – pour autant que le monde-de-la-vie est un monde sensible et que l'être-sensible réside ultimement hors du monde, dans la vie elle-même. Car la qualité sensible n'est jamais que l'objectivation et la représentation d'une impression dont l'être-impressionnel est l'auto-impression, à savoir la subjectivité absolue en tant que la vie. [...]
Quand le savoir qui règle l'action est celui de la science, il en résulte : 1) que la nature de ce savoir a totalement changé, n'étant plus la vie mais une conscience d'objet et, qui plus est, cette forme de savoir objectif en laquelle on a fait abstraction des sens en même temps que l'existence des qualités sensibles dans le monde qu'il connaît ; 2) que ce savoir n'est plus en lui-même l'action et ne coïncide plus avec elle ; 3) qu'il n'est pas non plus le savoir *de* l'action, une connaissance objective de celle-ci, et cela parce que l'action n'est

en soi rien d'objectif et ne saurait l'être. Un tel savoir est justement devenu le savoir d'une objectivité, c'est-à-dire d'un processus naturel d'ailleurs réduit par la science à ses paramètres idéaux abstraits, aux déterminations physico-mathématiques du monde de la science galiléenne.
(Grasset, 1987, p. 71, 74, 89.
Le Livre de poche, 1988, p. 59, 61, 74.)

– Textes 5 –

Karl Popper, *Conjectures et réfutations* (1963)

Diverses considérations m'ont conduit, au cours de l'hiver 1919-1920, à certaines conclusions que j'aimerais à présent formuler.

1) Si ce sont des confirmations que l'on recherche, il n'est pas difficile de trouver, pour la grande majorité des théories, des confirmations ou des vérifications.

2) Il convient de ne tenir réellement compte de ces confirmations que si elles sont le résultat de *prédictions qui assument un certain risque ;* autrement dit, si, en l'absence de la théorie en question, nous avions dû escompter un événement qui n'aurait pas été compatible avec celle-ci – un événement qui l'eût réfutée.

3) Toute « bonne » théorie scientifique consiste à proscrire : à interdire à certains faits de se produire. Sa valeur est proportionnelle à l'envergure de l'interdiction.

4) Un théorie qui n'est réfutable par aucun événement qui se puisse concevoir est dépourvue de caractère scientifique. Pour les théories, l'irréfutabilité n'est pas (comme on l'imagine souvent) vertu mais défaut.

5) Toute mise à l'épreuve véritable d'une théorie par des *tests* constitue une tentative pour en démontrer la fausseté (*to falsify*) ou pour la réfuter. Pouvoir être testée c'est pouvoir être réfutée ; mais cette propriété comporte des degrés : certaines théories se prêtent plus aux tests, s'exposent davantage à la réfutation que les autres, elles prennent, en quelque sorte, de plus grands risques.

6) On ne devrait prendre en considération les preuves qui apportent confirmation *que dans les cas où elles procèdent de tests authentiques subis par la théorie en question ;* on peut donc définir celles-ci comme des tentatives sérieuses, quoique infructueuses, pour invalider (*to falsify*) telle théorie (j'emploie désormais pour les désigner le terme de « preuves corroborantes »).

7) Certaines théories, qui se prêtent véritablement à être testées, continuent, après qu'elles se sont révélées fausses, d'être soutenues par leurs partisans – ceux-ci leur adjoignent une quelconque hypothèse auxiliaire, à caractère *ad hoc* permettant de soustraire la théorie à la réfutation. Une telle démarche demeure toujours possible, mais cette opération de sauvetage a pour contrepartie de ruiner ou, dans le meilleur des cas, d'oblitérer partiellement la scientificité de la théorie (j'ai appelé par la suite ce type de sauvetage théorique « *coup de pouce conventionnaliste* » ou « *stratagème conventionnaliste* »).

On pourrait résumer ces considérations ainsi : *le critère de la scientificité d'une théorie réside dans la possibilité de l'invalider, de la réfuter ou encore de la tester.*
(Trad. M.I. et M.B. de Launay, Payot, 1985, p. 64-65.)

Ilya Prigogine et Isabelle Stengers, *La Nouvelle Alliance. Métamorphose de la science* (1979)

L'idéal de l'omniscience s'incarne dans la science des trajectoires, et dans le démon de Laplace qui les contemple un instant et les calcule pour l'éternité. Mais les trajectoires qui paraissent si réelles sont en fait des idéalisations : nous ne les observons jamais telles quelles car il faudrait pour cela une observation de précision positivement infinie : il faudrait pouvoir attribuer à un système dynamique une condition initiale ponctuelle, le repérer en un état unique, à l'exclusion de tout autre état *aussi voisin que l'on veut*. Dans les situations auxquelles nous pensons d'habitude, cette remarque est sans conséquence : il importe peu que la trajectoire ne soit définie qu'approximativement ; le passage à la limite vers des valeurs bien déterminées des conditions initiales, s'il n'est pas effectivement réalisable, reste concevable et la trajectoire continue à se profiler comme limite vers laquelle tend une série, de précision croissante, de nos observations. Cependant, nous avons rencontré deux types d'obstacle infranchissable à ce passage à la limite, c'est le désordre, le chaos des trajectoires pour les systèmes « à stabilité faible » et la cohérence des mouvements quantiques que détermine la constante de Planck. Dans les deux cas, parce que respectivement, des trajectoires divergentes se trouvent en un mélange aussi intime que l'on veut, ou parce que, au contraire, elles sont trop solidaires, la définition d'un état ponctuel unique perd son sens, la trajectoire n'est plus seulement une idéalisation mais une idéalisation inadéquate. [...]

La nature même des argument théoriques par lesquels nous explicitons le nouvelle position des descriptions physiques manifeste le double rôle, d'acteur et de spectateur, qui nous est désormais assigné. Ainsi, même en théorie dynamique des systèmes à stabilité faible, ou en mécanique quantique, nous continuons à faire référence aux notions de point dans l'espace des phases et de trajectoires qui nous définissent nous-mêmes comme spectateurs, mais c'est pour préciser aussitôt en quoi il s'agit dans les deux cas d'idéalisations inadéquates. Nous aboutissons ici à certains thèmes associés à l'« idéalisme » mais il très remarquable que les exigences les plus déterminantes dans l'adoption de la nouvelle position conceptuelle que nous venons de décrire, soient celles usuellement associées avec le « matérialisme » : comprendre la nature de telle manière qu'il n'y a pas d'absurdité à affirmer qu'elle nous a produits. [...]

Là où la science nous avait montré une stabilité immuable et pacifiée, nous comprenons que nulle organisation, nulle stabilité n'est, en tant que telle, garantie ou légitime, aucune ne s'impose en droit, toutes sont produits des circonstances et à la merci des circonstances.

(Gallimard, 1979, p. 272, 278, 295-296 ; rééd. coll. « Folio », 1986, p. 362-363, 369-370, 392.)

Section 2. Technique et écologie

Il est aujourd'hui difficile de trouver un paysage non marqué de transformations matérielles imposées par l'homme. La nature ne peut donc plus être définie immédiatement par son indépendance. Nous sommes loin de la conception antique, qui l'appréhendait dans son animation comme une totalité vivante. Dès lors qu'elle est définie comme l'existence d'objets conformément à des lois, nous pouvons entreprendre, par la connaissance de ces lois, la maîtrise de ses composants. C'est d'abord comme nécessaire limitation des effets néfastes de nos techniques que s'impose l'attitude de respect à l'égard de notre milieu. Si notre action, dans les aspects par lesquels elle se montre la plus efficace, contrevient à l'équilibre de notre environnement, il faudrait choisir entre l'usage de moyens qui nous sont devenus essentiels et la sauvegarde de la nature. C'est ce à quoi, dans notre majorité, nous ne pouvons nous résoudre. Car nous passer de techniques, ce serait nous priver de leurs avantages. Pourtant, à ne pas leur imposer de limitations, on s'expose au risque d'épuiser les conditions mêmes de leur exercice, au moins par épuisement des ressources naturelles. La question est donc de savoir dans quelles mesures on décide de limiter le pouvoir de transformation des choses du monde que nous n'avons pas produites. Inversement, jusqu'où va-t-on aller dans la définition d'une valeur de la biosphère ? L'anthropocentrisme moderne, qui a présidé au développement des techniques de production à grande échelle, doit-il être récusé en bloc ? L'écologie est-elle une attitude politique globale ou bien une exigence subsidiaire pour nos affaires collectives ? Sur quels fondements peut-on établir la protection des êtres vivants ? À quelles conditions notre environnement peut-il être compris comme un tout ? Faut-il établir les relations entre les hommes et les êtres naturels en termes de droit ?

2.1. *Évolution des conceptions de la technique*

Critiquer l'action humaine sur la nature suppose que nous soyons en quelque façon séparés de notre milieu. Car si on considère notre espèce comme partie intégrante du règne vivant, douter de nos capacités revient à remettre en cause par là même des éléments naturels. Dans l'Antiquité, l'homme se concevait comme partie au service du tout, ensemble équilibré et harmonieux. Les techniques étaient séparées d'une science qui, ayant pour objectif de saisir l'ordre du monde dans sa perfection, reste détachée de toute fonction utilitaire. Les opérations par lesquelles nous intervenons sur la nature sont considérées comme lui apportant compléments plutôt que dérangements. Corrélativement, la technicité reste dépréciée, de statut inférieur à l'activité contemplative, puisque l'artisan ne peut qu'imiter imparfaitement les arrangements naturels, tandis que le théoricien en saisit l'agencement d'ensemble. Le renversement de ces représentations s'opère à partir de la mathématisation de l'univers, qui établit un privilège de la raison. Les êtres observables ne sont plus saisis dans l'animation qu'ils manifestent, mais dans la régularité grâce à laquelle l'esprit peut expliquer leur mouvement. L'humanisme avait promu au XVIe siècle une valorisation de l'homme, qui pourra commencer à se prévaloir de refuser les déterminations naturelles. Bacon, héraut de la science moderne, en explicite par anticipation les pouvoirs. Il lie étroitement la valeur des connaissances à leur puissance. « On ne peut vaincre la nature qu'en lui obéissant » (*Novum Organon*, II, 3, 1620, Paris, PUF, 1986, p. 101), c'est-à-dire : on doit, pour produire des effets qui puissent avoir des conséquences intéressantes, se conformer aux principes naturels et en suivre les opérations au moyen d'expériences. Notre savoir scientifique vise le développement de notre empire sur les choses : il ne saurait plus être séparé de la technique qui en exprime tout l'intérêt. Dès lors, c'est paradoxalement la conception d'un ordre pérenne du monde qui va servir de caution à sa transformation : obéir à la nature ne saurait conduire à lui nuire. Descartes accomplit dans le *Discours de la méthode* (1637) la révolution théorique qui correspond à l'avènement de la science moderne. La nature est intégralement mécanisée, c'est-à-dire avant tout vidée de contenus inaccessibles. L'ensemble des forces matérielles auxquelles elle se réduit assure sa transparence, sinon sa disponibilité à la raison. Le théoricien se donne désormais un but de conquête, cherchant à « se rendre comme maître et possesseur de la nature ».

Pourtant, si à partir du XVIIe siècle les savants n'hésitent pas à faire eux-mêmes des expériences, devenant chercheurs, la technique n'est pas encore considérée d'abord comme une instance d'invention. Les arts, ensembles des connaissances humaines qui font intervenir une production, restent hiérarchisés : les arts mécaniques ne jouissent pas du prestige des arts libéraux, qui visent à identifier des règles pour les ouvrages de l'esprit (cf. texte 1). Le projet de l'*Encyclopédie* vise précisément la réhabilitation des techniques en réunissant, dans un même ouvrage, l'ensemble des producteurs d'inventions de façon à permettre leur collaboration. Un *dictionnaire* rassemble les *métiers*, les *arts* et les *sciences*, en faisant une large place à des planches (plus des deux tiers) qui décrivent des procédés de fabrication. En même temps qu'une tentative de réunification du savoir, les auteurs de l'*Encyclopédie* entendent procéder à une revalorisation des opérations de production matérielle : bien qu'elles supposent des efforts physiques, elles ont une utilité plus directe, puisque leur résultat consiste en objets. Les conditions d'organisation des manufactures, leur rendement sont pris en compte. Les propos des encyclopédistes semblent préparer les révolutions industrielles, dans la mesure où l'ingénierie voit son importance reconnue, avant d'être consacrée par ses succès dans le domaine des textiles, de la sidérurgie, puis de la locomotion. Les progrès qu'ont permis d'effectuer successivement la machine à vapeur, le moteur à explosion, l'électricité puis l'électronique ont fait de la technique une puissance omniprésente ne paraissant s'accommoder d'aucune limitation. Heidegger a justement rapporté l'intervention sur le milieu à la faculté dont elle procède : la raison (cf. *La Question de la technique*, 1937, dans *Essais et conférences*, Gallimard, 1958). La technique dispose de la nature, elle l'« arraisonne », semblant confisquer ses propriétés en la soumettant. Ce sont les ultimes perfectionnements de la technicité qui nous en livrent le sens essentiel. Entre un moulin à aubes et une centrale électrique, toute la différence est que le premier dépend du cours de la rivière, tandis que le barrage fait dépendre de lui le cours d'eau, en transformant radicalement le paysage.

2.2. *Naissance et formes de l'écologie*

Au XXe siècle, sont apparues de nombreuses occasions de remettre en cause la valeur intrinsèque de la technique. Les deux guerres mondiales ont marqué les esprits par l'usage monstrueux d'armes chimiques. L'utilisation de l'énergie nucléaire à des fins militaires et civiles provoque de nombreuses inquiétudes, en raison des dangers de la radioactivité. Des accidents industriels graves, comme la marée noire provoquée en 1967 par le naufrage du *Torrey Canyon*, la fuite de dioxine de l'usine de Ceveso (1976), la médiatisation, en Allemagne, du phénomène des pluies acides en Bohème, à partir de 1983, conduisent à une sensibilisation de l'opinion publique qui va culminer avec l'accident nucléaire de Tchernobyl (1986). Certes, l'étude des êtres vivants dans leur relation avec leur environnement avait été fondée au XIXe siècle : en 1866, Ernst Haeckel crée le terme « écologie », peu après apparaît celui de « biosphère », désignant l'ensemble des espèces vivantes. En 1935, est forgé le terme « écosystème » pour décrire l'ensemble des interactions physico-chimiques entre des êtres vivants et leur lieu de vie. L'écologie procède d'une approche globalisante : elle considère qu'on ne peut isoler un organisme de son milieu, puisque vivre consiste avant tout pour lui à échanger avec l'extérieur. Les bases de la prise de conscience écologique sont posées par Rachel Carson (*Le Printemps silencieux*, 1963), en France par René Dumont (*Avant que nature meure*, 1965, devenu plus tard *La Nature dénaturée*). La critique de notre civilisation technicienne dénonce d'abord les dégradations manifestes de l'environnement, comme celles qui affectent les abords des centres industriels ou les littoraux. Il s'agit bien de récuser l'attitude moderniste qui reposait sur la séparation de l'homme et de la nature. L'écologie a donc des raisons premières : lutter contre les dégradations de l'environnement et renouveler les énergies pour prévenir l'épuisement des ressources de la terre. Mais il faut en outre comprendre nos interventions techniques par rapport à un ensemble de conditions dues aux cycles naturels. Le barrage d'Assouan, construit sur le Nil pour en réguler les eaux et produire de l'électricité, est un exemple resté célèbre pour ses effets néfastes indirects : perte des engrais naturels, des barrières charroyées par le fleuve, destruction des chaînes alimentaires, surgissement d'une épidémie, salification de l'eau douce. Il s'agit donc d'appliquer notre compréhension cyclique des relations entre les éléments naturels à notre propre intervention. L'écologie semble alors procéder d'un second ordre de motivations : prôner une autolimitation de nos techniques en les comprenant par rapport à la totalité de leur milieu d'application. L'écologie replace l'action humaine dans la globalité de son support : la terre, qui apparaît alors nourricière (la visualisation par satellite a pu contribuer à la regarder comme vaisseau fini). Cette attitude a pourtant deux orientations principales, selon qu'elle vise à freiner l'élan de notre pouvoir ou à mobiliser l'attention autour de l'entité sur laquelle il s'exerce. Dans le premier cas, par exemple, on s'efforcera de substituer aux cycles ouverts de notre consommation (qui rejettent les déchets du traitement des matières premières) des cycles fermés (qui utilisent les résidus de notre production). Dans le second cas, on va tenter de récuser l'attitude même de consommation, en sapant sa légitimité. Selon la première forme de protection de l'environnement, il s'agit seulement de réduire les dégâts ; selon la seconde, il faut aussi mettre en cause les fondements de notre activité. Cette distinction est celle qui s'établit entre l'écologie de surface, s'inscrivant dans la perspective moderne de conquête de la nature, et l'écologie profonde, qui entend rétablir une priorité de la nature en lui accordant des droits (cf. Luc Ferry, texte 5). On peut aussi comprendre l'évolution de la pensée de Michel Serres comme le passage de l'une à l'autre de ces conceptions. Dans *Le Parasite* (1980), l'argument central résidait dans l'appel à une maîtrise de notre maîtrise. Un parasite doit préserver les conditions de l'exercice de son action, en ménageant en quelque sorte son hôte. Dans *Le Contrat naturel* (1990, cf. texte 4), il s'agit d'établir un pacte de justice qui permette d'équilibrer de droit l'ensemble de nos échanges avec notre milieu. Afin de couper court à l'exercice parasitaire de nos prérogatives unilatérales, il convient de rétablir la prééminence de notre milieu nourricier. Récuser le terme d'environnement, qui relève de l'anthropocentrisme. Appréhender le monde d'un point de vue global, total et organique : la nature nous contient et nous nourrit grâce aux relations qu'elle habite. La difficulté qui consiste à conférer des droits à une entité qui ne peut les formuler ni par suite s'en prévaloir est levée en considérant la préexistence de notre milieu, ses dimensions englobantes, son caractère organique. Aux yeux de Luc Ferry, cette attitude d'attribution de droits aux êtres naturels est dangereuse non seulement dans son extension (des animaux aux végétaux et même aux minéraux), mais encore dans la disposition anti-humaniste qu'elle révèle. Elle procède enfin pour lui d'une contradiction, dans la mesure où elle attribue des droits à des êtres qui ne peuvent les revendiquer, c'est-à-dire se constituer comme sujets. L'écologie profonde doit donc être tempérée par un débat qui en clarifie les raisons. L'écologie ne peut d'ailleurs s'inscrire en politique que dans la mesure où elle-même ne s'oppose pas directement à la technicité, mais tend à en relativiser les effets. De la sorte, elle peut s'intégrer dans un programme qui porte sur l'ensemble des déterminations de notre action collective, en tentant de réguler notre production sans la renier en bloc.

2.3. *Des inquiétudes légitimes à l'égard de la technique*

Cela n'interdit pas de repérer et de dénoncer les effets pernicieux de notre technicité. Car notre façon de vivre est empreinte des modes par lesquels nous élaborons savamment notre rapport au réel. Notre monde procède d'un primat de la circulation, des prothèses, du codage, dans lequel s'instaure un culte du gigantisme, de la violence, de l'éphémère (cf. Jean Chesnaux, *La Modernité*, Paris, La Découverte, 1983, p. 5-31). Nos représentations dépendent des opérations qui structurent notre activité, en particulier de notre inscription dans l'espace au moyen de la vitesse. Par exemple, la perception de la réalité que nous avons en voiture inverse l'ordre de nos représentations : au lieu d'être le spectateur qui regarde des entités se mouvoir dans un cadre fixe, défini au plus proche par notre sensibilité, au plus loin par l'horizon, le voyageur est projeté au lieu où se porte son regard, faisant de l'horizon un point de fuite toujours en négatif. En nous concevant en mouvement, nous réévaluons les objets que nous ne côtoyons plus mais dépassons. Paul Virilio (cf. texte 3) va jusqu'à y voir un « état de guerre au monde ». Sans doute manifestons-nous une tendance à la déréalisation, en analysant le monde à travers des déplacements, des situations éphémères, comme si nous projetions sur la réalité notre propre position de conduite. On peut relier cette « dromoscopie » (film de la course, illusion motrice) à un certain effacement des repères : en situation de « dromocratie », chacun construit son parcours, les hiérarchies subsistent entre ceux qui ont accès à des moyens de déplacement plus rapide que les autres. Mais elles sont masquées, aplanies par le mouvement généralisé qui fait du monde mon voyage. C'est dire que les techniques nous habitent autant que nous les utilisons. Sans doute le développement prodigieux de la technologie informatique est-il conduit à modifier également nos modalités de perception : l'écran fragmente nos objets en même temps qu'il les rend disponibles. Ainsi nous risquons de quitter peu à peu les formes élémentaires de rapport à un espace qui nous englobe et définit les orientations de nos gestes. Dès lors la technicité pourrait être accusée de nous faire oublier les conditions naturelles de notre perception.

Mais cet envahissement quotidien de notre monde par les opérations techniques reste moins dangereux que la menace lointaine que font peser sur notre espèce nos extraordinaires capacités de destruction. Dans la possibilité d'anéantissement de l'humanité que recèlent les techniques chimiques, nucléaires et les biotechnologies, Hans Jonas (cf. texte 2) voit l'occasion d'une nouvelle prise de conscience morale. La valeur inconditionnée de l'existence humaine est moins identifiée dans l'individu que dans l'ensemble des hommes : tout, plutôt que la disparition de notre espèce. L'impératif éthique nous impose moins l'idée d'une fin déterminée que la poursuite nécessaire de fins, quelles qu'elles soient, pourvu qu'elles ne mettent pas terme à toute activité humaine. C'est par l'intermédiaire de l'excès de nos moyens que se manifeste alors le commandement moral. La conception kantienne du devoir comme loi universelle *a priori* est inversée : il ne s'agit pas de soumettre nos penchants à une obligation, mais de discipliner notre activité pour qu'elle puisse se perpétuer. Dès lors, c'est sur notre pouvoir qu'il faut exercer un pouvoir. Cette exigence ne nous apparaît pas comme imposée de l'extérieur, mais comme une conséquence de nos propres opérations de transformation du monde. Pourtant, cette tâche doit se donner à tous comme une nécessité impérative, puisque sa réalisation suppose qu'elle soit partagée. Le développement des techniques nous fait connaître l'ère des risques qui ne peuvent être appréhendés que d'une façon écologique, c'est à dire globale, puisqu'ils concernent notre communauté dans son ensemble.

– Texte 1 –

D'Alembert et Diderot, *Encyclopédie ou Dictionnaire raisonné des sciences, des arts et des métiers* (1751), « Discours préliminaire » et article « Art »

On peut en général donner le nom d'*Art* à tout système de connaissances qu'il est permis de réduire à des règles positives, invariables et indépendantes du caprice ou de l'opinion, et il serait permis de dire en ce sens, que plusieurs de nos sciences sont des arts, étant envisagées par leur côté pratique. Mais comme il y a des règles pour les opérations de l'esprit ou de l'âme, il y en a aussi pour celles du corps, c'est-à-dire pour celles qui bornées aux corps extérieurs, n'ont besoin que de la main seule pour être exécutées. De là la distinction des arts en libéraux et en mécaniques, et la supériorité qu'on accorde aux premiers sur les seconds. Cette supériorité est sans doute injuste à plusieurs égards. […] La force du corps ayant été le premier principe qui a rendu inutile le droit que tous les hommes avaient d'être égaux, les plus faibles, dont le nombre est toujours plus grand, se sont joints ensemble pour la réprimer. Ils ont donc établi par le secours des lois et des différentes sortes de gouvernements, une inégalité de convention dont la force a cessé d'être le principe. […] Les arts mécaniques, dépendant d'une opération manuelle, et asservis, qu'on me permette ce terme, à une espèce de routine, ont été abandonnés à ceux d'entre les hommes que les préjugés ont placés dans la classe la plus inférieure. L'indigence qui a forcé ces hommes à s'appliquer à un pareil travail, plus souvent que le goût et le génie ne les y ont entraînés, est devenue ensuite une raison pour les mépriser, tant elle nuit à tout ce qui l'accompagne. À l'égard des opérations libres de l'esprit, elles ont été le partage de ceux qui se sont crus sur ce point les plus favorisés de la nature. Cependant l'avantage que les arts libéraux ont sur les arts mécaniques, par le travail que les premiers exigent de l'esprit, et par la difficulté d'y exceller, est suffisamment compensé par l'utilité bien supérieure que les derniers nous procurent pour la plupart. […]

Il est certaines machines si compliquées, et dont toutes les parties dépendent tellement l'une de l'autre, qu'il est difficile que l'invention en soit due à plus d'un seul homme. Ce génie rare dont le nom est enseveli dans l'oubli, n'eût-il pas été bien digne d'être placé à côté du petit nombre d'esprits créateurs, qui nous ont ouvert dans les sciences des routes nouvelles ?

Parmi les arts libéraux qu'on a réduits à des principes, ceux qui se proposent l'imitation de la Nature, ont été appelés Beaux-Arts, parce qu'ils ont principalement l'agrément pour objet. Mais ce n'est pas la seule chose qui les distingue des arts libéraux plus nécessaires ou plus utiles, comme la Grammaire, la Logique et la Morale. Ces derniers ont des règles fixes et arrêtées, que tout homme peut transmettre à un autre : au lieu que la pratique des Beaux-Arts consiste principalement dans une invention qui ne prend guère ses lois que du génie ; les règles qu'on a écrites sur ces arts n'en sont proprement que la partie mécanique ; elles produisent à peu près l'effet du télescope, elles n'aident que ceux qui voient. […]

Distribution des Arts en libéraux et en mécaniques. En examinant les productions des *arts* on s'est aperçu que les unes étaient plus l'ouvrage de l'esprit que de la main, et qu'au contraire d'autres étaient plus l'ouvrage de la main que de l'esprit. Telle est *en partie* l'origine de la prééminence que l'on a accordée à certains *arts* sur d'autres, et de la distribution qu'on a faite des *arts* en *arts libéraux* et en *arts mécaniques*. Cette distinction, quoique bien fondée, a produit un mauvais effet, en avilissant des gens très estimables et très utiles, et en fortifiant en nous je ne sais quelle paresse naturelle, qui ne nous portait déjà que trop à croire que donner une application constante et suivie à des expériences et à des objets particuliers, sensibles et matériels, c'était déroger à la dignité de l'esprit humain ; et que de pratiquer ou même d'étudier les *arts mécaniques*, c'était s'abaisser à des choses dont la recherche est laborieuse, la méditation ignoble, l'exposition difficile, le commerce déshonorant, le nombre inépuisable, et la valeur minutielle. [...] Préjugé qui tendait à remplir les villes d'orgueilleux raisonneurs et de contemplateurs inutiles, et les campagnes de petits tyrans ignorants, oisifs et dédaigneux. [...] Bacon regardait l'histoire des *arts mécaniques* comme la branche la plus importante de la vraie Philosophie ; il n'avait donc garde d'en mépriser la pratique. Colbert regardait l'industrie des peuples et l'établissement des manufactures, comme la richesse la plus sûre d'un royaume.

(Briasson, t. I, 1751, p. XIJ-XIIJ, 714.

Flammarion, coll. « GF », textes présentés par A. Pons, t. 1, 1986, p. 106-107, 108-109, 248-249.)

– Texte 2 –

Hans Jonas, *Le Principe responsabilité. Une éthique pour la civilisation technologique* (1979)

Le Prométhée définitivement déchaîné, auquel la science confère des forces jamais encore connues et l'économie son impulsion effrénée, réclame une éthique qui, par des entraves librement consenties, empêche le pouvoir de l'homme de devenir une malédiction pour lui. La thèse liminaire de ce livre est que la promesse de la technique moderne s'est inversée en menace, ou bien que celle-ci s'est indissolublement alliée à celle-là. Elle va au-delà du constat d'une menace physique. La soumission de la nature destinée au bonheur humain a entraîné par la démesure de son succès, qui s'étend maintenant également à la nature de l'homme lui-même, le plus grand défi pour l'être humain que son faire ait jamais entraîné. Tout en lui est inédit, sans comparaison possible avec ce qui précède, tant du point de vue de la modalité que du point de vue de l'ordre de grandeur : ce que l'homme peut faire aujourd'hui et ce que par la suite il sera contraint de continuer à faire, dans l'exercice irrésistible de ce pouvoir, n'a pas son équivalent dans l'expérience passée. [...]

Dans ce vide (qui est en même temps le vide de l'actuel relativisme des valeurs) s'établit la recherche présentée ici. Qu'est-ce qui peut servir de boussole ? L'anticipation de la menace elle-même ! C'est seulement dans les premières lueurs de son orage qui nous vient du futur, dans l'aurore de son ampleur planétaire et dans la profondeur de ses enjeux humains, que peuvent être découverts les principes éthiques, desquels se laissent déduire les nouvelles obligations correspondant au pouvoir nouveau. Cela, je l'appelle « heuristique de la peur ». Seule la prévision de la déformation de l'homme nous

fournit le concept de l'homme qui permet de nous en prémunir. Nous savons seulement *ce qui* est en jeu, dès lors *que* nous savons que cela est en jeu. Mais comme l'enjeu ne concerne pas seulement le sort de l'homme, mais également l'image de l'homme, non seulement la survie physique, mais aussi l'intégrité de son essence, l'éthique qui doit garder l'un et l'autre doit être non seulement une éthique de la sagacité, mais aussi une éthique du respect. [...]
Le véritable thème est ce devoir nouvellement apparu lui-même que résume le concept de *responsabilité*. Sans doute n'est-ce pas un phénomène nouveau dans la moralité. La responsabilité n'a pourtant jamais eu un tel objet, de même qu'elle a peu occupé la théorie éthique jusqu'ici. Le savoir, aussi bien que le pouvoir, étaient trop limités pour incorporer l'avenir plus lointain dans la prévision, bien plus, pour inclure la planète entière dans la conscience de la causalité personnelle. Plutôt que de deviner vainement les conséquences tardives, relevant d'un destin inconnu, l'éthique se concentrait sur la qualité morale de l'acte momentané lui-même, dans lequel on doit respecter le droit du prochain qui partage notre vie. Sous le signe de la technologie par contre, l'éthique a affaire à des actes (quoique ce ne soient plus ceux d'un sujet individuel), qui ont une portée causale incomparable en direction de l'avenir et qui s'accompagnent d'un savoir prévisionnel, qui, peu importe son caractère incomplet, déborde lui aussi tout ce qu'on a connu autrefois. [...]
L'existence de l'humanité, cela veut dire simplement : que des hommes vivent ; qu'ils vivent bien, c'est le commandement qui vient après. Le fait brut qu'ils existent comme tels devient pour ceux à qui on n'avait pas demandé leur avis auparavant un commandement : qu'ils doivent encore exister ultérieurement. Ce « premier commandement », qui reste de soi anonyme, est contenu, sans être mentionné, dans tous les autres (à moins que ceux-ci n'aient fait du non-être leur affaire). Confié dans son exécution immédiate à l'instinct de procréation, il peut passer à l'arrière-plan de sa prise en charge médiate par les commandements particuliers de la vertu humaine, qui explicitent sa signification plus développée. Il faut déjà des circonstances très particulières, par exemple celles d'aujourd'hui, pour que ce commandement primitif devienne explicite en sa teneur élémentaire. Mais il se tient toujours en arrière de ceux-ci comme leur prémisse commune qui les sanctionne. Dans sa propre absence de fondement (car il ne pouvait pas y avoir de commandement d'inventer de tels êtres), le commandement qui a fait irruption de fait institue la « chose au monde » fondamentale – pour autant naturellement pas encore la chose unique – qui oblige désormais l'humanité, une fois qu'elle s'est mise à exister effectivement, même si c'est un hasard aveugle qui l'a fait apparaître au sein de la totalité des choses. C'est là la « cause » originaire de toutes les choses qui puissent jamais faire l'objet de la responsabilité communément humaine.
La nouveauté éthique de notre situation peut encore être illustrée par une autre confrontation, à savoir celle avec la maxime de Kant : « Tu dois, donc tu peux. » Comme nous le répétons toujours, la responsabilité est un corrélat du pouvoir de sorte que l'ampleur et le type du pouvoir déterminent l'ampleur et le type de la responsabilité. Si le pouvoir et son exercice courant croissent au point d'atteindre certaines dimensions, ce n'est pas seulement la taille mais également la nature qualitative de la responsabilité qui se transforme de telle sorte que les actes du pouvoir engendrent le *contenu* du devoir, que donc celui-ci est essentiellement une réponse à ce qui arrive. Cela

retourne la relation habituelle du devoir et du pouvoir (*Können*). N'est plus premier ce que l'homme peut être et ce qu'il doit faire (le commandement de l'idéal) et qu'ensuite il peut ou qu'il ne peut pas, mais est premier ce qu'il fait déjà *de facto*, parce qu'il le peut et l'obligation découle du faire : elle lui est signifiée par le *fatum* causal de ses actes. Kant disait : « Tu dois, donc tu peux. » Nous devons dire aujourd'hui : « Tu dois, car tu fais, car tu peux », autrement dit ton pouvoir exorbitant est déjà à l'œuvre.
(Flammarion, coll. « Champs », 1987, p. 15, 16, 17, 196, 246-247.
Trad. J. Greisch, Le Cerf, 1997, p. 13-14, 142, 177-178.)

– Texte 3 –

Paul Virilio, *L'Horizon négatif* (1984)

Le mouvement commande l'événement, en rendant agissante la transparence, la vitesse métamorphose les apparences, dans l'entreprise accélérée du voyage, un simulacre s'opère qui renouvelle celui du trompe-l'œil, comme un embu le fond du paysage remonte à la surface, les objets inanimés s'exhument de l'horizon et viennent tour à tour imprégner le vernis du pare-brise, la perspective s'anime, le point de fuite devient un point d'assaut projetant ses traits, ses lignes sur le voyeur-voyageur, l'objectif de la poursuite devient un foyer qui darde ses rayons sur l'observateur ébloui, fasciné par l'avancée des paysages. Cet axe générateur d'un mouvement apparent se concrétise soudain dans la vitesse de l'engin mais ce concret est celui tout relatif de l'instant, car l'objet qui se précipite sur la pellicule du pare-brise sera aussi vite oublié qu'aperçu, remisé au magasin des accessoires, il disparaîtra bientôt dans la lunette arrière.
Détrompons-nous, nous sommes là devant le véritable « septième art », celui du tableau de bord. À l'inverse de la *stroboscopie* qui permet d'observer des objets animés d'un mouvement rapide, comme s'ils étaient au ralenti, cette *dromoscopie* donne à voir les objets inanimés comme s'ils étaient animés d'un violent mouvement. […]
Chaque tableau de bord n'est qu'un instantané de la mise en scène du film du pare-brise, les précipitations du paysage ne sont qu'une hallucination cinématographique : à l'inverse du stroboscope, dans le dromoscope la fixité de la présence des objets cesse, abusant l'acteur spectateur des voyages. Dans la rapidité du déplacement le voyeur-voyageur se trouve dans une situation qui est à l'opposé de celle de l'usager des salles obscures, *c'est lui qui est projeté*, acteur et spectateur du drame de la projection il joue dans l'instant du trajet, sa propre fin. […]
État de guerre non déclaré, l'état d'urgence est un état-surprise (autrement dit de « pure arrivée ») qui participe grâce à la négation de l'espace et du temps, de celle des départs comme des déclarations d'intention. Pure intensité, ce surprenant état de guerre au monde comme champ d'action, abolit avec la vérité sa matière, la réalité de ses dimensions ; guerre absolue ou plutôt dernière guerre, la vitesse équivaut à la fin du monde physique comme vérité dimensionnelle ; état de guerre à l'état de fait, la célérité provoque la défaite des faits ; alors, comme un être cher que l'on oublierait au cours d'un long voyage, le monde s'absente, après la nostalgie des images du passé, nous sombrons dans celle d'un monde présent devenu purement imaginaire. […]

Les sources de vitesse (générateur, moteur) sont donc bien des sources de lumière et des sources d'images, d'images du monde quand il s'agit des dimensions de ce dernier. Provoquant l'apparition et le développement des « grandes vitesses », la révolution dromocratique a contribué à développer aussi un grand nombre de clichés qui ont trait à la nouvelle représentation des différentes grandeurs physiques ; la révolution du transport a ainsi provoqué l'industrialisation de l'entreprise artisanale des apparences, *fabrique de vitesse* et donc de lumière et d'images, celle-ci est soudain devenue *projection cinématographique de la réalité*, fabrication du monde, d'un monde d'images factices, *montage de séquences dromoscopiques où l'optique de l'illusion motrice renouvelle l'illusion d'optique*.
(Galilée, 1984, p. 143-144, 145, 161-162 et 163-164.)

– Texte 4 –

Michel Serres, *Le Contrat naturel* (1990)

Maîtrise et possession, voilà le maître mot lancé par Descartes, à l'aurore de l'âge scientifique et technique, quand notre raison occidentale partit à la conquête de l'univers. Nous le dominons et nous l'approprions : philosophie sous-jacente et commune à l'entreprise industrielle comme à la science dite désintéressée, à cet égard non différenciables. La maîtrise cartésienne redresse la violence objective de la science en stratégie bien réglée. Notre rapport fondamental avec les objets se résume dans la guerre et la propriété. Une espèce vivante, la nôtre, réussit à exclure toutes les autres de sa niche maintenant globale : comment pourraient-elles se nourrir de ou habiter dans ce que nous couvrons d'immondices ? Si le monde sali court quelque danger, cela provient de notre exclusive appropriation des choses. [...]
Il faut donc changer de direction et laisser le cap imposé par la philosophie de Descartes. En raison de ces interactions croisées, la maîtrise ne dure qu'un terme court et se tourne en servitude ; la propriété, de même, reste une emprise rapide ou se termine par la destruction. [...]
Qu'est-ce que la nature ? D'abord l'ensemble des conditions de la nature humaine elle-même, ses contraintes globales de renaissance ou d'extinction, l'hôtel qui lui donne logement, chauffage et table ; de plus elle les lui ôte dès qu'il en abuse. Elle conditionne la nature humaine qui, désormais, la conditionne à son tour. La nature se conduit comme un sujet.
Dans sa vie même et par ses pratiques, le parasite confond couramment l'usage et l'abus ; il exerce les droits qu'il se donne en nuisant à son hôte, quelquefois sans intérêt pour soi ; il le détruirait sans s'en apercevoir. Ne valent à ses yeux ni l'usage ni l'échange, car il s'approprie les choses, on peut dire qu'il les vole, avant l'un et l'autre : il les hante et les dévore. Toujours abusif, le parasite.
Sans doute, et inversement, peut-on définir le droit en général comme limitation minimale et collective de l'action parasitaire ; celle-ci, en effet, suit la flèche simple par laquelle un flux transite dans un sens, mais non à l'inverse, dans l'intérêt exclusif du parasite, qui prend tout et ne rend rien le long de ce sens unique ; le judiciaire, quant à lui, invente la double flèche dont les sens jumelés cherchent à équilibrer les flux, par échange ou contrat ; au moins en principe, il dénonce les contrats léonins, les dons sans contre-dons et finalement tous les

abus. La balance juste du droit contrevient, dès son fondement, au parasite : elle oppose l'équilibre d'un bilan à tout déséquilibre abusif. […]

J'entends désormais par contrat naturel d'abord la reconnaissance, exactement métaphysique, par chaque collectivité, qu'elle vit et travaille dans le même monde global que toutes les autres ; non seulement chaque collectivité politique associée par un contrat social, mais aussi chaque collectif quelconque, militaire, commercial, religieux, industriel…, associé par un contrat de droit, mais encore le collectif expert associé par le contrat scientifique. J'appelle ce contrat naturel métaphysique, parce qu'il va au-delà des limitations ordinaires des diverses spécialités locales, et, en particulier, de la physique. Il est aussi global que le contrat social et fait entrer celui-ci, en quelque sorte, dans le monde et il est aussi mondial que le contrat savant et fait entrer celui-ci, en quelque sorte, dans l'histoire.

Virtuel et non signé au même titre que les deux premiers, puisqu'il semble bien que les grands contrats fondamentaux demeurent tacites, le contrat naturel reconnaît un équilibre entre notre puissance actuelle et les forces du monde. De même que le contrat social reconnaissait quelque égalité entre les signataires humains de son accord, que les divers contrats de droit cherchent à équilibrer les intérêts des parties, de même que le contrat savant s'oblige à rendre en raison ce qu'il reçoit en information, de même le contrat naturel reconnaît d'abord l'égalité nouvelle entre la force de nos interventions globales et la globalité du monde. La chose qui stabilise nos rapports ou celle que mesure la science demeure locale, découpée, limitée ; le droit et la physique la définissent. Elle grandit aujourd'hui aux dimensions de la Terre.

Le contrat naturel nous amène à considérer le point de vue du monde en sa totalité.

Tout contrat crée un ensemble de liens, dont le réseau canonise des relations ; aujourd'hui la nature se définit par un ensemble de relations, dont le réseau unifie la Terre entière ; le contrat naturel connecte en un réseau le second au premier.

(Éd. François Bourin, 1990.
Flammarion, coll. « Champs », 1992, p. 58, 60, 61, 64-65, 78-79.)

– Texte 5 –

Luc Ferry, *Le Nouvel Ordre écologique : l'arbre, l'animal et l'homme* (1992)

D'une manière générale, on peut observer que partout où les débats théoriques sur l'écologie ont pris forme philosophique cohérente, ils se sont structurés en trois courants bien distincts, voire tout à fait opposés dans leurs principes mêmes quant à la question directrice des rapports de l'homme et de la nature.

Le premier, sans doute le plus banal, mais aussi le moins dogmatique, parce que le moins doctrinaire, part de l'idée qu'à travers la nature, c'est encore et toujours l'homme qu'il s'agit de protéger, fût-ce de lui-même, lorsqu'il joue les apprentis sorciers. L'environnement n'est pas doté ici d'une valeur intrinsèque. Simplement, la conscience s'est fait jour qu'à détruire le milieu qui l'entoure, l'homme risque bel et bien de mettre sa propre existence en danger et, à tout le moins, de se priver des conditions d'une vie bonne sur cette terre. C'est dès lors à partir d'une position qu'on peut dire « humaniste », voire *anthropocentriste*, que la nature est prise, sur un mode seulement *indirect*, en considération. Elle n'est que ce qui *environne* l'être humain, la périphérie, donc, et non le centre. À ce titre, elle ne saurait être considérée comme un sujet de droit, comme une entité possédant une valeur absolue en elle-même.

La seconde figure franchit un pas dans l'attribution d'une signification morale à certains êtres non humains. Elle consiste à prendre au sérieux le principe « utilitariste » selon lequel il faut non seulement rechercher l'intérêt propre des hommes, mais de manière plus générale tendre à diminuer au maximum la somme des souffrances dans le monde ainsi qu'à augmenter autant que faire se peut la quantité de bien-être. Dans cette perspective, très présente dans le monde anglo-saxon où elle fonde l'immense mouvement dit de « libération animale », tous les êtres susceptibles de plaisir et de peine doivent être tenus pour des sujets de droit et traités comme tels. À cet égard, le point de vue de l'anthropocentrisme se trouve déjà battu en brèche, puisque les animaux sont désormais inclus, au même titre que les hommes, dans la sphère des préoccupations morales.

La troisième forme est celle que nous avons déjà vue à l'œuvre dans la revendication d'un droit des arbres, c'est-à-dire de la nature comme telle, y compris sous ses formes végétale et minérale. Gardons-nous de céder trop vite à l'esprit de dérision. [...] Michel Serres [...] dont on peut cependant douter que les thèses soient comprises en France pour ce qu'elles sont : une authentique croisade à l'américaine [...] contre l'anthropocentrisme au nom des droits de la nature. Car c'est bien de cela qu'il s'agit dans cette dernière version de l'écologie où l'ancien « contrat social » des penseurs politiques est censé faire place à un « contrat naturel » au sein duquel l'univers tout entier deviendrait sujet de droit : ce n'est plus l'homme, considéré comme centre du monde, qu'il faut au premier chef protéger de lui-même, mais bien le *cosmos* comme tel, qu'on doit défendre contre les hommes. L'écosystème – la « biosphère » – est dès lors investi d'une valeur intrinsèque bien supérieure à celle de cette espèce, somme toute plutôt nuisible, qu'est l'espèce humaine. Selon une terminologie désormais classique dans les universités américaines, il faut opposer l'« écologie profonde » (*deep ecology*), « égocentrique » ou « biocentrique », à l'« écologie superficielle » (*shallow ecology*) ou « environnementaliste » qui se fonde sur l'ancien anthropocentrisme. [...]

Car la renaissance du sentiment de compassion à l'égard des êtres naturels s'accompagne toujours d'une dimension critique à l'égard de la modernité – désignée selon les registres de référence, comme « capitaliste », « occidentale », « technicienne » ou, plus généralement, « consumériste ». [...]

L'antimodernisme radical cède à la fascination des modèles politiques autoritaires, le scientisme moral conduit de façon inéluctable au dogmatisme, la divinisation de la nature implique un rejet de la culture moderne, suspecte d'engendrer le déracinement des hommes, l'éloge de la diversité se fait volontiers hostile à l'espace public républicain, etc. [...]

L'homme peut décider d'accorder une certain respect à des entités non humaines, à des animaux, à des parcs nationaux, à des monuments ou à des œuvres de culture : ces derniers restent toujours, qu'on le veuille ou non, des

> *objets et non des sujets de droit*. En d'autres termes : le projet d'une éthique normative antihumaniste est une contradiction en soi.
> (Grasset, 1992, p. 30-33, 242, 244.)

Section 3. Information et communication

Les hommes fabriquent du sens, et le mettent en circulation entre eux. Grâce à des techniques de transmission, de miniaturisation, de programmation qui sont de plus en plus précises, un nombre sans cesse croissant d'informations s'échange dans nos sociétés. On assiste à un formidable essor des technologies de l'information, qui sont souvent considérées comme le trait essentiel de nos sociétés. L'interrogation sur la circulation des représentations parmi les humains est récente : si on commence à communiquer au XVIIe siècle, suite au développement des techniques d'imprimerie, en raison de la nécessité qu'on éprouve de partager les savoirs, ce n'est qu'au XXe siècle, avec l'apparition du phonographe, du téléphone, de la radio et de la télévision que se multiplient les réflexions sur les médias. Si l'usage d'un outil de liaison entre les individus, comme le téléphone, n'est pas sujet à caution, les moyens de diffusion à large échelle sont souvent diabolisés. On leur reproche de simplifier les informations, voire de les détourner ; d'uniformiser les esprits, voire de les abêtir. Plus l'information circule, moins elle a de chances de présenter de l'intérêt, c'est-à-dire d'être informative. Un des paradoxes de la communication, c'est qu'il conviendrait de ne pas s'en préoccuper, comme de tout bon outil. C'est que l'intérêt pour la communication trahit quelque dysfonctionnement. L'ordinateur est devenu le principal moyen d'échange et de diffusion d'information. Sa fabrication a résulté du perfectionnement des tentatives de formalisation de nos processus cognitifs. Le traitement mathématique et technologique de l'information suppose sa modélisation, qui l'appréhende sous la forme d'unités. Dans quelles mesures les performances techniques autorisées par l'informatique parviennent-elles à simuler ou reconstituer les procédures du calcul intelligent ? Doit-on en retour considérer que les opérations de nos raisonnements sont supportées par des réseaux matériels assimilables à ces structures de computation ?

3.1. *Dimensions de la communication*

Communiquer, c'est transmettre une information, c'est-à-dire une connaissance élémentaire, au moyen d'un signe. Celui-ci consiste en une réalité matérielle qui vaut pour autre chose, qui représente. Un signe déclenche une opération, symbolise une notion, ou exprime un sens. Il est le vecteur essentiel de la communication, en ce qu'il supporte l'information. Informer, c'est structurer et organiser des données, ce qui suppose qu'elles soient saisies selon un code qui en permet l'analyse. Cette dernière peut être computative (à vocation programmatique) ou conceptuelle (d'intention herméneutique). Appréhender une communication entre termes d'information, c'est toujours se référer à la possibilité de la décomposer en unités. En revanche, communiquer, c'est mettre en commun, c'est s'inscrire dans une situation d'échange qui suppose un partage entre des interlocuteurs en interaction. Au sens le plus large, la communication désigne toute forme de circulation et se confond avec la vie en société. Au sens restreint, elle définit ceux des échanges qui empruntent le canal d'une technique. La discussion n'est pas toujours apparue comme une forme de communication. Celle-ci intervient comme une technique, pour vaincre une résistance : la rhétorique se propose de briser l'opposition de l'interlocuteur, les télécommunications visent à réduire la distance matérielle entre les individus. L'intérêt pour la communication relève donc de l'attention portée à une technique : il procède d'un souci technologique. Les théories de la communication naissent du souci d'améliorer les performances des médias utilisés (le télégraphe, le téléphone notamment). Des différentes formes sociales de la communication – interpersonnelle (entre des individus), institutionnelle (entre des représentants de groupes régis par des lois) ou médiatique (mettant en relation des « masses » au moyen de techniques d'information propres à la société industrielle) –, c'est sans doute la dernière qui a le plus retenu l'attention, à la mesure même de ses déficiences. La description de la communication selon ses facteurs (l'émetteur, le récepteur, le canal, le code, le message et le thème) issue de Jakobson (*Essais de linguistique générale*, 1963) permet d'en isoler les dimensions mais risque de faire oublier la complexité des situations : les plus élémentaires combinent des fonctions liées simultanément à plusieurs facteurs. Les interlocuteurs élaborent par leurs échanges le sens des messages, qui ne dépend pas seulement du codage propre à une langue transparente aux significations qu'elle véhicule. La communication est moins analysée en termes de transmission de données que décrite comme situation combinant des phénomènes d'interaction, d'anticipation et de rétroaction.

On se représente volontiers la communication visuelle comme originelle : la première forme de signe est sans doute le geste. Le mime pourra se muer en dessin dès lors que sont suivis les contours de la forme évoquée : sa fixation sur un support matériel donne naissance aux images. Si cette représentation visuelle apparaît plus simple, elle est toutefois moins performante que la désignation verbale : le mot a cette supériorité de désigner non seulement ce qui n'est pas présent, mais aussi ce qui n'est pas, ainsi que tout ce qui est. Les grandes civilisations se construisent donc par l'usage des langues, qui permettent d'élaborer des ensembles de représentations unifiées. Surtout, par la fixation de la parole au moyen de l'écriture, les organisations humaines définissent leur accès à l'inaccessible, au divin : l'écriture vient consacrer les paroles destinées à régir la collectivité de façon transcendante. La communication entre les hommes est instaurée en vertu d'un principe unique, extérieur à eux, l'indicible source de tout ce qui est digne d'être dit (cf. Régis Debray, textes 4). Avec la révolution des techniques de transmission de représentation, l'esprit change d'ordre de valeurs. Le développement des techniques d'imprimerie caractérise l'époque moderne, qui se définit comme diffusion du savoir et orientation vers une libération universelle.

L'électronique vient bouleverser notre culture en rendant possible la propagation extrêmement rapide des images. La prééminence du visuel tend à uniformiser nos conceptions du monde en même temps qu'elle remet en cause la hiérarchie de nos valeurs. La discipline qui se propose de comprendre la relation entre nos visions du monde et le médium que nous privilégions dans nos communications est promue par Régis Debray sous le nom de médiologie. Il ne s'agit pas tant de soumettre le sens aux signes qui le véhiculent que de rapporter les formes principales de nos échanges à leurs outils. Ce faisant, on n'hésitera pas à rétablir une hiérarchie de droit entre les moyens de communication, en quoi consiste la défense de valeurs.

3.2. *Les images et l'expression*

La transmission de données visuelles paraît immédiate, simple, irréfutable : ce qu'on montre est vu ; le sens devient transparent dans la figuration ; il ne requiert pas de traduction puisque la langue des images est universelle. Si ce qui est vu est intégralement perçu dès qu'on le voit, alors toutes les représentations tendent à se valoir ; le monde n'est plus ordonné selon une profondeur de réalité. Dans la présence simultanée des images, se produit un éclatement de l'information, une désarticulation du donné. Pourtant, lorsqu'au VIIIe siècle, l'Église byzantine condamne l'idolâtrie, elle reconnaît bien aux images un pouvoir de figuration et de captation. La conception paulinienne du Christ comme image de Dieu le Père leur conférait un crédit conceptuel. Ce qui était reproché aux représentations saintes, c'était de détourner à leur profit la vénération pour le sacré, alors que le divin, source de vérité, est l'inaccessible même. Lorsque le concile de Nicée II consacre en 787 les arguments que Jean Damascène avait présentés en faveur des images, il procède à la réhabilitation des figurations par leur relativisation : l'icône représente le dieu en tant qu'humain. Elle est porteuse d'un savoir, dans la mesure où l'incarnation qui la sous-tend peut être décelée au moyen d'une transfiguration. Ces figures peuvent faire l'objet de culte pour autant qu'elles sont habitées par une grâce invisible. L'iconoclasme jette l'anathème sur les idoles qui prétendent saturer le regard par leur visibilité. Certes l'image est toujours idole en puissance : donnée selon un plan qui correspond à une unité de perception (un visage, un buste, un corps), sa prégnance donne vite l'illusion que l'objet représenté est saisi en lui-même. Les nouvelles technologies de l'image ne semblent guère affecter le statut de la visualisation : toute image est virtuelle, au sens où elle est partielle et partiale, tout en menaçant, par l'effet d'une stabilisation de l'attention, de faire oublier sa virtualité. La réhabilitation des icônes indique le biais par lequel les représentations usuelles peuvent être valorisées : en étant saisies dans leur caractère fragmentaire, leur fragilité. L'image est intéressante non dans ce qu'elle montre, mais dans ce qui attise le regard. Les figurations tirent leur valeur de l'interprétation qui en déchiffre le pouvoir expressif, en en faisant une lecture qui les apparente à un texte.

L'écriture sollicite d'emblée l'esprit qui ne lui prête pas une attention calligraphique. Le langage est habité par le sens, qui apparaît d'abord non réductible à une quantité d'information. L'expression verbale n'est pas un codage qui renverrait par désignation à des objets. La sémantique, théorie de la signification, consiste en une analyse logique des concepts. Celle-ci suppose toujours l'acte d'une pensée qui, en les interprétant, leur confère une vérité. L'intérêt s'est pourtant développé au XXe siècle pour la communication orale ; de nombreux propos ne prennent sens qu'en fonction du contexte dans lequel ils sont émis. L'analyse des situations d'interlocution a conduit la pragmatique à saisir les messages dans leur pouvoir de transformer la réalité. Les expressions performatives produisent l'état de choses qu'elles désignent : salut, déclaration, vœu, promesse, malédiction, injure, bénédiction (Austin, *Quand dire, c'est faire*, 1962). Au-delà, toute profération verbale a une capacité illocutoire d'agir sur les représentations des interlocuteurs ; exprimer quelque chose, c'est toujours en quelque façon transformer la situation. Le langage n'est donc pas seulement véhicule, mais aussi créateur d'informations. Dès lors, la valeur de la communication paraît attachée à ce qu'elle échappe à la précision, à la détermination.

3.3. *Modélisation de la connaissance*

Pourtant, la transmission d'information a pu faire l'objet d'une modélisation (Weaver et Shannon, *Théorie mathématique de la communication*, 1949). Une fois l'information appréhendée comme quantité abstraite mesurable indépendamment de la signification du message, on établit que le degré d'information est inversement proportionnel à sa probabilité d'apparition. Cette formalisation participe du même esprit que les tentatives faites au même moment pour permettre un traitement de l'information par les machines. Les programmes de recherche développés par A.M. Turing (cf. textes 1), ont été à l'origine de l'invention des ordinateurs. Il s'agissait de traiter l'information comme un item susceptible de calcul, ce qui a conduit à adopter la base deux ; les deux valeurs 0 et 1 correspondant à l'état ouvert ou fermé d'une liaison électronique. Initialement, l'enjeu était de perfectionner des programmes pour les rendre plus performants. Mais les chercheurs ont vite renversé la perspective, en prenant pour modèle les opérations de l'esprit humain, espérant les automatiser (cf. Wiener, textes 1). L'assimilation des processus de connaissance à des opérations formelles donne naissance aux sciences cognitives. Bien que le niveau des processus mentaux soit posé comme autonome par rapport à son support physique, le cognitivisme pose la correspondance entre une donnée représentationnelle et son substrat matériel. Les états mentaux peuvent être décrits en termes de comput ; leur fonction est comprise par rapport à un système de relations formalisables. La pensée serait assimilable à un calcul, ses modulations ne nous restant mystérieuses qu'en vertu de l'extraordinaire complexité des interactions au sein de notre appareil cérébral. L'hypothèse matérialiste développée par Jean-Pierre Changeux (cf. texte 2) constitue le postulat implicite des sciences cognitives : elle vient conforter leur projet en leur offrant comme une caution expérimentale. Même si les connexions de nos cellules nerveuses semblent utiliser tout leur matériel comme vecteur d'informations, d'où il résulte une capacité de programmation maximale, pensée et conscience sont réduites à un ensemble d'états physiques. Le scientisme de cette position alimente les fantasmes cognitivistes dont le principal est l'intelligence artificielle. Il s'agit, en renouant avec l'attitude originelle d'automatisation de l'information, de produire des machines capables de simuler des comportements adaptatifs. En combinant des programmes qui s'appliquent leur résultat à eux-mêmes, on parvient à des performances remarquables en matière de réalisations d'objectifs : des machines peuvent se corriger en distribuant leurs opérations dans un nombre considérable de cas. Pourtant jamais des automates intelligents n'ont encore ri ni fait grève ; l'informatisation ne produit aucune auto-affection. Notre puissance de reconstruction matérielle des comportements humains ne conduit pas à identifier le sujet vivant avec la machine, mais à mieux apprécier leurs différences qui, pour être ténues, n'en restent pas moins radicales. Sans avoir pu produire la moindre réaction humaine, le traitement automatisé de l'information a accompli une révolution dans le domaine de la communication.

3.4. La société de communication

Au XXe siècle, les modalités de relations sociales ont connu des bouleversements dus à la maîtrise de techniques de transmissions hertziennes puis électroniques. Les médias de masse désignent les moyens de communication qui s'adressent à un très large public, comme les grands journaux de la fin du XIXe siècle. Ils renvoient principalement à une attitude de consommation de l'information, dans la mesure où, avec la radiodiffusion et la télévision, ils tendent à imposer une réception passive. La presse peut être sollicitée, consultée, maniée à loisir. Mais, devant un appareil de retransmission sonore ou visuelle, l'auditeur ou le spectateur dépendent plus étroitement de l'émission : celle-ci délivrant l'information en continu, ils sont tentés de ne pas l'interrompre. Instruments de pouvoir et de propagande, ces grands médias tendent à définir leurs productions en fonction de leur récepteur. Obéissant à cette logique de la demande, ils mettent trop peu l'information en débat. Dans la mesure où ils ne s'adressent qu'à un interlocuteur fictif et le plus souvent passif, ils ne constituent pas des modes de communication. La répétition technologique des mêmes messages, la multiplication des sources produit ce que Lucien Sfez appelle le « tautisme » : l'enfermement dans la redondance de contenus triviaux (cf. texte 3). Dans le bruit qui résulte de la déflagration continue des communications, se produit une confusion des deux principaux modes de liaison de la partie du tout. La représentation, c'est la présentation du global dans le local ; l'expression, c'est l'effort pour atteindre le global par le local. Les médias contemporains s'imposent en bloc aux individus, en leur faisant croire qu'ils répondent à leurs désirs et besoins. Le remède proposé par Lucien Sfez consiste en l'exercice d'une patiente réflexion, propre à réintroduire de la distinction entre expression et représentation, de façon à retrouver l'activité locale qui seule peut empêcher aux personnes d'être victimes de la surabondance d'informations. Il s'agit de veiller à ce que, de toutes les technologies, le manipulateur reste l'utilisateur. Entre internet et l'usage élémentaire d'un ordinateur de bureau, s'insinue la même différence qu'entre la télévision (dont les programmes cherchent à capter notre attention) et le recours au magnétoscope ou au lecteur DVD (on choisit son film, il faut se servir du support matériel) : dans le dernier cas, la technique nous sollicite par son usage même.

La question des « nouveaux médias » est celle des innovations apportées par ces technologies à la communication : conduisent-elles à une révolution dans les relations entre individus ? Ceux-ci vont-ils trouver en elles un instrument de libération, ou d'aliénation ? Les propos de Dominique Wolton conduisent à relativiser la portée de l'introduction de nouvelles technologies (cf. texte 5). Le développement d'Internet est à penser en continuité avec l'intervention des autres médias : ils ne remplacent pas les interactions humaines, ne facilitent pas nécessairement l'accès à des contenus nouveaux, ne dispensent pas d'une réflexion politique sur l'utilisation qu'on en fait. Les formes contemporaines de la communication posent des problèmes concernant le lien social unissant les membres d'une communauté. Nul doute que les liaisons entre les individus sont devenues de plus en plus nombreuses ; nous conduiront-elles à réaliser le fantasme d'une transparence communicationnelle des individus les uns aux autres ? On imagine dans un futur proche la situation dans laquelle chacun pourra visionner quand il le veut sur un appareil portatif les personnes qu'il désire ; chacun serait susceptible d'être observé en permanence. Nous n'en sommes pas si loin. On sait le succès que rencontre sur internet et à la télévision la visualisation en continu de personnes dans leur quotidien. Dans cette situation généralisée, gagnerions-nous en liberté ? Parviendrions-nous par là à mieux vivre nos singularités ? Cela risquerait sans doute au contraire de rendre les individus plus dépendants les uns des autres et leurs comportements plus uniformes. Réduction des distances, culture de l'universelle proximité, valorisation de l'immédiateté et de la spontanéité : les individus, perdant intériorité et réflexion, pourraient progressivement se soumettre à une modélisation de leurs attitudes. C'est en outre à un défi social que nous confrontent les nouvelles technologies : elles permettent un partage des connaissances mais risquent d'accentuer les inégalités face au savoir.

– Textes 1 –

Norbert Wiener, *Le Cybernétique ou le Contrôle et la communication chez l'animal et la machine* (1948-1961)

Ainsi, les exigences suivantes furent formulées :

que, dans la machine à calculer, le dispositif central qui additionne et multiplie devrait être numérique, comme dans une machine qui additionne ordinaire plutôt que fonctionnant sur la base de mesures […] ;
que ces mécanismes, qui sont essentiellement des dispositifs de commutation, devraient dépendre de tubes électroniques plutôt que d'engrenages ou de relais mécaniques de façon à assurer une action plus rapide ;
que, en fonction de la politique adoptée dans certains dispositifs existants des laboratoires de la Bell Telephone, il serait sans doute plus économique d'adopter pour le dispositif la base deux pour l'addition et la multiplication plutôt que la base dix ;
que la séquence entière d'opérations soit installée sur la machine elle-même de telle sorte qu'il ne devrait y avoir aucune intervention humaine à partir du moment où les données sont entrées jusqu'à ce que les résultats finaux soient obtenus ; et que toutes les décisions logiques nécessaires pour réaliser cette condition soient intégrées à la machine elle-même ;
que la machine contienne un dispositif pour le stockage des données qui les enregistre rapidement, les conserve en sécurité jusqu'à l'effacement, les lise rapidement et les efface de la même façon et qu'alors, il soit immédiatement disponible pour le stockage de nouvelles données.
Ces recommandations ainsi que les suggestions provisoires sur les moyens de les mettre en œuvre furent adressées […] en vue d'une possible utilisation durant la guerre. À cette étape des préparatifs de guerre, elles ne semblaient pas constituer une priorité suffisamment importante pour qu'on réalise efficacement à leur encontre un travail immédiat. Néanmoins, tout cela représente des idées qui ont été intégrées à des machines à calculer modernes ultra-rapides. Toutes ces notions étaient tout à fait dans l'esprit de la pensée du moment et je ne veux pas un instant prétendre avoir la seule responsabilité de leur introduction.
(Trad. A. Pélissier, *Sciences cognitives. Textes fondateurs (1943-1950)*, PUF, 1995, p. 9.)

Alan M. Turing, *Machines à calculer et intelligence* (1950)

Essayer d'imiter un esprit humain adulte nous oblige à beaucoup réfléchir au processus qui l'a conduit à cet état. Nous pouvons en relever trois composantes :
– a) l'état initial de l'esprit, à la naissance,
– b) l'éducation à laquelle il a été soumis,
– c) un autre type d'expérience, que nous ne rangeons pas sous le terme éducation, à laquelle il a été confronté.
Au lieu d'essayer de produire un programme qui simule l'esprit adulte, pourquoi ne pas plutôt essayer d'en produire un qui simule celui de l'enfant ? S'il était soumis à une éducation appropriée, on aboutirait au cerveau adulte. Il est probable que le cerveau de l'enfant est une sorte de calepin comme on peut en trouver dans les papeteries : un mécanisme plutôt petit et beaucoup de feuilles blanches. (Mécanisme et écriture sont pour nous pratiquement synonymes.) Notre espoir est qu'il y ait un si petit mécanisme dans le cerveau de l'enfant qu'il soit aisément programmable. En première approximation, nous pouvons supposer que la quantité de travail nécessaire à cette éducation serait pratiquement identique à celle destinée à un enfant humain.

Nous avons ainsi distingué deux parties dans notre problème. Le programme de l'enfant et le processus éducatif. Ces deux parties demeurent très fortement liées. Nous ne pouvons nous attendre à trouver une bonne machine-enfant au premier essai. On doit essayer d'enseigner à une telle machine et voir si elle apprend bien. On peut en tester une autre et voir si c'est meilleur ou pire. Il existe un rapport évident entre ce processus et l'évolution si l'on établit les relations :
– Structure de la machine-enfant = matériel héréditaire
– Changements dans la machine-enfant = mutations
– Sélection naturelle = jugement de l'expérimentateur
On peut espérer cependant que ce processus sera plus rapide que l'évolution. La survie du plus adapté est une méthode lente pour mesurer les avantages. L'expérimentateur faisant preuve d'intelligence devrait pouvoir l'accélérer. Est également important le fait que celui-ci n'est pas restreint à des mutations aléatoires. S'il peut trouver la raison d'une faiblesse, il peut probablement trouver le type de mutation qui l'améliorera.
(Trad. A. Pélissier, *Sciences cognitives. Textes fondateurs (1943-1950)*, PUF, 1995, p. 279-280.)

– Texte 2 –

Jean-Pierre Changeux, *L'Homme neuronal* (1983)

Le développement des recherches sur le système nerveux s'est toujours heurté, au cours de l'histoire, à de farouches obstacles idéologiques, à des peurs viscérales, à droite comme à gauche. Toute recherche qui, directement ou indirectement, touche à l'immatérialité de l'âme met la foi en péril et est vouée au bûcher. On craint aussi l'impact sur le social des découvertes de la biologie qui, usurpées par certains, peuvent devenir des armes oppressives. Dans ces conditions, il apparaît plus prudent de trancher les liens profonds qui unissent le social au cérébral. Plutôt que d'aborder le problème de front, on préfère, une fois de plus, occulter ce dangereux organe. […]
Les tentatives physicalistes, qui consistent à rechercher les bases physicochimiques des fonctions cérébrales, s'avèrent en règle générale fécondes. Le pneuma, d'abord esprits animaux, puis fluide nerveux, devient électricité animale, puis potentiel d'action, enfin transfert d'ions chargés électriquement. La mise en évidence de l'intervention des neurotransmetteurs à la synapse en est un autre exemple. […]
Tant au niveau de l'anatomie macroscopique du cortex qu'à celui de son architecture microscopique, aucune réorganisation « qualitative » brutale ne fait passer du cerveau « animal » au cerveau « humain ». Il y a au contraire évolution *quantitative* et continue du nombre total de neurones, de la diversité des aires, du nombre de possibilités connectionnelles entre neurones, et donc de la complexité des réseaux de neurones qui composent la machine cérébrale. […]
Dans tout ordinateur construit par l'homme à ce jour, on distingue la bande magnétique-programme de la machine construite en *« dur »*. Le cerveau humain, lui, ne peut se concevoir seulement comme exécutant un quelconque programme introduit par les organes des sens. Un des traits caractéristiques de la machine cérébrale est d'abord que le codage interne fait intervenir

à la fois, nous l'avons vu, un codage topologique de connexions décrit par un graphe neuronique, et un codage d'impulsions électriques ou de signaux chimiques. Ici, la distinction classique « *hardware-software* » ne tient pas. D'autre part, il est évident que le cerveau de l'homme est capable de développer des stratégies de manière autonome. Anticipant les événements à venir, il construit ses propres programmes. Cette faculté d'*auto-organisation* constitue un des traits les plus saillants de la machine cérébrale humaine, dont le produit suprême est la pensée. [...]
L'hypothèse adoptée ici est que percept, image de mémoire et concept constituent des formes ou des états divers d'unités matérielles de représentation mentale, que nous regrouperons sous le terme général d'« objets mentaux ». [...]
Les états d'activité corrélés qui composent un graphe d'objet mental défini n'ont, pour l'instant, jamais été mesurés. Seuls des états d'activité de *régions* du cortex cérébral, et plus généralement de l'encéphale, ont été observés avec la caméra à positrons chez l'homme. L'espoir est grand que cette technique, ou d'autres à venir, permette de suivre les objets mentaux eux-mêmes en dépit de leur fugacité et de leur topologie distribuée. [...]
Les opérations sur les objets mentaux, et surtout leurs résultats, seront « perçus » par un *système de surveillance* composé de neurones très divergents, comme ceux du tronc cérébral, et leurs réentrées. Ces enchaînements et emboîtements, ces « toiles d'araignée », ce système de régulations fonctionneront *comme un tout*. Doit-on dire que la conscience « émerge » de tout cela ? Oui, si l'on prend le mot « émerger » au pied de la lettre, comme lorsqu'on dit que l'iceberg émerge de l'eau. Mais il nous suffit de dire que la conscience *est* ce système de régulations en fonctionnement. L'homme n'a dès lors plus rien à faire de l'« Esprit », il lui suffit d'être un Homme Neuronal.
(Fayard, 1983, p. 9, 53, 92, 134, 172, 179, 227-228.
Hachette, coll. « Pluriel », p. 8-9, 51, 87, 161, 168, 210, 211.)

– Texte 3 –

Lucien Sfez, *Critique de la communication* (1988)

On ne parle jamais autant de communication que dans une société qui ne sait plus communiquer avec elle-même, dont la cohésion est contestée, dont les valeurs se délitent, que des symboles trop usés ne parviennent plus à unifier. Société centrifuge, sans régulateur. [...]
Nous avons, aujourd'hui, perdu la trace de ces principes premiers qui assuraient la cohésion d'ensemble : dispersion, enchevêtrements, superpositions, chassés-croisés. Babel. On se parle de plus en plus, mais on se comprend de moins en moins. De là, deux mouvements repérables dans toutes les pratiques : localisation et connexion. Localiser, c'est-à-dire analyser, discerner, chercher le bon angle d'attaque qu'on finit par trouver, provisoirement, par les moyens les plus perfectionnés. Relier ensuite, car les diverses localisations sont toujours dispersées : effort prodigieux de communication. En somme, Dieu, l'Histoire, ce dieu laïcisé, les anciennes théologies fondatrices des grandes figures symboliques, telles que l'Égalité, la Nation, la Liberté, ont disparu en tant que moyens d'unification. Or, ces figures permettaient d'y voir plus clair, de se situer dans le monde, d'agir sciemment. C'est dans ce creux laissé par leur faillite que naît la communication, comme une entreprise désespérée

de relier des analyses spécialisées, des milieux cloisonnés à l'extrême. Comme une nouvelle théologie, celle des Temps modernes, fruit de la confusion des valeurs et des fragmentations imposées par la technologie. [...]
Représentation, elle est un moyen utile de relier des éléments stochastiques, atomisés, pour obtenir le lien puissant qu'exige la vie en société : hiérarchies, liaisons verticales et horizontales, représentation de représentation par signes et signaux.
Expression, elle est liaison interne et participation totale. Si certaines étapes et hiérarchies sont requises pour nouer entre eux des éléments qui, par définition, sont déjà des totalités, c'est à convoquer des niveaux spécifiques de liaison, pour des domaines particuliers.
La première conception appelle l'extériorité et le spatial, la communication schématique, montrable, lisible, dicible en succession. Discursive. La seconde, tournée vers l'extérieur, est complexe, paradoxale, a-temporelle et a-spatiale. Mais, pour autant, on ne peut la replier sur le sentiment psychologique du vécu : les philosophies de l'expression sont abstraites et ne s'éprouvent concrètement que par un long travail.
Si nous rapportons la communication à la société qu'elle induit et dont elle est la condition nécessaire, nous pourrions bien conclure que ces deux conceptions sont à la source de deux politiques sociales. [...]
On voit bien, pour une politique généralisée de la communication, comment peuvent jouer ces deux modes de liaison. D'un côté, une représentation qui multiplie les signes et signes de signes, pour tenter de rejoindre le réel concret des individus et des groupes, érige des sujets représentés, avec leurs découpages territoriaux et sociaux, et s'emporte bientôt d'elle-même vers une mécanique de séparation, vers une déréalisation totale. Les signes tendent à se substituer aux choses qu'ils représentent et à former ainsi une entité abstraite, valant pour elle-même. Et cela à chaque niveau de représentation. À force de liaisons réglées, ce qui devrait être lié – les éléments de la société – tombe en dehors du mécanisme du lien. La société fonctionne, certes, mais en dehors des sujets, qui restent alors atomisés. La politique de la boule de billard, comme la communication vue sous l'angle linéaire et mécanistique, tend vers la constitution de *token symbols* ou signes pris comme réalités atomistiques.
De l'autre, une vision expressive de la communication répare ces divisions en présentant une liaison d'un autre type : une liaison symbolique. Convoquant culture, traditions, mémoires du passé sous l'espèce d'images « significatives », c'est vers l'interprétation qu'elle tend. Ces images sont, en effet, ambiguës, polysémiques, et plus elles le sont, plus l'identification des individus et groupes avec elles sera possible. C'est une liaison par interprétation de contexte qui est ainsi requise. À la substitution des signes aux choses et à leur réification, on oppose alors un retour aux choses mêmes, c'est-à-dire à leur signification : vision holistique. Chacun, individu ou groupe, est requis par une totalité où il se trouve pris, à laquelle il se rattache à l'intérieur. Grandes fêtes de la communication sociale, sacralisation du lien qui vient, à point nommé, remédier à l'éclatement des signes. [...]
Expression et représentation s'opposent donc en tout point. Mais, précisément, aujourd'hui une confusion s'opère. Malaise. Maladie même, que je nomme tautisme.

Le tautisme, c'est la confusion des deux genres. On croit être dans l'expression immédiate, spontanée, là où règne en maîtresse la représentation. Délire. Je crois exprimer le monde, ce monde de machines qui me représentent et qui en fait s'expriment à ma place. Circularité et inversion : les mises en scène télévisées, je me les approprie comme miennes. J'ai l'illusion d'y être, d'en être, alors qu'il n'y a que découpages et choix préalables à mon regard. À tel point que je finis par prêter à la machine sociale, télévisuelle ou informatique, mes propres facultés. Les lui ayant déléguées, elles me reviennent comme si leur origine était ailleurs, dans le ciel technologique.
(Le Seuil, 1988 ; 2e éd. refondue 1990, p. 28, 29, 32, 94-95, 95-96, 108.)

– Textes 4 –

Régis Debray, *Cours de médiologie générale* (1991)

Prenant « l'esprit humain » au stade de l'écriture, j'ai donné à la longue période s'étendant jusqu'à l'imprimerie le nom de *logosphère*. Âge théologique, ostensiblement. L'écriture est de Dieu : hiéroglyphe, au sens fort. Dieu dicte, l'homme note et dicte à son tour. On lit avec les lèvres, et en groupe. Les grandes religions fixent par l'écrit une révélation orale. Une et non pas deux. La Bible dit tout sur tout. Le Coran aussi. D'où la sainteté du Langage (l'unicité sacralise), et la toute-puissance théologique de la Parole indiquée par la notion du *Logos* ou Verbe éternel. À la fois souffle et Raison, le Principe suprême est une Parole perdue et recueillie dans un corps fermé de textes référentiels, support d'une tradition orale aux mille facettes. L'esprit humain n'invente pas. Il transmet une vérité reçue.
La période de la typographie, que j'ai indiquée comme *graphosphère* : subordination de l'image au texte, apparition de l'auteur (et de l'artiste) comme garant de vérité, abondance des références écrites, liberté d'invention. On lit avec les yeux. Âge métaphysique, si l'on veut.
L'âge de l'électron, qui fait descendre le livre de son piédestal symbolique, comme *vidéosphère* (malgré le rôle accru de l'auditus). Le visible en effet y fait autorité, en contraste avec l'omnipotence antérieurement reconnue aux grands Invisibles (Dieu, l'Histoire ou la Raison).
(Gallimard, 1991, p. 387.)

Régis Debray, *Vie et mort de l'image. Une histoire du regard en Occident* (1992)

Les images, contrairement aux mots, sont accessibles à tous, dans toutes les langues, sans compétence ni apprentissage préalables. Et la programmation informatique unit tous les étages de la Tour de Babel, Pékin, New York et Le Cap. Mais une fois l'écran éteint, reste à accéder aux regards intérieurs qui ordonnancent chaque univers visible. Cet accès, seul le langage et les traductions symboliques peuvent le ménager. Or, l'universelle promotion des icônes et le sacre planétaire de l'œil qui s'en déduit est de moins bon augure qu'on ne croit pour la communication mondiale des esprits. [...]
De quoi va-t-on parler entre nous si le réel est le même pour tous ? Et si la langue aussi devient unique, trouvera-t-on encore le goût de se parler d'un bout de la terre à l'autre ? [...]

Que veut ma machinerie de vision et d'écoute, et pense-t-elle la même chose que moi ? Question d'autant plus incontournable que notre marge de liberté se réduit au fur et à mesure de l'interposition médiatique, multiplication des réseaux et complexité des circuits. Il y a toujours eu une technologie du faire-croire, depuis l'agora grecque et sans doute bien avant. Mais aujourd'hui, le larynx collectif commande la parole publique. Aujourd'hui, notre réel, c'est une médiavision du monde, dispositif qui dispose de nous, doté d'une force d'entraînement planétaire.

Dématérialisation des supports par l'enregistrement électromagnétique ? Déréalisation du réel extérieur. Miniaturisation des appareillages et des constituants ? Rétrécissement des majuscules, réduction des discours logiques en micro-récits. Cadrage des représentations ? Formatage correspondant du représentatif. Gros plan normal ? Personnalisation normalisée des collectifs. Instantanéité des transmissions hertziennes ? Disparition de la profondeur de temps. Décomposition de l'image en pixels ? Éclatement pointilliste de l'information. Montage « *cut* » ou en mosaïque ? Désarticulation logique des faits. La culture du détail, de la bribe, du morcelé, l'effritement des anciennes dialectiques de la totalité, la substitution partout du fractal au global, qu'on résume parfois par le « déclin des grands récits », ne doivent pas peu à la dislocation optique des objets comme des œuvres d'art, par les appareils de prise de vue, le montage cinéma, le zoom télévisuel, le cliquage informatique, etc. Chacune des procédures conduit à une conduite, et l'ensemble de ces conduites fait un certain type de Cité. Pas de causalité linéaire, certes, mais mise en boucle générale. [...]

Quand tout se voit, rien ne vaut. L'indifférence aux différences croît avec la réduction du valable au visible. La semblance comme idéal porte dans ses flancs un virus ravageur de ressemblance. Tous les idéaux particuliers, à la queue leu leu, s'alignent sur la portion de l'humanité dotée de la plus forte visibilité sociale. Il s'ensuit que la langue du plus riche devient celle de tout le monde, et la loi du plus fort ma règle suprême. Une vidéosphère omniprésente aurait le cynisme pour vertu, le conformisme pour ressort et pour horizon un nihilisme achevé. Aussi bien l'instinct de survie chez l'espèce, et la simple recherche du plaisir chez les individus comme chez les nations en viendront-ils, tôt ou tard, à limiter les prérogatives de l'image. Pour couper court à l'asphyxie et à la détresse, on redonnera alors du jeu aux invisibles espaces du dedans – via la poésie, la gageure, la lecture, l'écriture, l'hypothèse ou le rêve.

(Gallimard, 1992, p. 386-390, 394 ; rééd. coll. « Folio », 1997, p. 493-494, 496-497, 503.)

– Texte 5 –

Dominique Wolton, *Internet, et après ? Une théorie critique des nouveaux médias* (1999)

1. L'enjeu de la communication n'est pas technique, mais concerne la compréhension des relations entre les individus (modèle culturel) et entre ceux-ci et la société (projet social). C'est le choix entre socialiser et humaniser la technique, ou techniciser la communication. L'essentiel de la communication n'est pas d'ordre

technique, mais anthropologique et culturel, et c'est pourquoi la performance des techniques ne peut jamais remplacer la lenteur et les imperfections de la communication humaine. [...]
La plupart du temps, on investit la technique de la capacité à résoudre un problème social ou politique. Cette condensation est visible de manière spectaculaire dans le thème de « la société de l'information » où ce sont les techniques d'information qui sont à la fois l'infrastructure scientifique et économique de la société, et le symbole des valeurs les plus nobles du futur. [...]
2. *Il faut débusquer l'idéologie technique qui réduit la communication à la technique et qui construit une fausse hiérarchie entre nouveaux et anciens médias.* Ce n'est pas parce que, demain, les écrans domineront partout, à l'école comme à la maison, dans le commerce comme dans les loisirs, que la communication en sera plus aisée. En réalité, plus les techniques sont performantes, plus on devrait souligner ce qui les sépare de la communication humaine et sociale. [...]
3. *Développer les connaissances pour relativiser l'idéologie technique.* Si les nouvelles techniques constituent un évident progrès technique, cela ne suffit pas à créer un progrès dans l'histoire et les théories de la communication. Tout ce qui est nouveau n'est pas moderne. Tout ce qui est moderne n'est pas meilleur. [...]
4. *Les médias généralistes et les nouvelles techniques sont complémentaires du point de vue d'une théorie de la communication, car ils renvoient au même modèle, celui de la société individualiste de masse.* Chacune des deux techniques insiste sur des dimensions différentes, individuelles pour les nouvelles techniques, collectives pour les médias de masse. Leur rôle est distinct, et la force des médias interactifs est d'être en phase avec le profond mouvement d'individualisation s'appuyant sur la liberté individuelle qui fut pendant des siècles l'horizon de l'émancipation. [...]
5. *Il faut sans cesse rappeler l'importance d'une offre de qualité de la part des médias généralistes. Le progrès ne se situe pas exclusivement du côté de la logique de la demande à l'œuvre dans les nouvelles techniques.* [...]
6. *Il n'y a pas de rationalité commune aux trois logiques de l'émetteur, du message et du récepteur.* La preuve en est que, en dépit de leur puissance considérable, les médias, depuis un demi-siècle, n'ont pas provoqué la standardisation des opinions et des idées, crainte à juste titre par les travaux de l'école de Francfort. [...] *Recevoir ne signifie pas adhérer*. Cette résistance du récepteur est positive, mais peut être aussi négative quand elle consiste à refuser ce qui le dérange dans ses schémas habituels. On le voit tous les jours dans la presse. [...]
7. *La communication à distance ne remplacera pas la communication humaine directe.* Plus les hommes peuvent communiquer par des moyens sophistiqués, interactifs, plus ils ont envie de se rencontrer ; le défi de la communication technique ne se substitue pas au besoin de la communication directe. Si, dans un premier temps, on a pu croire qu'en rationalisant la communication, on réduirait les déplacements, les coûts, le temps, et la fatigue, on s'aperçoit aujourd'hui que les hommes ont surtout besoin de se rencontrer directement. [...] Avec l'explosion de la communication, on redécouvre une des lois les plus anciennes de l'anthropologie : la compréhension mutuelle est limitée. Le problème principal n'est du reste pas exactement la capacité de

compréhension, mais la question de *l'intérêt : jusqu'où peut-on s'intéresser au reste du monde ?* La proximité ne suffit pas à créer l'intérêt, elle peut même générer un malaise, voire un rejet. *Le village global est une réalité technique, il n'est pas une réalité sociale et culturelle.*

8. Il est souhaitable d'inscrire au plus tôt les nouvelles techniques de communication dans la longue histoire des techniques. À trop vouloir singulariser ces techniques, on oublie qu'elles appartiennent à une histoire fort ancienne, qui fut à la fois une histoire d'émancipation, mais aussi de rationalisation, de bureaucratisation, parfois génératrice de nouvelles inégalités. En effet, si les techniques ont pu maîtriser la nature et la matière, elles l'ont toujours fait au prix de changements économiques et sociaux et de déséquilibres que personne n'avait mesurés. Bref, *il y a toujours un prix à payer au progrès.* La plupart du temps, une nouvelle technique résout un problème antérieur, mais en crée d'autres, et l'on a trop souvent tendance à omettre ce second aspect. […]

C'est pour cela qu'aujourd'hui *le thème de la société de communication* est une illusion. Plus il y a de communication, moins on se comprend, même si nos sociétés sont bardées de techniques, du haut en bas de la société, de la vie privée à la vie publique, du berceau à la vieillesse.

(Flammarion, coll. « Champs », 1999, p. 197-198, 199, 201, 202, 203, 205, 206 et 208.)

Section 4. Questions d'éthique biomédicale

La « bioéthique » est à la mode ; les journaux n'hésitent pas à faire leur « une » des questions inédites soulevées par les innovations des technologies biologiques. Il est entendu que la médecine est prête à bouleverser notre conception de l'homme ; le XXIe serait celui de la nécessaire formulation d'une nouvelle morale, spécifiquement destinée à répondre aux problèmes entraînés par le pouvoir que l'humanité aura acquis de se transformer elle-même. À travers une compréhension de plus en plus grande des processus de fécondation (depuis la procréation médicalement assistée jusqu'au clonage), les biologistes sont voués à parvenir rapidement à une maîtrise des processus vitaux qui permettront tôt ou tard de produire la vie. Ainsi l'homme serait en passe de produire l'homme, dans un geste prométhéen qui réaliserait le rêve de Faust et de Frankenstein : mythe de la connaissance suprême, violation d'un interdit fondamental frappant le pouvoir de produire le vivant. Bientôt adviendrait inéluctablement ce qui a toujours été désigné comme le mal suprême.

Pourtant, depuis 1978, année de naissance du premier enfant conçu *in vitro*, le Comité Consultatif National d'Éthique pour les sciences de la vie et de la santé (CCNE, créé en 1983, un an après la naissance d'un « bébé éprouvette » en France), l'Union européenne, en créant le Groupe de Conseillers pour l'Éthique de la Biotechnologie (GCEB, 1991) et l'Unesco, en instituant un Comité International de Bioéthique (CIB, 1993) ont organisé des discussions informées, adopté des résolutions : ils ont réuni les conditions de ce qu'on appelle « un débat de fond ». Les plus grandes questions sont tranchées ; il faut prendre acte des nombreuses positions promulguées. Ceux qui les contestent remettent donc en cause les procédures par lesquelles elles ont été adoptées. Il faut donc aussi interroger la composition des collèges de réflexion éthique et leurs modalités de décision. Les interrogations relatives à l'éthique biomédicale s'inscrivent-elles par exemple en rupture ou dans la continuité avec les difficultés rencontrées par notre tradition morale ? Quels sont les grands principes autour desquels s'établit le plus large consensus ? Quelle conception de l'être humain sous-tend les textes en vigueur ? Quelle sera la portion de l'humanité concernée par les techniques qui nourrissent actuellement nos inquiétudes ?

4.1. Des problèmes et des lois

Depuis que la fécondation *in vitro* est possible, les techniques de procréation médicale assistée (PMA) se sont multipliées, culminant dans la récente possibilité de micro-injection de spermatides dans l'ovule. Les capacités d'intervention, lors de la fécondation, risquent-elles de nous donner les moyens de sélectionner les caractères de l'embryon à naître ? Le séquençage du génome, mené à terme dans quelques années, conduira-t-il à faire de nos attributs génétiques les supports d'enjeux financiers ? Le développement considérable des techniques de greffe d'organe, rendant par exemple possible la transplantation de cellules nerveuses d'embryons à des vieillards, et même la substitution du matériel génétique d'un être vivant au noyau de la cellule de l'œuf avant son développement remet-il en cause notre conception de l'intégrité de l'individu ? Enfin, la multiplication des possibilités thérapeutiques permet de prolonger la vie, tandis que le diagnostic génétique conduit d'ores et déjà à identifier des pathologies entraînant tardivement la mort comme la chorée de Huntington, sans effet avant la quarantaine, âge autour duquel elle se révèle mortelle. Faut-il redéfinir le rapport de l'être humain à sa mort en tenant compte de ce qu'elle lui est devenue moins illisible ? Les enjeux traditionnels de ces questions sont clairs. Peut-on sélectionner des caractères d'un futur enfant ? Peut-on établir un droit de propriété sur le corps humain ? Sur tout ou partie d'un potentiel génétique ? L'unité de la personne humaine est-elle mise à mal par la transplantation d'organes ou de cellules ? Le serait-elle par le clonage ? Faut-il accorder aux individus un droit d'information sur leur mort ? Ces interrogations semblent avoir toujours hanté l'imagination des hommes, soit qu'elles nourrissent des récits fantastiques (on songe aux clones du *Meilleur des mondes* d'Aldous Huxley), soit qu'elles rencontrent des entreprises de sinistre mémoire (l'eugénisme du IIIe Reich allemand). Si le législateur est amené à se prononcer en raison d'innovations techniques récentes ou imminentes, il peut s'appuyer sur des principes qui, eux, ne sont pas de formulation inédite. C'est qu'ils concernent la conception de l'individu en tant que fondement de nos collectivités et ses limites essentielles : le début de la vie et sa fin. La France s'est dotée, quatre ans après la Grande-Bretagne et l'Allemagne, d'une législation assez précise. La loi (cf. texte 3) rappelle le principe d'intégrité de la personne, dont le corps est inviolable par autrui et indisponible pour elle-même. Elle interdit la sélection des personnes ; leurs caractéristiques génétiques ne peuvent être étudiées qu'à des fins médicales, de recherche scientifique ou dans le cadre d'une enquête judiciaire. La loi encadre la PMA, en la réservant à un couple formé d'une femme et d'un homme vivants, en âge de procréer, mariés ou vivant ensemble, et dégage l'éventuel donneur de toute responsabilité à l'égard de l'enfant.

Le législateur a donc essayé d'encadrer par des dispositions juridiques et pénales les nouvelles technologies, tout en se conformant aux principes fondamentaux du respect de la personne humaine. Il s'est donc agi d'autoriser les pratiques de conception récentes, sans contrevenir aux grands textes formulant les droits de l'homme. Les juristes considèrent en majorité que les législations relatives à la bioéthique s'inscrivent dans la continuité du traitement des problèmes de morale et de déontologie déjà rencontrés par l'humanité. Certes l'élaboration d'une loi s'appuie sur l'étude des grands textes antérieurs. Aussi le législateur est-il enclin à pérenniser les grands principes de définition de l'humanité en les adaptant à des cas nouveaux. S'il est un impératif peu contesté dans le domaine des pratiques médicales, c'est le principe du consentement : nul ne peut être soumis à une tentative scientifique à visée thérapeutique ou expérimentale s'il n'a pas au préalable donné son accord conscient et informé. Cependant, certains soins ou examens peuvent être anxiogènes : faut-il avertir les patients admis aux urgences de la nature de la médication qu'on leur administre, ce qui leur permettrait de mesurer la gravité de la pathologie que l'on suspecte chez eux ? Les principes sont plus faciles à définir que leurs applications. Car la règle du consentement, par exemple, se trouve en tête du « Code de Nuremberg » établissant la déontologie de l'expérimentation médicale. De nombreux juristes voient dans ce texte la première formulation de règles bioéthiques, écrites sous l'inspiration des Déclarations des droits de l'homme. Cette continuité des principes se retrouve dans le consensus dont tous les membres de différents comités d'éthique ont fait état.

4.2. Un consensus et des difficultés d'application

Certes, nous ne vivons pas dans une tradition religieuse unifiée, ni dans l'application d'une loi morale qui ferait l'unanimité, mais, comme le rappelle Hugo Tristam Engelhardt (*The Fondations of Bioethics*, Oxford University Press, 1986), dans le pluralisme. Pourtant, il identifie lui-même deux dimensions de l'éthique : un niveau non confessionnel, pauvre en contenu, qui peut parvenir à quelques conclusions morales universelles ; à un niveau second s'opposent de façon doctrinale et concurrentielle des conceptions de la vie bonne, des vices et des vertus. On pourrait ainsi définir (cf. aussi chap. 1, 2) une éthique négative, par laquelle s'imposent des règles générales concernant ce qu'il convient de récuser, alors même que nos éthiques « engagées » promeuvent des représentations opposées du bien conçu positivement. La plupart des dossiers sur lesquels se prononcent les comités de bioéthique engagent des risques que l'ensemble des confessions morales et religieuse sont prêtes à éviter. Pourtant, au sein même des débats apparaissent de vives dissensions sur les raisons pour lesquelles on doit prohiber une pratique. Il est plus aisé de s'accorder sur les objectifs à poursuivre que de statuer philosophiquement sur la nature des choses. Dès lors, on statue sur des cas, en essayant de mettre des normes en commun : de la sorte, on parvient à un large consensus. Les débats s'inscrivent dans le cadre d'une éthique procédurale, dont l'activité relève moins de l'application de règles que de l'interprétation de phénomènes singuliers, en confrontant les perspectives pour définir des points de convergence. Certes, les comités d'éthique ont été la cible de nombreux reproches : d'abord leur composition a été remise en cause (bien qu'ils entendent rassembler des personnalités appartenant aux principales familles philosophiques et spirituelles). S'ils réunissent en majorité des chercheurs spécialistes, cela ne revient-il pas à les instituer juge et partie ? Pourquoi ne pas faire participer de simples citoyens aux débats, voire organiser des consultations populaires, comme en Suisse ? Les lois françaises elles-mêmes ont pu être accusées de soumettre la protection des individus à l'intérêt de ceux qui tirent profit des nouvelles techniques. (On peut consulter des contributions critiques sur les mutations des sciences du vivant dans les publications annuelles du « Forum Diderot » aux PUF.) Le consensus dont les institutions se félicitent cache-t-il des divergences entre des intérêts fondamentaux ? Serait-il destiné à étouffer le débat public ? Au-delà, la diversité des législations ne recouvre-t-elle pas une inéluctable divergence entre des conceptions de l'homme ? On oppose en particulier fréquemment une approche anglo-saxonne, pragmatique et libérale, à une approche latine, morale et limitative. Certes, on ne manque pas de souligner l'existence de différences notoires entre les législations : ainsi les lois espagnole et britannique autorisent-elles les recherches sur les « pré-embryons » (jusqu'à 14 jours). Pourtant, la communauté internationale s'est inquiétée du danger de l'hétérogénéité des pratiques et des lois entre les différents pays industrialisés. Il en a résulté des tentatives d'élaboration de positions communes, dont la Déclaration universelle sur le génome humain (cf. texte 5) est sans doute le plus ample aboutissement. Son objet même, le génome, renvoie explicitement à la notion d'humanité, qu'il entend protéger contre les risques technologiques et idéologiques que les connaissances en génétique pourraient entraîner. La Déclaration pose le droit de sécurité (5a), le droit de « ne pas savoir » (5c), le droit de ne pas faire l'objet de discriminations fondées sur les caractéristiques génétiques (6), le droit à la confidentialité des données individuelles (7). Solennellement, le clonage est banni comme « contraire à la dignité humaine ». Environ un an après, une équipe de chercheurs sud-coréens a annoncé avoir interrompu son expérience réussie de clonage d'un embryon humain. L'exploitation du génome à des fins pécuniaires est prohibée (4) par le texte, qui reste prudent en limitant cette recommandation aux gènes « dans leur état naturel » : il ne statue pas sur les droits déposés sur des modifications génétiques. Cette déclaration fut saluée pour son humanisme et son œcuménisme, mais on lui reproche sa prudence et surtout sa nature : elle n'est pas juridiquement contraignante pour les États qui l'ont ratifiée. Là encore, les principes généralement adoptés risquent d'être remis en cause par des applications locales.

4.3. *Des exigences et des attitudes opposées*

Le texte rédigé par le CIB, comme la législation française, obéit à des principes simples. Il s'agit de reconnaître d'abord l'impératif de respect de l'individu et des droits. Mais il faut aussi admettre la liberté de la recherche médicale, que la déclaration rattache à « la liberté de pensée » (12b), d'autant que les progrès qu'elle autorise sont généralement au service de l'humanité (12a). Il conviendrait donc de permettre à chacun de bénéficier des technologies médicales dans la sauvegarde de sa dignité inaliénable. Le principe de toutes les recommandations d'ordre juridique pourrait se résumer à la formule suivante : pour autoriser toutes les innovations de la biologie génétique tant qu'elles ne contreviennent pas à la définition traditionnelle de l'être humain, on est conduit à en déterminer les conditions de moralité. Pourtant, à l'arrière-plan de cette attitude de prudence consensuelle, on peut identifier deux positions antinomiques : l'une privilégie le respect de la personne ; l'autre s'attache avant tout aux prérogatives de la recherche. Gilbert Hottois (cf. texte 2) caractérise la position « humaniste » comme « le choix de la conservation d'une relation homme-nature » définie de façon intemporelle comme un donné, et l'option « scientiste » comme « le choix de l'essai de tout le possible technoscientifique ». Ces deux attitudes conduisent respectivement à interdire toute recherche sur l'embryon humain, personne potentielle, ou à permettre les essais à vocation non thérapeutique, au motif qu'ils portent sur un matériau biologique comme un autre. Les excès de ces deux postures conduisent à poser la voie moyenne comme une nécessité. La loi française a tranché de façon relativement stricte, puisque les recherches sur l'embryon sont interdites à des fins d'expérimentation. Elles ne peuvent être menées que si elles ont un but médical, avec l'accord des parents (cf. texte 3). Pourtant, le gouvernement a annoncé à l'automne 2000 son intention d'assouplir la législation en raison des promesses thérapeutiques attachées à l'analyse d'embryons et sans doute par souci d'harmoniser le droit, au moins au niveau européen. On peut d'ailleurs à bon droit s'inquiéter d'expérimentations faites dans d'autres pays, ou à titre sauvage. L'attitude humaniste a déjà pu conduire à une interprétation draconienne du principe de précaution ; puisque les conséquences de nos investigations actuelles risquent de nuire aux êtres humains, il convient d'y mettre fin. Telle est la posture que Jacques Testart a promue, à titre individuel, dès 1986, dans un ouvrage resté célèbre (*L'Œuf transparent*, cf. texte 1) : ce qu'il appelle « éthique de la non-recherche » devrait conduire les biologistes à cesser d'enquêter sur la procréation. Connu pour être un de ceux qui avaient permis les premières fécondations *in vitro* de mammifères, il avait attiré l'attention publique sur les dangers afférents au diagnostic prénatal (DPN). Plus exactement, il soulignait que le DPN pratiqué *in vivo* comportait peu de risques de sélection des caractères de l'enfant, en raison de l'obstacle physique et psychologique que représente l'avortement. En revanche, le DPI (diagnostic préimplantatoire), pratiqué *in vitro* avant le transfert d'embryon, puisqu'il permet une destruction sans conséquences de l'embryon, peut nourrir chez les parents la tentation de sélectionner le sexe ou d'autres caractères de leur futur enfant. Là encore, le législateur a tranché de façon assez stricte : le DPN est soumis à la détection de pathologies graves et le DPI n'est autorisé qu'à titre exceptionnel.

4.4. Difficulté à régir universellement nos conduites

Actuellement, personne n'ose se prononcer publiquement pour la mise en œuvre de toutes les techniques biomédicales dont nous disposons. François Dagognet affiche une des positions les plus optimistes (cf. textes 4) en ce qu'il considère que toutes les technologies sont libératrices tant qu'elles sont soumises au libre choix des individus. Pourtant, il ne manque pas de s'opposer à l'éventualité de donner aux parents la possibilité de choisir le sexe de leur futur enfant ; il en appelle d'ailleurs à la constitution d'une biopolitique qui permette de clarifier, aux yeux de tous, les enjeux des débats conduits par des comités d'éthique trop restreints. On pourrait s'accorder pour prohiber les innovations qui nous privent de l'exercice de nos libertés, en développant toutes celles qui nous donnent des libertés nouvelles. L'espoir que nous pouvons nourrir porte moins sur la capacité de l'ensemble des hommes de ne pas contrevenir à la dignité de l'humanité que sur la faculté de nos organisations à développer la conscience des propriétés fondamentales qui nous définissent. On peut ici se réjouir de ce que la Déclaration sur le génome humain (cf. texte 5) souligne le rôle de l'interaction des dispositions génétiques avec le milieu. D'une part, les pathologies monogéniques sont sans doute en proportion extrêmement limitée : comme la plupart de nos dispositions, nos maladies sont polygéniques. D'autre part, la valeur de nos caractères n'est pas fixée une fois pour toutes : peu de dispositions restent totalement indépendantes du milieu. Même ce qui apparaît comme une tare, l'hémophilie, pourrait devenir un avantage, par exemple en cas de voyages interplanétaires. On pourrait donc se convaincre que les nouvelles possibilités médicales nous ouvrent à une meilleure compréhension de notre humanité (cf. la position de Roger-Pol Droit, textes 4).

Jusqu'alors, les principes fondamentaux de la liberté des personnes ont pu être réaffirmés face aux avancées technologiques. En distinguant le clonage à vocation thérapeutique (produisant par exemple des organes de remplacement) du clonage reproductif (visant à créer un organisme de même potentiel génétique qu'un individu existant), en prohibant ce dernier, l'ensemble des institutions internationales semble entériner l'interdiction qu'a toujours connue notre espèce de se produire elle-même. Certes, c'est l'homogénéisation des régulations qui continue de poser problème. Bien que la loi française et les conventions européennes interdisent l'utilisation des tests génétiques par des assurances ou par un employeur, puisqu'elles les astreignent à une finalité médicale, il sera difficile d'empêcher les assureurs privés et les entreprises américaines de recourir à cette pratique. En même temps qu'à la prise de conscience des caractéristiques fondamentales de l'être humain, c'est à une mondialisation des connaissances et des moyens de lutter contre les atteintes à la dignité humaine que nous astreint de façon urgente l'émergence des nouvelles technologies biomédicales.

– Texte 1 –

Jacques Testart, *L'Œuf transparent* (1986)

La FIVETE (fécondation *in vitro* et transfert d'embryon) a justifié l'extraction de l'œuf hors du corps et, en le rendant disponible aux outils du chercheur, elle prépare les esprits à craindre, puis à admettre, et enfin à demander que cet œuf soit soumis à de nouvelles manipulations. Ensuite, l'accoutumance allant de pair avec la vérification, l'angoisse se retire progressivement, tandis que persiste pour quelque temps encore l'émotion ambiguë du spectacle d'une technique triomphante qui ne fait plus vraiment peur : du plaisir du frisson au frisson de plaisir. [...]

Faut-il se féliciter d'avoir introduit la FIVETE sur le marché de la médecine ? La réponse est d'abord dans la joie des parents qui, à l'issue des épreuves d'un parcours thérapeutique impuissant, ont découvert dans l'arrondi d'un ventre qu'ils devenaient trois. Et que ce troisième n'est déjà plus la « chose » des spécialistes : échappé d'une odyssée où se mêlaient seringues, hormones, bistouris, tubes et liquides artificiels, il est seulement leur enfant. On doit pourtant dire aussi que la FIVETE crée ou aggrave certaines misères, en particulier celle des couples pour lesquels l'échec persiste malgré le renouvellement des tentatives : il y a quelque chose d'immoral dans l'expression statistique des succès. [...]

Nous avons extrait les gamètes et leur produit œuf des ventres opaques, nous pouvons les apercevoir, les toucher, mais nous ne les connaissons pas encore. Même né dans l'éprouvette, l'œuf conserve les mystères enveloppés dans ses rondeurs banales, il reste le produit d'un mariage aventureux et unique. Par l'artifice de la FIVETE, nous avons seulement autorisé la rencontre de cellules naïves en créant des chemins détournés, puis nous avons rendu l'œuf mystérieux au mystère de la matrice. La proposition qui monte, d'un contrôle préalable d'identité, est d'une nature neuve et sournoise. Mesdames et messieurs les géniteurs, la FIVETE va bientôt vous offrir des œufs à la carte avec sexe et conformité aux normes garanties par le laboratoire. Encore un peu de progrès et vos petits seront choisis comme au chenil, couleur du poil et longueur des pattes, aptitude à la santé et forme des oreilles. [...]

Il nous reste quelques années heureuses avant d'être capables de manipuler le génome humain, mais on sait déjà établir la carte génétique qui est la véritable carte d'identité ; on sait aussi reconnaître de plus en plus tôt les futurs indésirables, porteurs d'écarts irréversibles à la norme. En toute logique certains souhaitent généraliser ces diagnostics pour contredire des mariages ou éviter des naissances car il y va, paraît-il, de la qualité d'une société moderne. Puisque, pour les tares les plus importantes, l'élimination du fœtus est déjà pratiquée, une fois encore la définition d'un seuil se pose, celui qui fait que l'homme devient intolérable pour l'homme. [...]

Je crois que le moment est venu de faire une pause, c'est le moment d'autolimitation du chercheur. Le chercheur n'est pas l'exécuteur de tout projet naissant dans la logique propre de la technique. Placé au creuset de la spirale des possibles il devine avant quiconque où va la courbe, ce qu'elle vient apaiser, mais aussi ce qu'elle vient trancher, censurer, renier. Moi, « chercheur en procréation assistée », j'ai décidé d'arrêter. Non pas la recherche pour mieux faire ce que nous faisons déjà, mais celle qui œuvre à un changement radical de la personne humaine là où la médecine procréative rejoint la médecine prédictive. Que les fanatiques de l'artifice se tranquillisent, les chercheurs sont nombreux et j'ai conscience, sur ce point, d'être isolé. Que les hommes inquiets, ceux qu'on nommait « humanistes » et qu'on dit aujourd'hui « nostalgiques », s'interrogent. Qu'ils le fassent vite. [...]
Prétendre à une éthique de la non-recherche, c'est refuser la conception simpliste du bien-fondé d'un enchaînement automatique des recettes. C'est aussi le projet ambitieux de comprendre ce qu'on a déjà fait et une tentative pour théoriser ce qu'on doit faire encore. C'est donc ressentir la nécessité comme charnelle de participer à une réflexion multidisciplinaire sur le sens de la production scientifique.
(Flammarion, coll. « Champs », 1986, p. 24-25, 27, 30-31, 33, 35.)

– Texte 2 –

Gilbert Hottois, *Le Paradigme bioéthique. Une éthique pour la technoscience* (1990)

Si l'on considère la question « Que devons-nous faire de l'homme ? » d'une manière tout à fait générale et formelle, on peut distinguer trois directions de réponse qu'il est indispensable de décrire d'abord comme telles, avant d'en retenir une et de tenter de la préciser. Ces trois voies sont :
– a) le choix de l'essai de tout le possible technoscientifique ;
– b) le choix du renoncement global et de la conservation de l'homme-nature ;
– c) la voie moyenne de l'essai de certains possibles technoscientiques en fonction de critères à déterminer. [...]
En réalité, l'homme est voué à la voie moyenne qui est aussi la résultante oscillant entre les deux limites extrêmes. Mais cette voie moyenne ouvre sur une incertitude fondamentale : le service « humaniste » de la technoscience ne risque-t-il pas de conduire hors de l'essence de l'homme et donc de perdre celui-ci ? Or, l'homme est irremplaçable pour une double raison étroitement entrelacée : l'homme a de la valeur en soi et (ou plutôt : parce que) l'homme est la source de toute valeur. Par l'homme, et par l'homme seulement, ce que l'on appelle le devoir, la morale, la capacité éthique existent dans l'univers. La valeur de l'homme tient dans ce fait, sans commune mesure avec tous les autres faits du monde, que par lui, et par lui seulement, la question du bien et du mal surgit dans le monde et que s'ouvre, parmi le jeu cosmique du hasard et de la nécessité, la liberté du devoir. [...]
Tentons d'illustrer ceci à propos d'un problème particulier : l'expérimentation non directement thérapeutique sur l'embryon humain. Il existe à ce propos deux attitudes extrêmes : la première assimile l'embryon – quel qu'il soit – à

une personne, potentielle ou non, lui accorde, en des termes plus ou moins voilés, une transcendance verticale, intemporelle, qui le rapporte à un autre plan ontologique que celui de la nature en devenir, et projette ainsi l'homme – quant à sa spécificité, la différence anthropologique – hors évolution, dissociant la solidarité anthropocosmique au profit d'une autonomisation ou d'une absolutisation de l'anthropologique qui débouche toujours sur une théologie reconnue comme telle ou camouflée dans des formes séculières. [...]
La seconde attitude extrême tend à ne voir dans l'embryon qu'un matériau biologique dont la seule différence avec d'autres embryons de mammifères tient dans la présence, l'absence ou la configuration de quelques molécules. Cette attitude, qui va rarement jusqu'au bout de sa logique, commet l'erreur inverse de la précédente. Elle ignore la spécificité de la phase anthropologique de l'évolution, aligne l'homme – embryonnaire sans doute mais potentiellement tout l'homme – sur les autres espèces vivantes, échoue à prendre au sérieux la différence anthropologique du sein de laquelle l'homme se rapporte à l'univers en évolution. Cette attitude fait comme si l'homme ne nouait aux choses qu'un rapport technoscientifique, ou comme si seul ce rapport technoscientifique était à prendre en considération. Elle oublie ou marginalise – comme imaginaire, inopérante, archaïque, etc. – complètement la relation symbolique aux choses et aux êtres.
Un embryon d'homme n'est jamais un matériau biologique quelconque, même lorsqu'il s'agit d'un embryon surnuméraire, tout simplement parce que c'est un embryon d'homme et que cette détermination n'est pas épuisée par la physique, la chimie et la biologie.
Ces deux attitudes extrêmes, dont l'une tend à interdire toute expérimentation non thérapeutique sur l'embryon en toutes circonstances et dont l'autre comporte la tentation d'appliquer, purement et simplement, l'impératif technicien, étant écartées, la place s'ouvre à une véritable considération éthique des problèmes. Elle sera attentive aux boucles que forment l'expression symbolique et l'intervention technoscientifique, boucles dont la succession constitue l'évolution en phase anthropologique. De nouvelles possibilités procréatiques se sont développées sous l'impulsion de désirs, de phantasmes, de demandes et d'offres individuels ou collectifs et de leurs expressions symboliques : ces nouvelles formes techniquement médiées de la procréation humaine retentissent sur l'imaginaire et produisent de nouveaux symboles favorables ou hostiles à ces techniques ou à d'autres.
(Bruxelles, De Boeck, Éditions universitaires, 1990, p. 123, 142, 177-178.)

– Texte 3 –

Loi n° 94-653 et loi n° 94-654 (30 juillet 1994), relatives au respect du corps humain, au don et à l'utilisation des éléments et produits du corps humain

16 – La loi assure la primauté de la personne interdit toute atteinte à la dignité de celle-ci et garantit le respect de l'être humain dès le commencement de sa vie.

16-1 – Chacun a droit au respect de son corps. Le corps humain est inviolable. Le corps humain, ses éléments et ses produits ne peuvent faire l'objet d'un droit patrimonial. [...]
16-3 – Il ne peut être porté atteinte à l'intégrité du corps humain qu'en cas de nécessité thérapeutique pour la personne. Le consentement de l'intéressé doit être recueilli préalablement hors le cas où son état rend nécessaire une intervention thérapeutique à laquelle il n'est pas à même de consentir.
16-4 – Nul ne peut porter atteinte à l'intégrité de l'espèce humaine. Toute pratique eugénique tendant à l'organisation de la sélection des personnes est interdite. Sans préjudice des recherches tendant à la prévention et au traitement des maladies génétiques, aucune transformation ne peut être apportée aux caractères génétiques dans le but de modifier la descendance de la personne. [...]
16-6 – Aucune rémunération ne peut être allouée à celui qui se prête à une expérimentation sur sa personne, au prélèvement d'éléments de son corps ou à la collecte de produits de celui-ci. [...]
16-8 – Aucune information permettant d'identifier à la fois celui qui a fait don d'un élément ou d'un produit de son corps et celui qui l'a reçu ne peut être divulguée. Le donneur ne peut connaître l'identité du receveur ni le receveur celle du donneur. En cas de nécessité thérapeutique, seuls les médecins du donneur et du receveur peuvent avoir accès aux informations permettant l'identification de ceux-ci. [...]
16-10 – L'étude génétique des caractéristiques d'une personne ne peut être entreprise qu'à des fins médicales ou de recherche scientifique. Le consentement de la personne doit être recueilli préalablement à la réalisation de l'étude.
16-11 – L'identification d'une personne par ses empreintes génétiques ne peut être recherchée que dans le cadre de mesures d'enquête ou d'instruction diligentées lors d'une procédure judiciaire ou à des fins médicales ou de recherche scientifique.
511-15 – Le fait d'obtenir des embryons humains contre un paiement, quelle qu'en soit la forme, est puni de sept ans d'emprisonnement et de 700 000 F d'amende.
311-19 – En cas de procréation médicalement assistée avec tiers donneur, aucun lien de filiation ne peut être établi entre l'auteur du don et l'enfant issu de la procréation. Aucune action en responsabilité ne peut être exercée à l'encontre du donneur.
311-20 – Celui qui, après avoir consenti à l'assistance médicale à la procréation, ne reconnaît pas l'enfant qui en est issu engage sa responsabilité envers la mère et envers l'enfant.
L.665-11 – Le prélèvement d'éléments du corps humain et la collecte de ses produits ne peuvent être pratiqués sans le consentement préalable du donneur. Ce consentement est révocable à tout moment.
L.665-13 – Aucun paiement, quelle qu'en soit la forme, ne peut être alloué à celui qui se prête au prélèvement de son corps ou à la collecte de ses produits.
L.665-14 – Le donneur ne peut connaître l'identité du receveur, ni le receveur celle du donneur. Aucune information permettant d'identifier à la fois celui qui a fait don d'un élément ou d'un produit de son corps et celui qui l'a reçu ne peut être divulguée.

L.152-2 – L'assistance médicale à la procréation est destinée à répondre à la demande parentale d'un couple. Elle a pour objet de remédier à l'infertilité dont le caractère pathologique a été médicalement diagnostiqué.
L.152-3 – Un embryon ne peut être conçu *in vitro* que dans le cadre et les finalités d'une assistance médicale à la procréation [...]. Il ne peut être conçu avec des gamètes ne provenant pas d'un au moins des deux membres du couple.
Compte tenu de l'état des techniques médicales, les deux membres du couple peuvent décider par écrit que sera tentée la fécondation d'un nombre d'ovocytes pouvant rendre nécessaire la conservation d'embryons, dans l'intention de réaliser leur demande parentale dans un délai de cinq ans. Les deux membres du couple sont consultés chaque année pendant cinq ans sur le point de savoir s'ils maintiennent leur demande parentale.
L.152-7 – Un embryon humain ne peut être conçu ni utilisé à des fins commerciales ou industrielles.
L.152-8 – La conception *in vitro* à des fins d'étude, de recherche ou d'expérimentation est interdite. Toute expérimentation sur l'embryon est interdite.
L.162.16 – Le diagnostic prénatal s'entend des pratiques médicales ayant pour but de détecter *in utero* chez l'embryon ou le fœtus une affection d'une particulière gravité. Il doit être précédé d'une consultation médicale de conseil génétique.
L.162.17 – Le diagnostic biologique effectué à partir de cellules prélevées sur l'embryon *in vitro* n'est autorisé qu'à titre exceptionnel. [...] Le diagnostic ne peut être effectué que lorsque a été préalablement et précisément identifiée, chez l'un des parents, l'anomalie ou les anomalies responsables d'une telle maladie. Les deux membres du couple expriment par écrit leur consentement à la réalisation du diagnostic. Le diagnostic ne peut avoir d'autre objet que de rechercher cette affection ainsi que les moyens de la prévenir et de la traiter.
(Loi n° 94-653, relative au respect du corps humain, du 29 juillet 1994, *Journal officiel* du 30 juillet 1994, p. 11056-11059, et loi n° 94-654, relative au don et à l'utilisation des éléments et produits du corps humain, à l'assistance médicale à la procréation et au diagnostic prénatal, du 29 juillet 1994, *Journal officiel* du 30 juillet 1994, p. 11060-11065.)

– Textes 4 –

François Dagognet, « Entretien avec Roger-Pol Droit » (2 novembre 1993)

Cessons de condamner les nouvelles techniques médicales, sous le faux prétexte qu'elles risquent de nous conduire à je ne sais quelle apocalypse ! Il y a là beaucoup de confusion et de fausses terreurs. Il y a surtout une grave méprise concernant la relation entre ces techniques et la liberté. On croit qu'elles ôtent à l'homme des libertés. C'est exactement l'inverse : elles lui en donnent de nouvelles.
Prenons l'exemple du diagnostic prénatal. Il me paraît absolument normal que ceux qui attendent un enfant puissent savoir si cet enfant est atteint ou non d'une maladie héréditaire comme la trisomie. Connaître avec exactitude

la situation du fœtus est en effet l'élément essentiel dont les parents ont besoin pour prendre leur décision. Cette information laisse entière leur liberté. Chacun doit pouvoir refuser un avortement thérapeutique, et choisir, en toute connaissance de cause, de mettre au monde un enfant handicapé. J'ai vu par exemple des parents souhaiter que vienne au monde, car c'était leur volonté, leur troisième enfant, en sachant que cet enfant était trisomique comme les deux premiers. Je ne peux qu'accepter ce choix, puisqu'il s'agit là d'une décision prise par eux librement.
Arrêtons de dire : « la technique va préconiser la suppression de tous les malformés ». Cela n'a évidemment aucun sens, et il n'en a jamais été question. La décision suprême doit toujours revenir à l'individu. Si une personne projette de se marier avec quelqu'un qui est atteint d'une maladie mortelle et transmissible, il est normal que cette personne soit avertie de l'acte qu'elle va commettre. La médecine ne l'empêchera pas. Chacun peut refuser un traitement, ou des précautions protectrices. Les techniques médicales n'ont ni l'intention ni les moyens de tout commander. Elles ne décideront jamais à votre place. Mais elles mettent clairement chacun face à ses choix.
C'est en ce sens qu'elles accroissent nos libertés, au lieu de les restreindre, comme on le croit par erreur. Ce qui est condamnable, ce ne sont pas les techniques et les informations qu'elles fournissent, c'est le refus d'informer ! Je condamne pour ma part l'idée qu'on puisse refuser d'avertir des parents de la naissance d'un futur enfant trisomique, ou des fiancés de la séropositivité de l'un ou de l'autre. Nous ne devons rien écarter de ce qui nous rend libre d'accepter ou de refuser en toute connaissance de cause. Vouloir mettre à l'écart ce genre d'informations est signe d'obscurantisme. Cela revient en effet à vouloir soumettre les humains aux hasards aveugles de la vie. C'est tenter de les maintenir asservis à des mécanismes que la connaissance permet, si on le veut, de contrôler. Voilà qui est intolérable, à mes yeux. Car plier l'homme à la nature est la pire des aliénations.
(*Le Monde*, 2 novembre 1993, p. 2.)

Roger-Pol Droit et Mireille Delmas-Marty, propos dans *Le Clonage humain* (1999)

Roger-Pol Droit. – Peut-être faut-il, en fin de compte, se réjouir que le clonage humain soit là. Parce qu'il nous conduit à une question essentielle pour les prochaines décennies : comment maintenir les droits de l'homme après que la conception métaphysique traditionnelle de l'homme a disparu ? Une fois que l'on a reconnu le caractère relatif, historique, régional, du sujet individuel tel que la pensée occidentale l'a constitué, y a-t-il encore un humanisme possible ? Peut-on forger un nouvel humanisme, pour lequel existerait de l'humain sans qu'existe pour autant la figure de l'Homme ? Pour lequel existeraient des libertés, sans pour autant qu'un sujet pourvu d'un libre arbitre soit supposé les exercer souverainement ? Pour lequel existeraient des progrès sans pour autan que soit mobilisée une conception du sens de l'histoire ?
Peut-être faudrait-il, pour faire un pas en ce sens, convenir que l'humanité n'est pas une essence ni un fait, mais une combinaison de traits. Il faudrait également comprendre que l'on peut exiger le respect de la personne tout en étant convaincu que les personnes n'existent pas et tout en étant cohérent. Il faudrait enfin souligner nettement que le sujet du droit n'est pas le sujet de

la métaphysique. Le sujet du droit ne se rencontre pas dans le monde des choses. Il constitue l'instance qui permet de mettre ce monde suffisamment en ordre pour qu'une vie commune y soit vivable. C'est un sujet rêvé par la raison.
Mireille Delmas-Marty – J'ai été un peu gênée par la question : « Comment maintenir les droits de l'homme après que la conception de l'homme a disparu ? » J'entends bien que vous parlez de la conception de l'homme telle que la métaphysique occidentale l'a constituée. Mais précisément les droits de l'homme n'apparaissent comme véritable instrument juridique qu'au moment où cette conception métaphysique a disparu ! Jusqu'à l'après-guerre, donc jusqu'à la moitié du XXe siècle, les droits de l'homme sont des déclarations de principe, ce ne sont pas des pratiques de droit. C'est à peu près au moment où « l'homme » disparaît, au sens où Michel Foucault l'entendait, que les « droits de l'homme » apparaissent vraiment.
Il me semble qu'il ne s'agit donc pas de se demander comment les « maintenir », puisque l'humanité et les droits de l'homme apparaissent, dans le champ juridique en tout cas, au moment même où « l'homme » disparaît. C'est alors qu'on assiste à la naissance de « l'humanité ».
(*Le Clonage humain*, collectif, Le Seuil, 1999, p. 127-128, 140.)

– Texte 5 –

Déclaration universelle sur le génome humain adoptée par l'Unesco (11 novembre 1997)

1) Le génome humain sous-tend l'unité fondamentale de tous les membres de la famille humaine, ainsi que la reconnaissance de leur dignité et de leur diversité. Dans un sens symbolique, il est le patrimoine de l'humanité.
2) – a) Chaque individu a droit au respect de sa dignité et de ses droits, quelles que soient ses caractéristiques génétiques.
– b) Cette dignité impose de ne pas réduire les individus à leurs caractéristiques génétiques et de respecter leur caractère unique et leur diversité.
3) Le génome humain, par nature évolutif, est sujet à des mutations. Il renferme des potentialités qui s'expriment différemment selon l'environnement naturel et social de chaque individu, en ce qui concerne notamment l'état de santé, les conditions de vie, la nutrition et l'éducation.
4) Le génome humain en son état naturel ne peut donner lieu à des gains pécuniaires.
5) – a) Une recherche, un traitement ou un diagnostic, portant sur le génome d'un individu, ne peut être effectué qu'après une évaluation rigoureuse et préalable des risques et avantages potentiels qui leur sont liés et en conformité avec toutes autres prescriptions prévues par la législation nationale.
– b) Dans tous les cas, le consentement préalable, libre et éclairé de l'intéressé(e) sera recueilli. Si ce(tte) dernier(e) n'est pas en mesure de l'exprimer, le consentement ou l'autorisation seront obtenus conformément à la loi, guidé par son intérêt supérieur.
– c) Le droit de chacun de décider d'être informé ou non des résultats d'un examen génétique et de ses conséquences devrait être respecté.

– d) Dans le cas de la recherche, les protocoles de recherche doivent être soumis, de plus, à une évaluation préalable, conformément aux normes ou lignes directrices nationales et internationales applicables en la matière.
– e) Si conformément à la loi une personne n'est pas en mesure d'exprimer son consentement, une recherche portant sur son génome ne peut être effectuée qu'à la condition qu'elle en tire un bénéfice direct pour sa santé, sous réserve des autorisations et des mesures de protection prescrites par la loi. Une recherche ne permettant pas d'escompter un bénéfice direct pour la santé ne peut être effectué qu'à titre exceptionnel, avec la plus grande retenue, en veillant à n'exposer l'intéressé(e) qu'à un risque et une contrainte minimum, et si cette recherche est effectuée dans l'intérêt de la santé d'autres personnes appartenant au même groupe d'âge ou se trouvant dans les mêmes conditions génétiques, et sous réserve qu'une telle recherche se fasse dans les conditions prévues par la loi et soit compatible avec la protection des droits individuels de la personne concernée.
6) Nul ne doit faire l'objet de discriminations fondées sur ses caractéristiques génétiques, qui auraient pour objet ou pour effet de porter atteinte à ses droits et à ses libertés fondamentales et à la reconnaissance de sa dignité.
7) La confidentialité des données génétiques associées à une personne identifiable, conservées ou traitée à des fins de recherche ou dans tout autre but, doit être protégée dans les conditions prévues par la loi. […]
10) Aucune recherche concernant le génome humain ni ses applications, en particulier dans les domaines de la biologie, de la génétique et de la médecine, ne devrait prévaloir sur le respect des droits de l'homme, des libertés fondamentales et de la dignité humaine des individus ou, le cas échéant, des groupes d'individus.
11) Des pratiques qui sont contraires à la dignité humaine, telles que le clonage à des fins de reproduction d'êtres humains, ne doivent pas être permises. Les États et les organisations internationales compétentes sont invités à coopérer afin d'identifier de telles pratiques et de prendre, au niveau national ou international, les mesures qui s'imposent, conformément aux principes énoncés dans la présente Déclaration.
12) – a) Chacun doit avoir accès aux progrès de la biologie, de la génétique et de la médecine, concernant le génome humain, dans le respect de sa dignité et de ses droits.
– b) La liberté de la recherche, qui est nécessaire au progrès de la connaissance, procède de la liberté de pensée. Les applications de la recherche, y compris celles en biologie, en génétique et en médecine, concernant le génome humain, doivent tendre à l'allégement de le souffrance et à l'amélioration de la santé de l'individu et de l'humanité tout entière.
(*Le Droit international de la bioéthique*, PUF, coll. « Que sais-je ? », n° 3395, 1998, p. 11-12.)

ANNEXES

Sujets d'épreuves de culture générale des instituts d'études politiques

1. Institut d'études politiques de Paris

L'examen d'entrée en première année comprend au choix une dissertation ou un commentaire de texte (4 h).

1988

Dissertation :
« Pour avoir des droits, doit-on en être digne ? »

Commentaire de texte :
« Le champ où la liberté a toujours été connue, non comme un problème certes, mais comme un fait de la vie quotidienne, est le domaine politique. Et même aujourd'hui, que nous le sachions ou non, la question de la politique et le fait que l'homme possède le don de l'action doit toujours être présente à notre esprit quand nous parlons du problème de la liberté ; car l'action et la politique, parmi toutes les capacités et possibilités de la vie humaine, sont les seules choses dont nous ne pourrions même pas avoir l'idée sans présumer au moins que la liberté existe, et nous ne pouvons toucher à une seule question politique sans mettre le doigt sur une question où la liberté humaine est en jeu. La liberté, en outre, n'est pas seulement l'un des nombreux problèmes et phénomènes du domaine politique proprement dit comme la justice, le pouvoir ou l'égalité ; la liberté, qui ne devient que rarement – dans les périodes de crise ou de révolution – le but direct de l'action politique, est réellement la condition qui fait que des hommes vivent ensemble dans une organisation politique. Sans elle la vie politique comme telle serait dépourvue de sens. La raison d'être de la politique est la liberté, et son champ d'expérience est l'action.

Cette liberté, que nous prenons comme allant de soi dans toute théorie politique et que même ceux qui louent la tyrannie doivent encore prendre en compte, est l'opposé même de la « liberté intérieure », cet espace intérieur dans lequel les hommes peuvent échapper à la contrainte extérieure et se sentir libres. Ce sentiment interne demeure sans manifestation externe, et de ce fait, par définition, ne relève pas de la politique. Quelle que puisse être sa légitimité, et si éloquemment qu'on ait pu le décrire dans l'Antiquité tardive, il est historiquement un phénomène tardif, et il fut à l'origine le résultat d'une retraite hors du monde dans laquelle des expériences mondaines furent transformées en expériences intérieures au moi. Les expériences de la liberté intérieure sont dérivées en cela qu'elles présupposent toujours un repli hors du monde, où la liberté était refusée, dans une intériorité à laquelle nul autre n'a accès. [...]

Par conséquent, en dépit de la grande influence que le concept d'une liberté intérieure non politique a exercé sur la tradition de la pensée, il semble qu'on puisse affirmer que l'homme ne saurait rien de la liberté intérieure s'il n'avait d'abord expérimenté une liberté qui soit une réalité tangible dans le monde. Nous prenons conscience d'abord de la liberté ou de son contraire dans notre commerce avec d'autres, non dans le commerce avec nous-mêmes. » (Hannah Arendt.)

1989

Dissertation :

« Est-il juste de définir l'utopie comme un rêve inutile ? »

Commentaire de texte :

« Il n'y aurait qu'à jouir de ces beaux fruits de l'art historique et nulle objection ne s'élèverait contre leur usage, si la politique n'en était tout influencée. Le passé, plus ou moins fantastique, ou plus ou moins organisé après coup, agit sur le futur avec une puissance comparable à celle du présent même. Les sentiments et les ambitions s'excitent de souvenirs de lectures, de souvenirs de souvenirs, bien plus qu'ils ne résultent de perceptions et de données actuelles. Le caractère réel de l'histoire est de prendre part à l'histoire même. L'idée du passé ne prend un sens et ne constitue une valeur que pour l'homme qui se trouve en soi-même une passion de l'avenir. L'avenir, par définition, n'a point d'image. L'histoire lui donne les moyens d'être pensé. Elle forme pour l'imagination une table de situations et de catastrophes, une galerie d'ancêtres, un formulaire d'actes, d'expressions, d'attitudes, de décisions, offerts à notre instabilité et à notre incertitude, pour nous aider à devenir. Quand un homme ou une assemblée, saisis de circonstances pressantes ou embarrassantes, se trouvent contraints d'agir, leur délibération considère bien moins l'état même des choses en tant qu'il ne s'est jamais présenté jusque-là, qu'elle ne consulte ses souvenirs imaginaires. Obéissant à une sorte de loi de moindre action, répugnant à créer, à répondre par l'invention à l'originalité de la situation, la pensée hésitante tend à se rapprocher de l'automatisme ; elle sollicite les précédents et se livre à l'esprit historique qui l'induit à se souvenir d'abord, même quand il s'agit de disposer pour un cas tout à fait nouveau. L'histoire alimente l'histoire. » (Paul Valéry.)

1990

Dissertation :
« Qu'est-ce qu'une éducation réussie ? »

Commentaire de texte :
« Je n'ignore pas cette croyance fort répandue : les affaires de ce monde sont gouvernées par la fortune et par Dieu ; les hommes ne peuvent rien y changer, si grande soit leur sagesse ; il n'existe même aucune sorte de remède ; par conséquent, il est tout à fait inutile de suer sang et eau à vouloir les corriger, et il vaut mieux s'abandonner au sort. Opinion qui a gagné du poids en notre temps, à cause des grands bouleversements auxquels on assiste chaque jour, et que nul n'aurait jamais pu prévoir. Si bien qu'en y réfléchissant moi-même, il m'arrive parfois de l'accepter. Cependant, comme notre libre arbitre ne peut disparaître, j'en viens à croire que la fortune est maîtresse de la moitié de nos actions, mais qu'elle nous abandonne à peu près l'autre moitié. Je la vois pareille à une rivière torrentueuse qui dans sa fureur inonde les plaines, emporte les arbres et les maisons, arrache la terre d'un côté, la dépose de l'autre ; chacun fuit devant elle, chacun cède à son assaut, sans pouvoir dresser aucun obstacle. Et bien que sa nature soit telle, il n'empêche que les hommes, le calme revenu, peuvent prendre certaines dispositions, construire des digues et des remparts, en sorte que la nouvelle crue s'évacuera par un canal ou causera des ravages moindres. Il en est de même de la fortune : elle fait la démonstration de sa puissance là où aucune vertu ne s'est préparée à lui résister ; elle tourne ses assauts où elle sait que nul obstacle n'a été construit pour lui tenir tête. Si maintenant vous considérez l'Italie, siège et berceau de ces bouleversements, vous verrez que c'est une campagne sans digues et sans remparts d'aucune sorte, car si elle était protégée par une solide vertu, comme le sont l'Allemagne, l'Espagne, la France, l'inondation n'aurait pas produit de si grands ravages ; sans doute n'aurait-elle pas eu lieu.

Je ne veux rien ajouter sur les moyens d'endiguer la fortune en général. Mais si j'en viens au particulier, je vois tel prince être aujourd'hui heureux et demain ruiné sans avoir entre-temps changé de politique. Cela vient d'abord, me semble-t-il, des raisons longuement exposées ci-dessus : ce prince s'appuie totalement sur la fortune, et il tombe quand elle tourne. Ensuite celui qui sait adapter sa conduite aux circonstances sera plus sûrement heureux que son collègue qui n'a pas appris cet art. Chaque homme vise aux mêmes buts, qui sont les honneurs et la richesse mais ils emploient pour les atteindre des moyens variés : l'un la prudence, l'autre la fougue, l'un la violence, l'autre l'astuce ; celui-ci la patience, celui-là la promptitude et toutes ses méthodes sont bonnes en soi. » (Nicolas Machiavel.)

1991

Dissertation :
« Faut-il respecter toutes les cultures ? »

Commentaire de texte :
« Le gouvernement arbitraire d'un prince juste et éclairé est toujours mauvais. Ses vertus sont la plus dangereuse et la plus sûre des séductions : elles accoutument insensiblement un peuple à aimer, à respecter, à servir son successeur quel qu'il soit, méchant et stupide. Il enlève au peuple le droit de délibérer, de vouloir ou ne vouloir pas, de s'opposer même à sa volonté, lorsqu'il ordonne le bien ; cependant ce droit d'opposition, tout insensé qu'il est, est sacré : sans quoi les sujets ressemblent à un troupeau dont on méprise la réclamation, sous prétexte qu'on le conduit dans de gras pâturages. En gouvernant selon son bon plaisir, le tyran commet le plus grand des forfaits. Qu'est-ce qui caractérise le despote ? Est-ce la bonté ou la méchanceté ? Nullement ; ces deux notions n'entrent pas seulement dans sa définition. C'est l'étendue et non l'usage de l'autorité qu'il s'arroge. Un des grands malheurs qui pût arriver à une nation, ce serait deux ou trois règnes d'une puissance juste, douce, éclairée, mais arbitraire : les peuples seraient conduits par le bonheur à l'oubli complet de leurs privilèges, au plus parfait esclavage. Je ne sais si jamais un tyran et ses enfants se sont avisés de cette redoutable politique ; mais je ne doute aucunement qu'il ne leur eût réussi. Malheur aux sujets en qui on anéantit tout ombrage sur leur liberté, même par les voies les plus louables en apparence. Ces voies n'en sont que plus funestes pour l'avenir. C'est ainsi que l'on tombe dans un sommeil fort doux, mais dans un sommeil de mort, pendant lequel le sentiment patriotique s'éteint, et l'on devient étranger au gouvernement de l'État. » (Denis Diderot.)

1992

Dissertation :
« Un compromis est-il toujours préférable à un conflit ? »

Commentez le texte suivant :
« Je me résume, Messieurs. L'homme n'est esclave ni de sa race, ni de sa langue, ni de sa religion, ni du cours des fleuves, ni de la direction des chaînes de montagnes. Une grande agrégation d'hommes, saine d'esprit et chaude de cœur, crée une conscience morale qui s'appelle une nation. Tant que cette conscience morale prouve sa force par les sacrifices qu'exige l'abdication de l'individu au profit d'une communauté, elle est légitime, elle a le droit d'exister. Si des doutes s'élèvent sur ses frontières, consultez les populations disputées. Elles ont bien le droit d'avoir un avis sur la question. Voilà qui fera sourire les transcendants de la politique, ces infaillibles qui passent leur

vie à se tromper et qui, du haut de leurs principes supérieurs, prennent en pitié notre terre à terre. « Consulter les populations, fi donc ! Quelle naïveté ! Voilà bien ces chétives idées françaises qui prétendent remplacer la diplomatie et la guerre par des moyens d'une simplicité enfantine. » – Attendons, Messieurs ; laissons passer le règne des transcendants ; sachons subir le dédain des forts. Peut-être, après bien des tâtonnements infructueux, reviendra-t-on à nos modestes solutions empiriques. Le moyen d'avoir raison dans l'avenir est, à certaines heures, de savoir se résigner à être démodé. » (Ernest Renan.)

1993

Dissertation :

« L'idée de droit à la vie a-t-elle un sens ? »

Commentez le texte suivant :

« La plupart des erreurs relatives au beau naissent de la fausse conception du XVIIIe siècle relative à la morale. La nature fut prise en ce temps-là comme base, source et type de tout bien et de tout beau possibles. La négation du péché originel ne fut pas pour peu de chose dans l'aveuglement général de cette époque. Si toutefois nous consentons à en référer simplement au fait visible, à l'expérience de tous les âges et à la Gazette des tribunaux, nous verrons que la nature n'enseigne rien, ou presque rien, c'est-à-dire qu'elle contraint l'homme à dormir, à boire, à manger, et à se garantir, tant bien que mal, contre les hostilités de l'atmosphère. C'est elle aussi qui pousse l'homme à tuer son semblable, à le manger, à le séquestrer, à le torturer ; car, sitôt que nous sortons de l'ordre des nécessités et des besoins pour entrer dans celui du luxe et des plaisirs, nous voyons que la nature ne peut conseiller que le crime. C'est une infaillible nature qui a créé le parricide et l'anthropophagie, et mille autres abominations que la pudeur et la délicatesses nous empêchent de nommer. C'est la philosophie – je parle de la bonne -, c'est la religion qui nous ordonne de nourrir des parents pauvres et infirmes. La nature (qui n'est pas autre chose que la voix de notre intérêt) nous commande de les assommer. Passez en revue, analysez tout ce qui est naturel, toutes les actions et les désirs du pur homme, vous ne trouverez rien que d'affreux. Tout ce qui est beau et noble est le résultat de la raison et du calcul. Le crime, dont l'animal humain a puisé le goût dans le ventre de sa mère, est originellement naturel. La vertu, au contraire, est artificielle, surnaturelle, puisqu'il a fallu, dans tous les temps et chez toutes les nations, des dieux et des prophètes pour l'enseigner à l'humanité animalisée, et que l'homme, seul, eût été impuissant à la découvrir. Le mal se fait sans effort, naturellement, par fatalité ; le bien est toujours le produit d'un art. » (Charles Baudelaire.)

1994

Dissertation :
« Le pouvoir des images contrarie-t-il la liberté de penser ? »

Commentaire de texte :
« J'avoue que je ne m'accommode pas bien de l'expression dont se servent des hommes pourtant avisés : tel peuple (que l'on conçoit en train d'élaborer sa liberté légale) n'est pas mûr pour la liberté, les serfs d'un propriétaire terrien ne sont pas encore mûrs pour la liberté ; et ainsi de même : les hommes en général ne sont pas encore mûrs pour la liberté de croire. Mais suivant une telle hypothèse la liberté ne surgira jamais. Car on ne peut pas mûrir pour la liberté si l'on n'a pas été préalablement mis en liberté (on doit être libre pour se servir utilement de ses forces dans la liberté). Les premières tentatives seront sans doute grossières et généralement liées à un état plus pénible et plus périlleux que si l'on se trouvait sous les ordres, mais aussi sous la prévoyance d'autrui ; seulement on ne mûrit jamais pour la raison autrement que par ses propres tentatives (qu'on doit être libre d'entreprendre). Je ne suis pas opposé à ce que ceux qui détiennent le pouvoir entre leurs mains, contraints par les circonstances, renvoient encore loin et même très loin l'affranchissement de ces trois chaînes. Mais ériger en principe que la liberté en général ne vaut rien pour ceux qui se sont trouvés soumis à eux, et que l'on soit autorisé de les en écarter pour toujours, c'est là une atteinte aux droits régaliens de la divinité elle-même, qui a créé l'homme pour la liberté. Évidemment il est plus commode de gouverner dans l'État, la famille et l'Église, quand on peut faire aboutir un pareil principe. Mais est-ce plus juste ? » (Emmanuel Kant.)

1995

Dissertation :
« La recherche de l'égalité a-t-elle des limites ? »

Commentez le texte suivant :
« La vraie vie, la vie enfin découverte et éclaircie, la seule vie par conséquent réellement vécue, c'est la littérature ; cette vie qui, en un sens, habite à chaque instant chez tous les hommes aussi bien chez l'artiste. Mais ils ne la voient pas, parce qu'ils ne cherchent pas à l'éclaircir. Et ainsi leur passé est encombré d'innombrables clichés qui restent inutiles parce que l'intelligence ne les a pas "développés". Notre vie, et aussi la vie des autres. Le style pour l'écrivain, aussi bien que la couleur pour le peintre, est une question non de technique mais de vision. Il est la révélation, qui serait impossible par des moyens directs et conscients, de la différence qualitative qu'il y a dans la façon dont nous apparaît le monde, différence qui, s'il n'y avait pas l'art, resterait le secret éternel de chacun. Par l'art seulement nous pouvons sortir de nous, savoir ce que voit un autre de cet univers qui n'est pas le même

que le nôtre, et dont les paysages nous seraient restés aussi inconnus que ceux qu'il peut y avoir dans la lune. Grâce à l'art, au lieu de voir un seul monde, le nôtre, nous le voyons se multiplier, et, autant qu'il y a d'artistes originaux, autant nous avons de mondes à notre disposition, plus différents les uns des autres que ceux qui roulent dans l'infini et, bien des siècles après qu'est éteint le foyer dont il émanait, qu'il s'appelât Rembrandt ou Vermeer, nous envoient encore leur rayon spécial. » (Marcel Proust.)

1996

Dissertation :

« Qu'est-ce qui fait la grandeur d'un pays ? »

Commentez le texte suivant :

« Nous ne nous tenons jamais au temps présent. Nous anticipons l'avenir comme trop lent à venir, comme pour hâter son cours, ou nous rappelons le passé pour l'arrêter comme trop prompt, si imprudents que nous errons dans des temps qui ne sont point nôtres, et ne pensons point au seul qui nous appartient, et si vains que nous songeons à ceux qui ne sont rien, et échappons sans réflexion le seul qui subsiste. C'est que le présent d'ordinaire nous blesse. Nous le cachons à notre vue parce qu'il nous afflige, et s'il nous est agréable, nous regrettons de le voir échapper. Nous tâchons de le soutenir par l'avenir, et pensons à disposer les choses qui ne sont pas en notre puissance pour un temps où nous n'avons aucune assurance d'arriver.

Que chacun examine ses pensées. Il les trouvera toutes occupées au passé ou à l'avenir. Nous ne pensons presque point au présent, et si nous y pensons ce n'est que pour en prendre la lumière pour disposer de l'avenir. Le présent n'est jamais notre fin. Le passé et le présent sont nos moyens ; le seul avenir est notre fin. Ainsi nous ne vivons jamais, mais nous espérons de vivre, et nous disposant toujours à être heureux il est inévitable que nous ne le soyons jamais. » (Blaise Pascal.)

1997

Dissertation :

« Une majorité exprime-t-elle une force ou un droit ? »

Commentez le texte suivant :

« La machine, qui semble une force tout aristocratique par la centralisation des capitaux qu'elle suppose, n'en est pas moins, par le bon marché et la vulgarisation de ses produits, un très puissant agent du progrès démocratique ; elle met à la portée des plus pauvres une foule d'objets d'utilité, de luxe même et d'art, dont ils ne pouvaient approcher. La laine, grâce à Dieu, a descendu partout au peuple et le réchauffe. La soie commence à le parer.

Mais la grande et capitale révolution a été l'indienne. Il a fallu l'effort combiné de la science et de l'art pour forcer un tissu rebelle, ingrat, le coton, à subir chaque jour tant de transformations brillantes, puis transformé ainsi, le répandre partout, le mettre à la portée des pauvres. Toute femme portait jadis une robe bleue ou noire qu'elle gardait dix ans sans la laver, de peur qu'elle ne s'en allât en lambeaux. Aujourd'hui, son mari, pauvre ouvrier, au prix d'une journée de travail, la couvre d'un vêtement de fleurs. Tout ce peuple de femmes qui présente sur nos promenades une éblouissante iris de mille couleurs, naguère était en deuil.

Ces changements qu'on croit futiles, ont une portée immense. Ce ne sont pas là de simples améliorations matérielles, c'est un progrès du peuple dans l'extérieur et l'apparence, sur lesquels les hommes se jugent entre eux ; c'est, pour ainsi parler, l'égalité visible. Il s'élève par-là à des idées nouvelles qu'autrement il n'atteignait pas ; la mode et le goût sont pour lui une initiation dans l'art. Ajoutez, chose plus grave encore, que l'habit impose à celui même qui le porte ; il veut en être digne, et s'efforce d'y répondre par sa tenue morale.

Il ne faut pas moins, en vérité, que ce progrès de tous, l'avantage évident des masses, pour nous faire accepter la dure condition dont il faut l'acheter, celle d'avoir, au milieu d'un peuple d'hommes, un misérable petit peuple d'hommes-machines qui vivent à moitié, qui produisent des choses merveilleuses, et qui ne se reproduisent pas eux-mêmes, qui n'engendrent que pour la mort, et ne se perpétuent qu'en absorbant sans cesse d'autres populations qui se perdent là pour toujours. » (Jules Michelet.)

1998

Dissertation :

« L'ordre et la sécurité : est-ce la même chose ? »

Commentez le texte suivant :

« Mieux vaudrait n'avoir aucune idée de Dieu qu'une idée indigne de lui ; car si l'une est incroyance, l'autre est insolence, et la superstition, sans nul doute, est un blâme à la divinité. Plutarque à ce propos dit très justement : "Je préférerais certes de beaucoup qu'on dise que Plutarque n'a pas existé, plutôt que de dire qu'il y eût un certain Plutarque, lequel dévorait ses enfants dès leur naissance", comme les poètes le racontent de Saturne. Et plus l'insolence est grande à l'égard de Dieu, plus elle est dangereuse à l'égard des hommes. L'athéisme laisse à l'homme le bon sens, la philosophie, la charité naturelle, les lois et l'honneur, qui peuvent tous, à défaut de religion, lui servir de guides vers une moralité extérieure ; mais la superstition les détrône tous pour ériger dans leurs âmes une monarchie absolue. C'est pourquoi l'athéisme n'a jamais troublé les États car il rend les hommes prudents pour eux-mêmes, puisqu'ils n'ont point d'au-delà, et l'on constate que les époques qui inclinent à l'athéisme, comme celle d'Auguste, furent des époques paisibles. Mais la superstition a causé la ruine de bien des États, et elle introduit un nouveau Primum mobile, qui entraîne toutes les sphères du gouvernement. » (Francis Bacon.)

1999

Dissertation :

« Dans quelle mesure peut-on dire du temps qu'il est "libre" ? »

Commentez le texte suivant :

« Rien n'est aussi dangereux que la certitude d'avoir raison. Rien ne cause autant de destruction que l'obsession d'une vérité considérée comme absolue. Tous les crimes de l'histoire sont des conséquences de quelque fanatisme. Tous les massacres ont été accomplis par vertu, au nom de la religion vraie, du nationalisme légitime, de la politique idoine, de l'idéologie juste ; bref au nom du combat contre la vérité de l'autre, du combat contre Satan. Cette froideur et cette objectivité qu'on reproche si souvent aux scientifiques, peut-être conviennent-elles mieux que la fièvre et la subjectivité pour traiter certaines affaires humaines. Car ce ne sont pas les idées de la science qui engendrent les passions. Ce ne sont pas les passions qui utilisent la science pour soutenir leur cause. La science ne conduit pas au racisme et à la haine. C'est la haine qui en appelle à la science pour justifier son racisme. On peut reprocher à certains scientifiques la fougue qu'ils apportent parfois à défendre leurs idées. Mais aucun génocide n'a encore été perpétré pour faire triompher une théorie scientifique. À la fin de ce XXe siècle, il devrait être clair pour chacun qu'aucun système n'expliquera le monde dans tous ses aspects et tous ses détails. Avoir contribué à casser l'idée d'une vérité intangible et éternelle n'est peut-être pas l'un des moindres titres de gloire de la démarche scientifique. » (François Jacob.)

Juin 2000

Dissertation :

« Pourquoi l'injustice mobilise-t-elle les hommes plus que la justice ? »

Commentez le texte suivant :

« Au vrai, toute création de l'esprit est d'abord "poétique" au sens propre du mot ; et dans l'équivalence des formes sensibles et spirituelles, une même fonction s'exerce, initialement, pour l'entreprise du savant et pour celle du poète. De la pensée discursive ou de l'ellipse poétique, qui va plus loin et de plus loin ? Et de cette nuit originelle où tâtonnent deux aveugles-nés, l'un équipé de l'outillage scientifique, l'autre assisté des seules fulgurations de l'intuition, qui donc plus tôt remonte, et plus chargé de brève phosphorescence ? La réponse n'importe. Le mystère est commun. Et la grande aventure de l'esprit poétique ne le cède en rien aux ouvertures dramatiques de la science moderne. Des astronomes ont pu s'affoler d'une théorie de l'univers en expansion, il n'est pas moins d'expansion dans l'infini moral de l'homme – cet univers. Aussi loin que. la science recule ses frontières, on entendra courir encore la meute chasseresse du poète. Car si la poésie n'est pas, comme on l'a dit, "le réel absolu", elle en est bien la plus proche convoitise et la plus proche appréhension, à cette limite extrême de complicité où le réel dans le poème semble s'informer lui-même.

Par la pensée analogique et symbolique, par l'illumination lointaine de l'image médiatrice, et par le jeu de ses correspondances, sur mille chaînes de réactions et d'associations étrangères, par la grâce enfin d'un langage où se transmet le mouvement même de l'Être, le poète s'investit d'une surréalité qui ne peut être celle de la science. Est-il chez l'homme plus saisissante dialectique et qui de l'homme engage plus ? Lorsque les philosophes eux-mêmes désertent le seuil métaphysique, il advient au poète de relever là le métaphysicien ; et c'est la poésie alors, non la philosophie, qui se révèle la vraie "fille de l'étonnement", selon l'expression du philosophe antique à qui elle fut la plus suspecte. » (Saint-John Perse.)

Septembre 2000

Dissertation :

« Qu'est-ce qui s'accélère dans l'histoire ? »

Commentez le texte suivant :

« Telle est la nature des hommes sans exception, qu'ils ont plaisir à être émus non seulement de joie, mais même, et au plus haut point, de n'importe quelles passions tristes. De là vient que les tragédies trouvent place dans les théâtres non moins que les comédies. De là aussi que dans les temps anciens l'on allait voir dans les jeux publics des hommes et des bêtes féroces s'entre-déchirer De là vient enfin qu'un prédicateur qui excite ses auditeurs à la colère et à la haine contre d'autres hommes, et surtout contre des puissants, que les hommes de la plus basse condition ont par eux-mêmes coutume d'envier, ou contre ceux dont ils diffèrent de religion, et qu'ils haïssent déjà comme causes des guerres : quoiqu'il ne dise rien de remarquable ni de bon, et que souvent même nul ne comprenne rien à la question dont il dispute, pourvu seulement qu'il parle avec assurance, avec chaleur, avec abondance, et qu'il mêle à son discours toutes sortes d'injures en style commun ou plaisant ou extraordinaire, il est écouté avec plus d'ardeur par une foule dévote, il en est plus aimé et plus loué que bien d'autres, de loin plus éloquents, mais qui l'exhortent moins à la haine des vices d'autrui qu'à la correction des siens propres. Ceux-ci en effet lui proposent ce qui lui déplaît, et celui-là seulement ce qui lui plaît. Et sans doute c'est une grande consolation pour une multitude qui n'est pas mauvaise, mais ignorante, de pouvoir quelquefois pieusement s'émouvoir, pieusement se mettre en colère, et pieusement mépriser les plus puissants : tout ce qu'elle fait à l'instigation d'un tel homme, ou à son exemple, elle le tient en effet pour un acte de piété. Elle entend dire par ses disciples combien de livres il écrit, et combien de victoires il remporte dans ses disputes contre toutes sortes d'adversaires : elle ne peut douter qu'il ne soit très savant, car elle ne sait rien discerner des choses dont il s'agit. Et ainsi la violence même de ses sermons, son audace à blâmer les gens les plus considérables, elle les considère comme inspirées par une intégrité rare et par un zèle digne des prophètes. C'est pourquoi elle fait de lui son premier guide et conseiller, si d'aventure elle se trouve en cas, ou de résister aux puissants, ou d'entrer en lutte contre les adversaires de sa religion ; et tout ce qu'il aura eu dessein de lui persuader, elle est toujours prête à l'exécuter avec ardeur. » (René Descartes.)

2. Autres instituts d'études politiques

L'examen d'entrée en première année comporte une dissertation sur un sujet (Bordeaux, Lille), sur un des deux sujets proposés au choix (Toulouse), ou bien une dissertation ou un commentaire de texte, en 3 heures (Rennes, Bordeaux) ou en 4 heures (Toulouse, Lille).

Toulouse, 1995

Dissertation :
« Pourquoi le passé suscite-t-il encore des passions ? »

Rennes, 1995

Commentez l'extrait suivant :
« Ainsi va la France "personnalisée". Je connais des Français qui s'en émerveillent, qui ne sont pas choqués de voir leur patrie réduite aux dimensions d'un homme… fût-il de belle envergure, et qui se réjouissent d'avoir renoncé à exercer pleinement leurs droits de citoyens responsables. Ces Français-là s'ennuyaient sans de Gaulle. Certains républicains avaient besoin de la petite excitation des crises ministérielles. Eux ont du vague à l'âme dès qu'ils sont privés du frisson que leur procure le meilleur artiste de la télévision, le dernier des monstres sacrés. Il leur plaît de constater que Staline, Roosevelt, Kennedy et Churchill éliminés par la mort ou la vieillesse, la France reste le seul des grands pays dirigé par un premier rôle patenté. Serait-elle privée du général de Gaulle que la France les intéresserait moins ou plus du tout. Ils redeviendraient ce quels étaient, foncièrement : naturellement inaptes à la démocratie.

L'histoire fabriquée par les grands hommes, délimitée par les dates de bataille, l'avènement d'un roi, le mariage d'une princesse, la disgrâce d'un ministre, réveillée par un coup d'État, coulée dans le moule d'une dynastie, voilà comment ils l'aiment. La lente maturation d'un peuple, l'anonymat du progrès, la lutte des classes, la vocation du plus grand nombre à éloigner de la scène les personnages qui monopolisent l'attention de leur temps avec un immuable numéro de prestidigitation, cela manque, pour leur goût, de piment. Ils ne distinguent plus la France dans ce qui leur apparaît comme une mêlée confuse, ils ont hâte de voir une tête dépasser le rang, et d'obéir à la vieille musique du droit divin tirée de la mythologie du moment. » (François Mitterand.)

Bordeaux, 1995

Dissertation :
« La ville est-elle condamnée ? »

Toulouse, 1996

Dissertation :
« Pourquoi les hommes ont-ils des droits ? »

Toulouse, 1996

Dissertation :
« La culture est-elle un luxe ? »

Rennes, 1996

Dissertation :
« Être républicain aujourd'hui. »

Commentez ce texte :
« D'ailleurs, l'éducation, si on la prend dans toute son étendue, ne se borne pas seulement à l'instruction positive, à l'enseignement des vérités de fait et de calcul, mais elle embrasse toutes les opinions politiques, morales ou religieuses. Or, la liberté de ces opinions ne serait plus qu'illusoire, si la société s'emparait des générations naissantes pour leur dicter ce qu'elles doivent croire. Celui qui en entrant dans la société y porte des opinions que son éducation lui a données n'est plus un homme libre ; il est l'esclave de ses maîtres, et ses fers sont d'autant plus difficiles à rompre, que lui-même ne les sent pas, et qu'il croit obéir à sa raison, quand il ne fait que se soumettre à celle d'un autre. On dira peut-être qu'il ne sera pas plus réellement libre s'il reçoit ses opinions de sa famille. Mais alors ces opinions ne sont pas les mêmes pour tous les citoyens ; chacun s'aperçoit bientôt que sa croyance n'est pas la croyance universelle ; il est averti de s'en défier ; elle n'a plus

à ses yeux le caractère d'une vérité convenue ; et son erreur, s'il y persiste, n'est plus qu'une erreur volontaire.

L'expérience a montré combien le pouvoir de ces premières idées s'affaiblit, dès qu'il s'élève contre elles des réclamations : on sait qu'alors la vanité de les rejeter l'emporte souvent sur celle de ne pas changer. Quand bien même ces opinions commenceraient par être à peu près les mêmes dans toutes les familles. Bientôt, si une erreur de la puissance publique ne leur offrait un point de réunion, on les verrait se partager, et dès lors tout le danger disparaîtrait avec l'uniformité. D'ailleurs, les préjugés qu'on prend dans l'éducation domestique sont une suite de l'ordre naturel des sociétés, et une sage instruction, en répandant les lumières. En est le remède ; au lieu que les préjugés donnés par la puissance publique sont une véritable tyrannie, un attentat contre une des parties les plus précieuses de la liberté naturelle.

Les Anciens n'avaient aucune notion de ce genre de liberté ; ils semblaient même n'avoir pour but, dans leurs institutions, que de l'anéantir. Ils auraient voulu ne laisser aux hommes que les idées, que les sentiments qui entraient dans le système du législateur. Pour eux la nature n'avait créé que des machines. Dont la loi seule devait régler les ressorts et diriger l'action. Ce système était pardonnable sans doute à des sociétés naissantes, où l'on ne voyait autour de soi que des préjugés et des erreurs ; tandis qu'un petit nombre de vérités, plutôt soupçonnées que connues, et devinées que découvertes, était le partage de quelques hommes privilégiés, forcés même de les dissimuler. On pouvait croire alors qu'il était nécessaire de fonder sur des erreurs le bonheur de la société, et par conséquent de conserver, de mettre à l'abri de tout examen dangereux les opinions qu'on avait jugées propres à l'assurer.

Mais aujourd'hui qu'il est reconnu que la vérité seule peut être la base d'une prospérité durable, et que les lumières croissant sans cesse ne permettent plus à l'erreur de se flatter d'un empire éternel, le but de l'éducation ne peut plus être de consacrer les opinions établies, mais, au contraire, de les soumettre à l'examen libre de générations successives, toujours de plus en plus éclairées.

Enfin, une éducation complète s'étendrait aux opinions religieuses ; la puissance publique serait donc obligée d'établir autant d'éducations différentes qu'il y aurait de religions anciennes ou nouvelles professées sur son territoire ; ou bien elle obligerait les citoyens de diverses croyances, soit d'adopter la même pour leurs enfants, soit de se borner à choisir entre le petit nombre qu'il serait convenu d'encourager. On sait que la plupart des hommes suivent en ce genre les opinions qu'ils ont reçues dès leur enfance, et qu'il leur vient rarement l'idée de les examiner. Si donc elles font partie de l'éducation publique, elles cessent d'être le choix libre des citoyens, et deviennent un joug imposé par un pouvoir illégitime. En un mot, il est également impossible ou d'admettre ou de rejeter l'instruction religieuse dans une éducation publique qui exclurait l'éducation domestique, sans porter atteinte à la conscience des parents, lorsque ceux-ci regarderaient une religion exclusive comme nécessaire, ou même comme utile à la morale et au bonheur d'une autre vie. Il faut donc que la puissance publique se borne à régler l'instruction, en abandonnant aux familles le reste de l'éducation. » (Condorcet.)

Bordeaux, 1997

Dissertation :
« Quel avenir pour l'écrit ? »

Toulouse, 1997

Dissertation :
« Y a-t-il de bonnes guerres ? »

Lille, 1997

Dissertation :
« Qu'est-ce qu'un grand homme ? »

Toulouse, 1997

Dissertation :
« Les hommes peuvent-ils être à la fois libres et égaux ? »

Rennes, 1997

Dissertation :
« Comment garantir l'État de droit aujourd'hui ? »

Commentez cet extrait :
« L'erreur de ceux qui, de bonne foi dans leur amour de la liberté, ont accordé à la souveraineté du peuple un pouvoir sans bornes, vient de la manière dont se sont formées leurs idées en politique. Ils ont vu dans l'histoire un petit nombre d'hommes, ou même un seul, en possession d'un pouvoir immense, qui faisait beaucoup de mal ; mais leur courroux s'est dirigé contre les possesseurs du pouvoir et non contre le pouvoir même. Au lieu de le détruire, ils n'ont songé qu'à le déplacer. C'était un fléau, ils l'ont considéré comme une conquête. Ils en ont doté la société entière. Il a passé forcément d'elle à la majorité, de la majorité entre les mains de quelques hommes, souvent dans une seule main : il fait tout autant de mal qu'auparavant : et les exemples, les objections, les arguments et les faits se sont multipliés contre toutes les institutions politiques.

Dans une société fondée sur la souveraineté du peuple, il est certain qu'il n'appartient à aucun individu, à aucune classe, de soumettre le reste à sa volonté particulière ; mais il est faux que la société tout entière possède sur ses membres une souveraineté sans bornes.

L'universalité des citoyens est le souverain, dans ce sens, que nul individu, nulle fraction, nulle association partielle ne peut s'arroger la souveraineté, si elle ne lui a pas été déléguée. Mais il ne s'ensuit pas que l'universalité des citoyens, ou ceux qui par elle sont investis de la souveraineté, puissent disposer souverainement de l'existence des individus. Il y a au contraire une partie de l'existence humaine qui, de nécessité, reste individuelle et indépendante, et qui est de droit hors de toute compétence sociale. La souveraineté n'existe que d'une manière limitée et relative. Au point où commence l'indépendance et l'existence, s'arrête la juridiction de cette souveraineté. Si la société franchit cette ligne, elle se rend aussi coupable que le despote qui n'a pour titre que le glaive exterminateur ; la société ne peut excéder sa compétence sans être usurpatrice, la majorité, sans être factieuse. L'assentiment de la majorité ne suffit nullement dans tous les cas, pour légitimer ses actes : il en existe que rien ne peut sanctionner ; lorsqu'une autorité quelconque commet des actes pareils, il importe peu de quelle source elle se dit émanée, il importe peu qu'elle se nomme individu ou nation ; elle serait la nation entière, moins le citoyen qu'elle opprime, qu'elle n'en serait pas plus légitime. » (Benjamin Constant.)

Bordeaux, 1998

Dissertation :

« Le culte de la performance. »

Toulouse, 1998

Dissertation :

« Majorité fait-elle loi ? »

Lille, 1998

Dissertation :

« Y a-t-il des connaissances interdites ? »

Toulouse, 1998

Dissertation :

« La responsabilité peut-elle être collective ? »

Rennes, 1998

Commentez le texte suivant :

« La vanité est un trait commun et personne n'en est peut-être entièrement exempt. Dans les milieux scientifiques et universitaires, elle est même une sorte de maladie professionnelle. Mais chez le savant, si antipathique soit-elle lorsqu'elle se manifeste, elle est relativement inoffensive, en ce sens qu'en règle générale elle ne trouble pas l'activité scientifique. Il en va tout autrement chez l'homme politique. Le désir du pouvoir est pour lui un moyen inévitable. "L'instinct de puissance" – comme l'on dit couramment – est en fait une de ses qualités normales. Aussi le péché contre le Saint-Esprit de sa vocation consiste-t-il dans un désir de puissance [*Machtstreben*] sans objectif qui, au lieu de se mettre exclusivement au service d'une « cause », n'est que prétexte à griserie personnelle. En effet il n'existe tout compte fait que deux sortes de péchés mortels en politique : ne défendre aucune cause et n'avoir pas le sentiment de sa responsabilité – deux choses qui sont souvent quoique pas toujours, identiques. La vanité ou, en d'autres termes, le besoin de se mettre personnellement, de la façon la plus apparente possible, au premier plan, induit le plus fréquemment l'homme politiques en tentation de commettre l'un ou l'autre de ces péchés ou même les deux à la fois. D'autant plus que le démagogue est obligé de compter avec "l'effet qu'il fait" – c'est pourquoi il court toujours le danger de jouer le rôle d'un histrion ou encore de prendre trop à la légère la responsabilité des conséquences de ses actes, tout occupé qu'il est par l'impression qu'il peut faire sur les autres. D'un côté, le refus de se mettre au service d'une cause le conduit à rechercher l'apparence et l'éclat du pouvoir au lieu du pouvoir réel ; de l'autre côté, l'absence du sens de la responsabilité le conduit à ne jouir que du pouvoir pour lui-même, sans aucun but positif.

En effet bien que, ou plutôt parce que la puissance est le moyen inévitable de la politique et qu'en conséquence le désir du pouvoir est une de ses forces motrices, il ne peut y avoir de caricature plus ruineuse de la politique que celle du matamore qui joue avec le pouvoir à la manière d'un parvenu, ou encore Narcisse vaniteux de son pouvoir, bref tout adorateur du pouvoir comme tel. » (Max Weber.)

Lille, 1999

Dissertation :

« Le nationalisme. »

Toulouse, 1999

Dissertation :

« Appartient-il à l'État d'éduquer les citoyens ? »

Rennes, 1999

Dissertation :

« La mondialisation condamne-t-elle les États à l'impuissance économique et politique ? »

Commentez cet extrait :

« Cet ouvrage propose d'éclairer ce grand débat contemporain en explorant sur la longue durée cette notion de marché dans sa dimension la plus large. Car il suffit de se plonger un tant soit peu dans la littérature économique du XVIIIe siècle pour voir qu'elle n'est pas seulement "technique" mais qu'elle renvoie à toute problématique implicite de la régulation sociale et politique dans son ensemble. La recherche d'histoire intellectuelle dont j'expose ici les résultats a confirmé cette intuition. La naissance du libéralisme économique n'a pas seulement été une théorie – ou une idéologie – accompagnant le développement des forces productives et la montée en puissance de la bourgeoisie comme classe dominante. Elle n'a pas fait que revendiquer ou traduire l'émancipation de l'activité économique vis-à-vis de la morale. Elle doit d'abord être comprise comme une réponse aux problèmes non résolus par les théoriciens politiques du contrat social. C'est dans cette perspective qu'il faut appréhender le concept du marché tel qu'il se forme au XVIIIe siècle. Il a essentiellement un sens sociologique et politique et s'oppose à l'idée de contrat ; ce n'est pas un concept "technique" (définissant un mode de régulation de l'activité économique par un système de prix librement formés). L'affirmation du libéralisme économique traduit plus profondément l'aspiration à l'avènement d'une société civile immédiate à elle-même, autorégulée. Cette perspective, apolitique au sens fort du terme, fait de la société de marché l'archétype d'une nouvelle représentation du social : c'est le marché (économique) et non pas le contrat (politique) qui est le vrai régulateur de la société (et pas seulement de l'économie).

L'idée de marché renvoie dans cette mesure à toute l'histoire intellectuelle de la modernité. La pensée politique moderne, à partir du XVIIe siècle, était en effet centrée sur la notion de contrat social : c'est lui qui fondait l'existence même de la société. Le grand problème de la société, sans recourir à un quelconque garant extérieur (notamment d'ordre religieux). Mais toutes les théories du contrat social, de Hobbes à Rousseau, se heurtaient à plusieurs difficultés théoriques de grande ampleur. Deux, tout particulièrement. La première est liée au fait que si les théories du contrat social fondent le principe de la paix civile, elles ne permettent pas de traiter la question de la paix et de la guerre entre les nations. Alors que le contrat social envisage la formation de la société comme un jeu à somme positive (tout le monde "gagne" en termes de sécurité et de paix civile), les rapports entre les nations continuent à être compris comme un jeu à somme nulle (on ne peut gagner ce que les autres perdent). La seconde, c'est que la notion de pacte social est centrée sur la question de l'institution de la société, et ne se définit pas à partir du problème de sa régulation.

La représentation de la société civile comme marché fournira une réponse à ces deux difficultés dérivées de la représentation de la société comme corps politique. La théorie de l'échange permet de concevoir que, contrairement aux rapports militaires, les rapports économiques entre nations constituent un jeu à somme positive. En outre, elle rend possible le traitement simultané et cohérent du double problème de l'institution et de la régulation du social : dans la société civile, le besoin et l'intérêt régissent à eux seuls les rapports entre les hommes. La formation de cette représentation de la société comme marché trouve son plein épanouissement dans l'école écossaise du XVIIIe siècle et, tout particulièrement, chez Smith. La conséquence essentielle d'une telle conception consiste en un refus global du politique. Ce n'est plus la politique qui doit gouverner la société, mais le marché. Ce dernier n'est donc pas limité à un simple instrument technique d'organisation de l'activité économique, il a beaucoup plus radicalement un sens sociologique et politique. Relu dans cette perspective, Adam Smith n'est pas tant le père fondateur de l'économie moderne que le théoricien du dépérissement de la politique. Ce n'est pas un économiste qui fait de la philosophie, c'est un philosophe qui devient économiste dans le mouvement de réalisation de sa philosophie. Smith est pour cela l'anti-Rousseau par excellence. » (Pierre Rosanvallon.)

Bordeaux, 1999

Dissertation :

« La nation a-t-elle un avenir ? »

Lille, 2000

Dissertation :

« Frontière, frontières. »

Rennes, 2000

Dissertation :

« Peut-on voir dans l'opposition entre totalitarisme et démocratie le conflit du XXe siècle ? »

Commentaire :

« La tentative totalitaire de rendre les hommes superflus reflète l'expérience que font les masses contemporaines de leur superfluité sur une terre surpeuplée. Le monde du mourir, où l'on enseigne aux hommes qu'ils sont superflus à travers un mode de vie où le châtiment n'est pas fonction du crime, où l'exploitation se pratique sans profit, où le travail ne produit rien, est une usine à fabriquer quotidiennement de l'absurde. Pourtant, dans le cadre de l'idéologie totalitaire, rien ne pourrait être plus sensé ni logique : si les détenus sont de la vermine, il est logique qu'on doive les tuer avec des gaz toxiques ; s'ils sont dégénérés, on ne doit pas les laisser contaminer la population ; s'ils ont des "âmes d'esclaves" (Himmler) personne ne doit perdre son temps à tenter de les rééduquer. Du point de vue de l'idéologie, le défaut des camps de concentration est presque d'avoir trop de sens, et que l'exécution de la doctrine est trop cohérente.

Ainsi, tout en vidant résolument et cyniquement le monde de la seule chose qui ait un sens pour le bon sens et ses prévisions utilitaires, les régimes totalitaires lui imposent une sorte de sursens que les idéologies ont effectivement toujours eu en vue lorsqu'elles prétendaient avoir découvert la clé de l'histoire, ou la solution aux énigmes de l'univers. Par-delà le non-sens de la société totalitaire, et sur lui, s'établit le règne du ridicule sursens de sa superstition idéologique. Les idéologies ne sont inoffensives, elles ne sont des opinions arbitraires que tant qu'on ne les prend pas au sérieux. Une fois prise en son sens littéral leur prétention à une totale validité, celles-ci deviennent les centres de systèmes logiques où, comme dans les systèmes des paranoïaques, tout s'enchaîne de manière intelligible et même obligatoire dès lors qu'est acceptée la première prémisse. La démence de tels systèmes réside non seulement dans leur première prémisse, mais ; encore dans la logique même de leur construction. La curieuse logique de tous les "ismes", leur foi simpliste en la valeur salutaire d'une dévotion aveugle qui ne tient aucun compte des facteurs spécifiques et changeants, contiennent déjà en germes le mépris totalitaire pour la réalité et les faits. » (Hannah Arendt.)

Index des noms d'auteurs

Q

R

S

T, U

V

W, X, Y, Z

Index des notions

P, Q

R

S

T, U

V, W

Armand Colin
21, rue du Montparnasse • 75006 Paris

N° de projet 10089127 - (II) - (4,5) - OSBS 80 - NC

Dépôt légal : septembre 2001

MISE EN PAGE • Nord Compo
59650 Villeneuve-d'Ascq

Achevé d'imprimer sur les presses de la
SNEL S.A.
Rue Saint-Vincent 12 - B-4020 Liège
tél. 32(0)4 344 65 60 - fax 32(0)4 343 77 50
août 2001 – 22142